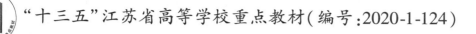

"十三五"江苏省高等学校重点教材(编号:2020-1-124)

Transportation Engineering
交通运输工程学

（第2版）

过秀成　主　编

人民交通出版社股份有限公司
北　京

内 容 提 要

本教材为《交通运输工程学》的第 2 版，全书概括了交通运输工程的基本概况、特征及发展趋势，介绍了道路、轨道、水路、航空、管道五种运输方式的系统组成及设施、运输工具、组织管理方法等基本知识。本教材共 14 章，包括：绪论、道路交通运输系统、轨道交通运输系统、水路运输系统、航空运输系统、管道运输系统、综合交通运输系统、区域综合交通运输规划、城市综合交通体系规划、运输组织与运输服务、货物运输组织、旅客运输组织、交通运输安全、交通运输系统发展趋势。

本教材可作为高等院校交通运输、交通工程专业的教材，也可供交通运输行业从业人员参考学习。

图书在版编目(CIP)数据

交通运输工程学 / 过秀成主编. — 2 版. — 北京：人民交通出版社股份有限公司，2023.4
ISBN 978-7-114-18360-7

Ⅰ.①交⋯ Ⅱ.①过⋯ Ⅲ.①交通工程学—高等学校—教材 Ⅳ.①U491

中国版本图书馆 CIP 数据核字(2022)第 224500 号

"十三五"江苏省高等学校重点教材(编号:2020-1-124)
Jiaotong Yunshu Gongchengxue

书　　名：	交通运输工程学（第 2 版）
著 作 者：	过秀成
责任编辑：	李　晴　王景景
责任校对：	席少楠
责任印制：	刘高彤
出版发行：	人民交通出版社股份有限公司
地　　址：	(100011)北京市朝阳区安定门外外馆斜街 3 号
网　　址：	http://www.ccpcl.com.cn
销售电话：	(010)59757973
总 经 销：	人民交通出版社股份有限公司发行部
经　　销：	各地新华书店
印　　刷：	北京印匠彩色印刷有限公司
开　　本：	787×1092　1/16
印　　张：	21.75
字　　数：	543 千
版　　次：	2017 年 12 月　第 1 版 2023 年 4 月　第 2 版
印　　次：	2024 年 2 月　第 2 版　第 2 次印刷　总第 5 次印刷
书　　号：	ISBN 978-7-114-18360-7
定　　价：	55.00 元

(有印刷、装订质量问题的图书，由本公司负责调换)

第 2 版前言

教材第 1 版自 2017 年 12 月发行至今,在交通运输类、土木建筑类及经济管理类、电子信息类等相关专业领域广泛使用。《交通强国建设纲要》《国家综合立体交通网规划纲要》提出推动交通发展由追求速度规模向更加注重质量效益转变,由各种交通方式相对独立发展向更加注重一体化融合发展转变,由依靠传统要素驱动向更加注重创新驱动转变,加快构建安全、便捷、高效、绿色、经济的现代化综合交通运输体系。本教材获 2020 年"十三五"江苏省高等学校重点教材立项建设。此次修编,作者吸收了综合交通运输理论方法的最新研究成果以及相关新编与修编规范的更新内容,结合使用教材的高校师生在教学过程中反馈的意见,对教材进行了全面修编,增加了综合交通运输系统章节,并对国土空间规划体系下的区域交通运输规划以及交通运输系统发展趋势等内容进行了更新。

再版教材共 14 章,由过秀成教授主编,编写分工如下:第 1 章过秀成(东南大学)、沈佳雁(东南大学);第 2 章王卫(东南大学)、窦雪萍(北京工业大学)、綦聪(东南大学);第 3 章叶茂(南京理工大学)、李爽(东南大学);第 4 章徐宿东(东南大学)、温旭丽(东南大学成贤学院)、唐爽(东南大学);第 5 章陈欣(南京财经大学)、羊钊(南京航空航天大学)、张益邦(东南大学);第 6 章邓一凌(浙江工业大学)、陈俊兰(东南大学);第 7 章朱震军(南京林业大学);第 8 章过秀成(东南大学)、杨洁(东南大学)、郑美娜(东南大学);第 9 章过秀成(东南大学)、沈佳雁(东南大学);第 10 章姜晓红(南京林业大学)、李居宸(东南大学);第 11 章姜晓红(南京林业大学);第 12 章严亚丹(郑州大学)、仝佩(郑州大学);第 13 章孔德文(北京工业大学)、张益邦(东南大学);第 14 章李岩(长安大学)、朱震军(南京林业大学)、张一鸣(东南大学)。

感谢参与此次修编的盛玉刚(南京林业大学)、龚小林(南京林业大学)、黄兆国(兰州理工大学)、陶涛(明尼苏达大学,University of Minnesota System)、过晓宇(得州农工大学,Texas A&M University)以及钱思名(南京理工大学)、和煜栋(南京林业大学)等贡献的智慧。

感谢国内外交通运输类院校师生为课程及教材建设付出的努力和贡献的智慧。教材编写过程中参考了大量文献和著作,由于条件所限,未能与原著作者一一取得联系,引用及理解不当之处敬请见谅,在此谨向原著作者表示崇高的敬意与衷心的感谢!

由于作者本人水平所限,书中难免有错漏之处,恳请读者批评指正。

电子邮箱:seuguo@163.com。

过秀成
于东南大学九龙湖校区交通学院 1101 室
2022 年 5 月

第1版前言

  交通运输业是国民经济重要的基础性、服务性、先导性、战略性行业，是社会生产、生活、生态组织体系中不可缺少的重要环节。我国正处于产业结构转型升级、产业布局调整、统筹区域协调发展、促进城乡一体化发展的关键时期，交通运输系统必须转型发展，建设安全、便捷、高效、绿色、智能的现代化综合交通运输体系，以适应数据驱动时代的客货运输需求规模和需求结构的变化，并成为支撑引领经济社会发展的新引擎。

  交通运输工程学是一门研究交通运输系统特征、演变规律，运用现代技术和科学原理，对各种运输方式的运输设施进行规划、功能设计、运营和管理，实现安全、迅速、舒适、方便、经济，并与环境相协调地运送旅客和货物，涉及工程、经济、环境、教育、法规、能源等的科学。

  本教材主要介绍交通运输工程基本概况、不同运输方式的设施设备、交通运输规划、交通运输组织管理、交通运输安全以及交通运输发展新趋势等内容，旨在帮助学生更好地构建交通运输工程学重要的知识体系，掌握交通运输工程学的基本理论、基本方法和基本技能。

  全书共分13章：第1章绪论；第2章道路交通运输系统；第3章轨道交通运输系统；第4章水路运输系统；第5章航空运输系统；第6章管道运输系统；第7章区域交通运输规划；第8章城市交通规划；第9章交通运输组织与运输服务；第10章货物运输组织；第11章旅客运输组织；第12章交通运输安全；第13章交通运输发展新趋势。

  本教材由过秀成教授主编，编写分工如下：第1章过秀成（东南大学）、温旭丽（东南大学成贤学院）；第2章王卫（东南大学）、陶涛（东南大学）；第3章叶茂（南京理工大学）；第4章徐宿东（东南大学）、温旭丽（东南大学成贤学院）；第5章陈欣（南京财经大学）；第6章邓一凌（浙江工业大学）；第7章杨洁（东南大学）、郑美娜(东南大学);第8章过秀成(东南大学)、沈佳雁(东南大学);第9、10章姜晓红(南京林业大学);第11章严亚丹(郑州大学);第12章盛玉刚(南京林业大学)、孔德文(东南大学);第13章李岩(长安大学)、朱震军(东南大学)。同时,也感谢唐爽(东南大学)、张益邦(东南大学)、龚小林(东南大学)、黄兆国(兰州理工大学)、钱思名(东南大学)等在教材资料收集、材料整理及编排过程中所做的工作。

感谢国内外交通运输类院校师生对课程建设的帮助,特别感谢窦雪萍(新加坡国立大学,National University of Singapore)、过晓宇(得州农工大学,Texas A&M University)等对教材体系和知识结构的建议。

教材在编写中参考了大量国内外文献和书籍,由于条件所限,未能与原著者一一取得联系,引用及理解不当之处敬请见谅,在此谨向原著作者表示崇高的敬意与衷心的感谢!

由于作者本人水平所限,书中难免有错漏之处,恳请读者批评指正。

电子邮箱:seuguo@163.com。

过秀成

于东南大学交通学院大楼328室

2017年10月

目录

第1章 绪论 ··· 1
 1.1 交通运输工程学的定义 ··· 1
 1.2 交通运输系统特性 ·· 3
 1.3 交通运输发展现状与趋势 ··· 8
 1.4 交通运输工程学课程教学 ··· 12
 【复习思考题】 ··· 14
 【本章参考文献与延伸阅读】 ··· 14

第2章 道路交通运输系统 ··· 15
 2.1 概述 ··· 15
 2.2 公路交通运输系统 ·· 16
 2.3 城市道路交通运输系统 ·· 27
 2.4 道路交通运输工具 ·· 37
 2.5 道路交通管理与控制 ··· 39
 【复习思考题】 ··· 43
 【本章参考文献与延伸阅读】 ··· 43

第3章 轨道交通运输系统 ··· 45
 3.1 概述 ··· 45
 3.2 铁路运输系统 ·· 47
 3.3 高速铁路系统 ·· 54
 3.4 城市轨道交通系统 ·· 62
 3.5 其他轨道交通系统 ·· 71
 【复习思考题】 ··· 74
 【本章参考文献与延伸阅读】 ··· 74

第 4 章　水路运输系统 ··· 77
4.1　概述 ··· 77
4.2　港口设施 ·· 82
4.3　航道设施 ·· 89
4.4　船舶 ··· 98
4.5　水运交通管理与控制设施 ··· 103
【复习思考题】 ·· 106
【本章参考文献与延伸阅读】 ··· 106

第 5 章　航空运输系统 ··· 108
5.1　概述 ··· 108
5.2　机场 ··· 109
5.3　航线 ··· 122
5.4　飞机 ··· 125
5.5　空中交通管理设施 ··· 127
5.6　航空运输组织 ·· 130
【复习思考题】 ·· 134
【本章参考文献与延伸阅读】 ··· 135

第 6 章　管道运输系统 ··· 137
6.1　概述 ··· 137
6.2　长距离输油管道 ·· 138
6.3　长距离输气管道 ·· 143
6.4　固体料浆管道 ··· 146
6.5　城镇燃气管道 ··· 148
6.6　输油输气管道布局 ··· 152
【复习思考题】 ·· 156
【本章参考文献与延伸阅读】 ··· 156

第 7 章　综合交通运输系统 ·· 158
7.1　概述 ··· 158
7.2　综合交通运输网络 ··· 161
7.3　综合交通运输通道 ··· 163
7.4　综合交通运输枢纽 ··· 166
7.5　综合交通运输一体化 ·· 169

【复习思考题】……172
【本章参考文献与延伸阅读】……172

第8章 区域综合交通运输规划……174

8.1 区域综合交通运输规划的总体思路……174
8.2 区域交通运输规划编制内容……177
8.3 区域综合交通运输规划……178
8.4 区域交通专项规划……188
【复习思考题】……200
【本章参考文献与延伸阅读】……200

第9章 城市综合交通体系规划……202

9.1 城市交通发展战略规划……202
9.2 城市综合交通系统规划……205
9.3 城市交通专项规划……212
【复习思考题】……221
【本章参考文献与延伸阅读】……222

第10章 运输组织与运输服务……224

10.1 运输组织……224
10.2 运输市场与服务……232
【复习思考题】……237
【本章参考文献与延伸阅读】……238

第11章 货物运输组织……239

11.1 公路货物运输组织……239
11.2 铁路货物运输组织……242
11.3 水路货物运输组织……247
11.4 航空货物运输组织……254
11.5 管道运输组织管理……257
11.6 多式联运……259
【复习思考题】……264
【本章参考文献与延伸阅读】……264

第12章 旅客运输组织……266

12.1 城际旅客运输组织……266
12.2 城市旅客运输组织……277

【复习思考题】 290
【本章参考文献与延伸阅读】 291

第13章 交通运输安全 292

13.1 概述 292
13.2 交通运输安全基础理论 297
13.3 交通运输安全分析技术 298
13.4 交通运输安全管理 309
【复习思考题】 312
【本章参考文献与延伸阅读】 313

第14章 交通运输系统发展趋势 314

14.1 交通运输系统发展需求与趋势 314
14.2 道路交通运输系统的新发展 316
14.3 轨道交通运输系统的新发展 322
14.4 航空运输系统的新发展 330
14.5 水路运输系统的新发展 332
14.6 管道运输系统的新发展 334
【复习思考题】 335
【本章参考文献与延伸阅读】 336

第1章
绪论

1.1 交通运输工程学的定义

（1）交通

《辞海》将交通定义为"各种运输和邮电通信的总称。即人和物的转运和输送，语言、文字、符号、图像等的传递和播送。"《中国大百科全书·交通卷》对交通的解释则为"交通包括运输和邮电两个方面。运输的任务是输送旅客和货物。邮电是邮政和电信的合称。邮政的任务是传递信件和包裹，电信的任务是传送语言、符号和图像。"交通是指人员的往来、货物的交流和信息的传递。人员的往来和货物的交流是通过各种运输方式，实现人和物的空间位移；而信息的传递，主要指语言、文字、图像、符号等信息的传递与播送，能够满足此需求的手段主要是邮电和通信。交通行业包括道路运输业、铁路运输业、航空运输业、水路运输业、管道运输业、邮政业和电信业，通常称为"Communication"（编者注：交通的英文准确表达应为Transportation）。由于专门化物质传输系统的形成，通常输电、输水、供暖、供气等形式的物质位移及语言、文学、符号、图像等形式的信息传输已不列入交通的范围，因此，目前的交通是指"运输工具在运输网络上的流动"。

（2）运输

《辞海》定义运输为"人和物的载运和输送"。运输是指借助公共运输线路及其设施和运输工具,实现人与物空间位移的一种经济活动和社会活动。运输应具备公共运输线路及其设施、运输工具、人和货物的空间位移等要素。而如经济活动中的输电、输水、供暖、供气,以传送语言、符号和图像等信息为特征的电信,由运输工具改作他用的特种移动设备(包括特种车辆、船舶、飞机)行驶所引起的人与物的位移,在工作单位、家庭周围、建筑工地等由运输工具所完成的人与物的位移等,均不属于运输的范围。

(3) 交通运输

交通是指运输工具在运输网络上的流动,运输是指借助公共运输线及其设施和运输工具来实现人与物空间位移的一种经济活动和社会活动。交通强调的是运输工具(交通工具)在运输网络(交通网络)上的流动情况,而与运输工具所运载人员、物资的数量没有关系。运输强调的是运输工具上载运人员和物资的数量以及位移的大小,而并不关心使用何种运输工具和运输方式。

交通量与运输量这两项指标反映了交通与运输的区别。例如,在公路运输中,交通量是指单位时间内通过道路某一地点、某一断面或某一条车道的交通实体数,它与运输对象无关。运输量是指一定时期内运送人员或物资的数量。如某路段的交通量是 8000 辆/d,这 8000 辆车的装载情况不会改变交通量,但会影响总运输量的大小。

交通与运输反映的是同一过程的两个方面。"同一过程"就是指运输工具在运输网络上的流动过程。"两个方面"指的是:交通关心的是运输工具的流动情况(流量的大小、拥挤的程度),运输关心的是流动中的运输工具上的载运情况(所载人与物的数量,将其运输了多远的距离)。在有载时,交通的过程同时也就是运输的过程。因此,运输以交通为前提,没有交通就不存在运输;没有运输的交通,也就失去了存在的必要。交通是一种手段,而运输是最终的目的,交通与运输既相互区别,又密切相关。

交通运输是指运输工具在运输网络上的流动和运输工具上载运的人员与物资在两地之间位移这一经济活动的总称。研究交通运输是探讨通过交通工具在运输网络上的流动,如何将人和物迅速、安全、经济、便利、准时地从甲地运到乙地,以创造空间效用和时间效用。

(4) 交通运输工程学

交通运输工程学是伴随着交通运输业的发展和交通运输科学技术的进步而逐步发展起来的。在交通运输工程学的发展历程中,各国学者曾尝试从不同角度、以不同观点、用不同方法提出对交通运输工程学的定义。早期的交通运输工程学主要研究对象是道路交通,主要解决道路交通系统规划与管理中的科学问题。1932 年,美国交通工程师协会认为交通运输工程学是研究道路规划、几何设计、交通管理和道路网、终点站、毗邻区域用地与各种交通方式的关系,以便使客货运输安全、有效和方便。苏联学者认为交通运输工程学是研究交通运行的规律及其对道路结构、人工构造物影响的科学。日本学者考虑客、货运输的安全、便捷与经济,认为交通运输工程学是探讨公路、城市道路及相邻连接地带的整体用地规划、几何线形设计和营运管理等问题的学科。澳大利亚布伦敦教授认为交通运输工程学是关于交通和出行的计测科学,是研究交通流和交通发生的基本规律的科学,为使人、物安全而有效地移动,将此学科知识用于交通系统的规划、设计和运营。1978 年,美国拓宽了交通运输工程学的研究范围,包含了道路、铁路、航空、水路和管道五种运输方式,并重新定义交通运输工程学为适用于所有交通工具的设施规划、机能设计,以及运用管理和技术方面的科学,实现人员与财务运输的安全、迅速、舒适、便利、经济,并且与环境相协调。至此,交通运输工程学成为了一门研究综合运输体系的学科。

我国交通运输工程学前身是"铁路、公路与水运"学科,包含 12 个二级学科:铁道工程,公路、城市道路及机场工程,桥梁与隧道工程,运输管理工程,物质流通工程,运输自动化与控制,铁道牵引电气化与自动化,机车车辆,汽车运用工程,航海技术,船机修造工程,交通工程。1997 年 6 月,国务院学位委员会和国家教育委员会联合下发《授予博士、硕士学位和培养研究生的学科、专业目录》,对学科重新分类、归并后设置了"交通运输工程"这一独立的学科门类,其二级学科包括道路与铁道工程、交通信息工程及控制、交通运输规划与管理、载运工具运用工程。

交通运输工程学以铁路、公路、水路、航空和管道等方式组成的综合运输体系为研究对象,研究人和物在一定的"质"和"量"要求下在特定时间和空间范围的移动,涉及交通基础设施的布局与修建、载运工具及运用、交通信息工程及控制、交通运输规划与管理、交通运输的现代化及安全技术等领域。学科基于交通运输系统构成要素的相互关系,围绕综合交通运输体系构建,以运输经济学、交通流理论、交通运输系统规划、交通信息工程、交通系统控制、交通运输组织与管理等为基本理论方法,并与数学、力学、经济学、管理学、系统科学、法学、机械工程、材料科学与工程、动力工程与工程热物理、信息与通信工程、控制科学与工程、计算机科学与技术、土木工程、环境科学与工程等学科密切联系,相互交叉。

综上所述,交通运输工程学是一门研究交通运输系统特征、演变规律,运用现代技术和科学原理,对各种运输方式的运输设施进行规划、功能设计、运营和管理,实现安全、迅速、舒适、方便、经济并与环境相协调地运送旅客和货物,涉及工程(Engineering)、经济(Economy)、环境(Environment)、教育(Education)、法规(Enforcement)、能源(Energy)的"6E"科学。

1.2 交通运输系统特性

1.2.1 交通运输系统构成要素

交通运输系统的构成要素主要包括载运工具、线路、枢纽场站、交通控制与管理系统、设施管理系统、信息管理系统六大部分。

(1) 载运工具

载运工具的功能在于容纳与承载被运送的人和货,如汽车、火车、轮船、飞机、管道等。有的载运工具与动力完全分离,如铁路的货车车厢、海上的驳船、集装箱拖车等;有的则与动力同体,如汽车、飞机、轮船等。

(2) 线路

线路是运输系统中连接运输始发地、到达地,供载运工具安全、便捷运行的线路。某些线路是自然形成的,如空运航线、水运的江河湖泊、海洋的航路;而大多数则是人工修建的专门设施,如铁路、公路、运河、管道等。

(3) 枢纽场站

枢纽场站是指交通运输工具出发、经过和到达的地点,为运输工具到发停留,客货集散装卸,售票待运服务,运输工具维修、管理,驾驶人员及服务人员休息,以及运输过程中转连接等的场所,包括火车站、汽车站、机场、港口、泵站等。

(4)交通控制与管理系统

交通控制与管理系统是指为保证载运工具在线路上和枢纽场站内的安全、有效运行而制定的规则及设置的各种监控、管理装置和设施,如各种信号、标志、通信、导航及规则等。

(5)设施管理系统

设施管理系统是指为保证各项交通运输设施处于完好或良好的使用或服务状态而设置的设施状况监测和维护(维修)管理系统。

(6)信息管理系统

信息管理系统是应用通信、电子信息等高新技术为现代交通运输服务的系统,通过建立一套完善的数据采集、处理与共享机制,构建交通信息平台,为交通运输的发展提供强有力的信息保障。信息管理系统在整个交通运输系统中起着桥梁和纽带的关键作用,能够使交通运输系统的其他构成要素实现有机联系并互通情报,从而实现整个运输系统的合理规划、统筹安排,提高系统的运营效率和服务质量。

为更好地分析交通运输系统,可从运输方式、服务空间、运输对象等方面对系统进行划分。

(1)按运输方式划分

交通运输系统按运输方式可划分为道路运输系统、轨道运输系统、水路运输系统、航空运输系统以及管道运输系统五个子系统。

①道路运输系统。道路运输系统是指使用汽车、挂车等载运工具在公路与城市道路上运输旅客和货物的交通运输系统,由道路、桥梁、场站等基础设施、载运工具与管理控制系统组成。

②轨道运输系统。轨道运输系统是指车辆需要在特定轨道上行驶的一类交通运输系统,主要由车辆、线路、运输场站、交通控制与管理系统、设施管理系统以及管理控制系统组成。

③水路运输系统。水路运输系统是指使用船舶(或其他水运工具)通过航道运输旅客和货物的交通运输系统,由港口、航道、船舶基础设施与管理控制系统组成。

④航空运输系统。航空运输系统是指使用航空器作为载运工具通过航线与航路运输旅客和货物的交通运输系统,由航空器、机场、航线、航路与空中交通管理系统组成。

⑤管道运输系统。管道运输系统是指使用管道输送流体货物(油品、天然气、煤浆及其他矿浆等)的交通运输系统,由大型管道、泵站和加压设备等设施组成。

(2)按服务空间划分

交通运输系统按服务空间可划分为区域交通运输系统和城市交通运输系统。

①区域交通运输系统。区域交通运输系统是指承担区域客货运输任务的各种交通运输设备、资源、人员及相应的管理组织的整体,由交通运输网络系统、交通运输生产系统以及交通运输组织管理和协调系统组成。交通运输网络系统应合理布局、衔接交通运输环节、配套相应的技术装备;交通运输生产系统实现各种运输方式的联合运输,发挥综合运输优势;交通运输组织管理和协调系统实现区域交通运输的统筹管理、规划、组织与协作。

②城市交通运输系统。城市交通运输系统由道路系统、流量系统和管理系统组成。道路系统包括各种等级的街道、交叉路口和交通管理设施;流量系统包含行驶在道路上的各种车辆及行人,交通流量的计算分析往往以一定时间内通过道路上某一位置的标准车辆数为单位;管理系统则是指管理交通网络和流量的各种规章制度。

(3) 按运输对象划分

交通运输系统按运输对象可划分为旅客运输系统和货物运输系统两个子系统。

1.2.2 交通运输系统特征

1) 各种运输方式的技术经济特征

交通运输系统的五大运输方式虽在满足人或物的空间位移的要求上具有同一性,但其技术性能(速度、质量、连续性、保证货物的完整性和旅客的安全与舒适性等)、对地理环境的适应程度和经济指标(如能源和材料消耗、投资、运输费用、劳动生产率等)都是不同的,可从送达速度、运输能力、运输成本、投资水平、土地资源占用、运输舒适性与机动性等方面对各种运输方式的技术经济特征进行评价。

(1) 送达速度

技术速度决定载运工具在途运行的时间,而送达速度除在途运行时间外,还包括途中的停留时间和始发、终到两端的作业时间。对旅客和收发货人而言,送达时间具有实际的意义。在评价某种运输方式的速度指标时,还应适当考虑运输的频率(或间隔时间)和运输经常性对送达速度的影响。

各种运输方式有其适用的速度范围,公路运输的最优速度为 50~100km/h;铁路运输为 100~300km/h;航空运输为 500~1000km/h;水路运输一般在 50km/h 以下。

(2) 运输能力

运输能力分单个运输工具的运输能力和运输线路的运输能力。单个运输工具的运输能力,一般旅客列车载运人数达 1000~2000 人,运输货物可达 2000~3000t;内河航行轮船的吨位从数十吨到数千吨不等,长江上的顶推船队运载能力可达 20000~30000t;公路运输单车的载重量存在较大差异,单车平均载重量为是 4.6t,其中小型汽车的载重量为 0.1~1t,大型汽车的载重量可达 200~300t;航空运输载客人数 100~300 人,载重量为 60~70t。运输线路的运输能力一般取决于运输线路的等级,总体如表 1-1 所示。

各运输方式的线路运输能力比较表　　表 1-1

运输方式	铁路运输	水路运输(内河)	公路运输	航空运输	管道运输
最大运输能力 (万 t/年)	单线:1800 双线:5500	船闸单线:2000 双线:4000	4 个车道 300~500	波音 747:291 客座 A310-300:218 客座	管径 762mm;输油 2000 管径 564mm;输油 10000

(3) 运输成本

通常情况下水路运输和管道运输成本最低,其次为铁路和公路运输,航空运输成本最高,但各种运输方式的成本水平是受多种因素影响的。例如,与运量无关的固定费用,如果在运输成本中所占的比重较大,则成本水平受运输密度的影响也较大,通常对铁路运输影响最为显著。运输距离对运输成本也有很大的影响,两端作业成本(始发和终到)的比重随着运输距离的增加而下降,通常对水路运输的影响最大,铁路次之,公路最小。运载工具的载重对运输成本亦有相当的影响,载重量较大的运输工具通常其运输成本较低。

(4) 投资水平

各种运输方式由于其技术设备的构成不同,在投资总额、投资期限和初期投资的金额等方面具有较大差异。例如,铁路技术设备(线路、机车车辆、车站等)需要投入大量的人力物力,投资额大而且工期长。相对而言,水路运输是利用天然航道进行的,其设备的投资远低于铁路,投资主要集中在船舶、码头。比较各种运输方式的投资水平,还需要考虑运输密度和运载工具利用率等因素。

(5) 土地资源占用

各类运输方式中,公路和铁路运输是占用土地较多的方式,平均每公里公路占用土地约 $1hm^2$,每公里铁路占用土地 $2\sim2.7hm^2$;一个中型机场的占地面积约为 $20hm^2$,一个中等规模的港口泊位占地约 $8hm^2$;管道运输因管道一般埋设于地下,对土地占用量较少。

(6) 运输舒适性与机动性

运输舒适性不仅取决于运载工具本身的技术性能、运输过程中的服务质量、旅途时间等,也与旅客个人的主观感受密切相关。一般认为,航空运输的舒适性最好,现代客机的客舱宽敞、噪声小、机内有供膳、视听设施等服务,为旅客创造了舒适的旅行环境;铁路运输具有空间大、自由活动范围宽(人均乘坐面积:铁路为 $0.57m^2$/人,公路为 $0.28m^2$/人,民航为 $0.33m^2$/人)、设施相对完备、列车运行平稳等优势,也具有较好的舒适性;公路运输的短途运输对旅客舒适性影响不大,但中长途运输的舒适性较差。

在运输机动性方面,公路运输最为机动灵活,可以减少中转环节及装卸次数,实现"门到门"的运输;航空运输的机动性体现在不受地理条件的限制,可以跨越地形地貌、山川河流,这种机动性对于紧急救援、国防建设、处理突发事件等具有重要作用;铁路、水路运输受线路的限制,机动性较差,且铁路、水路运输的到发点常需要公路运输衔接。

2) 五种运输方式的适用性

五种运输方式各有优势,也各有其不同的适用范围。各运输方式之间相互补充、相互协作,充分发挥各自优势,才能最大限度节省建设投资和运输费用,提高综合运输能力。五种运输方式的适用性如下:

①道路交通运输在中短途运输中效果最突出,特别是"门到门"的运输更显优越,可补充和衔接其他交通运输方式,如担负轨道、水路运输达不到的区域以及起讫点的接力运输;

②轨道交通运输适合经常稳定的大宗货物运输,特别是中长途货物运输,也适合中长途、短途城际和现代快速市郊旅客运输;

③水路运输货种受限制少,适用于大宗货物的长途运输,尤其是远洋运输,是国际贸易的重要交通运输方式;

④航空运输适用于长途旅客运输、货物运输及邮件运输,包括国际和国内运输,在通用航空运输方面(摄影、人工降雨、林业播种、抗灾救护等)更显优势;

⑤管道运输是流体能源适宜的运输手段,适用于单向、定点、量大的货物运输,尤其是输送属危险品的油类,由于管道埋在地下,受地面干扰少,运送此类货物较为安全。

3) 交通运输系统的特征

(1) 协调性

交通运输系统包含多个子系统,其总体功能的发挥依赖于各子系统的协调发展。交通运输系统与其子系统之间、子系统与子系统之间,存在着时空和资源利用方面的联系,各子系统的相互协调有助于整个交通运输系统的顺畅运行。

(2) 动态性

交通运输系统随国民经济发展而演变,与国民经济发展是一个动态适应过程;交通运输系统中的人流、物流、车流等要素也处于动态流动状态。

(3)复杂性

交通运输系统自身结构比较复杂,交通运输需求纷繁多样,涉及各种人力、物力、财力资源的组织和合理利用,同时交通运输系统内各种载运工具的容量、行驶速度、行驶线路和配套设施等各不相同。

(4)多目标性

交通运输系统具有安全、便捷、高效、绿色、经济等多重目标,不同目标间会存在一定冲突,需协调各要素目标,实现交通运输系统总体最优的效果。

1.2.3 交通运输系统性质与作用

1)交通运输系统的性质

交通运输系统在整个国民经济系统中起着纽带的作用,它把社会生产、分配、交换和消费各个环节有机联系起来,是保证社会经济活动得以正常进行和发展的前提条件。交通运输系统具有以下性质。

(1)交通运输系统是社会经济系统基础的子系统

工农业生产、人民生活及其他社会经济活动诸方面对交通运输系统有普遍的需求,交通运输系统是社会经济最基础的子系统,是其他子系统得以有效运转的主要载体,是各子系统之间协调发展的基本条件,也是社会再生产得以延续的不可缺少的基本环节。交通运输作为满足运输需求的手段,对国民经济的影响是全局性的,经济效益主要体现在交通运输对象上,交通建设项目效益主要通过国民经济社会效益体现。

(2)交通运输系统与空间地理具有相关性

交通运输系统中的交通基础设施建设在区域空间和地域上具有不可移动性,由于运输与生产、消费是同时发生的,运输过程、运输量、运输能力、运输组织都具有不可储存性,需长期有计划地、可持续地建设和累积。

(3)交通运输系统各运输方式子系统具有协同与互补性

交通运输系统在完成具体的客货运输任务时,不同空间范围内各子系统具有协同与互补乃至可替代性,交通运输方式、载运工具的选择一定程度上可以优化。交通运输业与邮电通信业之间也存在着某些替代关系,使得发展综合交通运输系统成为可能。

2)交通运输系统的作用

(1)服务人民出行与货物运输

国民经济、产业结构、能源生产等方面的发展带动人民出行需求和货物运输需求的增长,交通运输系统的建设能够支撑客货运输需求的发展,保障国民经济、人民生活、工农业生产等的正常进行。

(2)保障国家与地区重大战略实施

交通运输具有基础性、服务性、先导性和战略性,国家与区域重大战略的实施需要交通作为保障,交通运输系统能够更便捷、高效、绿色、经济、安全地为国家与地区重大战略服务。

(3)支撑国土空间开发

交通运输系统对国土空间开发具有支撑作用,铁路、公路、水路、航空等多种运输方式间的线位衔接,可促进空间资源集约、节约利用。同时,通过与国土空间规划对接,实现交通基础设施建设线位、点位等空间资源有效预留,也能保障交通健康可持续发展。

(4) 支撑国防安全

交通运输系统提高了交通网络韧性，增强了国际关键节点、国内重要口岸、能源基地、重大自然灾害多发地区以及其他特殊地区的连接可靠性，能够应对各类重大系统安全风险，确保粮食、能源、国防等物资的运输，支撑国家安全战略物资的投送。

1.3 交通运输发展现状与趋势

1.3.1 交通运输发展阶段

交通运输伴随科技的进步而不断发展，按照在不同时期起主导作用的运输方式的不同，交通运输可以划分为四个阶段：即水路运输阶段，铁路运输阶段，公路、航空和管道运输阶段以及综合运输发展阶段。

(1) 水路运输阶段

水路运输是一种历史最悠久的交通运输方式，源于木头浮力在运输中的运用。在中国的周朝或其前，就已经出现了独木舟；春秋时期的吴国已能制造中型木船；西汉武帝时期，木船已经可以运载千余人；始建于春秋时期的京杭大运河是世界上修建时间最早、使用最久、空间跨度最大的人工运河。至19世纪初，詹姆斯·瓦特改良的蒸汽机被应用于水路运输后，便开始了海上运输的机械化时代。1833年，汽船"皇家威廉"号首次横渡大西洋。其后半个多世纪，汽船取得快速发展，船身由木制变成铁制，而后变成钢制。19世纪中叶，边轮推进器被螺旋桨推进器所取代。1854年和1897年第一个复合往复式蒸汽机及蒸汽涡轮先后应用。1865年，中国设计制造的蒸汽机船开始航行于海上和内河。进入20世纪后，蒸汽涡轮取代了蒸汽机，推动水路运输进一步发展。

(2) 铁路运输阶段

1825年，英国在斯托克顿至达灵顿修建世界第一条铁路并投入公共客货运输，标志着铁路时代的开始。蒸汽机的改良和锻铁铁轨的出现促使铁路迅速发展。19世纪，英国、美国和西欧各国都掀起了铁路建设的高潮。到19世纪后期，铁路建设已扩展到非洲、南美洲和亚洲各国，铁路成了陆地交通的主要工具。进入20世纪后，铁路运输完成了一系列技术改进，包括焊接的无缝钢轨、机械化养路装置、电子中央控制系统、闭塞信号系统以及自动化的列车控制系统等。为进一步提高铁路相较公路的运输优势，1964年日本首先推出了运行速度最高达200km/h以上的高速铁路系统——新干线高速铁路。随着高速铁路网的扩展，列车时速又提高到300km。

我国第一条自主设计建造的铁路——京张铁路于1909年建成通车，詹天佑将"人"字形铁路首次运用在我国干线铁路设计上。2019年，全程174km、最高时速达到350km的京张高速铁路建成，开启了世界智能高速铁路的先河，见证了中国铁路的发展。

(3) 公路、航空和管道运输阶段

1885年，第一辆四冲程汽车在德国的诞生标志着现代公路运输的开始。1929—1932年间建造的长约20km的德国科隆和波恩间的高速公路，是世界上第一条符合现代高速公路标准的道路。伴随汽车工业的发展和公路网的扩张，公路运输充分发挥其机动灵活、迅速方便的优势,在短途和长途运输方面地位显著。我国高速公路建设起步于20世纪80年代。1988年,上海沪嘉高速公路和辽宁沈大高速公路(部分路段)建成通车,截至2021年底,我国高速公路通车里程达16.1万km,稳居世界第一。

人类首次飞行是美国莱特兄弟在1903年用螺旋桨做动力的飞行,这也是飞机的雏形。1909年,我国飞行家冯如驾驶自制飞机试飞成功。随着飞机设计技术的进步、机构的完善,民航运输得以发展。1914年美国首次开辟了从坦帕到圣彼得堡的定期航班;1919年,德国、法国、英国等也相继开辟了定期客运航班。我国于1920年试飞北京至天津成功,开辟了我国最早的国内航线。航空发动机的不断改进、航空港的建设、大型喷气式客机的研发等飞行科技的提升,推动了民航运输事业的快速发展。

现代管道运输起源于1865年美国宾夕法尼亚的第一条原油管道。进入20世纪后,由于大量油田的发现,油管运输成为一种重要的运输方式。1958年中国修建了从新疆克拉玛依到乌苏独山子的第一条输油管道。1971年后,管道运输的货物已不限于原油及汽油等油类产品,可采用煤浆管道来运送煤炭或石灰。

20世纪30—50年代,公路、航空和管道运输相继发展,发挥的作用显著上升,与铁路运输形成了激烈的竞争关系。

(4)综合运输发展阶段

20世纪50年代,人们开始认识到在交通运输的发展过程中,道路运输、轨道运输、水路运输、航空运输和管道运输这五种运输方式是相互协调、竞争和制约的,需进行综合考虑,协调各种运输方式之间的关系,构成一个现代化的综合运输体系。综合运输发展阶段的重点之一是在整体上合理进行运输方式之间的分工,发挥各运输方式的优势。

自改革开放起至20世纪末,我国交通运输建设的重点是处理好交通运输与国民经济发展的关系,公路、铁路、水路、航空、管道等各种运输方式之间的关系以及各运输方式内部的结构关系,促进综合运输理论同步快速发展。

进入21世纪,随着我国经济社会及交通运输自身发展阶段和条件变化,以及信息科学、大数据与人工智能等相关技术的应用,我国综合交通运输理论与政策研究也在不断调整与拓展,在强调各种运输方式自身加快完善网络与枢纽、提升运输能力,促进各运输方式间合理分工、协同发展的理论研究与实践探索基础上,进一步提出综合交通运输"系统观""空间观""战略观"等发展理论。"系统观"从经济社会、生态环境等审视综合交通运输系统的衔接和均衡发展问题;"空间观"从国际、国内跨区域、城市群、都市圈、城市、乡村等不同空间尺度研究分析综合交通运输体系的整体布局和建设发展问题;"战略观"是根据经济社会和交通运输发展阶段变化,研究综合交通运输地位、作用及发展战略和策略等问题。

1.3.2 我国交通运输体系基本概况

我国交通运输体系经过不断建设和完善,在基础设施网络、交通运输规模与结构、载运工具装备水平、科技创新能力、运输安全水平和运输服务质量等方面进步显著,已初步形成全国性的结构合理、协调发展的现代化交通运输体系。

(1)交通运输基础设施网络

"五纵五横"综合运输大通道基本贯通。截至2020年,包括铁路、公路、内河航道、民航、输油气管等在内的全国综合交通网总里程达561.6万km。其中铁路营业里程14.6万km,全国铁路网密度为 152.3km/万 km²，高速铁路路网密度达到 39.6km/万 km²；公路通车里程 519.81 万 km，公路网密度达 54.15km/百 km²；内河航道通航里程达 12.7 万 km，其中等级航道 6.7 万 km，占总里程的 52.4%；民用航空机场达 241 个，其中，年旅客吞吐量达到 1000 万人次的运输机场 27 个（受新冠肺炎疫情影响，较 2019 年减少 12 个），年货邮吞吐量达到万吨的机场 59 个；输油（气）管道里程达 14.4 万 km，基本形成了"西油东送、北油南运、西气东输、北气南下、缅气北上、海气登陆"的多元供应管网格局。

（2）交通运输规模与结构

2019 年，全社会完成营业性客运量、旅客周转量分别为 176.0 亿人次、35349.2 亿人·km。其中，铁路客运量和旅客周转量分别达 36.6 亿人次、14706.6 亿人·km；民航客运量和旅客周转量分别达 6.6 亿人次、11705.3 亿人·km；公路客运量和旅客周转量分别达 130.1 亿人次、8857.1 亿人·km。铁路、民航、公路旅客周转量比重分别为 41.60%、33.11% 和 25.06%，水路旅客周转量比重保持在 0.23%。全社会完成营业性货运量、货运周转量分别为 470.7 亿 t、19.9 万亿 t·km。公路、水路、铁路货物周转量比重分别为 41.03%、34.34% 和 20.77%，民航和管道货物周转量比重相对稳定，保持在 0.18% 和 3.68%。

（3）载运工具装备水平

2020 年，全国铁路机车拥有量为 2.2 万台，其中包括内燃机车 0.8 万台，占 36.4%，电力机车 1.4 万台，占 63.6%。全国铁路客车 7.6 万辆，铁路货车 91.2 万辆。动车组 3918 标准组、31340 辆。城市轨道交通装备设备国产化率接近 80%。民用汽车数量达 28087 万辆，全国共有营运载客汽车 61.26 万辆，共计 1840.89 万客位，公共汽电车 70.44 万辆，巡游出租车 139.4 万辆。全国拥有水上运输船舶 12.68 万艘，净载重量 27060.16 万 t。民航拥有运输飞机在册 3903 架，国内快递行业专用飞机从无到有，总量达到 116 架。西气东输全线建成，其中二线工程建设中应用了卫星遥感、航测、三维设计等先进技术。

（4）科技创新能力

高速铁路、高寒铁路、高原铁路、重载铁路等技术创新，港珠澳大桥、西成高铁秦岭隧道群、洋山港集装箱码头、北京大兴国际机场等工程建设，"复兴号"高铁、新能源汽车、C919 大飞机等装备技术突破，北斗系统、5G 通信、大数据、人工智能等新兴技术与交通运输管理和服务的全面融合，为我国交通运输高质量发展提供创新动力。

（5）运输安全水平

我国交通运输始终将人民生命安全放在首位，防范重特大交通事故发生与压减交通事故死亡率并重。铁路安全水平世界领先；运输船舶百万吨港口吞吐量等级以上事故件数年均下降 5% 左右；航空系统建成统一运行的监控和流量管理平台，推进协同决策系统（CDM）与机场协同决策系统（A-CDM）建设对接，实现民航客机全球追踪监控系统全覆盖。

（6）运输服务质量

城乡客运、城市公共交通服务模式创新；集中连片特困地区交通运输基础设施、西部地区高速轨道加快建设；"互联网+交通"新模式，刷脸进站、"无纸化"登机、无人机投递、无接触配送、智慧停车、道路客运定制服务等新业态提升运输便捷度；建成了一批具有辐射带动作用的综合交通枢纽城市，形成了以机场、轨道车站等为代表的大型综合客运枢纽；综合货运枢纽站场（物流园区）投入运营，货物物流降本增效。2019 年，全社会物流总费用占国内生产总值（GDP）的比例下降至 14.7%。

1.3.3　我国交通运输系统发展趋势

我国正处于全面建设社会主义现代化强国的新发展阶段,对交通运输系统的转型发展提出了新的要求,应以综合交通运输系统一体化融合为目标,实现运输系统安全、智慧、绿色的高质量发展,推动交通发展由追求速度规模向更加注重质量效益转变,由各种交通方式相对独立发展向更加注重一体化融合发展转变,由依靠传统要素驱动向更加注重创新驱动转变,构建安全、便捷、高效、绿色、经济的现代化综合交通运输体系,打造一流设施、一流技术、一流管理、一流服务,建成人民满意、保障有力、世界前列的交通强国。分两个阶段推进综合交通运输体系建设,到2035年,实现综合交通的一体化融合发展;到21世纪中叶,实现综合交通安全、智慧、绿色的高质量发展。

(1) 综合交通一体化融合发展

构建多层次协调的综合交通网络系统,统筹综合交通通道、综合交通枢纽一体化规划建设,推进交通基础设施网与运输服务网、信息网、能源网的融合发展以及城乡区域交通协调发展,加快交通与邮政快递、现代物流、旅游、装备制造等相关产业的融合发展,实现旅客联程运输便捷顺畅,货物多式联运高效经济。

(2) 综合交通高质量发展

基础设施规模质量、技术装备、科技创新能力、智能化与绿色化水平位居世界前列,交通安全水平、治理能力、文明程度、国际竞争力及影响力达到国际先进水平。着力构建安全管控体系,加强交通运输安全与应急体系建设,注重安全生产源头治理,强化重点行业领域安全监管,营造良好的交通运输安全环境;大力发展智慧交通基础设施,推动客货运输服务智能化应用和行业治理数字化转型升级;落实生态环境保护理念,促进资源节约集约利用,推进交通运输节能减排降碳;加强交通运输人文建设,积极深化行业改革,提升交通法治能力。

1.3.4　交通运输工程学科的重点研究方向

当前交通运输正朝着综合一体化融合和安全、智慧、绿色高质量的方向发展,本学科覆盖的领域和科学研究方向也需要拓宽更新,以适应综合交通运输发展的需要。

(1) 需研究综合交通运输理论,构建支撑综合交通运输高质量发展的理论创新体系

《国家综合立体交通网规划纲要》对我国综合立体交通网规划建设提出了新要求,综合交通运输理论也面临新挑战。面向超大规模的综合交通运输系统深度融合问题,需加快推进我国交通运输领域基础理论的创新发展,引入大数据、人工智能、5G、新基建等新技术,构建综合立体交通运输系统协同分析方法,加强综合交通运输系统量化分析与科学决策能力。

(2) 加快移动互联网、云计算、物联网、人工智能等先进技术与交通运输的结合,提升交通运输智能化水平

推动交通基础设施规划、设计、建造、养护、运行管理全要素、全周期数字化,实现基础设施全生命周期健康性能监测。推动载运工具、作业装备智能化,鼓励具备多维感知、高精度定位、智能网联功能的终端设备应用,提升载运工具远程监测、故障诊断、风险预警、优化控制等能力,提升交通运输质量和效率。

(3) 以集约化低碳化为目标加快完善绿色交通体系

我国提出的2030年前实现碳达峰、2060年前实现碳中和的"双碳"目标要求交通运输必

须更加注重集约化、低碳化,构建以绿色交通为主导的综合客运体系,推进货物运输结构优化调整。在交通设施的规划、设计、建造、使用和养护各阶段充分考虑对资源的集约节约利用,尽可能减少对环境的污染。要加大推广新能源和清洁能源运输工具,推动绿色交通科技研究及成果转化应用。开展以绿色交通新技术、新产品、新装备为重点的科技联合攻关,加快先进成熟适用绿色技术的示范、推广与应用。

(4) 深入研究交通运输过程中的安全运行规律和安全技术保障

交通运输安全技术和保障问题仍是当前交通运输中的薄弱环节,需深入研究交通运输过程中的安全运行规律和安全技术保障。提高载运工具及设施装备的安全技术性能;加快应急预案体系和应急信息系统建设;提升交通运输安全治理能力,将运输安全贯穿于交通运输的全领域和全过程。

(5) 推进交通运输治理体系和治理能力现代化

需构建系统完备、科学规范、运行有效的交通运输制度体系,完善跨领域、网络化、全流程的交通运输现代治理模式,提升系统治理、依法治理、综合治理、源头治理水平,形成全社会共建共治共享的交通运输治理格局,把制度优势更好转化为行业治理效能。

1.4 交通运输工程学课程教学

1.4.1 交通运输工程类专业人才培养目标

结合新时期交通运输工程发展要求与学科特点,交通运输工程类专业人才的培养应适应国家经济社会发展对交通运输系统规划、设计、建设、管理等方面高素质人才的需求,以"培养德、智、体、美、劳全面发展的社会主义合格建设者和可靠接班人"为根本遵循,培养具有家国情怀和国际视野,掌握扎实的自然科学、人文科学基础知识和交通运输工程理论方法,具有交通工程项目实践能力与独立的创新性科研能力,展现全面综合素质、终身学习能力、工程责任意识和社会责任感,担当引领未来和造福人类的未来战略科学家、工程科技领军人才和交通运输行业领军人才。交通运输工程类专业人才应具备如下的知识、能力和素质:

①具有良好的思想道德修养、人文素养、工程伦理、文化自信、法治意识和国家安全意识,以及强烈的社会责任感,精益求精的大国工匠精神,科技报国的家国情怀与使命担当,自主学习和终身学习能力。

②具有从事工程规划与设计所需的相关数学、自然科学、经济管理以及人文科学的知识。

③掌握扎实的交通运输工程的理论方法与技术及掌握交叉学科的基本方法和技能。

④了解科技革命(包括大数据、互联网、信息技术)和先进生产方式及交通运输工程的前沿发展现状与趋势。

⑤具有综合运用所学的科学理论与方法和技术手段独立分析和解决工程问题的能力。

⑥熟悉交通运输工程领域的规范、规程、技术标准,和相关行业的政策、法律和法规。

⑦具有开拓创新意识和产品开发与设计的能力,以及工程项目策划、商务与管理的基本

能力。
⑧具有良好的组织管理、交流沟通、环境适应和团队合作能力。
⑨具有应对危机与突发事件的基本能力和良好的领导能力。
⑩具有国际视野和多种文化环境下的交流、竞争与合作的基本能力。

1.4.2 课程教学目标

交通运输工程学课程作为交通运输工程类专业的大类学科基础课,其开设目的是引导学生专业情怀和兴趣,初步构建交通运输工程专业的知识架构,掌握本专业的基本知识、基本概念、基本方法和基本技能。

交通运输工程学课程的教学旨在帮助学生了解交通运输工程的基本情况、学科重点研究方向以及人才培养要求;掌握道路运输、轨道运输、水路运输、航空运输以及管道运输等不同运输方式的设施设备、运输能力及管控系统;理解综合交通运输系统构成、运输网络层次、运输通道分类、运输枢纽功能以及综合交通运输一体化融合;明确区域综合交通运输规划与城市综合交通体系规划的内容与流程;掌握多种运输方式的客货运输组织方法以及交通运输安全分析与管理技术;了解交通运输系统发展的新趋势。

1.4.3 教学内容

本书按照不同运输设施及能力、装备及设备、运行特征到综合交通运输系统、交通运输规划、交通运输组织管理、交通运输安全再到交通运输系统发展的新趋势的思路进行课程内容组织。

全书共分14章。第1章绪论包括交通运输工程学的定义,交通运输系统的构成与特性,公路运输、铁路运输、水路运输、航空运输和管道运输这五大运输方式的技术经济特征与适用范围,交通运输的发展现状与趋势以及交通运输工程学的重点研究方向。

第2~6章阐述了不同运输方式的设施设备,主要根据道路运输系统、轨道运输系统、水路运输系统、航空运输系统以及管道运输系统,分别介绍各种运输方式的设施构成、设施能力以及各种运输方式的交通控制与管理方法。

第7章综合交通运输系统介绍了系统构成要素、特征与性能,综合交通运输网络层次、运输通道分类、运输枢纽功能以及综合交通运输一体化融合方法。

第8~9章为交通运输规划,分为区域综合交通运输规划和城市综合交通体系规划,包括各类交通运输规划的原则、内容和流程。

第10~12章为运输组织与运输服务,分别从货物运输和旅客运输两方面介绍了多种运输方式的组织要求和组织形式,以及多种运输方式的组织生产与管理过程。

第13章交通运输安全介绍了道路、轨道、水路、航空、管道运输等各种运输方式的特点,运输事故的分类分级,事故影响因素,交通运输安全分析技术以及交通运输安全管理方法。

第14章交通运输系统发展趋势主要介绍了交通运输系统建设的总体需求和目标,以及道路、轨道、航空、水路、管道运输系统在载运工具、基础设施、运输管控等方面的变革与发展新要求。

【复习思考题】

1. 简述交通运输工程学的定义。
2. 交通运输系统的构成要素有哪些？试从运输方式、服务空间、运输对象等方面对交通运输系统进行划分。
3. 试比较五种交通运输方式的技术经济特性。
4. 简述交通运输系统的特性与作用。
5. 交通运输发展可划分为哪几个阶段？不同阶段主要呈现什么特征？
6. 试结合所熟悉的市县域，思考现阶段交通运输发展面临的问题及发展趋势。
7. 结合我国交通运输现代化建设要求，思考现阶段交通运输工程学科的发展方向与研究重点。
8. 谈谈交通运输工程学专业类学生应具备哪些知识、能力与素质。

【本章参考文献与延伸阅读】

[1] 中共中央,国务院.交通强国建设纲要[EB/OL].(2019-09-19)[2022-10-01].http://www.gov.cn/zhengce/2019-09/19/content_5431432.htm.

[2] 中共中央,国务院.国家综合立体交通网规划纲要[EB/OL].(2021-02-24)[2022-10-01].http://www.gov.cn/zhengce/2021-02/24/content_5588654.htm.

[3] 交通运输部科学研究院.中国可持续交通发展报告[EB/OL].(2021-10-14)[2022-10-01].https://xxgk.mot.gov.cn/2020/jigou/gjhzs/202112/t20211214_3631113.html.

[4] 中华人民共和国交通运输部.综合运输服务"十四五"发展规划[EB/OL].(2021-11-18)[2022-10-01].https://xxgk.mot.gov.cn/2020/jigou/ysfws/202111/t20211118_3626733.html.

[5] 国家发展改革委员会综合运输研究所.中国交通运输发展报告2021[M].北京:中国市场出版社,2021.

[6] 沈志云,邓学钧.交通运输工程学[M].北京:人民交通出版社,2003.

[7] 冯树民.交通运输工程学[M].北京:知识产权出版社,2004.

[8] 邓学钧,刘建新.交通运输工程导论[M].北京:清华大学出版社,2009.

[9] 王炜,陈峻,过秀成.交通工程学[M].3版.南京:东南大学出版社,2019.

[10] 胡思继.交通运输学[M].北京:人民交通出版社,2011.

[11] 于英,周卫琪,陆颖,等.交通运输工程学[M].3版.北京:北京大学出版社,2012.

[12] 陈大伟,李旭宏.运输工程[M].北京:人民交通出版社股份有限公司,2014.

[13] 顾保南,赵鸿铎.交通运输工程导论[M].3版.北京:人民交通出版社股份有限公司,2015.

[14] 《综合交通运输导论》编委会.综合交通运输导论[M].北京:人民交通出版社股份有限公司,2021.

第 2 章
道路交通运输系统

2.1 概 述

2.1.1 道路交通运输系统构成

道路交通运输是使用汽车等运输工具在公路或城市道路上从事的旅客和货物交通运输。道路交通运输是综合交通运输系统的重要组成之一,是国民经济社会发展的重要推动力。道路交通运输系统可以分为公路交通运输系统和城市道路交通运输系统。公路交通运输系统旨在各级政府所建的连接城市之间、城乡之间、乡村之间实现旅客和货物的高效率运输;城市道路交通运输系统基于土地利用和交通系统的互动关系机理,研究城市客运和货运系统的组织。

(1)公路交通运输系统的组成

公路交通运输是使用汽车和其他运输工具在公路上从事旅客和货物的运输。它是有别于航空、铁路、水路、管道等的一种运输方式。公路交通运输系统包括公路运输设施(公路及场站)、运输设备(车辆)、运输对象(旅客、货物)及劳动者(驾驶员)等,可以分为公路运输线路设施和公路运输场站设施两大类。

①公路运输线路设施。公路是一种线型构造物,是汽车运输的基础设施,由路基、路面、桥梁、涵洞、隧道、防护工程、排水设施与设备以及山区特殊构造物等基本部分组成。

②公路运输场站设施。公路运输场站设施,主要指组织运输生产所需要的生产性和服务性的各类建筑设施,如客运站、货运站、停车场(库)、加油站及食宿站等。

(2)城市道路交通运输系统的组成

城市道路交通运输系统主要由路网系统、交通监测和控制系统构成。路网系统是城市道路交通流运行的载体,主要由道路和交叉口组成;其中,道路主要保证城市各区域的连通性及路网的可达性,交叉口则是道路交汇的冲突点,负责组织与连通相交汇的不同道路。交通监测和控制系统通过获取城市道路运行状态,采取道路交通实施信号/通行等控制指引交通流有序通行。

2.1.2 道路交通运输功能

道路交通运输系统的目的是以满足人与物的位移为核心,保证服务正常,减少环境污染,实现空间和时间效益,并取得最佳的经济效益。

(1)公路交通运输的功能

公路交通运输具有以下功能:

①承担中短途运输。中短途运输主要包括城间公路客货运输、城市市区与郊区客货运输及厂矿企业内部生产过程运输等。其中短途运输是指运距在 50km 以内的运输;中途运输是指运距达 50~200km 的运输。

②独立承担长途运输。由公路承担长途运输时,一般要求经济运距超过 200km。发展中国家公路运输的经济运距虽然低于 200km,但是基于国家政治与经济建设等方面的需要,也常常由公路承担长途运输。

③与其他运输方式衔接。货物从生产地点到消费地点或旅客由出发地到目的地的全部运输过程,往往需要由几种运输工具分工协作才能完成,公路在整个运输过程中,作为运输的起终点,或中间某一段运输所用方式的中短途接力运输即为公路的衔接功能。公路运输的机动灵活性和"门到门"直达运输的特性,使之不仅可以起到各种运输方式之间的纽带作用,将各种运输方式联结成为综合运输网络,而且可以最终将客货运输对象运送到目的地。

(2)城市道路交通运输的功能

城市道路交通运输功能是指为城市居民的各种出行活动提供必要的条件,将城市居民的各种出行活动有机地连接在一起,城市道路交通运输设施和服务质量与城市的结构、规模、空间布局、居民生产生活、出行方式、时空分布等密切相关;交通与建筑物和建筑内的活动是相互依存的,通过城市道路把城市居民生活的各种活动连接起来。

2.2 公路交通运输系统

2.2.1 公路运输线路设施

1)公路的组成

公路是一种建筑在大地上的带状空间结构物。它主要承受各种汽车车轮荷载的重复作用,并受到各种自然因素的长期影响。因此,公路不仅要有平顺的线形、缓和的纵坡,还要有坚固稳定的路基、平整和抗滑性好的路面、牢固可靠的桥涵以及必要的防护工程和附属设施,以满足公路交通的要求。

公路工程由路线工程和结构工程两大部分组成。

(1) 路线工程

公路路线即公路的中心线。公路为平面上有曲线、纵面上有起伏的立体空间线形结构物。路线平面的形状称为平面线形,平面线形由直线、圆曲线和缓和曲线组成,其中缓和曲线是指设置在直线和圆曲线间或半径相差较大、转向相同的两圆曲线间的一种曲率连续变化的曲线。平曲线是指在平面线形中路线转向处曲线的总称,包括圆曲线和缓和曲线;竖曲线则是指在道路纵坡的变坡处设置的竖向曲线。在进行路线设计时,为满足汽车运动学和力学要求,研究如何满足视觉和心理方面的连续、舒适、与周围环境相协调,并有良好的排水条件的工作,称为平、纵线形组合设计。

公路路线的平面、纵断面和横断面是公路的几何组成部分,如图 2-1 所示。

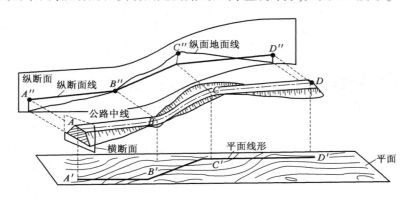

图 2-1 公路路线的平面、纵断面、横断面示意图

公路的选线是指根据道路的性质、任务、等级和标准,结合地形、地质和地物及其沿线条件,综合平、纵、横三方面因素,在实地或纸上选定道路中线的平面位置。选线的一般方法有实地选线、纸上选线、航测选线等。一条公路路线的选定是经过由浅入深、由轮廓到局部、由总体到具体、由面到带到线的过程。选线的一般步骤为:确定路线的基本走向,确定路线走廊带,确定路线方案,选定具体线位。

(2) 结构工程

公路的结构主要包括路基、路面、桥涵、隧道等设施。

① 路基。路基是公路的重要组成部分,是线形构造物的主体。路基是路面的基础,它与路面共同承受车辆荷载的作用。路基通常由天然土石材料修筑而成,必须具有足够的强度、整体稳定性和水稳定性。路基构造的基本形式如图 2-2 所示。

a) 路堤   b) 路堑

图 2-2

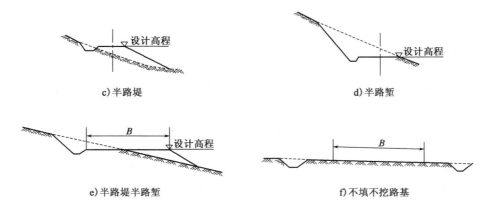

图 2-2　路基构造的基本形式

②路面。路面是公路与汽车车轮直接接触的结构层,主要承受车轮荷载和磨损,其结构如图 2-3 所示,因此要求路面具有足够的强度、稳定性、平整度和粗糙度,以便车辆在其表面安全而舒适地行驶。路面工程的质量直接影响到公路的使用性能和服务质量。

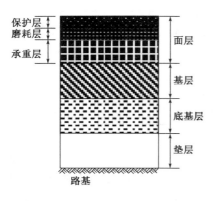

图 2-3　路面的基本结构

路面可以分为两种,即沥青路面和水泥混凝土路面。

沥青路面是由沥青作为结合料,黏结矿料修筑面层,并和基层(底基层)、路基(垫层)共同组成的路面结构,也称柔性路面。

水泥混凝土路面是指由水泥混凝土面板和基层或底基层所组成的路面,也称刚性路面,包括普通混凝土路面(JPCP)、钢筋混凝土路面(JRCP)、钢纤维混凝土路面(SFCP)、预应力混凝土路面、连续配筋混凝土路面(CRCP)、装配式混凝土路面等。

③桥涵。公路路线常常需要跨越大小不同的障碍物(如河流、山谷、铁路、公路),故需要修筑桥梁和涵洞。桥梁是指架设在江河湖海上,使车辆行人等能顺利通行的构筑物。桥梁亦引申为跨越山涧、不良地质或满足其他交通需要而架设的使通行更加便捷的建筑物。涵洞是指为保证地面水流能够横穿公路而设置的小型构造物,一般由基础、洞身、洞口组成。

桥梁由四个基本部分组成:上部结构、下部结构、支座和附属设施。按上部结构的行车道位置,将桥梁分为上承式桥、中承式桥和下承式桥,如图 2-4 所示。

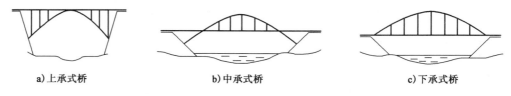

图 2-4　桥梁按上部结构行车道位置分类图

按结构体系,桥梁可分为梁式桥、拱式桥、斜拉桥、悬索桥等,如图 2-5 所示。

在《公路工程技术标准》(JTG B01—2014)中,桥涵按照跨径进行分类,具体见表 2-1。

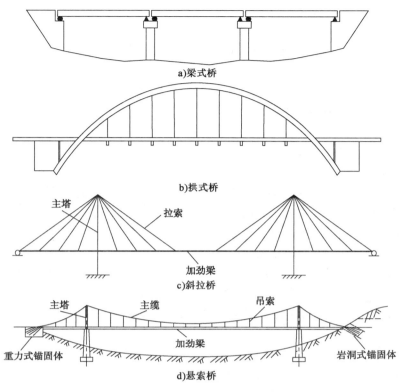

图 2-5 桥梁按结构体系分类图

桥涵按跨径分类表 表 2-1

桥 涵 类 别	多孔跨径总长 L(m)	单孔跨径 K(m)
特大桥	$L > 1000$	$K > 150$
大桥	$100 \leq L \leq 1000$	$40 \leq K \leq 150$
中桥	$30 < L < 100$	$20 \leq K < 40$
小桥	$8 \leq L \leq 30$	$5 \leq K < 20$
涵洞	—	$K < 5$

④隧道。隧道是指在岩土体中开挖形成的用作地下通道的地下工程结构物。

隧道按地质可以分为岩体隧道和土体隧道,按用途可以分为公路隧道、城市道路隧道、地下铁道、铁路隧道和航运隧道。

2)公路分级

根据行政等级,公路可划分为国家干线公路(国道)、省级干线公路(省道)、县级干线公路(县道)、乡级公路(乡道)、村级公路(村道)和专用公路。

根据技术等级,公路可分为高速公路、一级公路、二级公路、三级公路、四级公路及等外公路。

高速公路为专供汽车分方向、分车道行驶,全部控制出入的多车道公路。高速公路的年平均日设计交通量宜在 15000 辆小客车以上。

一级公路为供汽车分方向、分车道行驶,可根据需要控制出入的多车道公路。一级公路的年平均日设计交通量宜在 15000 辆小客车以上。

二级公路为供汽车行驶的双车道公路。二级公路的年平均日设计交通量宜为5000～15000辆小客车。

三级公路为供汽车、非汽车交通混合行驶的双车道公路。三级公路的年平均日设计交通量宜为2000～6000辆小客车。

四级公路为供汽车、非汽车交通混合行驶的双车道或单车道公路。双车道四级公路年平均日设计交通量宜在2000辆小客车以下；单车道四级公路年平均日设计交通量宜在400辆小客车以下。

3）公路通行能力和服务水平

（1）公路通行能力

公路的通行能力是指在不同运行质量情况下，公路上1h所能通行的最大交通量，亦即求得在指定的交通运行质量条件下，公路所能承担交通的能力。因此，通行能力分析过程中要进行运行质量的分析，将公路规划、设计及运营管理等与运行质量相联系，以合理地使用公路工程资金，提高公路工程和汽车运输的综合经济效益。

公路通行能力按照作用性质主要分为三种：基本通行能力、可能通行能力和设计通行能力。

① 基本通行能力是指公路组成部分在理想的道路、交通、控制和环境条件下，该组成部分一条车道或一车行道的均匀段上或一横断面上，不论服务水平如何，一小时所能通过标准车辆的最大辆数。

② 可能通行能力是指已知公路的一组成部分在实际或预测的道路、交通、控制及环境条件下，该组成部分一条车道或一车行道对上述诸条件有代表性的均匀段上或一横断面上，不论服务水平如何，一小时所能通过的车辆（在混合交通公路上为标准汽车）的最大辆数。

③ 设计通行能力是指设计中的公路的一组成部分在预测的道路、交通、控制及环境条件下，该组成部分一条车道或一车行道对上述诸条件有代表性的均匀段上或一横断面上，在所选用的设计服务水平下，一小时所能通过的车辆（在混合交通公路上为标准汽车）的最大辆数。

（2）服务水平

服务水平是指驾驶员感受公路交通流运行状况的质量指标，通常用平均行驶速度、行驶时间、驾驶自由度和交通延误等指标表征。根据《公路路线设计规范》（JTG D20—2017），高速公路服务水平划分为6级，如表2-2所示。根据交通流状态，各级服务水平定性描述如下：

① 一级服务水平，交通流处于完全自由流状态。交通量小，速度高，行车密度小，驾驶员能自由地按照自己的意愿选择所需速度，行驶车辆不受或基本不受交通流中其他车辆的影响。在交通流内驾驶的自由度很大，为驾驶员、乘客提供的舒适度和方便性非常优越。较小的交通事故或行车障碍的影响容易消除，在事故路段不会产生停滞排队现象，很快就能恢复到一级服务水平。

② 二级服务水平，交通流处于相对自由流的状态，驾驶员基本上可按照自己的意愿选择行驶速度，但是开始要注意到交通流内有其他使用者，驾乘人员身心舒适水平很高，较小交通事故或行车障碍的影响容易消除，在事故路段的运行服务情况比一级差些。

③ 三级服务水平，交通流处于稳定流的上半段，车辆间的相互影响变大，选择速度受到其他车辆的影响，变换车道时，驾驶员要格外小心，较小交通事故仍能消除，但事故发生路段的服务质量大大降低，严重的阻塞后面形成排队车流，驾驶员心情紧张。

④ 四级服务水平，交通流处于稳定流范围下限，但是车辆运行明显地受到交通流内其他车

辆的相互影响,速度和驾驶的自由度受到明显限制。交通量稍有增加就会导致服务水平显著降低,驾乘人员身心舒适水平降低,即使较小的交通事故也难以消除,会形成很长的排队车流。

⑤五级服务水平,为交通流拥堵流的上半段,其下是达到最大通行能力时的运行状态。对于交通流的任何干扰,例如车流从匝道驶入或车辆变换车道,都会在交通流中产生一个干扰波,交通流不能消除它,任何交通事故都会形成长长的排队车流,车流行驶灵活性极端受限,驾乘人员身心舒适水平很差。

⑥六级服务水平,为拥堵流的下半段,是通常意义上的强制流或阻塞流。这一服务水平下,交通设施的交通需求超过其允许的通过量,车流排队行驶,队列中的车辆出现停停走走现象,运行状态极不稳定,可能在不同交通流状态间发生突变。

高速公路路段服务水平分级　　　　　　　　　　　　表 2-2

服务水平等级	v/C 值	设计速度(km/h)		
		120	100	80
		最大服务交通量 [pcu/(h·ln)]	最大服务交通量 [pcu/(h·ln)]	最大服务交通量 [pcu/(h·ln)]
一	$v/C \leq 0.35$	750	730	700
二	$0.35 < v/C \leq 0.55$	1200	1150	1100
三	$0.55 < v/C \leq 0.75$	1650	1600	1500
四	$0.75 < v/C \leq 0.90$	1980	1850	1800
五	$0.90 < v/C \leq 1.00$	2200	2100	2000
六	$v/C > 1.00$	0~2200	0~2100	0~2000

注:v/C 是在基准条件下,最大服务交通量与基准通行能力之比;最大服务交通量是指在通常的道路条件、交通条件和管制条件下,保持规定的服务水平时,道路某一断面或均匀路段在单位时间内所能通过的最大小时交通量;基准通行能力是五级服务水平条件下,对应的最大小时交通量。

2.2.2 公路运输场站设施

1)公路货运站

公路货运站是指公路货运网络中组织货物集散、中转运输及相关服务,并具有一定规模的场所。

(1)类型划分

公路货运站可以分为以下几类:

综合型公路货运站,主要业务功能应体现运输和仓储等物流多环节服务的功能,同时符合从事物流多环节服务业务,可以为客户提供运输、货运代理、仓储、配送、流通加工、包装、信息等多种服务,且具备一定规模;按照业务要求,自有或租用必要的装卸设备、仓储设施及设备;配置专门的机构和人员,建立完备的客户服务体系,能及时、有效地提供服务;具备网络化信息服务功能,应用信息系统可对服务全过程进行状态查询和监控等要求。

运输型公路货运站,主要业务功能应体现运输服务为主的中转服务功能,同时符合以从事道路货物运输业务为主,包括公路干线运输和城市配送,并具备一定规模;可以提供门到站、站到门、站到站的运输服务;具有一定数量的装卸设备和一定规模的场站设施等要求。

仓储型公路货运站,主要业务功能应体现道路运输为主的仓储服务功能,同时符合以从事货物仓储业务为主,可以为客户提供货物储存、保管等服务,并具备一定规模;具有一定规模和数量的仓储设施及设备等要求。

信息型公路货运站,主要业务功能应体现道路运输为主的信息服务功能,同时符合以从事货物信息服务业务为主,可以为客户提供货源信息、车辆运力信息、货流信息及配载信息等服务,并具备一定规模;具有网络化的信息平台,或为客户提供虚拟交易的信息平台;具有必要的货运信息交易场所和一定规模的停车场所;具备网络化信息服务功能,应用信息系统可对交易过程进行状态查询等要求。

(2)站址选择原则

公路货运站站址选择应充分考虑城市发展要求,尤其是作为公路运输的重要节点,既满足运输网络能力及服务范围内的货运组织能力,又要有便捷的城市对外交通条件,同时考虑建站地质等条件,一般遵循如下原则:

①符合城市或城镇总体布局规划;
②与公路网、城市道路网和综合运输网合理衔接;
③靠近较大货源集散点,并适应服务区域内的货运需求;
④尽量利用现有场站设施,并留有发展余地;
⑤具备良好的给排水、电力、道路、通信等条件;
⑥具备良好的环境和地质条件等。

(3)设施配置准则

公路货运站在进行设施配置时,不同类型的货运站应遵循对应的配置要求。配置的设施主要包括办公设施、生产设施以及生产辅助和生活服务设施。《公路货运站站级标准及建设要求》(JT/T 402—2016)中给出了具体设施配置要求,见表2-3和表2-4。

公路货运站设施面积配置参考比例(单位:%)　　　　　　　　表2-3

公路货运站		设施名称			
		办公设施	生产设施		生产辅助和生活服务设施
			库(棚)设施与信息交易中心	场地、道路及绿化设施	
综合型	一级	≤7	≥45	≥40	≤8
	二级	≤8	≥40	≥45	≤7
	三级	≤9	≥35	≥50	≤6
运输型	一级	≤3	≥40	≥50	≤7
	二级	≤4	≥35	≥55	≤6
	三级	≤5	≥30	≥60	≤5
仓储型	一级	≤3	≥45	≥45	≤7
	二级	≤4	≥40	≥50	≤6
	三级	≤5	≥35	≥55	≤5
信息型	一级	≤3	≥25	≥65	≤7
	二级	≤4	≥20	≥70	≤6
	三级	≤5	≥15	≥75	≤5

公路货运站站内设施配置标准 表2-4

设施类型	设施名称		综合型 一级	综合型 二级	综合型 三级	运输型 一级	运输型 二级	运输型 三级	仓储型 一级	仓储型 二级	仓储型 三级	信息型 一级	信息型 二级	信息型 三级
办公设施	货运站站房		√	√	√	√	√	√	√	√	√	○	○	○
	生产调度办公室		√	√	√	√	√	√	√	√	√	√	√	√
	信息管理中心		√	√	○	√	√	○	√	√	○	√	√	√
	会议室		√	√	○	√	√	○	√	√	○	√	√	○
	国际联运代理业务办公室	海关	○	○	○	○	○	○	○	○	○	○	○	○
		国检	○	○	○	○	○	○	○	○	○	○	○	○
		税务	○	○	○	○	○	○	○	○	○	○	○	○
生产设施	库(棚)设施与信息交易中心	中转库	√	√	√	√	√	√	√	√	√	○	○	○
		仓储库	√	√	√	√	√	√	√	√	√	○	○	○
		零担库	√	√	√	√	√	√	√	√	√	○	○	○
		信息交易中心	○	○	×	○	○	×	○	○	×	√	√	√
	场地、道路及绿化设施	集装箱堆场	○	○	×	○	○	×	○	○	×	×	×	×
		货场	√	√	√	√	√	√	√	√	√	○	○	○
		装卸(作业)场	√	√	√	√	√	√	√	√	√	○	○	○
		停车场	√	√	√	√	√	√	√	√	√	○	○	○
		道路及绿化	√	√	√	√	√	√	√	√	√	√	√	√
生产辅助设施	维修设施		○	○	×	○	○	×	○	○	×	×	×	×
	动力设施		√	√	√	√	√	√	√	√	√	√	√	√
	供水供热设施		√	√	√	√	√	√	√	√	√	√	√	√
	环保设施[a]		√	√	√	√	√	√	√	√	√	√	√	√
生活服务设施	浴室、卫生间、食宿设施		○	○	○	○	○	○	○	○	○	○	○	○
	其他服务设施		○	○	○	○	○	○	○	○	○	○	○	○

注:"√"表示应有的设施;"○"表示可选择的设施;"×"表示不设的设置。
[a] 环保设施可包括生活污水处理设施、生产污水处理设施、垃圾处理设施等。

2)公路汽车客运站

公路汽车客运站是公益性交通基础设施,是道路旅客运输网络的节点,是道路运输经营者与旅客进行运输交易活动的场所,是为旅客和运输经营者提供站务服务的场所,是培育和发展道路运输市场的载体。

(1)站址选择

公路汽车客运站的选址应考虑城镇发展规划、旅客集散能力、客运系统组织、公用工程、地质条件等因素,一般遵循如下原则:

①应符合城镇总体规划及交通枢纽总体布局规划。

②应便于旅客集散和换乘组织,与公路、城市道路、城市公交系统和其他运输方式的场站衔接良好。

③具备必要的工程、地质条件,方便与城市的公用工程网系(道路网、电力网、给排水网、排污网、通信网等)的连接。

④具备足够的场地,能满足车站建设需要,并有发展余地。

(2)级别划分

根据车站设施和设备配置情况、地理位置和设计年度平均日旅客发送量(以下简称设计年日发量)等因素,将车站分为一级至五级 5 个级别以及简易车站和招呼站。其中一级至五级 5 个级别车站设施、设备配置要求见表 2-5 和表 2-6,车站划分标准见表 2-7。

汽车客运站设施配置表　　　　　　　　表 2-5

设施和设备名称			一级站	二级站	三级站	四级站	五级站
场地设施		站前广场	●	●	★	★	★
		停车场	●	●	●	●	●
		发车位	●	●	●	●	★
建筑设施	站房	候车厅(室)	●	●	●	●	●
		重点旅客候车室(区)	●	●	★	—	—
		售票厅	●	●	★	★	★
		行包托运厅(处)	●	●	★	—	—
		综合服务处	●	●	●	★	—
	站务用房	站务员室	●	●	●	●	●
		驾乘休息室	●	●	●	●	●
		调度室	●	●	●	★	—
		治安室	●	●	★	—	—
		广播室	●	●	★	—	—
		医疗救护室	★	★	★	★	★
		无障碍通道	●	●	●	●	●
		残疾人服务设施	●	●	●	●	●
		饮水室	●	★	●	★	★
		盥洗室和旅客厕所	●	●	●	●	●
		智能化系统用房	●	★	★	—	—
		办公用房	●	●	●	★	—
	生产辅助用房	汽车安全检验台	●	●	●	●	●
		汽车尾气测试室	★	★	—	—	—
		车辆清洁、清洗台	●	●	★	—	—
		汽车维修车间	★	★	—	—	—
辅助用房		材料间	★	★	—	—	—
		配电室	●	●	—	—	—
		锅炉房	★	★	—	—	—
		门卫、传达室	★	★	★	★	★
	生活辅助用房	司乘公寓	★	★	★	★	★
		餐厅	★	★	★	★	★
		商店	★	★	★	★	★

注:"●"表示应有的设施;"★"表示可选择的设施;"—"表示不设的设施。

汽车客运站设备配置表　　　　　　　　　　　　　表2-6

	设施和设备名称	一级站	二级站	三级站	四级站	五级站
基本设备	旅客购票设备	●	●	★	★	★
	候车休息设备	●	●	●	●	●
	行包安全检查设备	●	★	★	—	—
	行车尾气排放测试设备	★	★	—	—	—
	安全消防设备	●	●	●	●	●
	清洁清洗设备	●	●	★	—	—
	广播通信设备	●	●	★	—	—
	行包搬运与便民设备	●	●	★	—	—
	采暖或制冷设备	●	★	★	★	★
	宣传告示设备	●	●	●	★	★
智能系统设备	微机售票系统设备	●	●	★	★	★
	生产管理系统设备	●	★	★	—	—
	监控设备	●	★	★	—	—
	电子显示设备	●	●	★	—	—

注:"●"表示必备;"★"表示视情况设置;"—"表示不设。

车站划分标准　　　　　　　　　　　　　　　　　　表2-7

车站级别	划分标准
一级车站	设施和设备符合表2-5和表2-6中一级车站必备各项,且具备下列条件之一: ①设计年日发量在10000人次以上的车站;②省、自治区、直辖市及其所辖市、自治州(盟)人民政府和地区行政公署所在地,如无10000人次以上的车站,可选取设计年日发量在5000人次以上具有代表性的一个车站;③位于国家级旅游区或一类边境口岸,设计年日发量在3000人次以上的车站
二级车站	设施和设备符合表2-5和表2-6中二级车站必备各项,且具备下列条件之一: ①设计年日发量在5000人次以上,不足10000人次的车站;②县以上或相当于县人民政府所在地,如无5000人次以上的车站,可选取设计年日发量在3000人次以上具有代表性的一个车站;③位于省级旅游区或二类边境口岸,设计年日发量在2000人次以上的车站
三级车站	设施和设备符合表2-5和表2-6中三级车站必备各项,设计年日发量在2000人次以上,不足5000人次的车站
四级车站	设施和设备符合表2-5和表2-6中四级车站必备各项,设计年日发量在300人次以上,不足2000人次的车站
五级车站	设施和设备符合表2-5和表2-6中五级车站必备各项,设计年日发量在300人次以下的车站
简易车站	达不到五级车站要求或以停车场为依托,具有集散旅客、停发客运班车功能的车站
招呼站	达不到五级车站要求,具有明显的等候标志和候车设施的车站

2.2.3　公路运输主要技术经济指标

公路运输生产率按单位时间性质的不同,可以分为工作生产率和总生产率。工作生产率是以车辆在线路上的工作时间为单位集散的生产率,即车辆每一工作车时所完成的运量或周转量,故可称为工作车辆生产率;总生产率是以车辆在企业在册(运营)时间为单位计算的生产率,及车辆每一运营车时(在册车时)所完成的运量或周转量,故可称为在册车辆生产率。

(1)工作生产率

载货汽车工作率 W 是指平均每一工作车时车辆所完成的货运量或货物周转量,用以评价车辆在线路上工作时间内的利用效果。

一般情况下,载货汽车的运输工作是以次为基本运输过程来进行组织的。若一个运输所完成的货运量 Q_C 为:

$$Q_C = q_0 \gamma \tag{2-1}$$

式中:q_0——车辆额定载重量(t);

γ——载重量利用指标。

$$\gamma = \frac{\sum p}{\sum p_0} \times 100\% = \frac{q \cdot L}{q_0 \cdot L} \times 100\% = \frac{q}{q_0} \times 100\% \tag{2-2}$$

式中:p——车辆实际完成的周转量之和(t·km);

p_0——车辆额定周转量之和(t);

q——车辆实际载重量(t);

L——载重行程总长度(km)。

则该次完成的货物周转量 P_C 应为:

$$P_C = Q_C L_L = q_0 \gamma L_L \tag{2-3}$$

式中:L_L——一个运次的平均载重行程。

完成一个运次所需的时间为 t_C,可用下式计算:

$$t_C = t_T + t_L \tag{2-4}$$

式中:t_T——车辆行驶时间;

t_L——车辆装卸停歇时间。

这样,车辆平均每一工作小时所完成的货运量,即载货汽车的工作生产率 W_q 为:

$$W_q = \frac{Q_C}{t_C} = \frac{q_0 \gamma}{t_T + t_L} \tag{2-5}$$

而平均每一工作小时所完成的货物周转量,即载货汽车的工作生产率 W_p 为:

$$W_p = \frac{P_C}{t_C} = \frac{q_0 \gamma L_L}{t_T + t_L} \tag{2-6}$$

(2)总生产率

载货汽车总生产率 W' 是指平均每总车时(在册车时)车辆所完成的货运量或货物周转量,用以评价车辆在企业在册时间内的利用效果。

在统计期平均每一总车时内,车辆在路线上的实际工作时间 T'_d 为:

$$T'_d = \frac{U_d \cdot T_d}{24U} = \frac{U_d}{U} \cdot \frac{T_d}{24} = \alpha_d \cdot \rho \tag{2-7}$$

式中:U_d——统计期内工作车日;

U——总车日;

T_d——车辆在线路上的工作时间;

α_d——车辆工作率;

ρ——总车时利用率。

若已知载货汽车的工作生产率,车辆在线路上每一工作车时所完成的货运量或周转量,再乘以每一车时内车辆在线路上的实际工作时间,就可得载货汽车的总生产率,即:

$$W' = W \cdot T'_d = W \cdot \alpha_d \cdot \rho \tag{2-8}$$

车辆平均每一总车时完成的货运量,即载货汽车的总生产率 W'_q 应为:

$$W'_q = \frac{q_0 \cdot \gamma \cdot \alpha_d \cdot \rho}{t_T + t_L} \tag{2-9}$$

车辆平均每总车时完成的货物周转量,即载货汽车的总生产率 W'_p 为:

$$W'_p = \frac{q_0 \cdot \gamma \cdot L_L \cdot \alpha_d \cdot \rho}{t_T + t_L} \tag{2-10}$$

2.3 城市道路交通运输系统

2.3.1 城市道路交通设施

1) 城市道路

(1) 道路功能及其分类

城市道路的功能包含城市骨架、交通功能、城市空间、城市景观、市政空间与防灾减灾设施等六大功能。

对城市道路进行分类的基本因素是交通性质、交通量和行车速度。但城市道路与城市结构组成、交通组成有错综复杂的关系,难以用单一指标来分类,故应综合考虑各类因素,结合城市的性质、规模及现状来合理划分。

根据《城市综合交通体系规划标准》(GB/T 51328—2018)的规定,我国城市道路分为干线道路、支线道路以及联系两者的集散道路三个大类,城市快速路、主干路、次干路和支路四个中类和八个小类,如表2-8所示。

我国城市道路划分与主要技术指标 表2-8

道路类别		级别	设计车速(km/h)	双向机动车道数(条)	车道宽度(m)	分隔带设置	横断面形式
干线道路	快速路	Ⅰ	80~100	≥4	3.75~4	必须设	双、四幅路
		Ⅱ	60~80				
	主干路	Ⅰ	60	≥4	3.75	应设	单、双、三、四
		Ⅱ	50~60	≥4	3.5~3.75	应设	单、双、三
		Ⅲ	40~50	4	3.5~3.75	可设	单、双、三
集散道路	次干路	次干路	30~50	≥2	3.5~3.75	可设	单、双、三
支线道路	支路	Ⅰ	20~30	2	3.5	不设	单幅路
		Ⅱ	—	2	3.25~3.5	不设	单幅路

快速路完全为交通功能服务,是解决城市长距离快速交通的主要道路。快速路进出应采用全控制或部分控制。快速路与快速路相交或与高速公路相交,必须采用立体交叉。

主干路以交通功能为主。主干路上的机动车与非机动车应分道行驶;平面交叉口间距以800~1200m 为宜,主干路不宜设置公共建筑物出入口。

次干路是城市区域性的交通干道,为区域交通集散服务,配合主干路组成道路网,起到广泛连接城市各部分与集散作用。

支路为联系各居住小区的道路,解决地区交通、直接与两侧建筑物出入口相接,以服务功能为主。支路应满足公共交通车辆行驶的要求。

(2)城市道路通行能力及服务水平

《城市道路工程设计规范(2016年版)》(CJJ 37—2012)建议快速路基本路段一条车道的通行能力如表2-9所示。

快速路基本路段一条车道的通行能力   表2-9

设计速度(km/h)	100	80	60
基本通行能力[pcu/(km·ln)]	2200	2100	1800
设计通行能力[pcu/(km·ln)]	2000	1750	1400

快速路基本路段服务水平应符合表2-10的规定,新建道路应按三级服务水平设计。

快速路基本路段服务水平分级   表2-10

设计速度(km/h)	服务水平等级		密度[pcu/(km·ln)]	平均速度(km/h)	饱和度 v/C	最大服务交通量[pcu/(km·ln)]
100	一级(自由流)		≤10	≥88	0.40	880
	二级(稳定流上段)		≤20	≥76	0.69	1520
	三级(稳定流)		≤32	≥62	0.91	2000
	四级	(饱和流)	≤42	≥53	≈1.00	2200
		(强制流)	>42	<53	>1.00	—
80	一级(自由流)		≤10	≥72	0.34	720
	二级(稳定流上段)		≤20	≥64	0.61	1280
	三级(稳定流)		≤32	≥55	0.83	1750
	四级	(饱和流)	≥50	≥40	≈1.00	2100
		(强制流)	<50	<40	>1.00	—
60	一级(自由流)		≤10	≥55	0.30	590
	二级(稳定流上段)		≤20	≥50	0.55	990
	三级(稳定流)		≤32	≥40	0.77	1400
	四级	(饱和流)	≤57	≥30	≈1.00	1800
		(强制流)	>57	<30	>1.00	—

关于其他等级道路通行能力和服务水平的分析、评价,由于目前国内尚未有成熟的研究成果,可参阅美国《道路通行能力手册》中的相关内容。

2)道路交叉口

(1)道路交叉口的分类

根据《城市道路工程设计规范(2016年版)》(CJJ 37—2012),城市道路交叉口宜分为平面交叉口和立体交叉口两类,应根据道路交通网规划、相交道路等级及有关技术、经济和环境效益的分析合理确定。

立体交叉口。应根据相交道路等级、直行及转向(主要是左转)车流行驶特征、非机动车对机动车干扰等分类,分类应满足表 2-11 的要求,主要类型划分及功能特征宜符合表 2-12 的规定。

立体交叉口分类表　　　　　　　　　　　　　　　　表 2-11

类　型	交叉口形式
A 类:枢纽立交	立 A₁ 类:主要形式为全定向、喇叭形、组合式全互通立体交叉口。宜在城市外围区域采用
	立 A₂ 类:主要形式为喇叭形、苜蓿叶形、半定向、定向或半定向组合的全互通立体交叉口。宜在城市外围与中心区之间区域采用
B 类:一般立交	立 B 类:主要形式为喇叭形、苜蓿叶形、环形、菱形、迂回式、组合式全互通或半互通立体交叉口。宜在城市中心区域采用
C 类:分离式立交	立 C 类:分离式立体交叉口

立体交叉口功能特征　　　　　　　　　　　　　　　　表 2-12

类型	主线直行车流行驶特征	转向(主要指左转)车流行驶特征	非机动车及行人干扰情况
立 A₁	快速或按设计速度连续行驶	经定向匝道或经集散、变速车道行驶	机非分行、无干扰;车辆与行人无干扰
立 A₂	快速或按设计速度连续行驶	一般经定向匝道或经集散、变速车道行驶,或部分左转车减速行驶	机非分行、无干扰;车辆与行人无干扰
立 B	快速或按设计速度连续行驶,次要主线受转向车流交织干扰或受平面交叉口左转车冲突影响,为间断流	减速交织行驶,或受平面交叉口影响减速交织行驶,为间断流	机非分行或混行,有干扰;主线车辆与行人无干扰
立 C	快速或按设计速度连续行驶	—	—

平面交叉口。应根据交通组织方式分类,并应满足表 2-13 的要求。

平面交叉口分类表　　　　　　　　　　　　　　　　表 2-13

类　型	交叉口形式
A 类:信号控制交叉口	平 A₁ 类:交通信号控制,进口道展宽交叉口
	平 A₂ 类:交通信号控制,进口道不展宽交叉口
B 类:无信号控制交叉口	平 B₁ 类:干路中心隔离封闭、支路只准右转通行的交叉口(简称右转交叉口)
	平 B₂ 类:减速让行或停车让行标志管制交叉口(简称让行交叉口)
	平 B₃ 类:全无管制交叉口
C 类:环形交叉口	平 C 类:环形交叉口

(2)立体交叉口通行能力

立体交叉口设计通行能力应为组成该立交的主线直行车道、转向匝道设计通行能力的组合值。立体交叉口主线车道和匝道通行能力分为可能通行能力和设计通行能力,设计通行能力等于可能通行能力(N_p)乘以相应的设计服务水平"交通量/通行能力"比率(α)。立体交叉口主线一条车道可能通行能力及匝道一条车道可能通行能力可采用《城市道路交叉口设计规程》(CJJ 152—2010)中推荐的数值,见表 2-14、表 2-15。

主线一条车道可能通行能力(N_p) 表2-14

设计速度(km/h)	40	50	60	70	80	100	120
可能通行能力(pcu/h)	2020	2050	1950	1870	1800	1760	1720

匝道一条车道可能通行能力(N_p) 表2-15

设计速度(km/h)	20~25	30	40	50	60
可能通行能力(pcu/h)	1550(1400~1250)	1650(1550~1450)	1700	1730	1750

注：括号内为机非立交(其直行非机动车流量为1000~1200pcu/h)，考虑非机动车影响时的取值。当非机动车流量<1000pcu/h时，可在括号内上限值与机非分行值之间内插求得；当流量为3000~5000pcu/h时，每增加1000pcu/h，括号内下限值应再降低7%。

(3)平面交叉口通行能力

平面交叉口可能通过此相交车流的最大交通量就是平面交叉口的通行能力。平面交叉口的通行能力不仅与交叉口的面积、形状、入口引道车道的条数、宽度、几何线形或物理条件有关，而且受相交车流通过交叉口的运行方式、交通管理措施等方面影响。平面交叉口可分为三大类，第一类为不加任何交通管制措施的交叉口；第二类为中央设岛的环形交叉口；第三类为设置色灯信号的交叉口。

①无信号交叉口。无信号交叉口的通行能力，等于主要道路上的交通量加上次要道路上车辆穿越空档能通过的车辆数。主要道路上能够通过的车辆多少，按路段计算；次要道路上能够通过多少车辆，受下列因素影响：主要道路上车流的车头间隔分布、次要道路上车辆穿越主要道路车流所需时间、次要道路上车辆跟驰的车头时距大小、主要道路上车流的流向分布。若主要道路上的车流已经饱和，则次要道路上的车辆无法通过交叉口，所以无信号交叉口的通行能力最大等于主要道路路段的通行能力。

②环形交叉口。环形交叉口的通行能力规定为一定时间段和通常道路、交通、管制条件下，并且假设在良好的气候和路面条件下，能合情合理地期望车辆通过车道或道路均匀断面的最大小时交通量。

③信号交叉口。信号交叉口的通行能力一般是对每一条引道规定的，是指在一定的交通、道路和信号条件下，某一指定入口引道单位时间内所能通过的最大交通流量。交通条件包括每条引道的交通量、流向(左转、直行、右转)、每一流向的车型分布、交叉口范围内公共汽车停靠站的位置和使用情况、行人过街流量以及交叉口引道上的停车情况；道路条件包括交叉口形式、车道数、车道宽度、坡度和车道功能划分(包括停放车道)；信号条件包括信号相位、配时、控制类型等。

2.3.2 城市常规公共交通设施

1)城市常规公共交通线路设施

(1)城市常规公共交通线路分类

常规公交线路功能分级应根据城市空间结构、发展规模及实际公交发展状况等确定。一般来说，大城市及以上规模城市的常规公交线路可以分为公交干线、公交普线、公交支线三个层级；中小城市公交线网可以分为公交干线、公交支线两个层级。不同层级公交线路的功能特征、运输速度、运量、长度、站间距离等指标可以参考表2-16。

城市常规公共交通线路评价指标　　　　　表2-16

线路等级	公交干线	公交普线	公交支线
功能特征	连接城市各分区,沿主要客流走廊布设,串联主要客流集散点,一般沿快速路、主干路布设	城市分区内部线路,填补干线服务空白,走向相对灵活,沿主干路、次干路布设	深入城市分区内部的主要客源点,干线或普线的补充和延伸,设置灵活,沿次干路、支路布设
运输速度(km/h)	20~40	15~25	15~20
日客运量(人次)	>5000	>3000	≤3000
长度(km)	>14	<14	<10
站间距(m)	500~800	300~500	300左右

（2）城市常规公共交通线网布局

城市的公共交通线路网呈现不同的布局结构,主要有设有中央终点设施的放射形网络、主干线和驳运线相结合的网络和带合环线或切线状线路的放射形网络等三类。公共交通线路网布局时应遵循如下原则：

①城市中有多种公共交通方式时,其线路网必须综合规划。
②市区线路、郊区线路和对外交通线路应紧密衔接,并协调各线路网的集疏能力。
③应对城市用地的发展具有较好的适应性。
④应与城市用地规划范围内主要客流的流向一致。
⑤主要客流的集散点应设置不同交通方式的换乘枢纽,方便乘客停车与换乘,以缩短乘客出行时间,扩大乘客活动可达范围。

公交线网评价主要技术指标包括公交线路网密度、公交线路重复系数、公交线路非直线系数、公共交通覆盖率等。

公交线路网密度是指有公交服务的每平方公里的城市建成区用地面积上,有公交线路经过的道路中心线长度,该指标反映了居民接近公交线路的程度。

公交线路重复系数是指公共交通营业线路总长度与线路网长度之比值,在公共交通发达的城市一般为1.25~2.5。

公交线路非直线系数是指公共交通线路首末站之间实地距离与空间直线距离之比,线路的非直线系数不宜过大,一般公交线路不应超过1.4,公交干线尽可能控制在1.2以内。

公共交通覆盖率是公共交通服务覆盖面积与城市建成区面积之比,是反映城市公交服务可达性的重要指标。

（3）城市常规公共交通通行能力

公共汽车交通线路的通行能力受沿线各站通行能力的制约,其中通行能力最小的停靠站,是控制线路通行能力的站点。停靠站的通行能力取决于车辆占用停靠站的时间长短。因此,公共汽车交通线路的通行能力为：

$$C_{线} = \min[C_{站}] = \frac{3600}{T} \tag{2-11}$$

式中：$C_{线}$——公共汽车交通线路的通行能力(辆/h)；

　　　$C_{站}$——停靠站的通行能力(辆/h)；

　　　T——车辆占用停靠站的总时间(s)。

汽车在站停靠时间与车辆性能、车辆结构、上下车乘客的多少、车站秩序等因素有关系。一般可用式(2-12)估算：

$$T = t_1 + t_2 + t_3 + t_4 \tag{2-12}$$

式中：t_1——车辆进站停车用的时间(s)，$t_1 = \sqrt{2l/b}$，其中 l 为车辆驶入停车站时，车辆之间的最小间隔，取等于车辆长度(m)；b 为进站时制动减速度，一般取 $b = 1.5 \text{m/s}^2$；

t_2——车辆开门和关门的时间(s)，一般为 3~4s；

t_3——乘客上下车占用时间(s)，$t_3 = \Omega K t_0 / n_d$，其中，Ω 为公共汽车容量；K 为上下车乘客占车容量的比例，一般 $K = 0.25 \sim 0.35$；t_0 为一个乘客上车或下车所用时间(s)，平均约为 2s；n_d 为乘客上下车用的车门数；

t_4——车辆起动和离开车站的时间(s)，$t_4 = \sqrt{2l/a}$，其中，a 为离开停车站时的加速度，可取 $a = 1.0 \text{m/s}^2$，l 同前。

将上述各值代入式(2-11)，简化得到：

$$C_{\text{线}} = \frac{3600}{T} = \frac{3600}{2.57\sqrt{l} + \frac{\Omega K t_0}{n_d} + 4} \tag{2-13}$$

按式(2-13)可以计算公共汽车交通线路的通行能力。线路的设计通行能力是线路通行能力与线路的实载率之积，一般可取该值的 0.8 倍。

2) 城市常规公共交通车站与场站设施

城市公共交通车站分为终(起)点站、枢纽站和中途站。各种车站的功能和用地要求是不同的。

(1) 终(起)点站及其设施配置

公共交通终(起)点站是影响车辆运营速度和调度计划的重要因素，其主要功能是为线路上的公交车辆在开始和结束营运、等候调度以及下班后提供合理的停放场地的必要场所。公共交通起、终点站的设置位置和进出口的交通组织与管理，既对公交系统作用的发挥有着很大影响，同时也影响着城市道路交通秩序和安全。规划时应遵循以下原则：

①公交起、终点站的设置应与城市通路网的建设及发展相协调，宜选择在紧靠客流集散点和道路客流主要方向的同侧。

②公交起、终点站的选址宜靠近人口比较集中、客流集散量较大而且周围留有一定空地的位置，如居住区、火车站、码头、公园、文化体育中心等，使大部分乘客处在以该站点为中心的服务半径范围内(通常为 350m)，最大距离不超过 700~800m。

③起、终点站的规模应按所服务的公文线路所配营运车辆的总数来确定。一般配车总数(折算为标准车)大于 50 辆的为大型站点，26~50 辆的为中型站点，小于 26 辆的为小型站点。

④与公交起、终站点相连的出入口道应设置在道路使用面积较为富裕、服务水平良好的道路上，尽量避免接近平面交叉口，必要时出入口可设置信号控制，以减少对周边道路交通的干扰。

起(终)点站设施配置如表 2-17 所示。

起(终)点站设施配置表 表 2-17

设施		配置	
		起点站	终点站
信息设施	站牌	√	√
	区域地图、公交线路图	○	○
	公交时刻表	○	○
	实时动态信息	○	○
便利设施	无障碍设施	√	√
	候车亭	√	○
	站台	√	○
	座椅	○	—
	非机动车停车换乘	√	○
	机动车停车换乘	○	—
安全环保	候车廊	○	○
	照明	√	√
	监控	○	—
	消防	√	○
	绿化	√	○
运营管理	站场管理室	○	—
	线路调度室	√	○
	智能监控室	○	—
	司机休息室	√	—
	卫生间	√	○
	餐饮间	○	○
	清洁用具杂物间	○	—
	停车坪	√	○
	回车道	√	√
	小修和低保	√	—

注:"√"表示应有的设施;"○"表示可选择的设施;"—"表示不设的设施。

(2)枢纽站及其设施配置

公共交通枢纽站是公共交通线路之间、公共交通与其他交通方式之间客流转换的场所。随着城市不断扩大,公共交通线路不断地增加和延伸,客运交通方式向多元化发展,人们的工作、社交、购物、文化娱乐等各项活动的出行范围也在不断扩大,出行距离增长。乘客从起点到终点完成一次出行,往往需要使用多种交通方式或转换线路。把多种交通方式、多条线路有机地衔接起来,方便乘客换乘,是客运交通系统提高服务水平、吸引乘客的重要手段。

城市公共交通枢纽可以分为对外交通枢纽和市内交通枢纽两种。对外交通枢纽是市内公共交通与市际交通的联系点,一般在铁路客运站、长途汽车站、轮渡港口、航空港口和城市出入口道路处,这类交通枢纽在城市中的位置相对比较确定。

市内交通枢纽一般是城市区域内的客流集散点，是公共交通之间或公共交通与其他交通方式之间的转换场所，如常规公交与快速轨道交通、非机动车交通的换乘枢纽，多条公交线路汇聚的交点等。其中，公交—非机动车换乘枢纽的规划具有重要的现实意义，对公共交通系统而言，在某些情况下设置公交—非机动车换乘枢纽可以提高公共交通的吸引力。例如，在城市边缘地区和新开放地区，出行强度不大，公交线网密度较低，步行到达公交线路的时间较长，在这些地区合理地组织非机动车和公交的换乘，可以减少总的出行时间，提高公交系统的吸引力和服务水平。

枢纽站设施配置如表 2-18 所示。

枢纽站设施配置表　　　　　　　　　　　　　表 2-18

设施		配置		
		大型枢纽站	中、小型枢纽站	综合枢纽站
信息设施	公共信息牌	√	√	√
	站牌	√	√	√
	区域地图、公交线路图	√	√	√
	公交时刻表	√	√	√
	实时动态信息	√	√	√
便利设施	无障碍设施	√	√	√
	候车亭	√	√	√
	站台	√	√	√
	座椅	○	○	○
	人行通道	√	√	√
	非机动车存放	√	√	√
	机动车停车换乘	○	○	○
安全环保	候车廊	○	○	○
	照明	√	√	√
	监控	√	√	√
	消防	√	√	√
	绿化	√	√	√
运营管理	站场管理室	√	√	√
	线路调度室	√	√	√
	智能监控室	√	√	√
	司机休息室	√	√	○
	卫生间	√	√	√
	餐饮间	√	○	○
	清洁用具杂物间	√	√	√
	停车坪	√	√	√
	回车道	√	√	√
	小修和低保	√	√	○

注："√"表示应有的设施；"○"表示可选择的设施。

(3) 中途站及其设施配置

公共交通中途站点的位置、间距、站点形式和规模对公交系统的正常运营有很大影响,是决定公交车辆运营速度和行车牌时效性的重要因素。

公共交通中途站点的规划布置通常主要考虑中途站点的合理间距。最优站间距规划的目标是使所有乘客出行的总行程时间最小。较长的车站间距可提高公交车的平均运营速率,并减少乘客因停车造成的不适,但乘客从出行起点(终点)到上(下)车站的步行距离增加,并给换乘出行带来不便,站间距缩短则相反。

公共交通中途停靠站的站距受交叉口间距和沿线客流集散点分布的影响,在整条线路上是不等的。市中心客流密集,乘客乘距短,上下站频繁,站距宜小;城市边缘区,站距可大些;郊区线,乘客乘距长,站距可更大。设置公共交通停靠站的原则是应方便乘客乘车并节省乘客总的出行时间。几种主要公共交通方式的站距推荐值见表 2-19。

公共交通站距推荐表 表 2-19

公共交通系统类型	市区线(m)	郊区线(m)	公共交通系统类型	市区线(m)	郊区线(m)
公共汽车与电车	500~800	800~1000	中运量快速轨道交通	800~1000	1000~1500
公共汽车大站快车	1500~2000	1500~2500	大运量快速轨道交通	1000~1200	1500~2000

《城市道路工程设计规范(2016 年版)》(CJJ 37—2012)中对公共交通车站服务面积的规定是:以 300m 为半径计算,不得小于城市用地面积的 50%;以 500m 为半径计算,不得小于 90%;城市出租汽车采用营业站定点服务时,营业站的服务半径不宜大于 1km。从保证交通安全与畅通的道路交通管理要求出发,公共交通中途停靠站点的设置应重点考虑道路交通运行状况及相应的设站条件。规划建设时,应遵循以下原则:

①中途站点应设置在公共交通线路沿途所经过的各主要客流集散点上。

②中途站点应沿街布置,站址宜选择在能按要求完成公交车辆的停靠和正常通行的地方,尽量减少车辆停靠对道路交通流的影响。

③交叉口附近设置中途站点时,一般设在过交叉口 150m 以外处,在大城市车辆较多的主干道上,宜设在 100m 以外处。

公交车站的形式按其设置位置分成路内式与港湾式两类,按站台高度又可分为高站台与低站台两种。路内式公交车站占地少,布设简单,但当有公交车在站台上停靠时,其他行驶的车辆会受其影响产生延误,尤其是在车流量大、难以利用其他车道进行超车时,这种延误影响将更为严重。港湾式公交车站可以大大减少由于公交车进站停靠而对其他行驶中的车辆所造成的延误影响,提高安全性,缺点是要占用一定的道路空间,同时有可能对慢行交通构成较大的干扰,且公交车辆进出车站时要走一条反向曲线,车辆停靠、启动加速、驶出不够便利。公交车站的站台高度对乘客上、下车时间的影响较大。在配置普通型公交车辆的线路上,应考虑增高站台,尽量缩小车辆地板与站台的高差,以方便乘客上、下车,减少公交车辆在站点的停车时间。

中途站设施配置如表 2-20 所示。

(4) 维修场设施配置

维修场设施配置如表 2-21 所示。

中途站设施配置表 表 2-20

设　　施		配　　置
信息设施	站牌	√
便利设施	无障碍设施	√
	候车亭	○
	站台	○
	座椅	○
	自行车存放	○
安全设施	候车廊	○
	照明	√

注："√"表示应有的设施；"○"表示可选择的设施。

维修场设施配置表 表 2-21

设　　施		配　　置
生产辅助设施	保养车库	√
	修理工间	√
	车辆检测线	√
	材料仓库	√
	动力系统	√
	油气站	√
	劳保后勤库	√
生产管理设施	技术管理	√
	保修机务调度	√
	行政办公	√
	停车设施	○
	待保停车坪(库)	√
	洗车台(间)	√
	试车道	√
	场区道路	√
生活服务设施	食堂、卫生间	√
	单身宿舍、医务保健设施	○
安全环保设施	照明	√
	监控	√
	消防	√
	绿化	√

注："√"表示应有的设施；"○"表示可选择的设施。

2.4 道路交通运输工具

道路交通运输工具包括汽车、挂车、有轨/无轨电车、摩托车、电动助力车、自行车以及各种专用车和特种车辆。本节以汽车和挂车为重点,详细介绍这两类车辆。

2.4.1 汽车

各种道路交通运输工具中,最主要的运输工具是汽车。汽车是由自带动力装置驱动,具有四个或四个以上车轮的非轨道承载的车辆,由动力装置、底盘、车身、电器及仪表等部分组成,主要用于载运人员和货物。

动力装置是汽车行驶的动力源,包括发动机及其燃料供给系统、冷却系统。底盘是接受动力装置发出的动力,使汽车产生运动,保证正常行驶的装置和机构。它包括传动系统(离合器、变速器、方向传动装置、驱动桥)、行驶系统(车架、轮胎及车轮、悬架、从动桥)、转向系统(带转向盘的转向器及转向传动机构)和制动系统(制动器和制动传动机构)。客车一般是非承载式,车身是整体车身。货车是承载式,车身一般包括驾驶室和各种形式的车箱(厢)。电器及仪表包括电源、发动机的起动系统和点火系统,以及汽车、照明、信号、仪表等电气设备。

(1)汽车分类

汽车分为载货车辆和载客车辆,按照《机动车辆及挂车分类》(GB/T 15089—2001),如表2-22所示。

我国机动车分类　　　　　　表2-22

L类:两轮或三轮机动车辆	L_1:若使用热力发动机,其气缸排量不超过50mL且无论何种驱动方式,其最高设计车速不超过50km/h的两轮车辆	
	L_2:若使用热力发动机,其气缸排量不超过50mL且无论何种驱动方式,其最高设计车速不超过50km/h,具有任何车轮布置形式的三轮车辆	
	L_3:若使用热力发动机,其气缸排量超过50mL或无论何种驱动方式,其最高设计车速超过50km/h的两轮车辆	
	L_4:若使用热力发动机,其气缸排量超过50mL且无论何种驱动方式,其最高设计车速不超过50km/h,三个车轮相对于车辆的纵向中心平面为非对称布置的车辆(带边斗的摩托车)	
	L_5:若使用热力发动机,其气缸排量不超过50mL且无论何种驱动方式,其最高设计车速不超过50km/h,三个车轮相对于车辆的纵向中心平面为对称布置的车辆	
M类:至少有四个车轮并且用于载客的机动车辆	M_1:包括驾驶员座位在内,座位数不超过九座的载客车辆	
	M_2:包括驾驶员座位在内座位数超过九个,且最大设计总质量不超过5000kg的载客车辆	
	M_3:包括驾驶员座位在内座位数超过九个,且最大设计总质量超过5000kg的载客车辆	
N类:至少有四个车轮且用于载货的机动车辆	N_1:最大设计总质量不超过3500kg的载货车辆	
	N_2:最大设计总质量超过3500kg,但不超过12000kg的载货车辆	
	N_3:最大设计总质量超过12000kg的载货车辆	

续上表

O 类:挂车(包括半挂车)	O_1:最大设计总质量不超过 750kg 的挂车
	O_2:最大设计总质量超过 750kg,但不超过 3500kg 的挂车
	O_3:最大设计总质量超过 3500kg,但不超过 10000kg 的挂车
	O_4:最大设计总质量超过 10000kg 的挂车
G 类:指依据该标准提出的一定检测条件和定义,满足本条要求的 M 类、N 类的越野车	

厢式汽车、罐式汽车、包栅式汽车等专用汽车以及由多节车辆组成的汽车列车都属于载货车辆的范畴。载客车辆中包括轿车、微型客车、轻型客车、中型客车、大型客车以及特大型客车(如铰接客车、双层客车等)。

(2)汽车的主要性能指标

汽车的主要性能指标有容载量、比功率、最高车速、燃料消耗量、制动距离等。容载量对载客车辆,是指车辆座位数和车内站立乘客数之和;对载货车辆,以最大装载质量表示。比功率为发动机标定最大功率(kW)/厂定最大总质量(t)。最高车速是指规定装载状态下,水平良好路面上,变速器最高档,节气门全开时,车辆稳定行驶最大速度。燃料消耗量为规定装载状态下,单位行驶距离消耗的燃料量(L/100km)。制动距离是指规定装载状态下,以一定车速行驶时,实施紧急制动,从踩制动踏板开始到完全停车为止测得的车辆驶过的距离。

(3)车辆换算系数

为真实反映道路交通运行状况,需要将不同车型的交通量换算为标准车当量交通量。根据《城市道路工程设计规范(2016 年版)》(CJJ 37—2012),各种车辆的换算系数见表 2-23。

车 辆 换 算 系 数　　　　　　　　　　　　表 2-23

车辆类型	小客车	大型客车	大型货车	铰接车
换算系数	1.0	2.0	2.5	3.0

(4)电动汽车

电动汽车是指以电能为动力的汽车,一般采用高效率充电电池或燃料电池为动力源。电动汽车的分类及特点详见表 2-24。

电动汽车的分类及特点　　　　　　　　　　　表 2-24

类　别	定　义	优　点	缺　点
纯电动汽车	是指以车载电源蓄电池为动力,用电机驱动车轮行驶	行驶过程中无污染	蓄电池自重较大,充电时间长,续航里程较短,成本高,折旧快,易对环境造成二次污染
混合动力电动汽车	是指装有两个以上动力源的汽车	续航里程长,提高汽油燃烧效率,有利于环境保护	技术工艺复杂,材料多,自重大,仍旧依赖石化燃料
燃料电池电动汽车	是指一种可以将燃料中的化学能直接转化为电能的能量转化装置	能量产生效力比石化燃料高,且获取燃料较容易	燃料电池使用寿命有限

2.4.2　挂车

挂车是指因设计和技术特性,需由汽车牵引,才能正常使用的一种无动力的道路车辆,通常用于载运人员和货物或用于其他特殊用途。

(1) 挂车分类

《汽车和挂车类型的术语和定义(征求意见稿)》(GB/T 3730.1—2021)中对挂车的分类如表2-25所示。

挂车分类及特点　　　　　　　　　表2-25

挂车种类	主要特征	后继分类
半挂车	车轴置于车辆重心(当车辆均匀受载时)后面,并且装有可将水平或垂直力传递到牵引车的联结装置的挂车	半挂车主要可分为载客半挂车、载货半挂车、专用作业半挂车及旅居半挂车
中置轴挂车	牵引装置不能垂直移动(相对于挂车),车轴位于紧靠挂车重心(当均匀载荷时)的挂车	中置轴挂车主要可分为载货中置轴挂车、专用作业中置轴挂车及旅居中置轴挂车
牵引杆挂车	至少有两根轴,其中一轴可转向;通过角向移动的牵引杆与牵引车联结;牵引杆可垂直移动,联结到底盘上,因此不能承受任何垂直力	牵引杆挂车主要可分为载客牵引杆挂车、载货牵引杆挂车、专用作业牵引杆挂车、旅居牵引杆挂车及半挂牵引拖台
刚性杆挂车	具有一个轴或一组轴、配有刚性牵引杆	—

按照挂车的最大设计总质量,可将挂车分为4类,具体见表2-22。就半挂车或中置轴挂车而言,对挂车分类时所依据的质量是半挂车或中置轴挂车在满载并且和牵引车相连的情况下,通过其所有车轴垂直作用于地面的静载荷。

(2) 半挂车通用技术条件

在整车方面,半挂车应符合相关强制性标准的要求,并按照规定程序批准的图样技术文件制造。半挂车中具有专用功能的部件及总成应符合相应的国家标准或行业标准。集装箱半挂车装在空箱的高度应不大于4000mm。半挂车的机构应保证半挂汽车列车满载时,能适应90km/h的车速。当半挂车需要采用货箱顶盖时应满足使用要求。在使用过程中,货箱顶盖应能够阻止货物的散落、遗洒;顶盖处于开启状态时,不得与车辆行驶部分发生干涉。

在车架方面,半挂车车架总长度不大于8000mm时,其长度极限偏差为±5mm;当总长度每增加1000mm(不足1000mm按1000mm计算),长度极限偏差增加1mm;宽度极限偏差在任意点测量为±4mm。在纵、横梁的任意横截面上,上下翼面对腹板的垂直度公差不大于翼板宽度的1%。纵梁腹板的纵向直线度公差,在任意1000mm长度内为2mm,在全长上为其长度的0.1%。当车架长度不大于4m时,车架对角线之差不大于5.5mm,长度每增加1m(不足1m时按1m计算),车架对角线之差允许增加1mm。

2.5　道路交通管理与控制

2.5.1　公路交通管理与控制

1) 公路交通管理

(1) 接入管理

接入管理是指针对特定道路,对其接入支路的位置、间距、设计及运营、中央分隔带开口、立交、接入的街道等进行系统的控制,提供一个层次分明、功能清晰、分工明确的道路系统,并构建辅助性的街道和循环道路系统。

(2) 车速管理

车速管理是指运用交通管制的手段，强制性地要求机动车按照规定的速度范围在道路上运行，以确保道路交通安全。行驶车速的限制是指对各种机动车辆在无限速标志路段上行驶时的最高行驶车速的规定。《中华人民共和国道路交通安全法实施条例》对路上行驶最高车速的规定，见表2-26。

部分道路类型最高行驶车速规定表　　　　表2-26

道 路 类 型		最高行驶车速(km/h)
没有道路中心线的道路	城市道路	30
	公路	40
同方向只有1条机动车道的道路	城市道路	50
	公路	70

控制行驶车速的方法主要有法规控制、心理控制和工程控制。法规控制是指根据交通规则中的规定对车速加以限制，如通过交通信号、标志、标线对车速进行限速，道路上的最高限速和高速公路上的最低限速等都属于这类情形。心理控制是指利用人的心理作用对车速加以控制，是根据人的心理特点，起到对车速有所限制的作用。工程控制是指通过道路工程设施对车速进行强制减速的控制，如在住宅区道路或高速公路、快速道路的出口处设置颠簸路面、波状路面、齿状路面和分割岛等。

(3) 交通标志

交通标志按其作用可分为主标志和辅助标志。主标志包括警告标志、禁令标志、指示标志、指路标志、旅游区标志、作业区标志和告示标志。警告标志是警告车辆、行人注意道路交通的标志；禁令标志是禁止或限制车辆、行人交通行为的标志；指示标志是指示车辆、行人应遵守的标志；指路标志是传递道路方向、地点、距离信息的标志；旅游区标志是提供旅游景点方向、距离的标志；作业区标志是告知道路作业区通行的标志；告示标志是告知路外设施、安全行驶信息以及其他信息的标志。

(4) 交通标线

道路交通标线由不同颜色的线条、符号、箭头、文字、立面标记、突起路标和道路边线轮廓标线等组成，常敷设或施画于路面及构造物上，作为一种交通管理设施，起引导交通与保障交通安全的作用，可同交通标志配合使用亦可单独使用，是道路交通法规的组成部分之一，具有强制性、服务性和诱导性。在道路交通管理中占有重要地位，对高速公路、快速路、城市干道及一、二级公路均需按国家规定设置交通标线。

道路交通标线按其功能分为指示标线、禁止标线和警告标线三类；按形态又可分为线条、字符标记、突起路标、道路边线轮廓标线。

2) 高速公路(快速路)交通控制

(1) 入口匝道控制

入口匝道控制是一种使用最广泛的高速公路控制形式。其目的是减少或避免因高速公路拥挤引起的运行问题；原理是通过限制进入高速公路的车辆数，使高速公路本身的需求不至于超过容量。期望的结果是通过把高速公路上的延误因素转移到入口匝道，从而在高速公路上维持一个既不间断也不拥挤的交通流。入口匝道的控制形式包括：封闭式、定时调节、交通感应调节、入口汇合控制和匝道系统控制。

(2) 出口匝道控制

出口匝道控制很少作为高速公路交通控制的一种手段。在很多情况下，出口匝道控制实际上和安全有效地使用高速公路的目的是矛盾的，因此有效使用它的机会很有限。这种方式只能用在通过改变出口能够很方便地到达目的地的地方；当与高速公路平行的道路发生拥挤或其他特殊情况下，如从高速公路出口下道车流会加重平行道路的拥挤，甚至出口下道车流倒灌影响高速公路主线的通行安全，这时就需要对出口进行控制。主要包括出口匝道调节和出口匝道关闭两种方式。

(3) 主线控制

主线控制是有关高速公路本身的交通调节、警告和诱导。作为高速公路交通控制系统的一个基本组成部分，主线控制具有广泛的应用。主线控制的基本目的是改善高速公路运行的安全与效率。具体表现如下：

①当交通需求接近道路容量时，改善交通流的均匀性和稳定性以提供高速公路利用率并预防拥挤。

②如果发生拥挤，要能防止尾端冲撞。

③简化事故处理并从拥挤状态恢复到正常状态。

④把高速公路上的交通量转移到可替换道路上，以便更好地利用道路容量。

⑤减少驾驶员的不满和失误。

⑥使用可逆车道改变高速公路不同方向上的容量。

主线控制可以是定时的也可以是交通感应式的，采用交通感应式控制可以提高主线控制的效率。主线控制的方式主要包括：可变速度控制、驾驶员情况系统、车道关闭、调节控制和可逆车道。

(4) 通道控制

通道控制的目的是在交通需求和通道的容量之间获得最佳平衡。高速公路通道的容量由为交通需求提供服务的高速公路自身容量以及可换用的平行道路的容量共同组成。一条高速公路通道除了高速公路和其匝道外，还包括以下道路：

①高速公路前沿道路。

②作为可换用道路的平行道路或街道。

③连接高速公路和换用道路的交叉道路。

通道控制主要有两种形式：限制和转向。限制是指限制通道上各个道路的交通需求，使其低于道路容量；转向是指把车辆从超负荷的道路上引导到有剩余容量的道路上。限制是通过各种管理控制，如匝道控制、主线控制、单一交叉口控制、干线道路控制以及网络控制来实现的；转向是通过这些管制型控制进行引导并借助于驾驶员情报系统来实现的。

2.5.2 城市道路的管理与控制

1) 城市道路管理

(1) 单向交通管理

单向交通又称单行线，是指道路上的车辆只能按一个方向行驶的路段。实施单向交通一般应具备以下条件:①具有相同起终点的两条平行道路,它们之间的距离在 350~450m 以内;②具有明显潮汐交通特性的街道,其宽度不足 3 车道的可实行可逆性单向车道;③复杂的多路交叉口,某些方向的交通另有出路的,才可将相应的进口道改为单向交通。

(2)变向交通管理

变向交通又称"潮汐交通",是指在不同的时间段内变换某些车道上的行车方向或行车种类的交通。变向交通按作用可分为两类:方向性变向交通和非方向性变向交通。

方向性变向交通,是指在不同时间段内变换某些车道上的行车方向。这类变向交通可使车流量方向分布不均匀现象得到缓和,从而提高道路的利用率。

非方向性变向交通,是指在不同时间段内变换某些车道上的行车种类。它可分为车辆与行人、机动车与非机动车之间相互变换使用的变向车道。这类变向交通对缓和各种类型的交通在时间分布上不均匀性的矛盾有较好的效果。

(3)禁行管理

禁行管理是指为调节道路上的交通流,将一部分交通流量分到其他负荷较低的道路,或为满足某些特殊的通行要求,根据道路条件和交通条件,实行对机动车和非机动车的某种限制通行的管理。禁行管理可分不同的车种、转向、时段。

(4)专用道管理

专用道管理包括多乘员车辆专用道、公交车辆专用道和自行车专用道管理等。

2)城市道路控制

(1)单点交叉口信号控制

单点交叉口信号控制是指利用交通信号灯,对交叉口运行的车辆和行人进行通行权的分配。单点交叉口信号控制以交通信号控制模型为基础,通过合理控制交叉口信号灯的灯色变化,以达到减少交通拥堵、保证城市道路畅通和避免发生交通事故等目的,是城市道路交通信号控制的基本形式。单点交叉口信号控制根据控制方式的不同主要可以分为定时式控制、感应式控制以及自适应控制。

①定时式控制是指交叉口信号具有确定的控制方案,信号灯在控制时段内按照预先设定的控制方案周期式地进行信号控制。定时式控制具有工作稳定可靠,便于与相邻交叉口的交通信号进行协调,设施成本较低,安装、维护方便等优点,适用于交通需求波动小或交通量较大(接近饱和状态)的情况,但灵活性差、不适应交通需求波动。

②感应式控制是指交通信号灯能根据交通检测器检测到的交叉口实时交通流状况,采用适当的信号显示时间以适应交通需求的一种信号控制方式。感应式控制对车辆随机到达以及交通需求波动较大的情况适应性很强,但协调性差、设施成本较高。

③自适应控制是基于人工智能技术发展起来的一种信号控制方式,具有学习、抽象、推理和决策等功能,能根据环境的变化做出恰当的适应性反应。自适应控制具有较强的实时性、鲁棒性和独立性,但控制策略较为复杂,且需要配套相应的检测装置。

(2)干线交叉口信号协调控制

干线交叉口信号协调控制是为了保持城市主干道的畅通对主干道上的信号控制交叉口采取协调控制。主要考虑的内容包括:

①考虑道路系统的类型,如:单向行驶的主干道路、双向行驶的主干道路、单向行驶的道路网、双向行驶的道路网、由单行道和双行道所构成的混合式道路网。

②对需要协调控制的交通流进行详细的分析和研究。

③设定信号灯协调控制的目标,可以选择的目标包括:最大带宽(运行车队连续通过一系列信号控制交叉口的"绿波带")、最小延误时间、最少停车次数、停车次数和延误加权综合的最小化。

单向行驶道路的协调控制方式主要包括:简单协调(前向协调)、可变协调、逆向协调、同步协调。

(3) 区域交叉口信号协调控制

区域交叉口信号协调控制(简称面控制)系统的控制对象是城市或某个区域中所有交叉口的交通信号。是将城区内的全部交通信号的监控,作为一个指挥控制中心管理下的整体控制系统,是单点信号、干线信号和网络信号的综合控制系统。现代的交通控制系统是多种技术的综合体,包括车辆检测技术、数据采集与传输、信息处理与限制、信号控制与最优化、电视监视、交通管理与决策等多个组成部分。目前国内外普遍使用的控制系统主要有 TRANSYT 系统、SCATS 系统、SCOOT 系统和 ACTRA 系统。

【复习思考题】

1. 简述道路交通运输的构成及主要功能。
2. 简述公路通行能力与服务水平的定义及关系。
3. 简述公路运输的主要技术经济指标,并推导各技术经济指标之间的联系。
4. 请比较分析公路货运站与汽车客运站选址原则的异同点。
5. 简述城市道路交通设施的构成及分类。
6. 请列举城市道路的六大功能并选取实例分析。
7. 简述常规公交线路网的布局原则,结合你所在的城市分析其公共交通车站与场站设施设置的合理性和存在的问题。
8. 请比较分析公路交通运输系统和城市道路交通运输系统的联系和区别。
9. 请列举不同车辆的换算系数,并分析车辆换算系数计算的原理。
10. 请列举公路控制的方式,并分析不同控制方式使用的场景和限制条件。
11. 简述城市道路管理的 4 种主要管理方式,并选取一种分析其适用条件和场景。
12. 请列举城市道路控制的 3 种方式,并分析干线交叉口信号协调控制考虑的主要内容。

【本章参考文献与延伸阅读】

[1] 《综合交通运输导论》编委会.综合交通运输导论[M].北京:人民交通出版社股份有限公司,2021.

[2] 邓学钧,刘建新.交通运输工程导论[M].北京:清华大学出版社,2009.

[3] 王炜,陈峻,过秀成,等.交通工程学[M].3 版.南京:东南大学出版社,2019.
[4] 黄晓明,陈峻,等.交通运输导论[M].北京:人民交通出版社股份有限公司,2014.
[5] 刘舒燕.交通运输系统工程[M].北京:人民交通出版社,2011.
[6] 陈大伟,李旭宏.运输工程[M].北京:人民交通出版社股份有限公司,2014.
[7] 顾保南,赵鸿铎.交通运输工程导论[M].北京:人民交通出版社股份有限公司,2014.
[8] 中华人民共和国住房和城乡建设部.城市道路工程设计规范(2016 年版):CJJ 37—2012[S].北京:中国建筑工业出版社,2012.
[9] 中华人民共和国住房和城乡建设部.城市道路交叉口规划规范:GB 50647—2011[S].北京:中国计划出版社,2011.
[10] 中华人民共和国住房和城乡建设部.城市道路公共交通站、场、厂工程设计规范:CJJ/T 15—2011[S].北京:中国计划出版社,2011.
[11] 中华人民共和国交通运输部.公路工程技术标准:JTG B01—2014[S].北京:人民交通出版社股份有限公司,2014.
[12] 国家市场监督管理总局,国家标准化管理委员会.汽车和挂车类型的术语和定义(征求意见稿):GB/T 3730.1—2021[S].2021.
[13] 中华人民共和国交通运输部.公路货运站站级标准及建设要求:JT/T 402—2016[S].北京:人民交通出版社股份有限公司,2016.
[14] 中华人民共和国交通运输部.公路路线设计规范:JTG D20—2017[S].北京:人民交通出版社股份有限公司,2016.
[15] Transportation Research Board. Highway capacity manual 2016[M]. Washington D. C.: Transportation Research Board,2016.
[16] 过秀成.公路建设项目可行性研究[M].北京:人民交通出版社,2007.
[17] 陈宽民,严宝杰.道路通行能力分析[M].北京:人民交通出版社,2011.
[18] 黄晓明.路基路面工程[M].北京:人民交通出版社股份有限公司,2014.
[19] 姚荣涵.交通流理论[M].北京:人民交通出版社股份有限公司,2019.
[20] 陈峻,徐良杰,朱顺应,等.交通管理与控制[M].2 版.北京:人民交通出版社股份有限公司,2018.

第 3 章 轨道交通运输系统

3.1 概　　述

3.1.1 轨道交通系统构成

轨道交通系统是指运营车辆需要在特定轨道上行驶的一类交通工具或运输系统。根据我国的行业技术标准，轨道交通系统包括普通铁路、高速铁路、城市轨道等交通系统。轨道交通系统主要由车站、线路、车辆、控制以及通信信号系统等一系列设施组成，如图 3-1 所示。

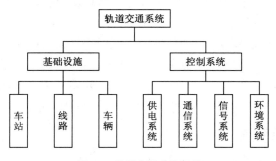

图 3-1　轨道交通系统组成

车站是交通运输的基本生产单位,也是轨道交通系统运行的主要设施。车站的设计要保证乘客使用安全、方便,并具有良好的内部和外部环境条件,对于枢纽地区,车站还需考虑高架车站、地面车站与地下车站之间客流换乘的方便性,并满足各种安全防护要求。线路是轨道交通基础设施中的主体部分,是机车与车辆运行的基础,由路基、轨道和桥涵隧道结构物组成,考虑到乘客出行的方便、土地充分利用、节约建设费用等因素,线路走向一般选择易于施工和客流相对比较集中的地区。车辆是轨道交通系统中最重要的组成部分,也是技术含量较高的机电设备。轨道交通车辆应具有先进性、可靠性和实用性,不仅要保证车辆运行的安全、快速,而且能为乘客提供良好的服务条件,使乘客舒适、方便,同时还应考虑对环境和能源的影响。

轨道交通的供电系统负责提供车辆及设备运行的动力能源。供电系统是否可靠直接影响到轨道交通的畅通和人员的安全,轨道交通一旦停电将导致交通混乱,且易造成人员伤亡。高度安全、可靠和经济合理的电力供给是轨道交通正常运营的重要保障和前提。轨道交通的通信系统是列车运行、组织运输生产及进行公务联络的重要手段。轨道交通的特点是客流密集、运输繁忙,为了保证行车安全和实现快速、高效、准时的优质服务,必须设置功能完善、可靠的内部专用通信系统。轨道交通信号系统是轨道交通的主要技术装备,它担负着指挥列车运行、保证列车运行安全和提高线路通过能力的重要任务。环境系统的任务则是为列车运行和旅客出行提供满足一定要求的空气环境,包括空气的温度、湿度、空气流动速度和空气质量。

3.1.2 轨道交通系统运输能力

轨道交通系统的运输能力是通过能力和输送能力的总称。通过能力是指在一定列车类型和行车组织条件下,轨道交通系统一定区段内各种固定设备在一定时间内能够通过或接发的最多列车数(或列车对数)。输送能力是指某条线路或区段在一定的固定设备和行车组织方法的条件下,按照现有活动设备(主要是机车车辆)和人员配备(主要是机车乘务组、车长等),在单位时间内(通常为一昼夜或一年)所能输送的货物吨数或乘客数。

通过能力反映的是线路所能开行的列车数,它是输送能力的基础;输送能力是运输能力的最终体现。输送能力和通过能力应当协调配合发展,即在运量不断增长的条件下,应当按照通过能力的大小相应地配备机车、车辆和各种定员。

通过能力可以进一步分为区间通过能力和车站通过能力,即分别针对线路区段和轨道车站设备进行计算,确定单位时间内能够通过的最大列车数量。

区间通过能力的大小受到区间内正线数目、区间长度、线路平纵断面、牵引机车类型、信号设备、维修机械设备以及行车组织等因素的影响。

车站通过能力则可进一步细分为咽喉通过能力和到发线通过能力。咽喉通过能力是按照车站咽喉区(两端道岔汇聚的地方)确定的通过能力,即在既定的作业方案和进路条件下,咽喉区道岔单位时间内能够接、发某方向的货物或旅客列车数。由于咽喉区是列车的必经之处,对咽喉区的通过能力进行计算可以分别检验区间通过能力和到发线能力与咽喉区能力是否协调。到发线通过能力则是指到达场、出发场、通过场或到发场内办理列车到发作业的线路,在既定作业过程和使用方案下,单位时间内能够接、发货物或旅客列车的数量。

3.1.3 轨道交通系统分类

随着轨道交通技术的不断进步和发展,出现了许多新的轨道交通形式,按运输能力范围、车辆类型及主要技术特征一般可分为普通铁路、高速铁路、城市轨道交通、现代有轨电车、单轨交通、磁悬浮交通等形式。通常也可以根据以下不同的标准对轨道交通基本类型进行分类。

(1) 按运输能力分类

线路运输能力是指单向每小时的断面最大的乘客通过量。按照运输能力大小,轨道交通可分为高运量轨道交通、中运量轨道交通、低运量轨道交通。高运量轨道交通要求高峰小时单向运输能力达到3万人次以上,如普通铁路、高速铁路、重型和轻型地铁等;中运量轨道交通要求高峰小时单向运输能力为1.5万~3万人次,如微型地铁、高技术标准的轻轨和单轨;低运量轨道交通要求高峰小时单向运输能力为0.5万~1.5万人次,如低技术标准的轻轨、自动导向交通和现代有轨电车。

(2) 按敷设方式分类

根据不同的敷设方式,轨道交通可分为地下(隧道)、高架和地面三种形式。大运量轨道交通在较为繁忙的地区多采用隧道和高架形式,在城际、市郊可采用全封闭的地面形式;中运量轨道交通可兼有三种敷设形式,且通常不与机动车混行;低运量轨道交通一般采用地面形式,可与机动车混行。

(3) 按路权分类

路权是指轨道交通系统运行线路与其他交通的兼容程度。根据路权,轨道交通可分为独立路权、半独立路权和共有路权三种基本形式。独立路权的轨道交通系统与其他交通完全隔离,不受平交道路与人、车的干扰,一般用于大运量及1.6万人次/h以上的中等运量轨道交通系统;半独立路权的轨道交通系统沿行车路线采用缘石、隔离栅等措施与其他交通实体隔离,但在交叉路口仍与横向的人、车平交混行,受信号系统控制,一般用于1.6万人次/h以下的中等运量轨道交通系统;共有路权的轨道交通系统即地面混合交通,不具有实体分割,轨道交通与其他交通混合出行,在路口按照规定通行。

(4) 按导向方式分类

根据导向方式,轨道交通可分为轮轨导向与导向轮导向。轮轨导向由钢轮轮缘和钢轨之间的作用力来提供导向力,包括钢轨钢轮系统(地铁、轻轨、有轨电车),这种导向方式启动较快。导向轮导向包括单轨及自动导向交通系统等胶轮车辆,具有耐磨性好,使用寿命长等优点。

(5) 按轮轨支撑形式分类

轮轨支撑形式即车辆与转移车道表面之间的垂直接触方式与运行方式。按照轮轨支撑形式,轨道交通系统可分为钢轮钢轨系统、胶轮混凝土轨系统以及特殊系统三种形式。钢轮钢轨系统包括普通铁路、高速铁路、地铁、轻轨、有轨电车;胶轮混凝土轨系统主要是指单轨及自动导向交通系统;而特殊系统则包括支撑面置于车辆之上的悬挂式单轨系统、磁悬浮式轨道交通系统等。

3.2 铁路运输系统

3.2.1 系统构成与运输能力

1) 系统构成

铁路运输是以铁路轨道为运输通道,以机车牵引车辆运输工具进行的运输形式。铁路运输系统主要由铁路线路、铁路枢纽、铁路场站、运输设备(运输工具)、铁路车辆、铁路运输信号系统等设施组成。

铁路线路承受着由机车、车辆轮对传来的巨大压力,并引导机车、车辆轮对运行,为了确保列车按规定速度安全、平稳和不间断运行,铁路线路各部分必须保持完好状态,以保证铁路运输部门能够优质地完成客货运输任务;铁路枢纽站是在铁路网节点或网端,由客运站、编组站或其他车站以及各种为运输服务的设施和连接线等组成的整体运输设施;铁路场站既是铁路办理客、货运输的基地,又是铁路系统的一个基层生产单位,场站除可办理旅客和货物运输的各项作业以外,还可办理和列车运行有关的各项作业;铁路车辆是铁路运送旅客和货物的设备,它一般没有动力装置,必须由机车牵引才能沿线路运行,按用途可分为客车和货车两大类。

铁路运输信号系统的作用是保证列车运行与调车作业安全,用于提高铁路运输生产的效率、降低运输成本、改善行车人员的劳动条件,主要包括铁路信号、联锁、闭塞、机车信号等设备。铁路通信以运输生产为目的,主要功能是实现行车和机车车辆作业的统一调度与指挥,铁路通信将有线和无线相结合,包括多种通信方式。

2) 运输能力

按照铁路区段各项固定设备计算的铁路通过能力又称为区间通过能力或车站通过能力等,其中的最小值即为铁路区段的最终通过能力。

(1) 通过能力

区间通过能力是基于列车运行图周期进行计算的。运行图周期,是指一定类型运行图的一组列车占用区间的总时间。其组成因素,在非自动闭塞区段包括:列车区间运行时分,起停车附加时分及列车在车站的间隔时间。在自动闭塞区段为追踪列车间隔时间。

若一个运行图周期内所包含的列车对数或列数用 $n_周$ 表示,则放行一列或一对列车平均占用该区间时间(单位:min)为:

$$t_{占均} = \frac{T_周}{n_周} \tag{3-1}$$

当不考虑固定作业占用时间、有效度系数时:

$$n = \frac{1440}{t_{占均}} = \frac{1440 n_周}{T_周} \tag{3-2}$$

当考虑固定作业占用时间而不考虑有效度系数时:

$$n = \frac{(1440 - T_固) n_周}{T_周} \tag{3-3}$$

当同时考虑固定作业占用时间、有效度系数时:

$$n = \frac{(1440 - T_固) n_周 d_{有效}}{T_周} \tag{3-4}$$

式中:$t_{占均}$——放行一列或一对列车平均占用该区间时间(min);

$T_周$——运行图的一个周期(min);

$n_周$——一个运行图周期内所包含的列车对数或列数(列);

n——铁路通过能力(对/d 或 列/d);

$T_固$——固定作业占用时间(min);

$d_{有效}$——有效度系数,即扣除设备故障和列车运行偏离、调度调整等因素所产生的技术损失后,区间时间可供有效利用的系数,一般取 0.88 ~ 0.91。

(2)输送能力

铁路运输通常以货物运输为主,货运线路一般按照货物吨数计算年输送能力,可按式(3-5)计算:

$$P_{货} = \frac{365nQ\gamma_{载}}{10^4\beta} \tag{3-5}$$

式中:$P_{货}$——年输送货运量(万 t/年);

n——线路通过能力(列/d);

Q——列车牵引重量(t);

$\gamma_{载}$——列车平均载重系数;

β——货运波动系数,一般取 1.1~1.3。

3.2.2 铁路线路与枢纽场站

1)铁路线路

铁路线路是机车车辆运行的基础,兼有承载和导向的功能。铁路线路由路基、桥隧建筑物、轨道以及沿线设施组成。

(1)路基

路基工程主要由路基本体、路基防护和加固建筑物、路基排水设备三部分组成。路基最常见的两种断面是路堤和路堑。此外,还有半路堤、半路堑、半路堤半路堑和不填不挖路基。

①路堤:铺设轨道的路基面高于自然地面时,经填筑而形成的路基。路堤路基的组成包括路基面、边坡、护道、取土坑和纵向排水沟等。

②路堑:铺设轨道的路基面低于自然地面时,经开挖而形成的路基。路堑路基的组成包括路基面、侧沟、边坡、弃土堆和截水沟等。

(2)桥隧建筑物

当铁路线路要通过江河、溪沟、谷地、山岭等天然障碍,或要跨越公路、铁路时,就需要修建桥隧建筑物,以使铁路线路得以继续向前延伸。桥隧建筑物包括桥梁、涵洞和隧道等。在铁路线路的修建过程中,桥隧建筑物的工程量所占比重往往较大,大桥和长大隧道的施工期限时长还是新建线路能否按时竣工的关键。

①桥梁。桥梁主要由桥面、桥跨结构、墩台基础三部分组成。桥面是桥梁上铺设的轨道、人行道和护栏部分;桥跨结构是桥梁承受荷载、跨越障碍的部分;墩台基础则是桥跨结构的支承体,即桥梁的支承部分,其中设于桥梁中部的称为桥墩,设于桥梁两端的称为桥台,桥墩与桥台的底部与地基接触的部分称为基础。

②隧道。隧道是铁路线路越过山岭时,为避免开挖深路堑或修建很长的迂回线而修建的穿越山岭的建筑物。此外,还有各种水底隧道以及大中城市的地下铁道。

隧道的两端应修筑洞门,以保持洞口上方仰坡和两侧边坡的稳定,并将雨水引离隧道;隧道内部一般用混凝土等材料进行衬砌,以防止四周岩层塌落、洞底变形及渗水;为了保证入隧道进行线路养护的线路维修人员的人身安全,在隧道内洞身两侧还应修建避车洞。

(3)轨道

轨道是列车运行的基础,其作用主要是引导列车行驶方向,承受机车、车辆的压力,并把压力扩散到路基或桥隧结构上。轨道主要由钢轨、轨枕、道床、联结零件以及道岔等组成。

①钢轨。钢轨的作用是引导车轮的运行方向,直接承受车轮的巨大作用力并将其传递给

轨枕。另外,在电气化铁路或自动闭塞区段,钢轨还兼作轨道电路之用。

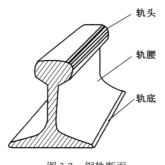

图 3-2 钢轨断面

因此钢轨应具有足够的强度、韧性和耐磨性。钢轨采用具有最佳抗弯性能的工字形断面,分为轨头、轨腰、轨底三部分,如图 3-2 所示。

②轨枕。轨枕的作用是支承钢轨,并将钢轨传来的压力均匀地传递给道床,同时保持钢轨应有的位置和轨距。轨枕应具有足够的坚固性、弹性和耐久性,并且造价低廉、制作简单、铺设及养护方便。

轨枕按其制作材料的不同,可分为木枕和钢筋混凝土枕两种。木枕具有弹性好、易加工、重量轻、易铺设、易更换等优点;缺点是木材消耗量大、使用寿命较短。钢筋混凝土轨枕使用寿命长、稳定性能好,轨道的强度和稳定性好,能减少线路的养护工作量,其材料来源也广,可大量节省木材,是我国铁路主要使用的轨枕。

③道床。道床是铺设在路基面上的石砟(道砟)层。其主要作用有:支承轨枕,把从轨枕传来的压力均匀传递给路基;固定轨枕的位置,阻止轨枕纵向和横向移动;缓和机车、车辆轮对钢轨的冲击;调整线路的平面和纵断面。道床的材料应当具有坚硬、不易风化、富有弹性,并有利于排水的特点。常用的材料有碎石、粗砂等,粗砂在非渗水土路基道床中也可作垫层。

④联结零件。联结零件包括接头联结零件和中间联结零件(亦称钢轨扣件)两类。接头联结零件是用来联结钢轨与钢轨间接头的零件,它包括夹板、螺栓、螺母和弹性垫圈等。

⑤道岔。把两条或两条以上的轨道在平面上进行相互连接或交叉的设备称为道岔。其作用是使列车由一条轨道转入或越过另一条轨道,以满足铁路运输中的各种作业需要。道岔因其构造不同而形式多样,最常见的是普通单开道岔。

2)铁路枢纽

枢纽是在铁路网节点或网端,由客运站、编组站或其他车站以及各种为运输服务的设施、连接线等组成的整体运输设施。它是沟通纵横交错的轨道线的重要结点,其主要任务是承担客、货流的集散和中转,包括办理各种列车的到发、通过和改编,车流的交换,旅客乘降和换乘,以及货物的承运、交付、中转和换装等作业。

(1)枢纽分类

铁路枢纽按其在路网中的地位与作用可以分为三类:路网性铁路枢纽、区域性铁路枢纽、地方性铁路枢纽。按其区域内场站结构布置形式可分为以下八种类型:一站枢纽(图 3-3)、三角形枢纽(图 3-4)、十字形枢纽(图 3-5)、顺列式枢纽(图 3-6)、并列式枢纽(图 3-7)、环形枢纽(图 3-8)、尽端式枢纽(图 3-9)和混合式枢纽(图 3-10)。

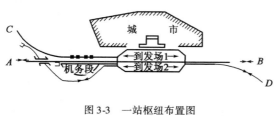

图 3-3 一站枢纽布置图

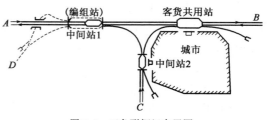

图 3-4 三角形枢纽布置图

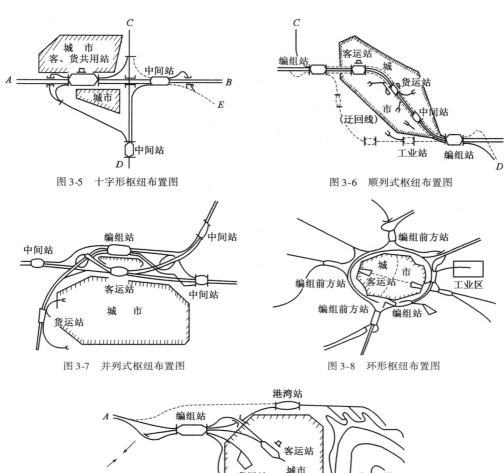

图 3-5　十字形枢纽布置图

图 3-6　顺列式枢纽布置图

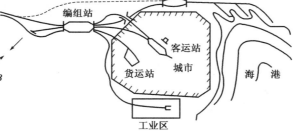

图 3-7　并列式枢纽布置图

图 3-8　环形枢纽布置图

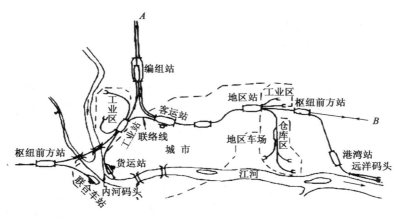

图 3-9　尽端式枢纽布置图

图 3-10　混合式枢纽布置图

(2) 枢纽布置

枢纽内专业车站的配置应考虑枢纽的客货流性质、线路引入方式、城市及其他运输系统的规划等因素进行总体布置。枢纽内编组站一般设置在主要干线汇合处,且规划在市区边缘之外,以保证主要车流方向有顺直的径路,使折角车流最少,同时减少对城市的污染。中、小规模的枢纽一般设置一个综合性货运站;大型枢纽内可设置两个及以上货运站。货运站位置的选择要与编组站衔接方便,同时要求有方便的道路运输路线。枢纽内的客运站应配合城市规划,设在市区便利的旅客运输地段。客运站应与市中心、市区主要干道以及其他办理客运业务的铁路车站、长途和市内汽车站、客运码头、机场等有方便的交通联系。如果引入方向较多、客流较大,可分设两个或更多的客运站,既可按快、慢分工,也可按方向或始发、终到与中转分工。

3) 铁路场站

场站既是铁路办理客、货运输的基地,又是铁路系统的一个基层生产单位。在场站上,除办理旅客和货物运输的各项作业以外,还办理和列车运行有关的作业。为了完成上述作业,场站上设有客货运输设备及与列车运行有关的各项技术设备,还配备了客运、货运、行车、装卸等方面的工作人员。

场站按技术作业分为中间站、区段站和编组站。区段站和编组站统称为技术站。中间站设置在技术站之间的区段内;它的主要作用是办理列车的接发、会让和通过作业,摘挂列车的调车和装卸作业。区段站设置在划分货物列车牵引区段或区段车流集散的地点;它的主要作用是办理货物列车的中转作业,解体与编组区段、摘挂列车,更换货运机车和乘务人员,进行车辆技术检修和货运检查整理。编组站设置在大量车流集散的地点;它的主要作用是担当大量货物列车的解编作业,编组直达、直通、区段、摘挂列车,更换货运机车和乘务人员,进行车辆技术检修和货运检查整理。

3.2.3 铁路车辆

铁路车辆是铁路运送旅客和货物的设备。它一般没有动力装置,必须由机车牵引才能沿线路运行。铁路车辆种类繁多,但其结构大致相似,一般由车体、走行部、制动装置、车钩缓冲装置、车辆内部设备五个基本部分组成。

(1) 车体

车体是旅客乘坐或装载货物的部分,车体一般和车底架构成一个整体,其结构与车辆的用途有关。货车车体是车辆装载货物的部分,一般包括底架、侧墙、端墙、车顶等;客车车体一般采用薄壁筒形结构,由底架、侧墙、车顶、外端墙和内端墙、门窗等组成。

(2) 走行部

走行部的位置介于车体与轨道之间,引导车辆沿钢轨行驶,承受来自车体及线路的荷载并缓和动作用力,走行部应保证车辆以最小的阻力在轨道上运行,并顺利通过曲线。走行部能否保持良好的状态对于车辆的安全、平稳和高速运行有很大的影响。

(3) 制动装置

制动装置是保证列车准确停车及安全运行必不可少的装置。由于整个列车的惯性很大,除在机车上设制动装置外,还必须在每辆车上也设制动装置,这样才能使运行中的车辆按需要减速或在规定的距离内停车。车辆上常见的制动装置是通过列车主管中空气压力的变化而使制动装置产生相应的动作。此外,车辆上还设有手动制动装置,货车在编组、吊车作业中常要用到它,其他车辆的手动制动装置作为一种辅助装置以备急需。

(4)车钩缓冲装置

车钩缓冲装置是使机车和车辆或车辆与车辆之间连挂一起,并传递牵引力和制动力,缓和列车运行或调车作业时所产生的冲击力的装置。车钩缓冲装置包括车钩、缓冲器两部分,安装在车底架中梁的两端。车钩缓冲装置无论是承受牵引力还是冲击力,都要经过缓冲器将力传递给牵引梁,这样就有可能使车辆间的纵向冲击振动得到缓和消减,从而改善运行条件,保护车辆及货物不受损坏。

(5)车辆内部设备

车辆内部设施是一些为运输对象提高服务质量而设于车体内的固定附属装置。如客车上的电气、给水、空调、座位、行李架等。

3.2.4 铁路信号及通信系统

除线路、车辆、枢纽场站设施外,铁路运输系统设施设备还包括信号系统、通信系统、牵引系统、供电系统、环境系统等。下面主要介绍信号系统和通信系统。

(1)信号系统

铁路运输信号系统的作用是保证列车运行与调车作业安全。信号系统能有效提高铁路运输生产的效率,降低运输成本,大大改善行车人员的劳动条件。铁路运输信号设施包括铁路信号、联锁、闭塞、机车信号设备等。

铁路信号设备用于指示列车运行及调车工作的命令,有关行车人员必须严格执行;联锁设备在铁路车站上,其作用是保证列车在进路上的安全,并使机车和车辆能有效利用站内线路,高效率地指挥行车和调车,改善行车人员的劳动条件,通过利用机械、电气自动控制和远程控制、计算机等技术和设备,使车站范围内的信号机、进路和进路上的道岔相互具有制约关系;闭塞设备是用来保证列车在区间内运行安全和提高区间通过能力的区间信号设备;机车信号设备是将地面信号机的显示及各种条件信息连续不断地传递到机车上,并控制机车信号机显示的设备。

(2)通信系统

铁路运输生产必须实行高度集中,为可靠指挥列车运行,组织运输生产及各部门工作间的互相联系,必须设置性能完善的铁路通信系统,构成完整的通信网。铁路通信系统是铁路实现统一指挥、组织、管理运输生产的重要工具。

铁路通信系统按传输方式可分为有线通信和无线通信;按服务区域可分为长途通信、地区通信、区段通信和站场通信等;按业务性质可分为公用通信、专用通信和数据通信。铁路专用通信设备一般是指用于组织、指挥铁路运输生产的专用通信设备,由区段通信设备、站场通信设备、电视电话会议通信设备等组成,包括调度电话、站间电话、区间电话、站内通信设备、无线扩音对讲系统等。

3.2.5 铁路运输组织

铁路运输组织是指针对客流或货流制定合理的运输组织方案,实现旅客和货物的位移。其主要内容包括运输计划、列车编组计划、列车运行图、技术计划、运输方案、日常工作计划和运输调整以及车站行车工作细则。

(1) 高速铁路运输组织

高速铁路运输组织是指为了满足旅客出行需求而开展制定高速铁路列车开行方案、列车运行图、动车组运用计划等内容的一系列工作。

列车开行方案是指根据高速铁路旅客客运量及客流分布规律,安排列车起讫点与中间站、开行数量与列车等级、停站方案、列车客座能力利用以及车底运用等内容,实现将客流合理分配到列车流的目的。

列车运行图是管理部门根据高速铁路列车开行方案,针对一昼夜开行的每一班列车,制定发车时刻表,确定各站点到发时间及各区间运行时间,并将各班列车在各时刻所处位置以图解的方式绘制在时间与距离的二维坐标图上形成的。

动车组运用计划包括动车组的运用和检修,是在给定的列车运行图以及相关检修要求和条件的基础上,确定动车组的运用时刻、所在车次、到发站点以及检修任务等内容。动车组的运用计划关系到高速铁路旅客运输是否能够安全无误地完成,影响旅客运输的效率。

(2) 城市轨道交通行车组织

城市轨道交通行车组织是为了在一定客流需求和城市轨道交通系统可用资源约束的条件下,制定城市轨道列车开行方案、列车全日运行计划、列车运行图等相关内容,为城市居民提供安全、便捷、高效的轨道交通服务。

3.3 高速铁路系统

3.3.1 系统构成与运输能力

1) 系统构成

高速铁路是指设计开行时速 250km 以上(含预留),并且初期运营时速 200km 以上的客运列车专线铁路。高速铁路运输系统主要由线路、车站、车辆、信号系统四部分组成,具有速度快、运输量大、准点率高、占用土地少、能源消耗低、对环境污染小、安全可靠、社会经济效益良好等优点。

2) 运输能力

高速铁路线路为客运专线,相比铁路的客货列车混跑,由于列车运行速度、综合维修天窗、线路与车站设施具有较大不同,计算方法存在一定的区别。

(1) 区间通过能力

高速铁路区间通过能力应按客运区段计算,并以最高等级的列车(对)数表示,可采用图解法或分析法进行计算。

对于平行运行图,高速铁路的区间通过能力计算方式如下:

$$n = \frac{1440 - T_w}{I} - \frac{60S}{vI} \tag{3-6}$$

式中:n——高速铁路通过能力(对/d 或列/d);

T_w——综合维修天窗时间和非有效利用时间(min);

I——最小追踪间隔时间(min);

S——客运区段长度,如天窗开设长度小于客运区段,则为天窗开设长度(km);
v——列车运营速度(km/h)。

(2)车站通过能力

$$N_{客} = \frac{M_{客}(1440 - T_{停})(1 - \gamma_{空})}{t_{占均}} \times K \tag{3-7}$$

式中:$N_{客}$——到发线通过能力(列);
$M_{客}$——用于接发客车的到发线数(条);
$T_{停}$——车站一昼夜内停止接发客车的时间(min);
$\gamma_{空}$——客车到发线空费系数,取 0.15~0.25;
$t_{占均}$——平均一列车占用到发线时间(min),按式(3-8)计算;
K——到发线利用率,取 0.90~0.95。

$$t_{占均} = \alpha_{通}t_{占通} + \alpha_{折}t_{占折} + \alpha_{始}t_{占始} + \alpha_{终}t_{占终} \tag{3-8}$$

式中:$\alpha_{通}$、$\alpha_{折}$、$\alpha_{始}$、$\alpha_{终}$——通过、立折、始发、终到客车所占旅客列车总数的比例(%);
$t_{占通}$、$t_{占折}$、$t_{占始}$、$t_{占终}$——通过、立折、始发、终到客车占用到发线的时间(min)。

(3)高速铁路输送能力

高速铁路作为客运专线,其年输送能力可按下式计算:

$$P_{高} = (365 A_{高} \lambda_{高}) \times 10^{-4} \tag{3-9}$$

式中:$P_{高}$——一列列车年输送能力[万人/(年·列)];
$A_{高}$——列车定员(人/列);
$\lambda_{高}$——列车客车满载率,运营速度为 300km/h 的列车一般取 0.7~0.8,运营速度为 200km/h 的列车一般取 0.8~0.85。

不同速度等级高速铁路列车混运的线路输送能力为:

$$\Gamma_{年} = N'_{高1}P_{高1} + N'_{高2}P_{高2} \tag{3-10}$$

式中:$\Gamma_{年}$——高速铁路线路运输能力(万人/年);
$N'_{高1}$——不同速度等级列车混匀条件下的 300km/h 列车使用能力(列);
$P_{高1}$——一列运营速度为 300km/h 列车年输送能力[万人/(年·列)];
$N'_{高2}$——不同速度等级列车混匀条件下的 200km/h 列车使用能力(列);
$P_{高2}$——一列运营速度为 200km/h 列车年输送能力[万人/(年·列)]。

3.3.2 高速铁路线路和场站

在高速运行条件下,列车的横向加速度增大,列车各种振动的衰减距离延长,导致各种振动叠加的可能性增加,相应旅客乘坐舒适度更为敏感,因此要求线路的技术标准也相应提高。高速铁路平纵面设计的标准要以提高线路的平顺性为主,尽可能降低列车的横向和竖向加速度,减小列车各种振动叠加的可能性,同时也要考虑在保证安全的前提下,减少工程量,降低造价,便于施工、运营、维修等。

1)高速铁路线路的平面设计

铁路的长期运营实践证明,线路的平纵断面对行车速度影响很大。线路平面标准包括最小曲线半径、最大曲线半径、缓和曲线、线间距等。

(1) 最小曲线半径

最小曲线半径是高速铁路线路主要的设计标准之一,它与铁路运输模式、速度目标值、旅客乘坐舒适度等有关。

(2) 最大曲线半径

最大曲线半径标准主要受到线路的铺设、养护、维修养护精度控制。综合考虑线路测设精度和轨道检测精度,规定高速铁路最大曲线半径为12000m。

高速铁路由曲线半径直接决定行车速度,曲线半径应根据线路不同地段的行车速度适当选定。对于大型场站两端减、加速地段或必须限速的站外引线上,由于行车速度较低,为减少工程,可选用与实际行车速度相适应的较小曲线半径;对于地形、地质条件困难,工程艰巨地段,也可适当选用较小曲线半径并宜集中设置,以免列车频繁限速,恶化运营条件。

(3) 缓和曲线

设计高速铁路的缓和曲线时应考虑在缓和曲线起终点和缓和曲线范围内运行的列车应有较好的稳定性,以确保行车安全和舒适。缓和曲线线形要力求简单,便于测设与养护,且应尽量短些,以减少工程量和投资费用。

(4) 线间距

线间距是指相邻两股道线路中心线之间的最小距离。由于高速列车运行时会产生列车风,相邻线路高速列车相向运行所产生的空气压力冲击波易震碎车窗玻璃,使旅客感到不适,甚至影响列车运行的稳定性,故高速线路的线间距较普通铁路有所增加。其大小取决于机车车辆幅宽、轨距、高速列车相遇产生的风压以及考虑将来铺设渡线道岔等因素。

一般高速铁路正线线间距为:设计行车速度250km/h的高速铁路采用4.6m,设计行车速度300km/h的高速铁路采用4.8m,设计行车速度350km/h的高速铁路采用5.0m。

2) 高速铁路线路的纵断面设计

从列车运行平稳性要求出发,纵断面坡度长度宜设计为较长坡段;从节省工程投资的角度分析,较短的坡段能较好地适应地形,减少工程数量,降低工程投资。高速铁路线路纵断面的控制标准有最大坡度、坡段长度和竖曲线半径等。

(1) 最大坡度

在一定自然条件下,线路的最大坡度与设计线的输送能力、牵引质量、工程数量和运营质量有着密切的关系。根据我国高速客运专线特点,结合具体条件并经牵引计算检算,对于一定的纵断面和初始速度条件,正线最大坡度为2.0‰,困难地段达到3.0‰,动车组走行线的最大坡度不应大于3.5‰。

(2) 坡段长度

两个坡段的连接点即坡度变化点,称为变坡点。一个坡段两端变坡点间的水平距离称为坡段长度。

(3) 竖曲线半径

高速铁路线路相邻坡度差大于0.1‰,应设置竖曲线。竖曲线一般采用圆曲线。竖曲线半径的大小除应保证列车经过变坡点时车钩不脱钩、车轮不脱轨外,还应考虑在竖曲线上产生竖向离心加速度和离心力对旅客舒适度的影响。

3) 轨道结构类型

高速铁路轨道结构与普通铁路轨道结构一样,由钢轨、轨枕、扣件、道床、岔道等部件组成。目前应用在高速铁路上的轨道结构可分为有砟轨道和无砟轨道。有砟轨道即所谓常规轨道,是铁路运输常规的轨道结构;无砟轨道是用耐久性好、塑性变形小的材料代替道砟材料的一种新型轨道结构。

有砟轨道弹性条件好、具有较好的轮轨接触效应、维修较方便、造价相对较低,但线路状态保持能力较差,在列车动荷载作用下,有砟轨道养护维修工作量较大;与有砟轨道相比,无砟轨道结构具有稳定性好、平顺性高、轨道状态可以长期保持、维修工作量大幅减少等特点。在保证路基、桥梁、隧道等线下基础稳定的条件下,设计时速300km及以上线路可采用无砟轨道。

4) 场站

高速铁路场站是高速铁路重要的基础设施,大型高速铁路车站既是国家或地区重要的交通枢纽,也是所在城市的重要地标和公众活动中心。与常规铁路客站相比,高速铁路车站具有客流到发密集、旅客集散顺畅、服务功能完善多样、内外交通衔接便捷、活动环境整洁舒适等特点。

根据技术作业性质不同,高速铁路的场站可划分为四种类型,即越行站,中间站,始发、终到站以及通过兼始发、终到站。

(1) 越行站

越行站只办理速度较快的列车越行速度较慢的列车作业,而不办理旅客乘降作业,故只需设两条待避用的到发线,可采用图3-11的布置。由于不办理客运业务,越行站原则上可不设站台。

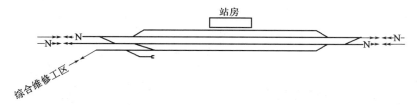

图3-11 高速铁路越行站布置图

(2) 中间站

中间站的布置图有两种:

① 对应式。对应式中间站(图3-12)的两个站台夹四条线,考虑到办理四交会作业的可能,故设两条停车待避用的到发线。这种布置图的优点是站台不靠近正线,高速列车自正线通过时,不影响站台上旅客的安全,站台安全退避距离不必加宽。

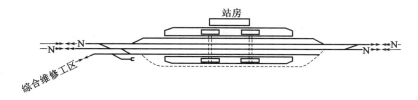

图3-12 高速铁路对应式中间站布置图

② 岛式。岛式中间站的中间站台靠近正线,为便于高速列车动车组停留折返,有少量动车组折返停留作业的中间站,宜采用如图3-13所示布置图,折返用到发线应以折返列车到达时

不切正线为原则。

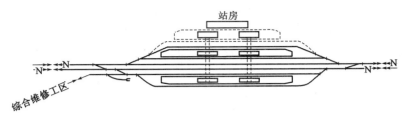

图 3-13 有折返作业的中间站布置图

(3) 始发、终到站

这类场站设置在高速铁路的起点和终点,位于特大城市的铁路枢纽,主要办理始发、终到高速列车的作业。

新建的高速铁路始发、终到站布置图可如图 3-14a) 所示。若没有不停站通过列车,正线与到发线间可设中间站台,如图 3-14b) 所示。

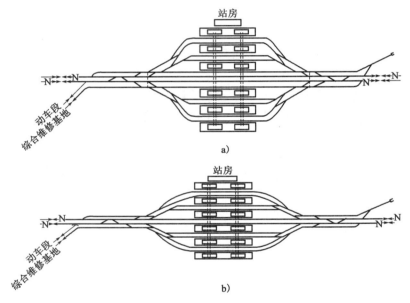

图 3-14 高速铁路始发、终到站布置图

始发、终到站应设有与到发线相衔接的动车段(所)或综合维修基地。动车段(所)宜靠近场站设置并留有发展余地,并宜纵列配置于场站到发列车较少一端的咽喉区外方。

(4) 通过兼始发、终到站

这类场站设在高速铁路沿线大、中城市的铁路枢纽,一般都与普通铁路干支线接轨,以办理通过的高速、跨线旅客列车作业为主,兼办理部分始发、终到作业。

3.3.3 高速铁路车辆

高速铁路列车是当今世界高新技术的集成,是高速铁路系统的标志性装备。轻量化的车体、良好的动力学性能、安全可靠的制动系统、舒适安静的环境是高速铁路列车的发展趋势。

1)高速铁路车辆分类

根据列车动力配置的不同,可将高速列车分为动力分散型和动力集中型;按照列车各车辆之间的连接方式的不同可以将高速列车分为独立(转向架)式和铰链(转向架)式,如图3-15所示。

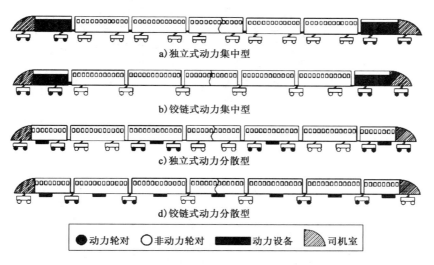

图3-15 四种动车组类型

动力分散型列车是指把由电机驱动的动力轮对分散在编组内全部或部分车辆的多组轮对上,同时将主要电气机械设备集中吊装在车辆下部,列车的全部车辆都可以载客。

动力集中型列车是将电气和动力设备集中安装在位于列车两端的动力车(即机车)上,仅有动力车的轮对是受电机驱动的动力轮对,动力车不载客,只有中间拖车载客。

独立式列车的每节车辆都置于两台转向架上,车辆与车辆之间用密接式车钩缓冲装置进行连接,每节车辆从列车上解挂之后可以独立行走;铰链式列车是将车辆之间用弹性铰相连接,两相邻车体的连接处放置一个公用转向架,因此每节车辆不能从列车中解开成为一个可独立行走的车辆。

2)高速铁路车辆的结构及其技术特点

(1)车体

车体是车辆供旅客乘坐的部分。为了使旅客在高速运行条件下具有较高的舒适度,与一般车速的车体相比,高速客车车体重量轻、运行阻力小(呈流线型)、重心低、气密性和隔声性能好、防火措施严格。

为实现车体轻量化,普通钢质材料已逐渐被淘汰,目前高速列车车体的主要材料是铝合金和不锈钢,玻璃钢也用于制造车体的部分构件;对于速度在200km/h以上的客车,为减少空气阻力,需将车体外形设计成流线型;为提高气密性,应对车体进行密封处理。

(2)转向架

转向架置于车体和轨道之间,用来牵引和引导车辆沿轨道行驶、承受和传递来自车体及线路的各种荷载,并缓和其动作用力。高速列车转向架分动力转向架和非动力转向架,如图3-16、图3-17所示,动力转向架包括牵引电动机及传动装置。

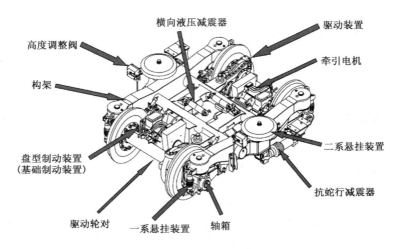

图 3-16 CRH2 高速列车动力转向架基本结构

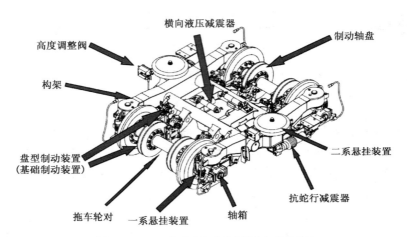

图 3-17 CRH2 高速列车非动力转向架基本结构

(3)连接装置

连接装置通常包括车钩、电气与风管连接器、缓冲器及风挡装置等。

①车钩。随着列车运行速度的提高,车钩缓冲装置的作用越来越重要,其中缓和列车纵向冲动的功能更显突出。

②缓冲器。缓冲器主要是用来缓和列车在运行中由于起动、制动及调车作业时车辆相互碰撞而引起的纵向冲击和震动,具有耗散车辆之间冲击和震动的功能。

③风挡装置。风挡装置是旅客来往于各车厢间和乘务员工作及服务的必经之路,它必须保证安全,并具有良好的纵向伸缩性和竖向、横向的柔性,以适应车辆运行中振动与安全通过曲线和道岔的需要。

(4)制动系统

从能量的观点来看,制动的实质就是将列车动能转变成其他形式的能量或转移走;从作用力的观点来看,制动就是让制动装置产生与列车运行方向相反的外力,使列车产生较大的反向加速度,尽快减速或停车。

制动系统由制动控制装置、动力制动装置、空气制动装置(包括风源)、电子防滑器和基础制动装置等组成。制动时采用空电联合复合制动,常用制动时电制动优先,可尽最大能力发挥再生制动作用,将能量反馈回电网。

(5) 空调系统

当列车以 80～120km/h 或更高的速度运行时,如果开启车窗,车内将会产生强烈的"穿堂风"和噪声,并随之进入大量灰尘,为此,高速客车都采用固定车窗。又由于其车体采用气密性高的结构,必须很好地解决车内的通风换气问题。另一方面,在外界气温变化时,车内应保持一定的温度和相对湿度,为旅客创造舒适的旅途生活条件。因此,空气调节装置是高速客车的主要设备之一,并具有以下特点:高可靠性,高舒适性,适应车外压力波的变化,适应高速车辆轻量化、小型化的要求,低噪声和低振动。

3.3.4 高速铁路牵引供电设备及其他设备系统

除线路、车辆、场站设施外,高速铁路设施设备还包括牵引供电系统、信号与控制系统、通信系统、环境系统等。下面主要介绍牵引供电系统、信号与控制系统和通信系统。

(1) 牵引供电系统

将电能从电力系统传送到电力机车的电力设备总称为电气化铁道的牵引供电系统。其基本供电流程是:发电厂发出的电能需要在升压变压站进行升压,变成高压电能后,再通过高压输电线输送到铁路沿线的牵引变电所,在牵引变电所里将电流变化成所要求的电流或电压后,再转送到邻近区间和站场线路的接触网上供电力机车使用。

高速铁路牵引供电系统主要包括牵引变电所和牵引网两部分(图 3-18)。

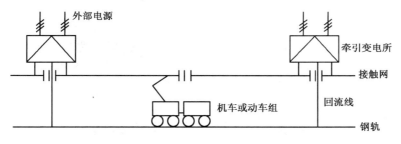

图 3-18 牵引供电系统示意图

①牵引变电所是电气化铁路供电系统的心脏牵引,主要任务是将电力系统输送来的 110kV 三相交流电变换为 27.5kV(或 55kV)单相电,然后以单相供电方式经馈电线送至接触网上,电压变化由牵引变压器完成。

②牵引网由馈电线、接触网、轨道回路和回流线组成。牵引供电系统要保证质量良好、不间断地向机车(或动车组)供应电能。电流从牵引变电所馈出,经馈电线送到接触网,然后通过电力机车(或动车组),再经由轨道回路和回流线流回到牵引变电所。

(2) 信号与控制系统

高速铁路信号与控制系统是集计算机技术、通信技术和控制技术于一体的行车指挥、列车运行控制和管理自动化系统,是指挥高速列车运行、保证列车安全、提高运输效率的主要技术设备。

高速铁路信号与控制系统主要由计算机联锁子系统、列车运行控制子系统和调度集中子系统组成。计算机联锁子系统根据计划实时建立各列车安全进路,为列车提供进、出站及站内行车的安全进路;列车运行控制子系统根据车站进路、前行列车的位置、安全追踪间隔等向后续列车提供行车许可、速度目标值等信息,由车载列控设备对列车运行速度实施监督和控制;调度集中子系统根据列车基本运行图所制定的日、班计划和列车运行正、晚点情况,编制各阶段计划,并下达给各个计算机联锁系统。

(3)通信系统

高速铁路运输是一个完整的大系统,它的各个部分都离不开通信。通信系统在铁路运输中起着神经系统和网络的作用。通信系统主要完成以下三个方面的任务:一是保证指挥列车运行的各种调度指挥命令信息的传输;二是为旅客提供各种服务的通信;三是为设备维修及运营管理提供通信条件。

铁路综合数字移动通信系统(GSM-R)主要提供无线列调、编组吊车通信、区段养护维修作业通信、应急通信、隧道通信等语音通信功能,可为列车自动控制与检测信息提供数据传输通道,并可提供列车自动寻址和旅客服务。

GSM-R 由 GSM-R 陆地移动网络、FAS 固定网络、移动终端和固定终端三大部分组成,如图3-19 所示。

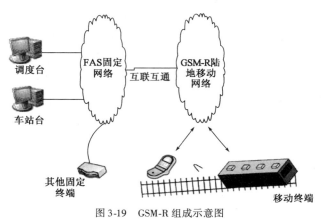

图 3-19 GSM-R 组成示意图

3.4 城市轨道交通系统

3.4.1 系统构成与运输能力

1)系统构成

城市轨道交通系统是指城市中所使用的车辆在固定导轨上运行,且主要用于城市客运的交通系统,包括地铁系统、轻轨系统、单轨系统、有轨电车、磁浮系统、自动导向轨道系统、市域快速轨道系统。城市轨道交通系统主要由线路、车站、车辆、供电系统、通信系统等设施组成。

2)运输能力

城市轨道交通线路采用双线,列车在区间实行追踪运行,并在每一个车站停车供乘客乘降。城市轨道交通线路最终单位时间内能通过的最大列车数由线路通过能力和列车折返能力共同决定。

(1)线路通过能力

根据行车及客运作业和车站线路设备的各种特点,列车停站时间成为影响线路通过能力的主要因素。因此,在计算固定设备的通过能力时,应把区间和车站看成一个整体综合分析,计算线路的通过能力。

城市轨道线路一般以小时为单位时间,其通过能力的一般计算公式为:

$$n = \frac{3600}{h} \tag{3-11}$$

式中:n——线路通过能力(列/h);

　　h——追踪列车间隔时间(s),即从后续列车头部到前行列车头部所需要的时间。

(2)列车折返能力

列车折返能力是指城市轨道交通在单位时间内(通常是高峰小时)所能够折返的最大列车数。列车折返能力的一般计算公式为:

$$n_{折返} = \frac{3600}{h_{折}} \tag{3-12}$$

式中:$n_{折返}$——单位时间内线路所能通过的最大列车数(列);

　　$h_{折}$——列车折返时间(s),即列车在终点站所需要的时间。

(3)输送能力

城市轨道交通系统输送能力是指在一定的车辆类型、信号设备、固定设备和行车组织方法的条件下,按照现有活动设备和乘务人员的数量,城市轨道交通系统在单位时间内(通常为高峰小时、一昼夜或一年)所能运送的乘客人数。

$$p = n_{最终} m p_{车} \tag{3-13}$$

式中:p——单位时间内单向最大输送能力(人);

　　$n_{最终}$——单位时间内城市轨道交通最终能够通过的最大列车数(列),$n_{最终} = \min(n_{线路}, n_{折返})$;

　　m——列车编组辆数(辆);

　　$p_{车}$——车辆定员数(人)。

3.4.2　城市轨道交通线路与车站

1)城市轨道交通线路

线路是城市轨道交通列车运行的基础,是城市轨道交通工程的重要组成部分之一。轨道交通线路按其在运营中的地位和作用,可分为正线、辅助线和车场线。

(1)正线

正线是贯穿所有车站和区间供车辆载客运营的线路。正线行车速度高、密度大,要保证行车安全和乘坐舒适,线路要求的标准较高。

城市轨道交通正线一般为地下隧道、高架和有护栏的地面专用道的独立运行的线路,一般按双线设计,采用右侧行车制,大多数线路为全封闭,与其他交通线路相交处,一般采用立体交叉形式。

(2)辅助线

辅助线是为了保证正线运营,合理调度列车,为空载列车提供折返、停放、检查、转线及出入段作业而配置的线路。辅助线速度要求低,最高运行速度限制在35km/h以内,线路要求的技术标准较低。辅助线包括折返线、临时停车线、渡线、车辆段出入线、联络线等。

①折返线。城市轨道交通线路一般都比较长,全线的客流分布可能会不太均匀,这时可组织区段运营。区段运营是指列车根据运行交路的要求,在端点站与中间站或中间站与中间站之间进行列车折返,形成交路。因此,在这些提供折返作业的中间站上,需要为列车设置折返线,专供到车折返掉头。

折返线形式很多,有环行折返线、尽端折返线等。折返线的形式应能满足折返能力的要求。常见形式如图3-20所示。

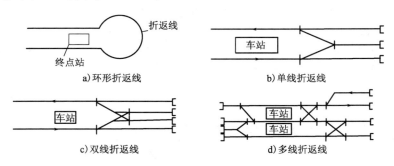

图 3-20　折返线形式

②临时停车线及渡线。城市轨道交通线路由于运输量大,列车运行间隔一般较密。在运营过程中,在线运营列车可能会发生故障,为不影响后续列车运行,设计上应能使故障列车及时退出运营正线。渡线的作用是使离开车辆段的故障列车能及时调头返回车辆段,停车线的作用则是临时停放事故列车。用道岔将上行线、下行线及折返线连接起来的线路又分为单渡线和交叉渡线,如图3-21、图3-22所示。

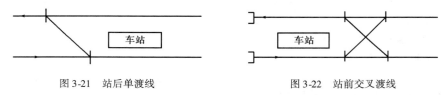

图 3-21　站后单渡线　　　　　图 3-22　站前交叉渡线

③车辆段出入线。为保证运行列车的停放和检修,在轨道交通沿线适当的位置应设置车辆段,车辆段与正线连接的线路为车辆段出入线,是车辆段与正线之间的联络通道。图3-23为车辆段出入线的3种典型形式。

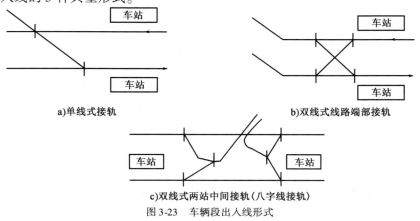

图 3-23　车辆段出入线形式

④联络线。联络线是为沟通两条单独运营线路而设置的连接线,为两线车辆过线服务。联络线的位置应在路网规划中确定,先期修建的线路应根据规划要求为后建线路预留联络线的设置条件。

(3) 车场线

车场线是车辆检修作业用的线路,由于行车速度较低,线路技术标准只要满足场区作业要求即可。

2) 轨道

轨道是城市轨道交通系统的重要组成部分,一般由钢轨、扣件、轨枕、道床、道岔及附属设施等组成。轨道给行驶的车辆提供了承载功能和导向功能。

(1) 钢轨

钢轨是轨道的主要部件,直接承受轨道交通列车荷载,并传递到扣件、轨枕、道床和结构底板(路基或桥梁),依靠钢轨的头部内侧和列车轮缘的相互作用引导列车前进。其断面形状主要为工字形,由轨头、轨腰、轨底三部分组成。

(2) 轨枕

轨枕是轨道的基础部件,其功能是支撑钢轨,保持轨距和方向,并将钢轨对它的各向压力传递到道床上。使用扣件把轨枕和钢轨连在一起形成"轨道框架",可增加轨道结构的横向刚度。

(3) 道床

道床是指路基之上、轨枕之下的部分,如图 3-24 所示。用碎石、卵石或砂等材料组成的轨道基础,用以将轨枕的荷载均匀地传布到路基上,防止轨枕的纵向和横向移动。同时,为轨道提供良好的排水、通风条件,以保持轨道干燥,使轨道具有足够的弹性。

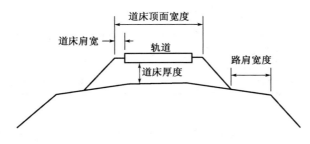

图 3-24 道床示意图

3) 车站

城市轨道交通车站是客流的集散场所,它必须具有乘降、换乘及候车的功能,某些车站还必须提供折返、停车检修、临时待避等功能。因此,车站的功能是要能安全、迅速、方便地组织乘客进出,能全面、可靠、机动地满足运营需求。

(1) 车站分类

①根据车站相对于地面道路的位置关系,可将车站分为地面站、高架站及地下站。

②根据其运营性质不同,可分为中间站、换乘站、折返站、联运站以及终点站。

a. 中间站(即一般站):仅供乘客上、下车,功能单一,线路中数量最多的车站。

b. 换乘站:位于两条及两条以上线路交叉点上的车站。除具备中间站的功能,还可以从一条线上的车站通过换乘设施转换到另一条线路上的车站。

c. 折返站：设在两种不同行车密度交界处的车站，设有折返线和设备，兼有中间站的功能。

d. 联运站：设有两种不同性质的列车线路进行联运及客流换乘，具有中间站及换乘站的双重功能。

e. 终点站：设在线路两端的车站，可供列车折返或临时停留检修。

③根据车站站台形式，可以将车站分为岛式车站、侧式车站及岛、侧混合式车站。

a. 岛式车站。站台位于上、下行行车线路之间，上下行乘客共用一个站台，是一种常用的车站形式，如图 3-25a) 所示。

b. 侧式车站。站台位于上、下行行车线路的两侧，如图 3-25b) 所示。

c. 岛、侧混合式车站。将岛式站台及侧式站台同设在一个车站内，如图 3-25c) 所示。

a) 岛式站台　　　b) 侧式站台　　　c) 岛、侧混合式站台

图 3-25　车站站台的 3 种形式

岛式站台与侧式站台的比较见表 3-1。

岛式站台、侧式站台比较表　　　　表 3-1

站台形式	岛 式 站 台	侧 式 站 台
优点	站台面积得到充分利用，利用效率高；乘客换乘方便；管理集中；车站结构紧凑，设备使用效率高	双向乘客上下车对流干扰大；车站两端线路可能产生"喇叭口"，运行状态差；扩建延长站台长度困难；造价高
缺点	上下行客流可避免相互干扰；正线和站线间不设"喇叭口"；易改建；造价低	站台利用率低；乘客换乘不方便，需经过连接通道才能折返；管理分散
适用范围	常用于流量较大的车站	多用于两个方向客流量较均匀或客流量不大的车站

(2) 车站组成

城市轨道交通系统的车站一般由 4 部分组成：车站大厅及广场，售票大厅，站台，其他场所如车站办公室、仓库、维修设施及铁路股道等。

从建筑空间位置角度讲，车站一般包括车站主体、出入口及通道、通风道及风亭（地下）、其他附属建筑物。图 3-26 为一般车站设施组成示意图。

①车站主体是列车的停车点，它不仅要供乘客上、下车、集散、候车，还要办理运营业务和设置运营设备。车站主体根据功能可分为两大部分：车站用房和乘客使用空间。

②出入口及通道是乘客出入站厅的通道。

③通风道及风亭（地下）保证地下车站有一个良好的空气质量。

④车站用房包括运营管理用房（包括站长室、行车值班室、业务室、广播室、会议室和公安保卫室等）、设备用房（包括通风与空调房、变电所、控制室等）和辅助用房（包括卫生间、茶水间等）。

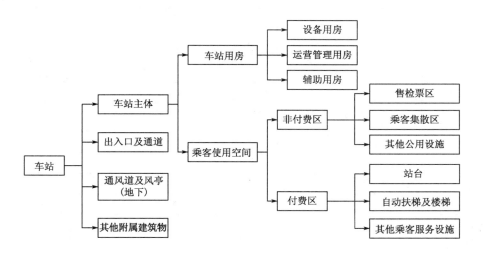

图 3-26　一般车站设施组成示意图

3.4.3　城市轨道交通车辆

城市轨道交通车辆是城市轨道交通系统中最重要的设备,也是技术含量较高的机电设备。城市轨道交通车辆除应满足运输容量大、安全快速、舒适美观和节能等基本要求外,还应满足其他多方面的性能要求,如需配备较大驱动功率和效率较高的制动系统,车辆的设计应遵循轻量化原则等。

1）车辆分类

(1)按车辆牵引动力配置分类

①动车:车辆自身具有动力装置,具有牵引与载客双重功能,又可分为带有受电弓的动车和不带有受电弓的动车。

②拖车:车辆不装备动力装置,需动车牵引拖带,仅有载客功能,可设置驾驶室,也可带受电弓。

(2)按车辆规格分类

可分为 A、B、C 三类车型,主要技术规格如表 3-2 所示。

不同类型车辆的技术参数　　　　表 3-2

项目名称		A 型车	B 型车	C 型车		
		四轴车	四轴车	四轴车	六轴车	八轴车
车辆基本长度(m)		22	19	<20	<35	<45
车辆基本宽度(m)		2.8	2.8	2.6		
车高(m)	受流器车	3.8		3.25		
	受电弓车落弓高度	3.81~3.89		≤3.7		
	受电弓工作高度	3.9~5.6				
	车内净高(m)	≥2.1		≥2.1		
	地板面高(m)	1.13	1.1	≤0.95		

续上表

项目名称		A型车 四轴车	B型车 四轴车	C型车 四轴车	C型车 六轴车	C型车 八轴车
车辆定距(m)		15.7	12.6	11	7.2	
固定轴距(m)		2.2~2.5	2.0~2.3	1.8~1.9		
车轮直径(mm)		840		≤760		
车门数(每侧)(个)		4~5	3~4	4	4	5
车门宽度(m)		≥1.3				
车门高度(m)		≥1.8				
定员人数		310	250	≤160	≤240	≤320
车辆轴重(t)		≤16	≤14	≤12		
站立人员标准 (人/m²)	定员	6				
站立人员标准 (人/m²)	超员	8		9		
最高运行速度(km/h)		≥80		80		
启动平均加速度(m/s²)		≥0.83		≥0.85		
常用制动减速度(m/s²)		≥1.0		≥1.1		
紧急制动减速度(m/s²)		≥1.2		≥1.5		
噪声 [dB(A)]	驾驶室内	≤80		≤75		
噪声 [dB(A)]	客室内	≤83		≤75		
噪声 [dB(A)]	车外	≤80		≤80		

注:车辆详细技术条件,可参照《地铁车辆通用技术条件》(GB/T 7928—2003)、《地铁设计规范》(GB 50157—2013)和《城市轻轨交通铰接车辆通用技术条件》(GB/T 23431—2009)。C型车未包括低地板车。

2)车辆基本组成

城市轨道交通车辆一般由以下7个部分组成:

①车体。车体既是容纳乘客和司机的地方,又是安装与连接其他设备的基础。车体一般分为底架、端墙、侧墙和车顶等部分。

②转向架。转向架设置于车体与轨道之间,是车辆的走行部分,可分为动力转向架和非动力转向架。

③牵引缓冲连接装置。车辆的连接是通过车钩实现的,车钩后部一般需要装设缓冲装置,以缓和列车冲动和撞击。

④制动系统。制动系统的主要作用是保证运行中的列车按需要减速或在规定的距离内停车,包括制动控制系统和制动执行系统两部分。

⑤受流装置。受流装置的作用是从接触导线(接触网)或导电轨(第三轨)将电流引入动车,通常称受流器。受流装置按其受流方式可分为5种形式:a.杆形受流器;b.弓形受流器;c.侧面受流器;d.轨道式受流器;e.受电弓受流器。城市轨道交通常用的是轨道式受流器和受电弓受流器。

⑥车辆内部设备。车辆内部设备包括服务于乘客的固定附属装置(座椅、扶手、照明、空调、通风、取暖等)和服务于车辆运行的设备装置(蓄电池、继电器箱、主控制器箱、电动空压机单元、牵引箱、电阻箱及各类电器开关等)。

⑦车辆电气系统。车辆电气系统是指车辆上的各种电气设备及其控制电路,包括主电路、控制与信息监控电路、辅助电路、门控电路。

3.4.4 城市轨道交通供电系统及其他设备系统

除线路、车辆、枢纽场站设施外,城市轨道交通设施设备还包括供电系统、通信系统、信号系统、环控系统、防灾系统、售检票系统等。下面主要介绍供电系统、通信系统、信号系统和环控系统。

(1)供电系统

城市轨道交通的供电系统可以分成外部电源、主变电所、中压供电网络、牵引供电系统、动力照明供电系统、电力监控与数字采集系统(SCADA)等 6 个子系统。其中,牵引供电系统可分为牵引变电所和牵引网系统;动力照明供电系统可分为降压变电所和动力照明低压配电系统。

(2)通信系统

城市轨道交通的通信系统是指挥列车运行、组织运输生产及进行公务联络的重要手段。城市轨道交通的通信系统由光纤数字传输系统、电话交换系统、闭路电视监控系统、无线通信系统及车站广播系统等组成。它们共同为城市轨道交通系统的列车运行调度指挥、无线通信、公务通信、旅客信息广播、系统运行状况监视等提供通信途径。

(3)信号系统

信号系统是实现城市轨道交通行车指挥和监控、保障行车安全、提高运行效率的关键系统。列车自动控制(Automatic Train Control,ATC)系统是城市轨道交通信号系统的最重要组成部分,它可实现行车指挥和列车运行自动化,能最大限度保证行车安全,提高运输效率,减轻运营人员的劳动强度,提高城市轨道交通的通行能力。其系统构成如图 3-27 所示。

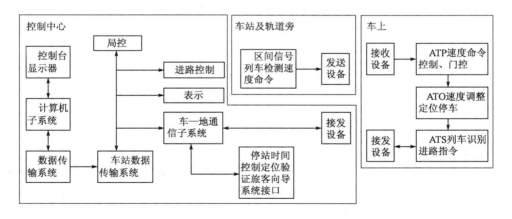

图 3-27 ATC 系统构成

ATC 系统由列车自动监控(Automatic Train Supervision,ATS)系统、列车自动防护(Auomatic Train Protection,ATP)系统、列车自动运行(Automatic Train Operation,ATO)系统和计算机连锁(Computer Interlocking,CI)系统构成,各子系统既相互独立又相互联系。完整的 ATC 系统能确保列车安全、快速、短间隔地有序运行。

(4)环控系统

城市轨道交通的地下车站和地下区间隧道除出入口等极少部分与外界相连外,基本上与外界隔绝,只有使用人工气候环境才能满足乘客的需求。

通风设备或空调的作用是采用人工的方法,创造和保持满足一定要求的空气环境,包括空气的温度、湿度、空气流动速度和空气质量。当列车阻塞在区间隧道时,能维持车厢内乘客短时间能够接受的环境条件;当发生火灾事故时,能提供有效的排烟手段,给乘客和消防人员输送足够的新鲜空气,并形成一定的风流,引导乘客迅速撤离现场。

3.4.5 城市轨道交通行车组织

1)列车开行方案

列车开行方案的制定是指在城市轨道交通总体客流规模、各车站客流量、各断面客流以及客流组团流动等客流相关特征分析的基础上,对列车编组、列车交路以及列车停站方案进行确定的过程。

(1)列车编组

列车编组方案的制定是指确定一列车需要的车辆数量,需要根据客流预测、车辆制式、线路条件、设计列车输送能力等因素进行确定。列车编组根据编组数量可以分为小编组(3~4节)和大编组(6~8节)。

(2)列车交路

列车交路是对列车运行区段、折返车站进行规定。由于轨道线路上客流分布的不均衡,各区间断面客流差距可能较大,因此可以通过交路组织,满足各区段的客流需求,同时降低运能浪费,提高车辆运用效率。

(3)停站方案

停站方案是指对各列车运行过程中需停靠的车站进行选择和确定。一般情况下,我国城市轨道交通普遍采用站站停的运行模式,即乘客在线路上的所有站点都可以进行上下车,这样的停站方案可以满足所有乘客的出行需求,降低列车组织难度。

2)列车全日运行计划

全日运行计划是指营业时间内各个时段开行的列车对数(或行车间隔),规定了城市轨道交通线路的日常运输任务,包括列车运营时间、全日各时段发车间隔和对数、运行计划满载率。

列车运营时间主要根据城市居民的生活习惯与出行特点安排,考虑与其他线路运营时间相协调,并且全天运营时间不得少于15h。

全日各时段发车间隔和对数的确定主要依据各时段乘客流量以及最大发车间隔的要求。通常可以根据客流特征分为早、晚高峰和平峰三个时段。早、晚高峰根据客流和输送能力计算单位小时发班对数,平峰客流量较低,一般根据服务水平的要求设置发车间隔,通常发车间隔为6~10min。

运行计划满载率可以根据输送能力、客流需求以及发车间隔计算得到,是单位时间内,车辆运能的平均利用率。通常情况下,列车在高峰时段可以适当超载、在平峰时段可以适当减载,以提高运输能力的利用效率,降低运营成本。

3)列车运行图

列车运行图的编制工作需要在新线开通或线路客流量、行车组织方案、技术设备发生变化时开启,需要准备好必要的技术资料,主要包括:全线各区段分时班次计划、列车最小运行间隔、列车各区间计划运行时分、列车各站计划停站时间、列车于折返站/折返线上折返与停留时间、列车出入车辆段的时间标准、可用列车数量、换乘站能力及其使用计划、运营时间、交路计划、供电系统作业标准及计划、乘务组工作计划、运行实绩统计、沿线设备运用及进路冲突数据等。

3.5 其他轨道交通系统

3.5.1 现代有轨电车

现代有轨电车系统为采用低地板模块化的轨道车辆,通过轨道承重和导向,线路主要敷设在地面,依靠司机瞭望行驶,按公交化模式组织运营的城市公共客运系统。现代有轨电车系统主要由线路、车站、车辆、轨道、供电系统、运营控制系统等组成。

现代有轨电车线路一般敷设在地面上,只有在与交通干道交叉,机动车流量特别大的情况下,才考虑立体交叉,因此要注意对线路内的服务和对轨道、常规公交的衔接,要求沿线具备稳定的规划和严格的开发模式控制;车站是有轨电车系统的基本设施,是供乘客上下车的营业场所,是站线、站台等站场设备的总称;车辆主要运行于城市道路和高架桥上,为了顺利、快速通过曲线,采用小半径装置和铰接式结构,主要由车体、转向架、牵引缓冲连接装置、制动装置、受流装置、车辆内部设备、车辆电气系统、列车信息控制系统等八部分组成;轨道是城市景观的组成部分,因此轨道形式的选择除应考虑必要功能外,还应考虑与城市景观相结合。现代有轨电车的外观组成如图 3-28 所示。

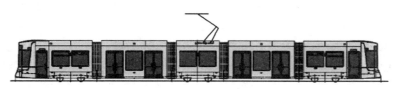

图 3-28 现代有轨电车的外观组成

供电系统担负着为电动列车和各种运营设备提供电能的重要任务,同时还为车站、区间、车辆段、控制中心等其他建筑物提供所需要的动力照明用电;运营控制系统是连接其他系统的桥梁,其根本任务是使其他组成部分有机结合,共同控制列车安全、正常、高效运行,也就是在保证列车高效率运行的前提下,实现对列车的安全防护及控制。

3.5.2 单轨交通

单轨交通又称为独轨交通,是指车辆在一根轨道上运行的一种轨道交通系统。按车辆跨坐于其上或悬挂于其下行驶分为跨座式单轨和悬挂式单轨两种类型,如图 3-29、图 3-30 所示。跨座式单轨交通是指车辆骑行于轨道梁的上方,车辆除底部的行走轮外,在车体的两侧下垂部分尚有水平安装的导向轮和稳定轮,夹行于轨道梁的两侧,保证车辆沿轨道安全平稳地行驶。悬挂式单轨交通是指车辆悬挂于轨道梁下方行驶,轨道梁为下部开口的箱形钢梁,车辆走形轮与导向轮均置于箱形梁内,沿梁内设置的轨道行驶。

图 3-29 跨座式单轨

图 3-30 悬挂式单轨

(1) 单轨交通的特点

①占用空间小。单轨铁路多数以高架形式兴建,一般利用城市道路中央隔离带设置结构墩柱,柱径一般在 1.0~1.5m,适于建筑物密度大的狭窄街区。不单是所占的地面面积小,垂直空间亦较小。单轨铁路所需的宽度主要由车辆的宽度决定,与轨距无关,跨座式单轨约为 5m,悬挂式单轨约为 7m,而地铁和轻轨则分别为 8.5~9.0m 及 8.0~8.5m。

②行驶速度快,运量较大。单轨交通是立体型交通,不会受到其他交通工具及行人的干扰,因此可以快速行驶,最高速度可达到 80km/h,平均运行速度一般在 30~40km/h。国外单轨列车一般由 4~6 辆组成,列车运输能力 0.5 万~2 万人次/h;重庆市单轨列车在高峰时段的运输能力在 3 万人次/h 左右。

③乘坐舒适,对沿线居民的生活干扰小。单轨使用橡胶轮胎在混凝土或者在钢轨上行走,使得列车运行平稳,噪声污染小。再加上空调等现代化设备的装设,乘客乘坐环境舒适,视野开阔,眺望条件好,在城市运行可兼有游览观光的作用。同时列车起到遮挡阳光、电磁波、夜间头灯强光、噪声等作用,减小了对沿线居民生活的干扰。

④爬坡能力强,拐弯半径小,适合复杂地形。单轨使用橡胶轮胎,具有较强的爬坡能力和在小半径曲线上行驶的能力。因此,单独轨道交通在大坡道和小半径曲线的区段能发挥它的优势,可以适应复杂地形的要求,适宜在狭窄街道的上空穿行。

当然,单轨交通的不足之处主要是跨座式单轨的道岔结构复杂,限制了列车的最短运行间隔;走行轮胎和轨道梁之间的摩擦系数较大,因而能源消耗较大,胶轮寿命短;事故救援困难;有粉尘污染等。

(2) 单轨交通的适用性

①在大城市,承担城市快速轨道交通加密、补充的功能。对于人口众多、客流规模庞大的特大城市、大城市,快速轨道交通系统是该类城市中心区的交通主骨干;单轨交通由于造价相对较低且拥有中等运量的特点,可以承担中心城区轨道交通线网加密和补充的功能,以实现与快速轨道交通之间的良好衔接,提高中心城的公共交通整体服务水平。

②在城市外围,承担城市快速轨道交通的延伸功能。对于特大城市、大城市的外围区域,快速轨道交通系统的外围延伸线路,由于沿线人口岗位比较分散,客流规模不大,从客流适应性和经济合理性等方面考虑,可选择单轨交通作为轨道交通的接驳线,保证客流需求和服务水平的同时,节约工程投资和运营成本,提高网络整体效益。

③在城市新区或中小城市,承担区域内部公交主骨干功能。在我国大部分城市新区,由于开发强度和人口密集度尚未达到一定水平,考虑投资与运营效率,在城市新区修建单轨交通,并使之达到一定的网络规模,发挥其在城市新区内部公共交通骨干作用,既可以解决地区内部的交通出行问题,也可以与市郊轨道接驳,沟通城市中心市区,能够有效缓解城市开发需求与供给之间的矛盾,体现交通引导开发的功能。

对不具备城市快速轨道交通建设的中小城市,单轨交通可作为第一层次的骨干公交方式,分布在城市主要客流走廊上,与对外交通枢纽形成综合换乘体系,与常规公交共同组成一体化公共交通系统。

④在有特殊要求的区域,承担旅游交通的功能。在景观要求高或有特殊要求的地区,如旅游景点、影视基地等,作为特色交通方式,承担景点之间及其与外围主要的客流集散点之间的交通联系。

⑤在特殊地区城市,承担客运通道的功能。老城区街道比较狭窄,可占用路面空间少,如果客流达不到建设地铁的标准,可选用占用空间小、对沿线居民的生活干扰小、中运量的单轨交通;对一些地势起伏较大、道路狭窄的城市,由于受河流、山脉、沟渠等地形影响,用地比较困难,此时可选用单轨交通,可以充分发挥该系统爬坡能力较强、能通过较小半径的曲线、线路容易规划等方面的优势。

3.5.3 磁悬浮交通

磁悬浮交通是一种依靠电磁吸力或电动斥力将列车悬浮于轨面上,实现列车与地面轨道间的无机械接触,再利用直线电机驱动列车运行的新型轨道交通方式。

磁悬浮列车是利用电磁铁产生的地磁力浮起列车以及地磁力推动列车前进的现代交通工具。电磁铁在通电时产生电磁性,当两块电磁铁的磁性相同时,它们之间产生斥力;当磁性相异时,则产生吸力。这种电磁力就是磁悬浮列车得以浮起的原动力。由于它运行时悬浮于轨道之上,因此,轮轨之间没有摩擦,这就能突破轮轨黏着极限速度的限制,有望创造出地面交通的最高速度。

磁悬浮列车主要由悬浮系统、推进系统和导向系统三部分组成。尽管可以使用与电磁力无关的推进系统,但在目前的绝大部分设计中,这三部分的功能均用电磁力来完成,如图 3-31 所示。

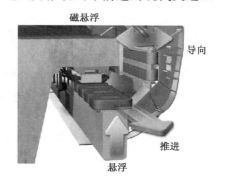

图 3-31 磁悬浮列车工作原理

(1) 磁悬浮交通的特点

磁悬浮交通具有速度快,占地少,使用电能,对环境友好;列车悬浮在轨道上,对轨道冲击小,振动小,噪声低;列车爬坡能力强;安全性高等优势,但其造价相对较高,例如:上海浦东线总投资 100 亿元;日本东京—大阪超导磁悬浮线每公里造价预计约合人民币 1 亿元,东部丘陵线每公里造价约合人民币 9.5 亿元。

(2) 磁悬浮交通的适用性

高速磁悬浮交通系统的送达速度可达 300~450km/h,可在中长距离实现 3h 舒适旅行,与高速轮轨和民用航空互为补充、合理分工,能在中长距离大城市之间实现快速联系,可开行高密度、大编组点对点直达列车,能实现磁悬浮城际线、高速公路、铁路等对枢纽范围内的中小城市辐射、聚疏旅客。在城市群内部,适合作为城市群内主要节点城市之间的通勤交通,以城市群内特大城市为核心,集聚和辐射周边中小城市,形成以 0.5~1h 的商务、通勤、旅游为主目标的旅行圈,也可在枢纽—车站、车站—车站开行高密度、中小编组点对点列车。

对中低速磁悬浮交通而言,其速度与城市轨道交通相当,但在噪声、振动等方面几乎不增加环境负担;在城市内部,中等运量的通道可替代地铁,也可作为中心城与卫星城之间的主要交通方式。

【复习思考题】

1. 简述轨道交通系统的组成及作用。
2. 轨道交通的主要形式有哪几种?比较各轨道交通的特点。
3. 阐述铁路枢纽的分类与布置原则。
4. 在高速条件下,旅客对乘坐舒适性更为敏感,讨论从哪几方面可以提高高速铁路线路的平顺性。
5. 城市轨道交通车站按站台形式可分为哪几类?简述各类型的优缺点及适用范围。
6. 简述城市轨道交通行车组织需要确定的内容。
7. 已知某单线成对追踪平行运行图的周期为 25min,追踪组列车数为 2 列,固定作业占用时间为 300min,有效度系数为 0.9,试求区间通过能力。
8. 已知某高铁车站用于接发客车的到发线数为 8 条,车站一昼夜停止接发客车的时间为 180min,客车到发线空费系数为 0.15,平均一列车占用到发线时间 4min,到发线利用率为 0.95,试求该车站通过能力。
9. 已知某条城市轨道线路车辆定员每节 240 人,列车为 8 节编组,最小追踪间隔为 50s,列车停站时间 20s,车辆折返时间为 3min,高峰小时满载率为 120%,试求高峰小时最大输送能力。
10. 试从功能与服务范围的角度探讨铁路、高铁以及城市轨道交通的适用性。

【本章参考文献与延伸阅读】

[1] 陈应先. 高速铁路线路与车站设计[M]. 北京:中国铁道出版社,2001.
[2] 戴彤焱,孙学琴. 运输组织学[M]. 北京:机械工业出版社,2006.
[3] 习心宏,李明华. 城市轨道交通概论[M]. 北京:城市铁道出版社,2013.
[4] 董锡明. 现代高速列车技术[M]. 北京:中国铁道出版社,2006.
[5] 傅选义,佟立本. 铁道概论[M]. 北京:中国铁道出版社,2016.
[6] 顾保南,叶霞飞. 城市轨道交通工程[M]. 武汉:华中科技大学出版社,2007.

[7] 过秀成,孔哲.城市轨道交通网络演变机理及生成方法[M].北京:科学出版社,2013.
[8] 过秀成,李家斌,等.轨道交通运营初期公共交通系统优化方法[M].南京:东南大学出版社,2015.
[9] 过秀成.现代有轨电车交通线网规划与运行组织方法[M].南京:东南大学出版社,2021.
[10] 韩宝明,李学伟.高速铁路概论[M].北京:北京交通大学出版社,2008.
[11] 贺观.跨座式单轨交通车辆[M].成都:西南交通大学出版社,2016.
[12] 李向国.高速铁路技术[M].北京:中国铁道出版社,2008.
[13] 陆云.现代有轨电车工程[M].成都:西南交通大学出版社,2015.
[14] 毛保华,等.城市轨道交通[M].北京:科学出版社,2015.
[15] 毛保华.城市轨道交通规划与设计[M].2版.北京:人民交通出版社,2011.
[16] 毛保华.城市轨道交通系统运营管理[M].北京:人民交通出版社股份有限公司,2017.
[17] 牟瑞芳,黄振晖.现代有轨电车概论[M].成都:西南交通大学出版社,2015.
[18] 彭其渊,文超.高速铁路运输组织基础[M].成都:西南交通大学出版社,2014.
[19] 钱传贤,张凡.城市轨道交通概论[M].成都:西南交通大学出版社,2007.
[20] 邵伟中,等.城市轨道交通运营组织[M].北京:中国建筑工业出版社,2019.
[21] 蒲琪.城市轨道交通概论[M].2版.北京:人民交通出版社股份有限公司,2021.
[22] 佟立本.高速铁路概论[M].4版.北京:中国铁道出版社,2016.
[23] 吴胜权.现代有轨电车工程基础[M].北京:机械工业出版社,2016.
[24] 闫海峰等.铁路行车组织[M].成都:西南交通大学出版社,2020.
[25] 杨广庆.高速铁路路基设计与施工[M].北京:中国铁道出版社,2006.
[26] 姚林泉,汪一鸣.城市轨道交通概论[M].北京:国防工业出版社,2012.
[27] 张玮.城市轨道交通概论[M].成都:西南交通大学出版社,2010.
[28] 张晓东.铁道工程[M].北京:中国铁道出版社,2012.
[29] 中国铁路总公司.铁路技术管理规程[M].北京:中国铁道出版社,2014.
[30] 中华人民共和国交通运输部.城市轨道交通运营技术规范:GB/T 38707—2020[S].北京:中国标准出版社,2020.
[31] 中华人民共和国建设部.铁路线路设计规范:GB 50090—2006[S].北京:中国计划出版社,2006.
[32] 北京市规划委员会.地铁设计规范:GB 50157—2013[S].北京:中国建筑工业出版社,2013.
[33] 中华人民共和国住房和城乡建设部.城市轨道交通技术规范:GB 50490—2009[S].北京:中国建筑工业出版社,2009.
[34] 中华人民共和国交通运输部.城市轨道交通运营管理规范:GB/T 30012—2013[S].北京:中国标准出版社,2013.
[35] 中华人民共和国建设部.城市公共交通分类标准:CJJ/T 114—2007[S].北京:中国建筑工业出版社,2007.
[36] 国家铁路局.高速铁路设计规范:TB 10621—2014[S].北京:中国铁道出版社,2014.
[37] 中华人民共和国住房和城乡建设部.城市轻轨交通铰接车辆通用技术条件:GB/T 23431—2009[S].北京:中国标准出版社,2009.

[38] 周顺华. 城市轨道交通设备系统[M]. 北京:人民交通出版社,2009.
[39] 朱惠忠. GSM-R 通信技术与应用[M]. 北京:中国铁道出版社,2005.
[40] 朱顺应,郭志勇. 城市轨道交通规划与管理[M]. 南京:东南大学出版社,2008.

第 4 章
水路运输系统

4.1 概　　述

4.1.1 水路运输系统构成

水路运输系统由港口、航道、船舶基础设施及管理控制系统组成。

为实现所承载的各项功能,港口必须拥有足够的水域、陆域和码头等设施。港口工程即新建、改建或扩建港口建筑物和设施的工程活动的总称,包括规划、勘测、设计、施工、检测、监理、科研、管理和维护。

航道是港口的重要组成部分。除了港口组成中作为港内外水上通道的航道,一般意义的航道是指以组织水路运输为目的,在江河湖海及港湾水库中可供规定尺寸的船舶航行的水域。沿海航道开发和内河航道整治各有其独特的工程特点。通常将沿海航道开发纳入海港总体布置或河口海岸动力学的研究范围;内河航道整治则相对于港口工程独立存在,是航道工程的主要研究内容。

船舶是水路运输的工具,是港口的主要服务对象之一,是水路运输的重要设施。

水运管理控制系统能够保障船舶在水域内的航行安全,提高航道的使用效率和船舶的航行效率,是水路运输系统高效运行的重要保障。

4.1.2 水路运输分类

水路运输可按如下方法进行分类。

(1) 按航行区域分类

水路运输分为远洋运输、沿海运输、内河运输。远洋运输是指从事跨越海洋运送货物和旅客的运输,在航运实务中,主要针对从事本国港口与外国港口之间或者完全从事外国港口之间的客货运输。沿海运输是指利用船舶在沿海区域各地之间的运输。内河运输是指利用船舶、排筏和其他浮运工具,在江、河、湖泊、水库及人工水道从事的运输。

(2) 按运输对象分类

水路运输分为旅客运输和货物运输。旅客运输包括单一客运(包括旅游)和客货兼运。货物运输包括散货运输、杂货运输和集装箱运输。散货运输指无包装的大宗货物,如石油、煤矿、矿砂等的运输;杂货运输指批量小、件数多或较零星的货物运输;集装箱运输是现在国际货物往来的主要运输方式。

(3) 按贸易种类分类

水路运输分为外贸运输和内贸运输。外贸运输指同其他国家和地区之间的贸易运输;内贸运输指国家内部各地区之间的贸易运输。

(4) 按船舶运营组织形式分类

水路运输分为定期船运输、不定期船运输和专用船运输。定期船运输是选配适合相应营运条件的船舶,在规定航线上,定期停靠若干固定港口的运输;不定期船运输指船舶的运行按照运输任务或者按租船合同组织运输;专用船运输指企业自置或租赁船舶从事本企业自有物资的运输。

4.1.3 港口概述

1) 港口分类

港口是指位于江、河、湖、海或水库等地,具有一定的设备和条件,供船舶安全进出和停泊,以进行客货运输和开展其他相关业务的区域。

港口因其服务对象和地理位置的不同,可以分成多种类型。

(1) 按用途分类

①商港。商港是主要为旅客和内、外贸易货物流通服务的港口,可分为一般商港和专业商港。一般商港是用于旅客运输和专业转运各种货物的港口,专业商港是指专门进行某一种货物的装卸或以此种货物为主的港口。

②渔港。渔港是专为渔业生产服务的港口。渔船在这里停靠,并卸下捕获物冷藏加工,同时进行淡水、冰块、燃料及其他物资的补给。

③工业港。工业港是固定为某一大工业企业服务的港口,专门负责该企业原料、产品及所需物资的装卸转运工作。

④军港。军港是专供军用的港口。

⑤避风港。避风港是供大风情况下船舶临时避风的港口。

(2) 按地理位置分类

①海港。海港是位于沿海、近海和海岛的港口。

②河口港。河口港是位于江、河入海段,受潮汐影响的港口。一般有大城市作依托,水陆交通便利,内河水道往往深入内地广阔的经济腹地,承担大量的货流量。

③河港。河港是位于江、河沿岸的港口。

④湖港与水库港。湖港与水库港是位于湖泊和水库库区的港口。

2)港口的组成

港口主要设施包括港口水域设施、码头及港口陆域设施。

①港口水域是指航道、锚地、港池、泊位等与船舶进出、停靠及作业相关的一定范围的水上区域。主要设施包括进出港航道、锚地、船舶回旋水域、码头前水域(港池)、防波堤、护岸以及港口导航设施等。

②码头是指供船舶停靠、装卸货物或上下旅客的水工建筑物、设施和停泊水域,由一个或者多个泊位组成。码头前沿线通常即为港口的生产线,也是港口水域和陆域的交接线。主要设施包括码头岸线、主体结构物、系靠设施(系船、防冲、安全等设施)、码头前沿装卸作业设备等。

③港口陆域是指港口装卸作业区、堆场、港区道路等提供与港口功能相关服务的、与码头前沿相连的一定范围的陆上区域。主要设施包括堆场和仓库及其集疏运通道(铁路、道路)、客运站,以及给排水、供电、通信和辅助生产设施等。

图 4-1 为某海港港口总平面布置示意图。

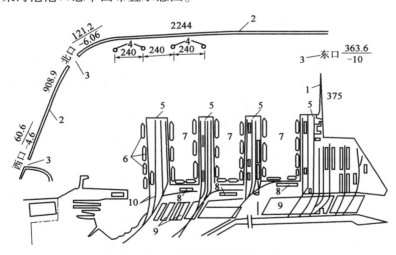

图 4-1 港口总平面布置示意图(单位:m)

1-防波堤(突堤);2-防波堤(导堤);3-口门;4-浮筒;5-码头;6-泊位;7-港池;8-一线库场;9-二线库场;10-铁路装卸线

3)港口规模的特征指标

表征港口规模的特征指标主要有港口吞吐量、港口通过能力和码头泊位数,它们决定了港口的生产能力。

①港口吞吐量即一年间经水运输出、输入港区并经过装卸作业的货物总量,是衡量港口规模的最重要的指标,吞吐量越大,港口规模越大。

②港口通过能力是指港口所有泊位通过能力与过驳能力之和。港口通过能力是在外部环境条件为一定时,港口各项生产要素和经营管理条件综合作用的结果。

③码头泊位数是指港口可同时停靠码头进行装卸作业的船舶数量,是反映港口规模的重

要指标之一,主要取决于港口吞吐量和单个泊位通过能力。

4.1.4 航道分类和分级

航道是指沿海、江河、湖泊、水库、渠道和运河内可供船舶、排筏在不同水位期通航的水域。

1)航道的分类

航道可以按照多种方法分类。按照形成的因素划分:天然航道、人工航道、渠化航道;按照通航时间长短划分:常年通航航道、季节通航航道;按照限制条件划分:单行航道、双行航道、限制性航道;按照通航船舶的类型划分:内河船航道、海轮进江航道;按照管理属性划分:国家航道、地方航道、专用航道;按照航道所处的区域划分:沿海航道、内河航道。

(1)沿海航道

沿海航道是指位于海岸线附近、具有一定边界、可供海船航行的航道。沿海航道属于自然水道,其通过能力几乎不受限制。随着船舶吨位的增加,一些海峡或狭窄水道会对通航船舶产生一些限制条件。

(2)内河航道

内河航道是指河流、湖泊、水库内的航道,以及运河和通航渠道的总称。内河航道大部分利用天然水道。与沿海航道相比,其通航条件有很大差别,反映在通航水深、通航时间(部分内河航道不能夜航)和通航方式(如单向过船)等方面。大多数内河航道还需考虑航运、发电、灌溉、防洪和渔业的综合利用与开发。

2)航道的分级

沿海港口进港航道和潮汐河口通航海轮航道的等级按可满载通过该航道的最大代表船型吨级表示。广东沿海航道划分为 12 个等级,各等级沿海航道适航的船舶吨位见表 4-1。

沿海航道等级划分 表 4-1

航道等级		通航船舶吨位范围 DWT(t)
等级	通航船舶吨级(t)	
Ⅰ	300000	≥275001
Ⅱ	250000	225001~275000
Ⅲ	200000	175001~225000
Ⅳ	150000	125001~175000
Ⅴ	100000	85001~125000
Ⅵ	70000	65001~85000
Ⅶ	50000	45001~65000
Ⅷ	30000	12501~45000
Ⅸ	10000	7501~12500
Ⅹ	5000	4501~7500
Ⅺ	3000	1501~4500
Ⅻ	1000	≤1500

注:引自《广东省沿海航道通航标准》(DB44/T 1355—2014)。DWT 指总载重量。

内河航道按可通航内河船舶的吨级划分为 7 级,具体见表 4-2。

内河航道等级划分　　　　　　　　　　　表 4-2

航道等级	Ⅰ	Ⅱ	Ⅲ	Ⅳ	Ⅴ	Ⅵ	Ⅶ
船舶吨级(t)	3000	2000	1000	500	300	100	50

注：引自《内河通航标准》(GB 50139—2014)。

4.1.5 船舶尺度

船舶是能航行或停泊于水域内，用以执行作战、运输、作业等任务的载运工具，是各类船、舰、舢板、筏及水上作业平台等的统称。

1) 船舶主尺度

船舶主尺度是表示船体外形大小的主要尺度，如图 4-2 所示。船舶主尺度是计算船舶各种性能参数、衡量船舶大小、核收各种费用以及检查船舶能否通过船闸、运河等限制航道及停靠泊位的依据。根据用途，船舶主尺度分为船型尺度和实际尺度。

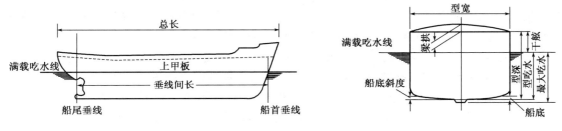

图 4-2　船舶基本尺度

(1) 船型尺度

船型尺度，一般均从船壳板内侧的表面丈量，它主要用于船舶性能的计算和研究。

① 垂线间长。通过船宽中央沿船长方向的纵向垂直剖面称为纵中剖面。在纵中剖面内，从满载吃水线与首柱交点作垂线称为船首垂线，舵柱后缘称船尾垂线，该两垂线间的水平距离称为垂线间长。

② 型宽：在中横剖面内的船体最宽处，是两侧舷板的最大水平距离。

③ 型深：在中横剖面上，自上甲板边板的内表面至龙骨(即船中底纵梁)上表面的垂直距离。

④ 型吃水：在中横剖面上，自龙骨上表面量至满载吃水线的垂直距离。

⑤ 干舷：在中横剖面上，自满载吃水线量至上甲板边板内表面的垂直距离。

(2) 实际尺度

实际尺度，又称结构尺度，一般是从船体外缘丈量，主要用于船舶建造和运行，是港口、航道和船闸的设计依据。

① 总长：船舶包括两端上层建筑物在内的船体型表面最前端与最后端之间的水平距离。

② 全宽：船舷两侧突出部分，包括护舷材在内的最大水平距离。

③ 满载吃水：在中横剖面上，满载吃水线与中龙骨底面的垂直距离。

2) 设计船型尺度

设计船型是指设计时所采用的某种尺度和吨位的船型，用于确定航道、码头或港池的尺度。按其确定的尺度能够保证所有使用该航道、码头或港池的船舶在给定的条件下都能安全操作，包括总长、型宽、型深和满载吃水。

4.2 港口设施

4.2.1 港口水域设施

(1)进港航道

进港航道是由海上航线或内河主航道通向港内水域的连接航道。

有防波堤掩护的海港,以防波堤为界,把航道分为港外航道和港内航道。航道一般设在天然水深良好,泥沙回淤量小,不受横风、横流和冰凌等因素干扰的水域中。航道必须有足够的水深和宽度。航道水深需满足设计标准船型的满载吃水要求,天然水深不足或有局部浅滩的航道需进行人工疏浚和整治。

河港的航道水深同样应保证设计标准船型的安全通过。航道的宽度可根据船舶通航的频繁程度分别采用单向航道和双向航道。在航行密度比较小的情况下,为了减少挖方量和泥沙回淤量,可考虑采用单向航道。一般大中型港口都采用双向航道。

港区进港航道与主航道连接段的布置应该符合下列规定:
①进港航道与主航道连接处应考虑通视条件,满足船舶安全操纵的要求。
②连接段形式与尺度应根据设计船型、通航密度、水流和泥沙条件等因素确定。
③多个分叉支航道与主航道连接时,交叉点的布置不宜过于集中。

(2)锚地

锚地是专供船舶或船队在水上停泊、避风、应急、联检、编解队、水上过驳以及进行各种作业的水域。有防波堤掩护的海港,把口门以外的锚地称为港外锚地;口门以内的锚地称为港内锚地。

沿海港口锚地要求有足够的水深,使抛锚船舶即使由于较大风浪引起升沉与摇摆时仍有足够的富余水深。锚地位置应选择在靠近港口,天然水深适宜,海底平坦,锚抓力好,水域开阔,风、浪和水流较小处,便于船舶进出航道。船舶停泊所需的水域面积,同要求停泊的船舶的最大数量、船舶尺寸、系泊方式、船舶的操作要求、锚地地形条件等因素有关。

内河港口锚地宜选在水流平缓、风浪小、水深适宜的泥质或泥沙质河段。在风浪较大的河段,宜选在强风向的上风侧。锚地宜靠近港口作业区,但不应占用主航道或影响码头的装卸作业及船舶调度。当固定锚地不能适应全年使用要求时,应根据需要分别选设枯、中、洪水期锚地。

(3)回旋水域

回旋水域是指为船舶靠离码头、进出港口时转头或改换航向而设的水域。其水域可以同航行水域共用并有相同的水深,所需的面积随当地的风、浪、水流等条件和港作拖轮的配备情况而异。对于沿海港口掩护条件较好、水流不大、有港作拖轮协助的水域,回旋水域直径为1.5~2倍船长;掩护条件较差的码头,回旋水域直径为2.5倍船长;允许借码头或转头墩协助转头的水域,回旋水域直径为1.5倍船长。

内河港口的回旋水域布置应考虑水域条件和航道通航密度等因素综合确定。连续布置泊位时,回旋水域宜连片设置。沿水流方向的长度不宜小于码头设计船型长度的2.5倍,流速大于 2.5m/s 时,回旋水域长度可适当加大,但不宜大于设计船型长度的 4 倍。回旋水域沿垂直水流方向的宽度,内河船舶不宜小于设计船型长度的 1.5 倍,海轮可取设计船型长度的 1.5～2 倍。

(4)港池

港池是指码头前供船舶停泊和进行装卸作业,保证满载船舶安全停泊的水域,也称码头前沿水域。港池的布置形式与码头岸线的布置形式相同,可采用三种方案(图 4-3):顺岸式、突堤式和挖入式。

图 4-3　港池布置形式

沿海港口突堤间港池宽度根据港池两侧泊位布置、船舶是否在港池内转头以及拖轮的使用情况等因素确定。港池两侧布置有两个以上泊位、船舶在港池内转头作业时,水域宽度不宜小于 2 倍设计船长。船舶不在港池转头时,水域宽度取 0.8～1 倍设计船长。码头前沿停泊区以外的港池水域设计水深宜与航道设计水深一致。

内河港口港池长度在满足泊位布置的基础上,应根据航行安全要求,结合制动水域合理确定。当挖入式港池规模较大时,港池宽度应根据其各段的船型、通航密度、作业方式等条件分段确定。

(5)防波堤

防波堤是指防御风浪侵袭港口水域、保证港内水域平稳的水工建筑物。

防波堤按其布置的平面位置,可分为突堤和岛堤两种。突堤一端(堤根)同岸相连接,另一端(堤头)伸向海中,组成港的口门。由于突堤的一端同岸相连,可在堤上铺设地面运输线路,连接岸上库场,有时将突堤内侧的部分长度兼作码头用;岛堤则两端均不同岸连接,位于离岸一定距离处,有两个堤头而无堤根。

防波堤轴线的线形,宜采用直线、向海方向的平顺凸曲线或折线。防波堤的轴线位置,宜选在地质条件好、水深较浅的地方,有条件时可利用礁石、浅滩及岛屿。防波堤所包围的水域,应有足够的面积和深度,以便船舶在港内航行、掉头、停泊以及布置码头岸线。防波堤和口门的布置应使港内有足够的水域、良好的掩护条件、适应远期船型发展、减少泥沙淤积及有利于减轻冰凌的影响,并应减少防波堤的长度。

4.2.2　码头建筑物

(1)码头的结构和分类

码头(图 4-4)通常由主体结构和附属设施两部分组成:主体结构上部有胸墙、梁、靠船构件等,下部有墙身、基础或板桩、桩基等;附属设施包括船舶系靠、装卸作业、人员上下和安全保护等设施。

按掩护条件,码头可分为有掩护码头与无掩护码头。

①有掩护码头建在有掩护的港口水域内。

②无掩护码头又称开敞式码头,位于开敞海域,无天然地形或人工建筑物掩护,外海波浪可直接作用在码头结构上。

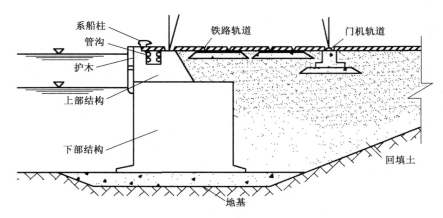

图 4-4　码头的结构形式

按断面形状,码头可以分为直立式码头、斜坡式码头、半斜坡式码头和半直立式码头。

按结构形式,码头可以分为重力式码头、高桩码头、板桩码头和其他形式等。

①重力式码头是指以结构本身和填料的重力保持稳定的码头,由混凝土、钢筋混凝土或浆砌石修筑。一般适用于岩基或砂、卵石、砾石、硬黏土等较好的地基,是海港、河口港和河港中广泛采用的一种结构形式。它的主要优点是:坚固耐久,可承受较大的地面荷载,对装卸工艺变化的适应性强。

②高桩码头是由桩基及上部结构组成的码头,广泛适用于沿海、河口和河流下游的软土地基。高桩码头的主要优点是:结构自重轻,预制安装程度高,对波浪反射作用小,易于靠泊,泊稳条件好,且对原有自然条件的影响及破坏较小。其主要缺点是:结构构件对装卸工艺变化和地面超载的适应性差,耐久性较差,构件易损坏,且维修困难,使用寿命较短,施工需要台班费较高的打桩设备。

③板桩码头是由板桩前墙、导梁、上部结构和锚碇结构等组成的码头,是仅次于重力式码头及高桩码头而广泛应用的码头结构形式。板桩码头的优点是:结构简单,主要构件都可以预制或采用工厂定型产品,施工方便、速度快,材料用量少,对复杂地基的适应性强。缺点是:板桩墙为薄壁结构,抗弯能力小,不适于在无掩护的海港中应用,耐久性不如重力式结构(但优于高桩结构),钢板桩及拉杆易锈蚀。

(2)码头规模的确定

码头规模主要由泊位停船吨级和泊位数量两个指标体现。停船吨级主要取决于货种、航线运距和吞吐量,运距越长、船舶吨位越大,码头规模越大。泊位数量越多,码头规模越大。

泊位数量的确定方法主要有以下几种:

①根据原有港口统计资料,对一些货种,按每泊位或每延米码头岸线的通过能力,估算所需的泊位数。

②根据装卸工艺,选用适当的系数、指标,按《海港总体设计规范》(JTS 165—2013)规定的方法,计算泊位数。

③根据船舶到达规律、泊位服务状况等经验资料,运用排队论方法,计算最优泊位数。

4.2.3 港口陆域设施

港口陆域是自码头岸线边缘至后方交通线之间的范围,承担货物装卸、储存和集疏运的任务。它可分为码头前沿作业地带、仓库和堆场、集疏运设施、辅助生产作业设施、客运站等。图 4-5 为港口陆域布置示意图。

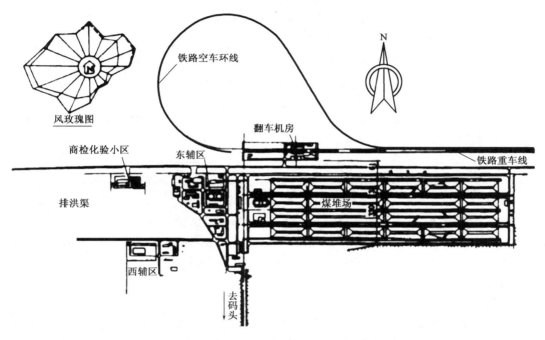

图 4-5 港口陆域布置示意图

1) 码头前沿作业地带

码头前沿作业地带是指从码头前沿线至一线仓库或堆场之间主要供装卸船作业的场地。地带内根据货物种类的不同要求,布置各种类型的装卸机械,并安排一定面积的待运货物临时堆场和前沿运输通道,以完成船舶的货物装卸操作。合理布置作业地带,安排足够的地带宽度,有助于加快货物的装卸,缩短船舶的停靠时间。

货物类型不同,所采用的装卸工艺存在着差异。水路运输的货物,可分为普通件杂货、集装箱货物、干散货和液体货等。一般可将港口分为普通件杂货区、集装箱区、散货区、液货区或者能同时装卸集装箱和普通件杂货的多用途码头。

普通件杂货是指成件运输和保管的货物。这类货物的前沿装卸作业通常采用门座起重机(图 4-6)。作业地带的宽度需 45~50m,采用小型流动起重机械时,码头前沿作业地带的宽度一般为 20~25m。而在斜坡式码头上采用缆车系统时,前沿作业地带的宽度一般为 10~20m。

集装箱运输是采用集装箱将品种繁杂、单元小的件杂货装成规格化的箱件。集装箱采用 20ft(1ft≈0.3048m) 箱为国际标准箱(缩写为 TEU),其主要参数列于表 4-3。这种方式可以提高装卸效率,加快车船周转,减少货物缺损,从而大大降低运输和装卸成本。集装箱船的码头前沿装卸作业地带的宽度一般为 40~50m。

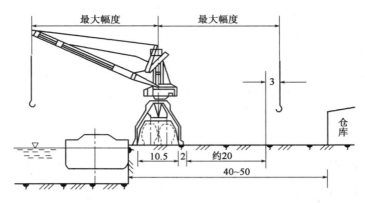

图 4-6 由门座起重机装卸的普通件杂货码头(尺寸单位:m)

标准船用集装箱参数 表 4-3

类型	额定重量(kN)	外部尺寸(mm)			内部尺寸(mm)		
		长	宽	高	长	宽	高
20ft	200	2435	2435	6055	2300	2195	5869
40ft	300	2435	2435	12110	2300	2195	11937

干散货是指散堆的、不能以件计数的粉末状、粒状或块状货物,包括散装谷物、煤炭、矿石、矿建材料等。液体货包括石油、石油产品、液化气等。散货通常是大宗的,其装卸工艺和设备随货物类型而异,往往为之设立专用码头,安置专用装卸设备。

2)仓库和堆场

(1)仓库

按仓库所在位置分为前方仓库和后方仓库。前方仓库位于码头的前沿地带,用于临时存储准备装船与从船上卸下的货物;后方仓库用于较长期存储货物,位于离码头较远处。

通常,一个万吨级泊位的库场面积不宜小于$10000m^2$,中级泊位的库场面积不宜小于$5000m^2$。单位有效面积的货物堆存量根据库场条件、货物特性、堆垛要求及形式、所选用的机械和工艺要求确定。

(2)堆场

堆场分成三个区域:码头前沿区、前方堆场和后方堆场。前沿区一般情况下仅作为流动起重运输机械、门机和火车的通道和货物的堆载场地。前方堆场,对于有门机的码头,按门机吊臂可伸到的范围确定宽度,一般为18~23m。后方堆场指上述区域以外的堆场。

沿海港口的大型散货码头,堆场容量按与码头能力的比值确定,对外贸货物不宜大于15%,对内贸货物不宜大于10%。内河港口散货堆场总面积按年货运量、货物特性、品种、机械类型、工艺布置和分堆要求等因素确定。

(3)库场通过能力

港口库场通过能力是指仓库或堆场在一定时间内能够通过的货物最大数量。在新建、扩建泊位的同时,必须新建、扩建仓库和堆场,使港口库场通过能力与泊位通过能力保持协调一致。按泊位通过能力确定库场通过能力是一种基本的方法,它适用于各种不同货类的专业化泊位和通用泊位。

3）集疏运设施

港口货物的集疏运设施，主要是指港口铁路和港口道路。

（1）港口铁路

完整的港口铁路包括港口车站、分区车场、码头和库场的装卸线，以及连接各部分的港口铁路区间正线、联络线和连接线等。港口车站负责港口列车到发、交接、编解集结；分区车场负责管辖范围内码头、库场的车组到发、编组及取送；装卸线承担货物的装卸作业；港口铁路区间正线用于连接铁路网接轨站与港口车站；联络线用于连接分区车场与港口车站；连接线用于连接分车场与装卸线。

（2）港口道路

港口道路可分为港内道路与港外道路。港内道路要通行载货汽车与流动机械，对道路的轮压、车宽、纵坡与转弯半径等方面都有特殊要求。港内道路行车速度较低，一般为15km/h左右。港外道路是港区与城市道路与公路连接的通道。港外道路通行一般的运输车辆，其功能及技术条件与普通道路相同。

4）辅助生产作业设施

辅助生产作业设施包括根据生产需要设置的办公用房、候工用房、装卸及成组工具库、流动机械库（棚）、维修保养间、材料供应站、换热站、加油站、车库、消防站、给水泵房、锅炉房、污水处理站等。辅助生产建筑物的设置应采用符合国家现行标准的节能新技术、新材料、新工艺和新设备。

4.2.4 港口吞吐量及通过能力

1）港口吞吐量的计算方法

港口吞吐量是反映港口生产经营活动成果的重要数量指标，反映在一定的技术装备和劳动组织条件下，一定时间内港口为船舶装卸货物的数量，以吨数来表示。

港口吞吐量一般按照如下方法计算：

①由水路运进港口卸下的货物，计算一次进港吞吐量；自本港装船运出港口的货物，计算一次出港吞吐量。

②由水路运进港口，经装卸又从水路运出港口的转口货物，分别按进港和出港各计算一次吞吐量。

③货物吞吐量必须以该船在本港装卸的货物全部装卸完毕，并且办理交接手续后一次进行计算。

④牲畜、家禽等无法取得实际重量的货物重量按系数进行换算。

2）港口吞吐量预测方法

港口吞吐量预测方法主要分定性与定量两类。定性分析法是利用历史资料，依靠专家经验、知识和综合分析能力，对未来的发展状况进行分析预测，如德尔菲法。定量分析法是根据历史统计数据，通过建立数学模型预测事物发展的未来状况，如多元回归分析法、时间序列法、概率分析法、灰色系统法和组合预测法。每种预测法都有其特点和适用范围，具体应用时应加以选择。

①德尔菲法是将港口吞吐量的预测值多次征得专家的意见后，反复进行整理、归纳、统计得出结论的方法。

②多元回归分析法是指建立因变量和多个自变量之间的线性或非线性数学模型并利用样本数据进行预测的方法。港口吞吐量与工农业总产值、铁路与公路的集疏能力、泊位装卸效率和泊位功能等相关。

③时间序列预测法主要包括移动平均法和指数平滑法等。移动平均法是将动态数列的各个指标值根据确定的时间间隔,用逐项移动的方法计算序时平均数得到动态数列的预测方法。指数平滑法对不同时期的观察值赋予不同的权数,从而加大了近期观察值的权数,使观察值能迅速反映预测对象的实际变化。

3) 港口通过能力的分类

港口通过能力是泊位通过能力的总和,它主要是由泊位、库场、铁路装卸线、道路、锚地、港口作业船舶等部分的能力构成。港口通过能力分为设计通过能力和实际通过能力。

(1) 设计通过能力

设计通过能力,是在设计规定的技术装备和劳动组织条件下,按照合理的操作过程、先进的装卸工艺,并根据确定的船型和货种,港口在计划期内能够装卸货物的最大吨数,即最大吞吐量。

(2) 实际通过能力

港口实际通过能力,是港口在报告期内,在现有的技术装备和劳动组织条件下,所实际完成的最大货物吨数和吞吐旅客人次数。它是港口编制年度生产计划和短期作业计划的基础,与设计通过能力的区别在于生产要素的利用程度不同。

4) 港口通过能力主要影响因素

港口通过能力的主要影响因素包括如下 5 个。

(1) 货类结构

在港口生产要素为一定的前提下,不同时期货类结构的变化引起通过能力的变化。货类对通过能力的影响主要表现在货物种类、批量、单件重量、运输形式(如散装和包装等)以及货物在流向和时间上的分布特征等。

(2) 港口设施和设备

港口设施和设备的数量和规模、性能和技术状态是影响港口通过能力的主要因素。进港航道的水深、宽度、曲率半径及其可利用的潮位将限制进港船舶的最大尺度和来港船舶的艘数;锚地的规模、水深、掩护程度及其距港池或装卸泊位的距离决定着港口水上过驳能力、船舶让挡时间以及内河港口对船队的编解能力。泊位的数量、结构、水深及其装备情况,包括岸壁机械的数量、技术性能和技术状态都决定着泊位的通过能力;仓库和堆场的面积及其布置,仓库的结构特征,进出库场的方便程度和库场使用的机械决定库场的能力;其他辅助设施和设备,如供电能力、港内运输能力、装卸机械的维修能力、港内导航等都会影响主要设施和设备能力的充分发挥。

(3) 港口的总体布置

港口的总体布置对通过能力的影响主要表现在码头的布置,码头前沿、堆场和仓库的相对位置,水域、陆域面积是否满足需要,港内外交通的方便程度。有中转的港区,船舶之间的换装是否方便等也会影响通过能力。

(4) 装卸工人和机械驾驶员的技术水平、数量和积极性的发挥程度

设备在时间上的利用程度、装卸效率的高低和装卸工人与驾驶员的劳动组织形式(轮班

制度及工组的组成)等对港口通过能力也有影响。

(5) 港口的自然条件

风、雨、雪、气温等因素,都会对港口通过能力产生影响。如有些货种雨天不能装卸;遇有大雾,船舶不能进港使港口无法作业等。

此外,港口的经营管理水平以及港口系统和外部环境之间的协调发展程度等,对港口通过能力也有重大的影响。

4.3 航道设施

航道设施主要包括通航建筑物、助航设施、航道整治建筑物和其他设施。

4.3.1 通航建筑物

为帮助船舶(队)克服航道上下游集中水位落差,顺利通过河道上的闸、坝,必须修建通航建筑物。通航建筑物以内河航道上常见,海上应用较少,主要有船闸和升船机两类。

1) 船闸

(1) 船闸的组成

船闸是用水力直接提升船舶过坝,以克服航道上的集中水位差而设置的一种通航建筑物。主要由闸首、闸室、输水系统、引航道、口门区、连接段、锚泊地等组成。

(2) 船闸工作原理

船闸的工作原理如图 4-7 所示。假定船舶(队)从下游驶向上游,闸室内水位与下游水位齐平,下闸门开启,上闸门及上游输水阀门关闭。首先将船舶(队)从下游引航道内驶向闸室,关闭下闸门及下游输水阀门,然后打开上游输水阀门给闸室灌水,等闸室内水位与下游水位齐平后,打开上闸门,船舶(队)驶出闸室,从而进入上游引航道。从上游驶向下游,其过闸程序与此相反。

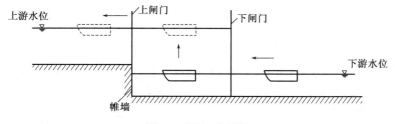

图 4-7 船闸工作原理

(3) 船闸的分类

① 按船闸的级数分类。

a. 单级船闸。在同一座枢纽的顺水流方向上只设一级闸室的船闸称为单级船闸。这种形式船闸的过闸时间短、船舶(队)周转快、通过能力较大、建筑物及设备集中、管理方便。当水头不超过 30m 时,宜采用这种形式。

b. 多级船闸。在同一座枢纽的顺水流方向上,连续或分开设置的两级或两级以上闸室的船闸称为多级船闸。当水头较高时,若仍采用单级船闸,不仅过闸用水量大,灌、泄水时进入闸室或引航道的水流流速较高,对船舶(队)停泊及输水系统的工作条件不利,而且还将使闸室及闸门的结构复杂化。为此,可沿船闸轴线将水头分为若干级,建造多级船闸。我国三峡水利枢纽工程(图4-8),上下游总水头高达113m,采用的是五级船闸。

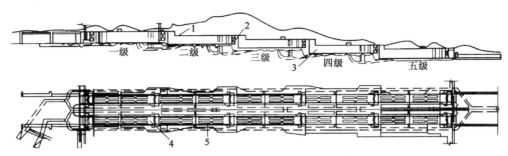

图4-8 三峡水利枢纽工程双线五级船闸布置图
1-闸墙顶;2-闸门;3-帷墙;4-闸首;5-闸室

② 按船闸的线数分类。

a. 单线船闸。在一个枢纽内只有一条通航线路的船闸称为单线船闸,实际工程中大多采用这种形式。

b. 多线船闸。在一个枢纽内建有两条或两条以上通航线路的船闸称为多线船闸。船闸的线数取决于货运量和船闸的通过能力,当货运量较大而单线船闸的通过能力无法满足要求,或不允许因船闸检修而停航时,需要修建多线船闸。我国三峡和葛洲坝水利枢纽工程分别采用的是双线和三线船闸。三峡船闸年单向通过能力为5000万t,一次通过时间约为160min。

③ 按闸室的形式分类。

a. 广室船闸:闸室的宽度大于闸首进口的宽度的船闸。一般船闸的平面形状均为正方形,闸首口门的宽度与闸室宽度相等。适用于小河及支流以上的小型船闸中,以通行小型船舶为主。

b. 井式船闸:在下闸门上部建有胸墙与闸门共同挡水的船闸。对于水头较大的单级船闸,为了减少下游闸门的高度,常采用井式船闸。

c. 省水船闸:闸外侧建有蓄水池,可储存船闸泄放的部分水体作补充下一闸次灌水之用的船闸。

④ 船闸的通过能力。

a. 船闸通过能力计算方法。船闸的通过能力是指单位时间内船闸能通过的货物总吨数(过货能力)或船舶总数(过船能力),是船闸的一项重要经济技术指标。一般情况下,船闸通过能力应计算设计年内近期、中期、远期通过客(货)运量能力和船舶总吨位能力,并以年单向通过能力表示。过闸船舶包括客船货物、工程船、服务船等,而货船中又有满载、非满载和空载的区别,因此过船能力相同的船闸,通过的货量并不能完全相同。考虑到货流受季节及运输组织、气候的影响,船闸的通过能力 P 用式(4-1)或式(4-2)计算:

(a) 单向年过闸船舶总载重吨位:

$$P_1 = \frac{nNG}{2} \tag{4-1}$$

式中:P_1——单向年过闸船舶总载重吨位(t);

n——日平均过闸次数;

N——船闸年通航天数(d);

G——一次过闸平均载重吨位(t)。

(b)单向年过闸客货运量:

$$P_2 = \frac{\alpha NG(n - n_0)}{2\beta} \tag{4-2}$$

式中:P_2——单向年过闸客、货运量(t);

n_0——日非运客、货船过闸次数;

α——船舶装载系数;

β——运量不均衡系数。

要提高船闸的通过能力,必须力求减小货物不均衡系数和增大船舶载重利用系数,每次过闸都应尽量利用闸室的有效面积,做到满室过闸,同时应发挥船闸设备的潜在能力,尽量延长船闸作业时间和缩短每次过闸时间。

b.影响船闸通过能力的因素。

(a)船闸的技术水平:船闸设计总水头和船闸级数;船闸线数和布置,船闸输水系统和灌泄水时间;闸门形式;启闭设备的先进性、可靠性及启闭时间;闸室有效尺度;引航道尺度和布置条件等。

(b)外部条件:过闸船型船队的类型和组成;各类船舶的尺度、载重量和技术条件;过闸货物的品种、批量、流向及不均匀性;上下游航道尺度、滩险情况、水流条件、跨河建筑物净空、两岸堤防情况;上下游港口的能力及对到闸船舶均衡性的影响。

(c)船闸管理水平:管理人员的技术水平、熟练程度、工作效率、通信联络、控制系统的灵敏性、事故处理及检修能力和技术水平等。

2)升船机

(1)升船机的组成

升船机是利用机械力将船舶提升过坝的通航建筑物,由以下几个主要部分组成:

①承船厢。用于装载船舶,其上、下游端部均设有厢门。

②支承结构或斜坡道。前者用于垂直升船机的支撑并起导向作用,后者是用于斜面升船机的运行轨道。

③闸首。用于衔接承船厢与上、下游引航道,闸首内设有工作闸门和拉紧(将承船厢与闸首锁紧)、密封等装置。

④机械传动机构。用于驱动承船厢升降和启闭承船厢的厢门。

⑤事故装置。当发生事故时,用于制动并固定承船厢。

⑥电气控制系统。用于操纵升船机的运行。

(2)工作原理

当船舶驶向上游时,先将承船厢停靠在厢内水位与下游水位齐平的位置上,操纵承船厢与闸首间的拉紧、密封装置和冲灌缝隙水,开启下闸首的工作闸门及承船厢下游端的厢门,船舶驶入承船厢。然后将下闸首的工作闸门和承船厢下游端的厢门关闭,泄去缝隙水,松开拉紧和密封装置,将承船厢提升至厢内水位与上游水位齐平的位置,待完成承船厢与上闸首之间的拉紧、密封和充灌缝隙水等操作后,开启上闸首的工作闸门和承船厢上游端的厢门,船舶即可驶入上游。船舶自上游驶向下游,按上述程序反向进行。

4.3.2 助航设施

1) 助航设施的功能

助航设施即航标,是为帮助船舶安全、经济和便利航行而设置的视觉、音响和无线电的设施。为了保证进出口船舶的航行安全,每个港口、航线附近的海岸均有各种助航设施。航标具有以下的主要功能:

①定位:为航行船舶提供定位信息;

②警告:提供碍航物及其他航行警告信息;

③交通指示:根据交通规则指示航行方向;

④指示特殊区域:如锚地、测量作业区、禁区等。

2) 航标分类

(1) 按照设置地点,航标可分为海区航标与内河航标。

①海区航标是指在海上的某些岛屿、沿岸及港内重要地点所设的航标。海区航标建立在沿海和河口地段,引导船舶沿海航行及进出港口。它分为固定航标和水上浮动航标两种。固定航标设在岛屿、礁石、海岸,包括灯塔、灯桩、立标;水上浮动航标是浮在水面上,用锚或沉锤、链牢固地系留在预定海床上的标志,水上浮动航标包括灯船与浮标。

②内河航标是设在江、河、湖泊、水库航道上的助航标志,用以标示内河航道的方向、界限与碍航物,为船舶航行指示安全航道。

内河航标按功能分航行标志、信号标志和专用标志三类。

a. 航行标志。它是用于标示航道方向、界限、礁石或其他碍航物所在地及通航桥孔等,使船舶按照航行标志所标示出来的航道安全航行,它包括过河标、沿岸标、导标、过渡导标、首尾导标、侧面标、左右通航标、示位标、泛滥标、桥涵标 10 种标志。

b. 信号标志。它是为航行船舶提示有关航道信息的标志,有水深信号标、通行信号标、鸣笛标、界限标、电缆标、横流浮标、风讯信号标 7 种。

c. 专用标志。它是用于标示与船舶航行有关的某一特定水域或建筑物特征的助航标志,设置在内河的专用标志有管线标和专用标两种。

(2) 按工作原理分类,航标可分为视觉航标、音响航标和无线电航标。

①视觉航标是以形状、颜色和灯光为特征,供船舶驾驶人员直观识别的固定式或浮动式的助航标志。视觉航标通常包括灯塔、立标、导标、灯船、浮标、日标牌和交通信号。

②音响航标是能够发出音响,以引起航行人员注意的助航设施。音响航标包括气雾号、电雾号以及雾情探测器等。

③无线电航标是以无线电波传送信息,供船舶接收以测定船位的助航设施。利用无线电技术对运载体运动进行引导,称为无线电导航。

3) AIS 航标

AIS 航标是通过 AIS 21 号电文播发,提供船舶导航、定位、避险或其他助航信息的一种航标。主要分为实体 AIS 航标、合成 AIS 航标和虚拟 AIS 航标。实体 AIS 航标为设置在实体航标上,且使用 AIS 21 号电文播发该航标相关信息的装置。合成 AIS 航标是由其他 AIS 台站通过 21 号电文播发其相关信息的实体航标。虚拟 AIS 航标由 AIS 台站通过 21 号电文播发不存在实体航标的航标信息。

我国沿海通航船舶以及长江沿线船舶已安装 AIS 设备,但 AIS 航标尚未全面布设。虚拟 AIS 航标在我国沿海大连、天津和青岛等海域及长江口得到了广泛使用,在内河航道应用比较少。虚拟 AIS 航标的局限性是:①船舶必须安装 AIS 设备和电子海图/航道图才能显示;②AIS 网络具有不稳定性;③驾驶人员看不到实体航标,在心理上有一种不安全感。

4.3.3 航道整治建筑物

为改善航行条件、提高尺度,所采取的炸礁、疏浚和构筑整治建筑物等工程措施称为航道整治。航道整治建筑物是指用于整治航道的起束水、导流、导沙、固滩和护岸等作用的建筑物。

(1)航道整治建筑物的分类

航道整治建筑物大多修建在河底或与岸坡相接的坡面上,具有水工建筑物受力复杂、施工影响因素多、工程量大的特点。航道整治建筑物总体上可分为重型和轻型两大类别的航道整治建筑物。

重型整治建筑物主要由土、石料、混凝土、钢板桩、土工织物等构筑。抛石结构整治建筑物靠自重稳定,适应性强,具有施工简单、维修方便、容易就地取材的特点,是当前国内外普遍采用的一种形式。

轻型整治建筑物是采用竹、木、梢料、橡胶等材料构成的整治建筑物。轻型整治建筑物结构简单,施工期短,工程费用小;但强度小,使用期限不长。轻型整治建筑物使用较少,用它作为沉排护底居多。在沙质易冲的河床上筑坝,常需要沉排护底,常见的沉排包括柴排、化纤织物软体排、沙袋排等。

在满足稳定性、耐久性的前提下,整治建筑物应优先选用生态结构形式。生态结构包括生态护岸、生态护滩、生态坝体等结构。生态护岸和护滩结构一般分为:①在可降解材料上种植植被;②在不可降解且结构稳定的材料上种植植被;③直接在滩体或岸坡上种植植被。生态坝体结构的主要形式包括"∧"形坝体、透水坝、人工鱼礁等。

常用的航道整治建筑物有丁坝、锁坝、顺坝、潜坝、洲头分流坝、洲尾导流坝、护岸、格坝、底墙、转流建筑物等。图 4-9 为航道整治建筑物布置示意图。

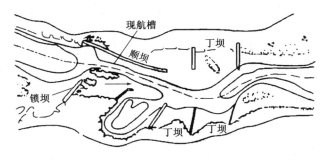

图 4-9 航道整治建筑物布置示意图

(2)航道整治建筑物的设计原则

航道整治应根据水资源综合利用的原则和河床演变规律,进行全河段总体规划,局部滩险整治应服从全局。

①航道整治建筑物应根据航道整治工程设计中的平面布置、整治水位、材料状况、水流、风

浪和河床地质等自然条件及其他技术要求,进行结构设计。

②航道整治建筑物应经济实用,宜就地取材、便于施工和维修,建筑物的外观宜与当地环境相协调。

③受力复杂、河床松软或工程量大的航道整治建筑物,应进行稳定计算和地基沉降计算。

4.3.4 航道其他设施

为了综合利用水资源,航道中通常需要建造其他的水工建筑物。包括挡水建筑物和泄水建筑物、水电站、坝岸连接建筑物、过木建筑物、过鱼建筑物等。各建筑物的形式,应根据各建筑物的使用要求和所在河段的地形、地质、水文及泥沙等自然条件和施工条件综合考虑确定。

(1) 挡水建筑物和泄水建筑物

挡水建筑物的作用是拦截江河,抬高上游水位。泄水建筑物的作用是把超过水库调蓄能力的洪水泄放到下游,限制库水位不超过规定的高程,以确保大坝及其他挡水建筑物的安全。主要包括重力坝、拱坝、土石坝和水闸。

(2) 水电站

水电站是利用水能资源发电的场所,是水利、机械、电力的综合体。其中为了实现水力发电,用来控制水流的建筑物称为水电站建筑物。

(3) 坝岸连接建筑物

挡水建筑物、泄水建筑物、通航建筑物、水电站等与河岸或堤坝连接时,需设置岸墙和翼墙(有时还有防渗墙)等专门的连接建筑物。

(4) 过木建筑物

在有运送木材任务的河道上为解决木材过坝问题,需要在枢纽中修建过木建筑物。常用的过木建筑物有筏道、漂木道和过木机。

(5) 过鱼建筑物

国内外的过鱼建筑物主要有:鱼道、鱼闸、机械升鱼机等。

4.3.5 航道通过能力

航道的通过能力是指对于确定港区的给定航道和一定的到港船型组合,在港口正常生产作业状态下,基于一定的港口服务水平,一年期内通过该航道的船舶数量(艘)或船舶载货吨数。影响航道航行条件的主要因素有:航道通航尺度(深度、宽度、弯曲半径)、水流速度、气象条件、河床边界条件和航道设施状况等。这些因素对港口建设、船型选择及运输组织往往具有决定性影响。

1) 航行条件的影响因素

(1) 航道深度

航道深度是指全航线中所具有的最小通航保证深度,取决于航道上关键性的区段和浅滩上的水深。航道深度增加,可以通过航行吃水深、载重量大的船舶。

(2) 航道通航宽度

航道通航宽度由航迹带宽度、船舶间富余宽度和船舶与航道底边间的富余宽度组成。航迹带宽度与船舶类型及尺度、船舶操纵性能、风、水流、波浪,航速及船舶操纵人员的经验和水平等因素有关。航道的设计基本尺度如图 4-10 所示。

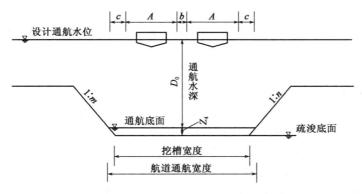

图 4-10 航道设计基本尺度

A-航迹带宽度;b-船舶间错船富余间距;c-船舶与航道侧壁间富余间距;D_0-通航水深;Z_4-备淤富余深度;m、n-疏浚边坡比

(3) 航道转弯半径

航道转弯半径是指航道中心线上的最小曲率半径。转弯段转弯半径根据转向角和设计船长确定。一般航道转弯半径不得小于最大航行船舶长度的 3～5 倍,若转弯半径过小,将造成航行困难。若受自然条件限制,航道转弯半径应采用船舶操纵模拟器等试验手段进行研究论证。

(4) 航道许可流速

航道许可流速是指航线上的最大流速。船舶航行时,顺水行驶和逆水行驶的航线往往不同,顺水在流速大的主流行驶,逆水则尽量避开流速大的水区而在缓流区内行驶。航道上的流速不宜过大,比较经济的船舶静水速度,一般在 9～13km/h,即 2.5～3.5m/s。

(5) 水上外廓

水上外廓是保证船舶水面以上部分通过所需要的高度和宽度。跨越海轮航道的建筑物通航净空高度为代表船型水线以上高度与富裕高度之和,起算面为设计最高通航水位。内河航道的水上外廓的尺度按航道等级来确定。

2) 航道通过能力的计算方法

国外学者认为航道通过能力是单位时间或特定时段内,能通过具有一定等级和通航标准的航道某区段(或某一地点)的标准船舶数量或船舶载重吨的最大能力。在我国,把航道通过能力界定为一年内某一区段的航道能通过的最大货运量,即以万吨每年为计量(客运量折算成货运量)。

沿海港口进港航道通过能力应综合考虑设计水平年的交通流情况、自然条件、航道条件和航道服务水平等因素,可采用排队论、经验估算等方法确定,必要时应采用交通流模拟模型分析。交通流情况包括船舶组成、船舶载货量、船舶到达规律、船舶平均航速等。

内河航道的通过能力,国内尚无公认的公式。国内外常用的内河航道通过能力的计算方法是德国公式、长江公式、苏南运河公式等。

(1) 德国公式

$$W_\mathrm{W} = PMNta_1a_2a_3a_4a_5a_6 \tag{4-3}$$

式中:W_W——航道通过能力($\times 10^4$t);

P——标准船舶(队)的载重量(t);

M——通过航道截面的船队数(在单位时间内);$M = D_0 V$,其中,D_0 为运输密度,通常用每公里河段上的船队数量来表示,一般取 $D_0 = 2$,V 表示船舶(队)的营运速度(km/h);

N——航道船舶上、下行载重量利用系数之和;

t——船舶全年航行小时数(h);

a_1——当船舶密度增大时,因为船舶航行时阻力增加而引起的货运量折减系数,通常中下游河段航道取 0.9,上游河段航道取 0.6;

a_2——运量因到发港不均匀的影响而折减的系数,通常可取 0.6;

a_3——因吃水变化引起的船舶运量的折减系数,通常可取 0.6;

a_4——航速损失系数(多发生在船舶交会时),通常可取 0.8;

a_5——船队总载重量因船舶非标准船影响的系数;

a_6——通航船舶非载重船舶系数。

(2)长江公式

长江公式在一定程度上借鉴了德国公式,并根据天然河流的实际情况作了某些改进,具体公式如下:

$$W_W = CWF_1 F_2 F_3 F_4 / T \times 31.536 \times 10^6 \tag{4-4}$$

式中:W_W——航道通过能力($\times 10^4$t);

C——上下行货运不平衡系数;

W——标准船队载重(t);

F_1——年通航系数;

F_2——实际运行船队吨级不统一对通过能力的影响系数;

F_3——港口、航道、运行调度的运输不平衡影响系数,一般可取 0.6;

F_4——非货运船队占用航道的影响系数,有时可取 0.5;

T——一个标准船队安全通过控制河段的时间(h/队)。

(3)苏南运河公式

苏南运河公式是在德国公式的基础上改进了折减系数,加入了由于船舶流密度增大对航道通过能力的影响,具体公式如下:

$$W = W' \beta V t \alpha_1 \alpha_2 \alpha_3 \alpha_4 \alpha_5 \alpha_6 \tag{4-5}$$

$$W_C = CW \tag{4-6}$$

$$W'_C = C'W \tag{4-7}$$

$$\sum W = W_C + W'_C \tag{4-8}$$

式中:W——航道单向通过能力(t);

W'——船队平均载重量(t);

C、C'——主、次货物流向的实载率(%);

$\sum W$——航道总通过能力($\times 10^4$t);

W_C、W'_C——航道单向主、次货物流向通过能力(t);

β——水运密度(船舶数/km);

V——船队平均营运航速(km/h);

t——全年航行小时(h);

α_1——船舶密度增大时,货运量折减系数;
α_2——船舶减载(因航道水深不足)引起的损失系数;
α_3——到发港不均匀影响船舶运量折减系数;
α_4——非货船影响系数;
α_5——船舶交会时引起的损失系数;
α_6——非标准船型影响船队总吨位系数。

3)航道通过能力分析

影响航道通过能力的因素主要包括航道的等级和标准、通航船舶的规模和尺度、全年可通航天数、载重吨位和货运量等。航道通过能力是以上各种因素在一定时空条件下的综合反映。主要分为理论通过能力和设计通过能力。

(1)理论通过能力

航道理论通过能力是按最大设计船型、船舶满载,以连续、不间断的理想船舶流条件下计算的单位时间内通过某航道的船舶艘数或载重吨位。其计算假定:

①在通航期内的水文、气象条件稳定,通航尺度达到或者超过等级标准,能保持船舶畅通。
②货物来源充分,保证上下水船舶满载。
③港口具有较强的集疏运能力,并能及时发船,船舶到达均衡。
④通航建筑物工作始终正常。
⑤其有足够的港口泊位、锚地。
⑥运行的船舶、船队完全符合航道等级标准,技术状态好,保持一定间距、正常转速运行中互无干扰等。

在理想条件下所得的最大航道通过量,即为理论通过能力,其计算公式如下:

$$W_c = 24n \times 1000 VTSQ_c / (m+1) L_c \tag{4-9}$$

式中:W_c——航道年上、下行理论通过能力(t);

n——航道每天工作系数,$n = t/24$,t 为日通航小时;

V——船舶额定航速(km/h);

T——年通航天数(d);

S——同时处于某一航道断面的船舶数(艘);

Q_c——船舶的额定载重量(t);

m——船舶之间纵向安全间距系数,上水 $m=1$,下水 $m=2\sim5$,视流速大小而定;

L_c——船舶长度(m)。

(2)设计通过能力

设计通过能力是针对理论通过能力中所假定的各种因素,考虑了自然条件的变化影响及运输生产中的不均衡性后,进行计算的航道通过能力。这些考虑包括:

①通航期内应扣除因特大洪水、冰凌、雾障、特大风浪等耽误的时间。
②对于货流应考虑上、下水的不均衡,或重向与非重向货流在货源上存在的差别;当轻泡货比重大及船舶调度欠协调时,会降低船舶装载率;某些货种由于生产的季节性将导致运量的不平衡。
③运行的船舶及船队的构成不规范。
④由于港口吞吐量各月不均衡,因此到、发船舶也会不均衡,在港口有压船现象。

⑤当进行航道整治、维护或船闸检修时,船舶有可能不能正常通过。有时航标失常、桥梁维修也影响船舶运行。

⑥当港口能力不足或船舶运力不足时,不可能保证航道中有足够的船舶航行。

⑦一些公务船、客船、游艇等非货运船舶在航行中的影响。

综合考虑以上各因素,对理论通过能力加以修正,其计算值即为设计通过能力,也就是在相对合理的条件下所预期的航道通过能力。

4.4 船　　舶

4.4.1 船舶结构

船舶被强力甲板划分成船舶主体和上层建筑两部分,船舶首部两侧设有锚、锚链、锚链筒和锚链舱等。

(1) 船舶主体

船舶主体是船体的主要部分,通常是指强力甲板(主甲板)以下的船体。船体内部空间,沿船深方向由甲板来划分,沿船长及船宽方向则分别由横舱及纵舱壁来划分,由此形成船舶的各个舱室。

(2) 上层建筑

在主甲板以上的各种围蔽建筑,统称为上层建筑。两侧延伸至船的两舷或至舷边的距离小于4%船宽的,称为船楼。位于船艏、船舯、船艉的船楼,分别称为船楼、桥楼和艉楼,船楼以外的上层建筑,称为甲板室。

为满足船舶安全营运和船员、乘客生活需要,船上设有导航系统、供电系统、供水系统、通风系统、冷暖系统、舱底水排泄系统、灭火系统和救生装置等。

4.4.2 船舶性能

(1) 船舶的航行性能

船舶为了完成运输生产任务,经常在风浪、急流、险滩等航行条件极为复杂的情况下工作,因此要求船舶必须具有良好的抗风浪能力及有效控制船舶的航行性能。其航行性能主要包括:

①浮性。浮性是船舶在各种装载情况下,保持一定浮态,漂浮于水面一定位置的性能。

②稳性。稳性是船舶受外力作用离开原来平衡位置而发生倾斜,当外力消除后,仍能回到原平衡位置的能力。

③抗沉性。抗沉性是船舶在一舱或数舱破损浸水后仍能漂浮于水面,并保持一定浮态和稳性的能力。

④快速性。船舶的快速性是指对一定排水量的船舶,主机以较小的功率消耗而得到较高航速的性能。

⑤适航性。适航性是船舶在多变的海况中的运动性能。

⑥操纵性。船舶操纵性是指船舶在航行时能按照驾驶员意图保持或改变航速和航向的性

能(其中,船舶保持其航速航向不变的能力,称为航向稳定性;船舶能够按照驾驶员意图改变其航速航向的能力,称为回转性或回转灵敏性)。

(2)船舶的重量性能

船舶的重量性能包括船舶的排水量和载重量,计量单位以 t 表示。

①排水量。它是指无航速的船舶在静水中处于自由漂浮状态时,船体所排开相同体积的水的重量,即船舶在该吃水下的总重量。排水量又可根据不同装载状态分为空载排水量和满载排水量。

②载重量。它是指船舶所允许装载的重量。载重量有总载重量和净载重量之分。总载重量(简称 DWT)是指船舶所能装载的最大限度重量,船舶净载重量等于船舶总载重量减去燃料、淡水、粮食和供应品、船用备品、船员和行李以及船舶常数后的重量。

(3)船舶的容积性能

船舶容积性能包括货舱容积和船舶登记吨位。计量单位以立方米或立方英尺来表示。货舱容积是指船舶货舱实际能够容纳货物的空间。船舶登记吨位是指按吨位丈量规范所核定的吨位。船舶登记吨位分为总吨位和净吨位两种。总吨位 GT,是国家统计船舶数量的单位,用于计算造船、买卖船舶和租船费用,计算海损事故赔偿的基准以及计算净吨位等。净吨位 NT,主要用作计算船舶向港口交纳各种费用和税收(如停泊费、引航费、拖带费及海关税等)的依据。

4.4.3 船舶的种类和特点

船舶可以按用途、航行区域、航行状态、推进方式、动力装置和船体材料及船体数目等进行分类。按用途可以分为货船、客船和客货船三类。

1)货船

货船是运输货物的船舶的统称,一般不载旅客,若附旅客,不超过 12 人。货船又可细分为杂货船、散货船、集装箱船、油船、驳船和拖船(推船)等船舶。

(1)杂货船

杂货船是指载运各种包装或成件货物的船舶,分为普通型杂货船与多用途杂货船。普通型杂货船主要用于装载经过包装、袋装、箱装和桶装的一般货物。多用途杂货船,既可装杂货,又可装散货、集装箱,甚至滚装货,以提高揽货能力与装卸效率,提高营运经济性。

(2)散货船

散货船是专门运输谷物、矿砂、煤炭及散装水泥等大宗散装货物的船舶。散货船运货量大,运价低,单层甲板,尾机型,船体肥胖,航速较低(一般为 11~18kn,1kn ≈ 1.852km/h),船上一般不设装卸货设备,散货船载重吨位为 3 万 t 左右。

(3)集装箱船

集装箱船是载运集装箱的专用船舶。集装箱船的特点是船型方形系数小,航速高(一般为 20~37kn),舱口尺寸大,占船宽的 70%~80%,便于装卸。机舱及上层建筑位于船尾,以便有更多的甲板和货舱面积用于堆放集装箱,主甲板之下的船舱可堆码 3~9 层集装箱,而主甲板之上则可堆码 2~4 层集装箱。通常船上无装卸设备,由码头装卸,以提高装卸效率。由于甲板上装集装箱,船舶重心高,受风面积大,常需压载,以确保足够稳定性。舷边双层壳舱可分上下两层,供压载用。

(4)油船

油船一般只设一层甲板,油船没有大货舱口,只有油气膨胀舱口,并设有水密舱口盖。石油通过油泵和输油管进行装卸,因此油船上不设吊货杆等装卸设备。油船载重吨位是各类船舶中最大的,一般在20万~30万t,最大的油轮可达70万t。沿海油轮航速一般为12~15kn,远洋油轮一般为15~17kn。

(5)驳船

驳船是指自身没有动力推进装置,靠机动船(拖船或推船)带动的单甲板船。驳船可以单只或编列长队有拖船拖带或由推船顶推航行。驳船没有锚、舵等设备,也不设装卸机械和上层建筑。主要用于沿海、内河或港内驳运货物,往往用于转驳那些因吃水大不便进港靠泊的大型船舶的货物,或组成驳船队运输货物。驳船具有结构简单,造价低廉,管理维护费用低,可航行于浅狭水道,编组灵活等特点。

(6)拖船、推船

拖船和推船是专门用于拖拽或顶推其他船舶、驳船队、木排或浮动建筑物的机动船。它本身不载旅客和货物,是一种多用途的工作船,被称为水上的"火车头"。

2)客船及客货船

客船是指专门用于载运旅客及其行李和邮件的运输船舶;客货船是指以载运旅客为主,兼运一定数量货物的运输船舶。客船按航行区域可分为海洋客船和内河客船。客船按照功能服务可分为旅游船、汽车客船和小型高速客船等。

(1)海洋客船

海洋客船主要包括远洋客船、近海客船与沿海客船等形式。远洋客船的吨位一般在2万~3万t,最大的可达7万总吨,航速较高,约29kn,最高可达36kn;近海、沿海客船的吨位在1万t左右,航速为18~20kn。

(2)内河客船

内河客船指航行在江河湖泊上的客船,其载客量小、速度较低,设备也比海洋客船简单。

(3)旅游船

旅游船供旅游者旅游、游览之用,其船型与海洋客船相似,但吨位较小。船上设备齐全,能为游客提供疗养、娱乐、休闲等综合服务。

(4)汽车客船

汽车客船是除载客外,还能同时载运一定数量旅客的自备汽车的客船。这种客船在船舯或船艉设置跳板,以供旅客自备的小型汽车驶进船上的车库。

(5)小型高速客船

小型高速客船主要有水翼船和气垫船,多用于沿海及内河的短途航行。

水翼船是指船体下装有水翼、航行时靠水翼产生的升力支持船体全部或部分升离水面而高速行驶的船舶。

气垫船是利用高压空气在船底与水面间形成气垫,使船体部分或全部垫升而实现高速航行的船舶。气垫船的航速一般在60~100kn,最大可达130kn,客位一般100~200个。

4.4.4 船舶交通流

在规划船舶交通管理系统或设计新的交通设施或研究新的交通管理方案时,需要预测船舶交通流的某些具体特性。船舶到达港口是随机的,每艘船在港装卸服务的时间也是随机的,这种随机服务系统可以用排队论方法进行计算。

排队模型包含输入过程、排队规则和服务机构。输入过程,即顾客到达的时间间隔分布。排队规则表示顾客接受服务的顺序。服务机构是指服务台的个数、服务台之间的串并联结构及服务时间的分布。研究港口随机服务系统,就是要在建设规模和船舶在港等待时间之间进行权衡决策。

为了对港口随机服务系统做定量分析,需要计算系统的平均到船率 λ、平均装船效率 μ 和泊位利用率 ρ。

① 平均到船率 λ(艘/d):

$$\lambda = \frac{P_t}{365 G \eta_1} \tag{4-10}$$

式中:P_t——泊位年通过能力(t);
G——设计船型载重量(t);
η_1——设计船型实际装卸率。

② 平均装船效率 μ(艘/d),即单位时间(通常取 1d)装卸的船数(艘/d)。除了反映装卸效率水平外,由于它包含了非生产性靠泊时间,也是营运管理综合水平的反映。

$$\mu = \frac{1}{D} \tag{4-11}$$

$$D = \frac{365 G \eta_1}{Q n t \eta_2 T_y} + \frac{T_f}{24} \tag{4-12}$$

式中:D——船舶平均靠码头日(d);
Q——码头装卸设备能力(t/h);
n——码头装卸设备数量;
t——昼夜纯作业时间(h);
η_2——码头装卸设备效率;
T_y——码头年营运时间(d);
T_f——船舶装卸辅助作业时间及靠离泊间隔时间之和(h)。

③ 泊位利用率 ρ:

$$\rho = \frac{\lambda}{\mu S} \tag{4-13}$$

式中:S——泊位数。

(1)船舶到港时间分布

多种原因导致船舶无法按规定时间准时到港。如风、浪、流的影响,船舶的航速产生 2kn 左右的变化,会使航速 15～20kn、航期为 5d 左右的船舶到港时间与既定时刻表相差 12～16h;船舶到离港还会受到库场货物不足、装卸速度缓慢以及调度上的多种因素影响。到港船舶提前或延迟到港的现象,与典型的随机分布模式相近,常用的是泊松分布(图 4-11):

$$P_n = \frac{(\lambda t)^n}{n!} e^{-\lambda t} \tag{4-14}$$

式中：P_n——t 时段内到达 n 艘船的概率；
λ——t 时段内平均到船率，即单位时间（通常取 1d）内平均到船数（艘/d）。

t 取 1d，式(4-14)可写成依赖于一个常数 λ 的（概率）分布函数：

$$P_n = \frac{\lambda^n}{n!} e^{-\lambda} \tag{4-15}$$

在一年内到港 n 艘船的理论频率 F_n：

$$F_n = 365 P_n \tag{4-16}$$

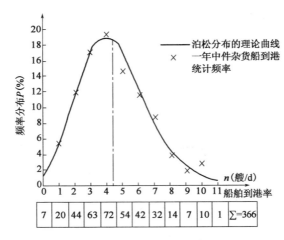

图 4-11　船舶到达频率分布

(2) 船舶占用泊位时间分布

船舶占用泊位时间通常指从靠泊到离泊的总时间。该时间会因气象条件、装卸货物量、装卸效率波动、货物存储及集疏运变化、船舶装载情况等因素的影响而具有随机性，大体上符合负指数分布或爱尔朗分布。

当装卸一艘船占用泊位为 t 天的概率 $f(t)$ 符合负指数分布时：

$$f(t) = \mu e^{-\mu t} \tag{4-17}$$

符合爱尔朗分布时：

$$f_K(t) = \frac{K\mu(K\mu t)^{K-1}}{(K-1)!} e^{-K\mu t} \tag{4-18}$$

式中：μ——平均装船效率；
K——爱尔朗分布函数的阶。

爱尔朗分布函数常用 E_K 表示。当 $K=1$ 时，式(4-18)即为负指数分布函数；$K=2$ 称为二阶爱尔朗分布函数：

$$E_2 = 4\mu^2 t e^{-2\mu t} \tag{4-19}$$

将平均到船率 λ 和平均装卸船率 μ 与吞吐量和泊位的装卸效率联系起来，运用上述模型，可预测未来港口生产的特征值。

4.5 水运交通管理与控制设施

为保障船舶在水域内的航行安全,提高航道的使用效率和船舶的航行效率,特别在水域有限或拥挤的情况下,如出入港口或在江河上航行时,必须对水上交通实施管理与控制。

4.5.1 船舶运行组织

船舶的运行组织,是指航运企业根据已揽取到或即将揽取到的运输对象和航运企业控制的运力情况,综合考虑船舶生产过程中各个环节及与其他运输方式的协调配合,对船舶生产活动所作出的全面计划与安排。基本要求是强调运输的经济性、及时性、协调性和安全性。

船舶的运行组织主要包括:规划航线系统,为航线选配适当的船舶或船队,协调各环节的工作,确定推(拖)船与驳船工作配合方式,以及制定船舶运行时刻表。

船舶运输组织是以实现运输对象的流向、流量、时间、质量要求为目的,以船舶运行环境为客观约束条件。船舶运行的主要环境参数包括:

①船线总距离和港口间各区段的距离(单位:海上运输用海里,内河运输采用千米)。
②各港平均装卸定额,反映航线上各港口的平均装卸效率和组织管理水平。
③航线沿途水文气象条件及适航性,如风浪参数、海况、航道尺度等。

这些环境参数对船舶运行组织有着直接的影响,做船舶运行计划前应充分分析研究,在船舶运行中也要密切关注其变化,适时做出必要的调整。

4.5.2 航次形式及航线形式

(1)航次

航次是指船舶从事货物或旅客运输的一个完整运输生产过程。根据船舶运输生产组织的特征,航次可分为简单航次和复杂航次。复杂航次是指船舶在多个港口间完成的航次,即船舶不仅运输从始发港到终点港的货物(旅客),还在中途一个或几个港口装、卸部分货物(或上、下旅客)或加、减驳船。往返航次是指船舶在两个或两个以上港口间从事客、货运输,船舶到达终点港卸完货或下完客以后又重返回始发港的航次。

航次时间由航行时间、停泊时间以及其他时间组成。航次时间内要完成基本作业和辅助作业两类作业。装卸货物、上下旅客、船舶航行属于基本作业;装卸货准备、办理船货进出港手续和燃物料、淡水供应等属于辅助作业。分析航次中各项作业的协调性、经济性和安全性,合理安排各个环节是提高运输效率,保证水路运输质量的关键。

(2)航次形式

航次形式是指船舶的运行没有固定的出发港和终点港,船舶仅为完成某一项运输任务,按照航次计划运行的船舶运行组织形式。采用航次形式时,船舶完成一个航次后,便可用于它到达的任一港口,开始另一个航次。航次形式中船舶的使用性质、所运输的货种、数量、发送港和发送期限及船舶的运行方向等,主要取决于货主的具体运输申请书。航次形式的缺点是常常会造成船舶空驶,使船舶使用效率降低。加强货源组织工作,加强领导监督,对充分利用航次航行船舶尤为重要。

(3) 航线形式

所谓航线形式是指在固定的港口之间,为完成一定的运输任务,选配适合具体条件的一定数量的船舶,并按一定的工艺过程组织船舶生产活动的船舶运行组织形式。航线形式成为一种独立的组织形式,是由航次形式在具有稳定的运输需要的航区形成和发展起来的。

航线形式的主要优点是:

① 货物(旅客)能够定期送达,有利于吸收和组织货源;

② 有利于各生产环节协调配合并有节奏的工作,保持正常、稳定的生产秩序,有利于缩短船舶泊港时间,提高运输效率;

③ 为组成几种运输方式协调工作的联合运输创造了条件;

④ 有利于加强人员熟悉航行条件,有助于安全航行,缩短航行时间;

⑤ 有利于对船舶的调度领导和管理;

⑥ 有利于船员安排生活。

4.5.3 船舶进出港口管理

(1) 国际航行船舶进出口岸检查

负责船舶进出口岸实施检查的机关(以下简称检查机关),包括港务监督机构、海关、边防检查机关、国境卫生检疫机关、动植物检疫机关。凡进出口岸(指国家批准可以进出国际航行船舶的港口)的外国籍船舶和航行国际航线的本国籍船舶(即国际航行船舶)及其所载船员、旅客、货物和其他物品,除非另有规定,均应由检查机关依法实施检查。检查机关通常不登船检查,港务监督机构负责召集有关口岸检查的联席会议。

船方或其代理人在船舶预计抵达口岸规定时间内,将抵达时间、停泊地点、靠泊移泊计划及船员、旅客的有关情况报告检查机关,办妥进口岸手续。船方或其代理人在船舶驶离口岸前规定时间内,到检查机关办理必要的出口岸手续,申请领取出口岸许可。

(2) 船舶签证管理

船舶签证是中国籍国内航行船为取得合法航行资格而必须办理的进出港口手续,是海事主管部门对进出港口的中国籍船舶施行监督管理的重要措施。

船舶或者其经营人可以通过传真、电子邮件、电子数据交换(EDI)等方式办理船舶签证,报告船舶进港情况,并在船舶航海(行)日志内做相应的记载。报告的内容包括船舶名称、种类、尺度、总吨、吃水、客货载运情况、拟靠泊地点。

4.5.4 船舶交通管理系统

船舶交通管理系统(Vessel Traffic Service,VTS)是集导航技术、通信技术、计算机网络技术、信息处理技术和航海技术为一体的交通管理系统,可大幅度提高海事系统内信息交流和共享的程度,增强水路交通的管制能力。船舶交通管理系统设计应因地制宜和实用可靠,并应符合现行《船舶交通管理系统工程技术规范》(JTJ/T 351)的有关规定。沿海港口和内河港口船舶交通管理系统设计都应综合考虑水域的地理位置、自然条件、航行条件、船舶交通状况、航行危险程度以及船舶交通管理的发展需求等因素。

(1) VTS 功能与组成

VTS 的功能包括信息收集、信息评估、信息服务、交通监控、交通组织、助航服务与参与联合行动功能。VTS 由 VTS 机构、使用 VTS 的船舶与通信三部分组成，VTS 功能如图 4-12 所示。

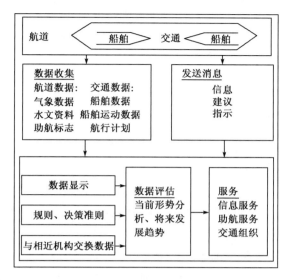

图 4-12　VTS 功能框图

（2）VTS 工作原理

VTS 的信息主要来自各种传感器，一般包括雷达、CCTV、AIS、VHF、气象仪、ECDIS 等。通过信息采集及处理，VTS 在其覆盖的水域中主要得到两方面数据：一方面是航路的气象、水文数据及助航标志的工作情况；另一方面是航路的交通形势。搜集到数据以后，再用适当的方式显示这些数据，并进行数据评估，即根据国际上及当地的船舶交通规则以及有关的决策准则，对交通形势现状与发展趋势进行分析。

VTS 通过发布消息的方式提供服务，发布的消息分三类：

①信息。在固定时刻，或在 VTS 中心认为必要的时刻，或应船舶要求而播发的。它包括有关船舶动态、能见度与它船意图；航行通告、助航设施状况、气象与水文资料；各航行区域的交通状况、各种碍航船舶与障碍物警告，并提供可选择的航线。

②建议。建议是 VTS 通过咨询服务发出的消息，它包括以专门方式影响交通或个别船舶行为的意图。

③指示。指示是为交通控制目的而以命令方式发布的消息，它包含了控制交通或个别船舶行为的意图。

（3）VTS 对船舶的服务和监督

根据国际海事组织规定，凡使用 VTS 的船舶应符合《国际海上人命安全公约》要求，到达实施 VTS 港口之前应注意到以下几点：

①仔细阅读 VTS 主管机关印发的出版物，了解当地水上交通规则及其他有关规定；

②保证船舶助航与通信设备处于正常工作状态；

③注意按照规定收听 VTS 中心发布的有关消息；

④按照 VTS 主管机关的规定，正确、及时地向 VTS 中心报告有关信息；

⑤一般不改变船舶与 VTS 中心双方同意的航行计划；

⑥迅速、准确向 VTS 中心报告意外情况；

⑦当到达或离开 VTS 区域时向 VTS 中心进行到达与最终报告。

【复习思考题】

1. 简述水路运输系统的构成和水路运输的分类方法。
2. 对比沿海和内河港口水域设施的基本设计要求。
3. 简述港口陆域设施的组成。
4. 分析港口通过能力的影响因素。
5. 简述航道基本设施的内容及其基本功能。
6. 简述内河航道通过能力的常用计算模型和影响航道通过能力的影响因素。
7. 简述港口通过能力的分类方法。
8. 按照用途划分,水路运输的船舶如何分类?
9. 何谓船舶到港时间分布和船舶占用泊位时间分布的影响因素?
10. 简述船舶运行组织的定义及主要内容。
11. 简述船舶交通管理系统的组成、功能和工作原理。
12. 思考在水路运输绿色智慧化发展的背景下,水路运输系统设施的改进提升策略。

【本章参考文献与延伸阅读】

[1] 郭子坚.港口规划与布置[M].北京:人民交通出版社,2011.
[2] 李炎保.港口航道工程导论[M].北京:人民交通出版社,2010.
[3] 徐金环.航道整治[M].北京:人民交通出版社,2011.
[4] 周素珍.港口航道工程学[M].北京:中国水利水电出版社,2000.
[5] 长江航道局.航道工程手册[M].北京:人民交通出版社,2004.
[6] 张燕,马宗武.港口经济辞典[M].北京:人民交通出版社,1993.
[7] 王元战.港口与海岸水工建筑物[M].北京:人民交通出版社,2013.
[8] 陈家源.港口通过能力理论与计算方法[M].大连:大连海事大学出版社,2002.
[9] 沈志云,邓学钧.交通运输工程学[M].北京:人民交通出版社,2003.
[10] 姚祖康.交通运输工程导论[M].北京:人民交通出版社,2008.
[11] 邓学钧,刘建新.交通运输工程导论[M].北京:清华大学出版社,2009.
[12] 陈大伟,李旭宏.运输工程[M].北京:人民交通出版社,2014.
[13] 于英.交通运输工程学[M].北京:北京大学出版社,2011.
[14] 刘晓平,陶桂兰.渠化工程[M].北京:人民交通出版社,2009.
[15] 郭萍,袁绍春,蒋跃川.国际海上货物运输实务与法律[M].大连:大连海事大学出版社,2010.

[16] 刘正江. 船舶安全管理[M]. 大连:大连海事大学出版社,2011.
[17] 交通部第一航务工程勘察设计院. 海港工程设计手册[M]. 北京:人民交通出版社,2001.
[18] 中华人民共和国交通运输部. 海港总体设计规范:JTS 165—2013[S]. 北京:人民交通出版社,2013.
[19] 中华人民共和国交通运输部. 海轮航道通航标准:JTS 180-3—2018[S]. 北京:人民交通出版社股份有限公司,2018.
[20] 中华人民共和国交通运输部. 河港总体设计规范:JTS 166—2020[S]. 北京:人民交通出版社股份有限公司,2020.
[21] 中华人民共和国交通运输部. 水运工程设计通则:JTS 141—2011[S]. 北京:人民交通出版社,2011.
[22] 中华人民共和国交通运输部. 航道工程设计规范:JTS 181—2016[S]. 北京:人民交通出版社股份有限公司,2016.
[23] 中华人民共和国住房和城乡建设部. 港口工程基本术语标准:GB/T 50186—2013[S]. 北京:中国计划出版社,2013.
[24] 中华人民共和国交通运输部. 航道工程基本术语标准:JTS/T 103-2—2021[S]. 北京:人民交通出版社股份有限公司,2021.
[25] 中华人民共和国住房和城乡建设部. 内河通航标准:GB 50139—2014[S]. 北京:中国计划出版社,2014.
[26] 中华人民共和国交通部. 船闸总体设计规范:JTJ 305—2001[S]. 北京:人民交通出版社,2001.
[27] 中华人民共和国交通部. 内河助航标志:GB 5863—1993[S]. 北京:中国标准出版社,1994.
[28] 中华人民共和国交通运输部. 自动识别系统(AIS)航标应用导则:JT/T 1193—2018[S]. 北京:人民交通出版社股份有限公司,2018.
[29] 中国船级社. 国际海上人命安全公约[Z]. 北京,2014.
[30] 中华人民共和国交通运输部. 绿色港口等级评价指南:JTS/T 105-4—2020[S]. 北京:人民交通出版社股份有限公司,2020.
[31] 中国船级社. 智能船舶规范(2020)[Z]. 北京,2020.

第 5 章
航空运输系统

5.1 概 述

航空运输使用飞行器作为载运工具实现人和物在不同地点和时间之间的便捷位移,并伴随有信息和资金的流动。它与陆路运输和水路运输既相互竞争又相辅相成,共同组成国家综合运输系统。航空运输主要可分为军用航空运输和民用航空运输,民用航空运输是国家和地区交通运输系统的有机组成部分,在国际和国内长距离客货运中起着非常重要的作用。本章将重点介绍民用航空运输系统与设施。

5.1.1 航空运输系统的组成

航空运输系统包括机场、航线、飞机和空中交通管理四个有机组成部分。以空中交通管理为纽带,相互联系,分工协作,共同完成航空运输的各项活动。

①机场是航空运输体系中运输网络(航线)的交汇点,是旅客和货物由地面转向空中和由空中转向地面的接口。现代机场不仅要求能保证飞机的安全、准时、平稳地起飞和降落,保证旅客和货物的及时、方便、舒适地上下飞机,还要提供便利的地面交通换乘服务。

②航线是由空管部门设定的飞机从一个机场飞抵另一个机场的空中通道。航线作为航空运输的线路,是严格划分的。

③飞机是航空运输的主要载运工具。飞机是航空器的一种,按国际民航组织的定义,航空器是指可以从空气的反作用(但不包括从空气对地球表面的反作用)中取得的支撑力的机器。对于航空运输来说,飞机是最重要的载运工具。

④空中交通管理的任务是有效地维护和促进空中交通安全、维护空中交通秩序、保障空中交通畅通。从本质上讲,空中交通管理就是为实现以上要求而设置的各种助航设备和空中交通管制机构及规则。空中交通管理的内容包括空中交通服务、空域管理和空中交通流量管理。

机场、航线和飞机在空中交通管理系统的协调控制和管理下分工协作,即构成了一个基本的航空运输系统。

5.1.2 航空运输的分类

根据不同的分类标准,航空运输可划分为不同的种类。

(1)按航空运输性质分类

航空运输可分为国内航空运输和国际航空运输两大类。国内航空运输是指根据当事人订立的航空运输合同,运输的出发地点、约定的经停地点和目的地点均在本国境内的运输。国际航空运输是指根据当事人订立的航空运输合同,无论运输有无间断或者有无转运,运输的出发地点、约定的经停地点和目的地点之一不在本国境内的运输。

(2)按航空运输对象分类

航空运输可分为航空旅客运输、航空旅客行李运输和航空货物运输三类。其中较为特殊的是航空旅客行李运输既可附属于航空旅客运输中,亦可看作一个独立的运输过程。航空邮件运输是特殊的航空货物运输,一级情况下优先运输,受《中华人民共和国邮政法》及相关行政法规、部门规章等调适,不受《中华人民共和国民用航空法》相关条文规范。

(3)包机运输

包机运输是指民用航空运输使用人为一定的目的包用公共航空运输企业的航空器进行载客或载货的一种运输形式,其特点是包机人需要和承运人签订书面的包机运输合同,并在合同有效期内按照包机合同自主使用民用飞机,包机人不一定直接参与航空运输活动。

5.2 机　　场

5.2.1 机场的基本概念及构成

1)机场的基本概念

国际民航组织将机场定义为供航空器起飞、降落和地面活动而划定的一块地域或水域,包括域内的各种建筑物和设备装置,主要由飞行区、旅客航站区、货运区、机务维修设施、供油设施、空中交通管制设施、安全保卫设施、救援和消防设施、行政办公区、生活区、后勤保障设施、地面交通设施及机场空域等组成。

机场的主要功能有:

①保证飞机安全、及时起飞和降落。

②安排旅客和货物准时、舒适上下飞机。

③提供方便、快捷的地面交通换乘服务。

机场的基本服务包括以下三方面：

①基本的营运服务和设施。保障飞机和机场用户的安全,包括空中交通管制、飞机进近和着陆、气象服务、通信、安保、消防和急救(包括搜寻和救援)、跑道和房屋的维护。

②处理交通流量的服务。与飞机相关的活动,如清洁、动力的提供、装卸和卸载的行李及货物,这些活动有时候也称作地面作业。这些活动直接与交通流量有关。

③商业活动。通常包括经营商店、饭店、便利店、停车场、超市、会议中心和宾馆等。

2)机场系统的构成

机场系统的构成可简单划分为供飞机活动的空侧部分及供旅客和货物转入或转出空侧的陆侧部分,如图5-1所示。空侧部分包括供飞机起飞和降落的航站区空域及供飞机在地面上运行的飞行区两部分。陆侧部分包括供旅客和货物办理手续和上下飞机的航站楼,各种附属设施及出入机场的地面交通系统三部分。

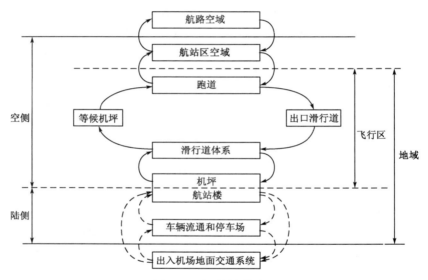

图5-1 机场系统的构成图

机场系统也可以分为空域和地域两部分。空域即为航站区空域,供进出机场的飞机起飞和降落,而地域由飞行区、航站区和进出机场的地面交通系统三部分组成。

飞行区为飞行活动的区域,主要包括跑道、滑行道和停机坪。

航站区为飞行区同出入机场的地面交通的交接部,它由以下三个主要部分组成：

①地面交通出入航站楼的交界面：包括公共交通的站台、停车场、供车辆和行人流通的道路等设施。

②航站楼：用于办理旅客和行李从地面出入交接面之间的各项事务。

③飞机交接面：航站楼与停放飞机的联结部分,供旅客和行李上下飞机。

3)机场分类

机场通常按在民航运输网络系统中所起作用和按航线性质进行划分。

(1)按在民航运输网络系统中所起作用划分

①枢纽机场。指在国家航空运输中占核心地位的机场。此类机场所在城市通常是国家的

政治经济中心或特大省会城市，其客、货运吞吐量在整个国家航空运输中都占有举足轻重的地位。

②干线机场。此类机场所在城市通常是省会城市（自治区首府）、重要开放城市、特大城市、旅游城市或其他经济较为发达城市，其客、货运吞吐量都相对较大。

③支线机场。此类机场所在城市通常是非首都、非省会或自治区首府城市，航班以国内和省内为主，主要起降短程飞机。

(2) 按航线性质划分

按航线性质可划分为国际机场和国内机场，其中国际机场指经政府批准设立航空口岸开通国际航线的机场。

4) 机场等级

(1) 飞行区等级

按照飞行区等级分级是为了使机场各种设施的技术要求与运行的飞机性能相适应，国际民航组织和中国民用航空局（简称"民航局"）用飞行区等级指标 I 和 II 将有关飞行区机场特性和飞机特性联系起来，从而对在该飞机场运行的飞机提供适合的设施。飞行区等级指标 I 是根据使用该飞行区最大飞机的基准飞行场地长度划分，飞行区等级指标 II 是根据该飞行区最大飞机翼展和主起落架外轮外侧间距划分，如表5-1 所示。飞行区等级由第一代码和第二代码所组成的基准代号来划分。

飞行区等级代码表　　　　　　　　　　　　表5-1

指标 I		指标 II		
数码	基准场地长度(m)	代字	翼展(m)	主起落架外轮外边距(m)
1	<800	A	<15	<4.5
2	800～<1200	B	15～<24	4.5～<6
3	1200～<1800	C	24～<36	6～<9
4	≥1800	D	36～<52	9～<15
		E	52～<65	9～<15
		F	65～<80	9～<15

表5-1 中的代字表示飞机基准飞行场地长度。它是指某种型号的飞机以最大批准起飞质量，在海平面、标准大气条件(15℃，1个大气压)、无风、无坡度情况下起飞所需的最小飞行场地长度。飞行场地长度也表示在飞机中止起飞时所要求的跑道长度，因此也称为平衡跑道长度。飞行场地长度是对飞机的要求来说的，与机场跑道的实际距离没有直接关系。表中的代字应选择翼展和主起落架外轮外侧边间距两者中要求较高者。与飞行区等级代码匹配的飞机类型如表5-2 所示。

与飞行区等级代码匹配的飞机类型表　　　　　　　　表5-2

飞行区等级代码	飞 机 类 型	飞行区等级代码	飞 机 类 型
Code 4F	A380	Code 4D	B767、A300、A310、MDH
Code 4E	B747、B777、A330、A340	Code 4C	A320、B737、B727

(2) 跑道导航设施等级

跑道导航设施等级按配置的导航设施能提供飞机以何种进近程序飞行来划分，可分为非仪表跑道和仪表跑道两种。

①非仪表跑道。供飞机用目视进近程序飞行的跑道,代字为 V。

②仪表跑道。供飞机用仪表进近程序飞行的跑道,可分为以下几类:

非精密进近跑道。装备相应的目视助航设备和非目视助航设备的仪表跑道,能足以对直接进近提供方向性引导,代字为 NP。

Ⅰ类精密进近跑道。装备仪表着陆系统和(或)微波着陆系统以及目视助航设备,能供飞机在决断高度低至 60m 和跑道视程低至 800m 时着陆的仪表跑道,代字为 CAT Ⅰ。

Ⅱ类精密进近跑道。装备仪表着陆系统和(或)微波着陆系统以及目视助航设备,能供飞机在决断高度低至 30m 和跑道视程低至 400m 时着陆的仪表跑道,代字为 CAT Ⅱ。

Ⅲ类精密进近跑道。装备仪表着陆系统和(或)微波着陆系统的仪表跑道,可引导飞机直至跑道,并沿道面着陆及滑跑。根据对目视助航设备的需要程度又可分为三类,分别以 CAT ⅢA、CAT ⅢB 和 CAT ⅢC 为代字。

ⅢA 类(CAT ⅢA)运行:精密进近和着陆最低标准的决断高度低于 30m,或无决断高度;跑道视程不小于 200m。

ⅢB 类(CAT ⅢB)运行:精密进近和着陆最低标准的决断高度低于 15m,或无决断高度;跑道视程小于 200m 但不小于 50m。

ⅢC 类(CAT ⅢC)运行:精密进近和着陆最低标准无决断高度和无跑道视程的限制。

(3)航站业务量规模等级

机场等级也可按照航站的年旅客吞吐量来划分(表 5-3)。业务量的大小与航站规模及其设施有关,也反映了机场繁忙程度及经济效益。

航站业务量规模分级标准表 表 5-3

航站业务量规模等级	年旅客吞吐量(万人次)
小型机场	<200
中型机场	200~<2000
大型机场	2000~<8000
超大型机场	≥8000

(4)机场的救援和消防等级

救援和消防勤务主要是保障机场运营安全。为了保障救援和消防,机场必须有足够的手段和物质保障。其中包括必要的器材(如灭火剂)、设备、车辆和设施(如应急通道)等。这些物质保障的配备是以该机场使用的飞机外形尺寸(飞机机身全长和最大机身宽度)为依据,由此划分机场的救援和消防等级可分为 1~10 级。机场使用的飞机外形尺寸越大,级别数越大。

5.2.2 机场净空区

飞机在机场起飞和降落必须沿着规定的起落航线进行。机场能否安全有效地运行,与场址内外的地形和人工构筑物密切相关。因此,必须对机场附近沿起降航线一定范围内的空域(即在跑道两端和两侧上空为飞机起飞爬升、降落下滑和目视盘旋需要所规定的空域)提出要求,保证在飞机的起飞和降落的低高度飞行时不能有地面的障碍物来妨碍导航和飞行,这个区域称为机场净空区或进近区,它是机场的重要组成部分。机场净空区的地面和空域要按照一定标准来控制,机场净空条件直接关系旅客生命财产的安全。

机场条件的破坏通常是由超高障碍物引起的,空中漂浮物或烟雾、粉尘也会造成破坏。为此,必须规定一些假想的平面或斜面作为净空障碍物限制面(即净空面,如图 5-2 所示),用以限制机场周围地形及人工构筑物的高度。机场净空区的地面区域称为基本区面,在跑道周围 60m 的地面上空由障碍物限制面构成。障碍物限制面有以下 4 种:

①水平面。水平面是在机场高程 45m 以上的一个平面空域。

②进近面。进近面是由跑道端基本面沿跑道延长线向外向上延长的平面。

③锥形面。锥形面是在水平面边缘按 1∶20 斜度向上延伸的平面。

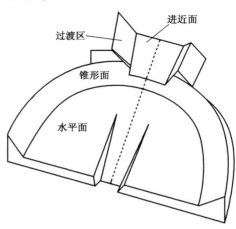

图 5-2　净空障碍物限制面

④过渡面。过渡面是在基本面和进近面外侧以 1∶7 的斜度向上向外延伸的区域。

由这些平面构成的空间,是飞机起降时使用的空间,由空港当局负责控制管理,保证地面的建筑(楼房、天线等)不能伸入这个区域。凡超过假想面之上的部分应除去或移走,以便达到净空标准。空中的其他飞行物(飞鸟、风筝等)也不得侵入此区域,妨碍飞机的正常运行。

导航设施等级不同的跑道对净空面的要求不同。为扩建保持最大的主动权,目前所有净空面都按机场规划设计而设置。

航空无线电导航是以各种地面和机载无线电导航设备向飞机提供准确可靠的方向、距离及位置信息的。而来自非航空导航业务的各类无线电设备、高压输电线、电气化铁路、工业、科学及医疗设备等引起的有源干扰,及导航台周围地形地物的反射或再辐射可能会对导航信息造成不良影响。因此,对机场周围的一定范围内,还必须提出电磁环境的净空要求。

5.2.3　飞行区设施

1)跑道

跑道是机场工程的主体。机场的构形主要取决于跑道的数量、方位以及跑道与航站区的相对位置。跑道是供飞机起降的一块长方形区域。它提供飞机起飞、降落、滑跑以及起飞滑跑前(和降落滑跑后)运转的场地。因此,跑道必须有足够的长度、宽度、强度、粗糙度、平整度以及规定的坡度。跑道数量取决于航空运输量的大小;跑道的方位则主要与当地风向有关。

(1)跑道的基本参数

①方位。跑道方位即跑道走向。飞机最好是逆风起降,过大的侧风将妨碍飞机起降。因此,跑道的方位应尽量与当地常年主导风向一致。跑道方位还受到周围地形、机场发展规划、可用面积大小以及相邻机场状况的影响。跑道方位以跑道磁方向角度表示,由北顺时针转动为正。

跑道方位识别号码按照跑道中心线的磁方向以 10°为单位,四舍五入后用两位数表示并将数字置于跑道相反的一端,作为飞行人员和调度人员确定起降方向的标记。如天津滨海国际机场的跑道磁方向角为 160°~340°,则南端识别号码为 34,北端识别号码为 16。又如磁方向为267°的跑道,其跑道方位识别代码为27,而这条跑道的另一端的磁方向是87°,跑道方位识别代码为09,二者的磁方向相差180°,而跑道方位识别代码相差18。如果机场有两条跑道则用左(L)和右(R)表示。如北京首都国际机场的两条平行跑道,东跑道北端识别标志为18L,南端为36R;而西跑道北端识别标志为18R,南端为36L。有三条跑道时,中间跑道编号加上字母C,即L、C、R;有四条跑道,则为L、R、L、R;有五条跑道,则为L、C、R、L、R或者L、R、L、C、R;有六条跑道,则为L、C、R、L、C、R,依此类推。当有四条或更多平行跑道时,一组相邻跑道的识别号码可用上述方法取得,另外一组相邻跑道的识别号码则以一对最接近的数字表示。如四条跑道的磁方向均为93°~273°,其中一组跑道识别标志号码为09~27,另一组则为10~28。

②数量。跑道数量主要取决于航空运输量。运输不繁忙,且常年风向相对集中的机场,只需单条跑道即可;运输非常繁忙的机场,则需要两条或多条跑道。其基本构形可以是平行、交叉或开口V形等,非平行跑道可以避开过大的侧风。平行跑道的间距、交叉跑道交叉点的位置对跑道容量(单位时间内可能容纳的最大飞机运行次数)是有影响的。

③跑道长度。跑道长度是机场的关键参数,是机场规模的重要标志,它直接与飞机起降安全有关。设计跑道长度主要依据预计使用该机场飞机的起降特性(特别是要求跑道最长的机型的构形和性能特点)。此外,跑道长度还与下列因素有关:飞机起降质量与速度,即飞机起飞(或降落)质量越大,离地速度(或接地速度)越大,滑跑距离就越长;跑道条件,如表面状况、湿度和纵向坡度等;机场所在环境,如机场的高程和地形;气象条件,特别是地面风力、风向和气温等。当海拔高度高、空气稀薄、地面温度高时,发动机的功率就会下降,因而都需要加长跑道。

跑道长度计算基本公式如下:

a.飞机在地面加速或减速滑跑距离。飞机在地面加速或减速滑跑的距离应按式(5-1)计算确定:

$$S = \int_{V_a}^{V_b} \frac{m(V - V_w) dV}{F - fmg - (C_x - fC_y)\frac{\rho V^2}{2} S_w \pm mgi} \tag{5-1}$$

式中:S——飞机地面滑跑距离(m);

V_a——飞机在滑跑起点的速度(m/s);

V_b——飞机在滑跑终点的速度(m/s);

V_w——分解到与飞机滑跑方向一致的风速(m/s);

$V - V_w$——飞机相对于地面的滑跑距离(m/s);

F——发动机推力(N);

C_x——阻力系数;

f——摩擦系数,飞机起飞加速滑跑时为滚动摩擦系数,着陆减速滑跑时为制动摩擦系数;

C_y——升力系数;

ρ——空气密度(kg/m³);

V——空速(m/s);

S_w——机翼面积(m²);

m——飞机质量(kg);

g——重力加速度(m/s^2);

i——跑道纵坡,顺坡取"+"号,逆坡取"-"号。

b. 飞机进场拉平距离。飞机进场拉平距离是指飞机从进入跑道入口上空至接触到地面的水平投影距离,其距离 S_a 应按式(5-2)计算确定:

$$S_a = \frac{15}{\tan\theta} + R\tan\frac{\theta}{2} \tag{5-2}$$

$$R = \frac{V^2}{g(n-1)} \tag{5-3}$$

式中:θ——飞机下滑角(°),通常取 $\theta = 3°$;

R——飞机拉平段的圆周半径(m);

V——飞机处于拉平段时的飞行速度(m/s);

n——过载因子,通常取值1.2。

飞机起飞和着陆过程中对跑道长度的要求如下:

a. 正常起飞。正常起飞指在飞机全部发动机正常运作情况下的起飞。如果跑道端不设置净空道,则跑道长度应保证飞机在整个起飞过程中的安全,其长度为:

$$L_a = 1.15 S_T \tag{5-4}$$

式中:L_a——飞机正常起飞所需跑道长度(m);

S_T——飞机正常起飞距离(m);

1.15——考虑驾驶误差或其他原因的安全系数。

当跑道设有净空道时,跑道及净空道的总长度应保证飞机在整个起飞过程中的安全,即符合式(5-5)的要求。跑道长度按公式(5-6)计算确定:

$$L_a + L_c = 1.15 S_T \tag{5-5}$$

$$L_a = 1.15(S_R + CS_h) \tag{5-6}$$

式中:L_c——净空道长度(m);

S_R——飞机正常起飞滑跑距离(m);

S_h——飞机正常起飞初始爬升距离(m);

C——系数。

b. 着陆。飞机通常以3°下滑角进行着陆,通过跑道入口上空的高度为15m。着陆距离是指飞机进入跑道入口上空到停住的水平距离,其所需跑道长度应按公式(5-7)计算确定:

$$L_d = KS_d \tag{5-7}$$

式中:L_d——飞机着陆时所需跑道长度(m);

K——考虑驾驶误差及跑道湿滑等的安全系数,通常取 $K = 1.67$;

S_d——飞机不使用反推力装置的着陆距离(m)。

④跑道宽度。飞机在跑道上滑跑、起飞、降落不可能总是沿着中心线,可能会有偏离,有时还要掉头。因此,跑道应有足够的宽度,但也不宜过宽,以免浪费土地。跑道的宽度取决于飞机的翼展和主起落架的轮距,一般不超过60m。

⑤跑道坡度。跑道是没有纵向坡度的,这主要是为了保证飞机起飞、降落和滑跑的安全。应尽量避免沿跑道的纵向坡度(简称纵坡)及坡度的变化。当无法避免时,其最大值应尽量减小,且变坡间距离不应小于要求的值。在有些情况下,可以有3°以下的坡度,在使用有坡度的

跑道时,要考虑对飞机性能的影响。

跑道横向应有坡度,且尽量采用双面坡,以便加速道面的排水。当采用双面坡时,中心线两侧的坡度应对称。整条跑道上的横坡应基本一致。横坡坡度不小于0.01,但也不能大于0.015(基准代字为C、D)或0.02(基准代字为A、B),以利于飞机滑跑安全。

⑥道面。通常跑道道面是指结构道面,可分为水泥混凝土、沥青混凝土、碎石、草皮和土质等若干种。

跑道道面分为刚性道面和非刚性道面。刚性道面由混凝土筑成,能把飞机的荷载承担在较大的面积上,承载能力强,在一般中型以上的空港都使用刚性道面。非刚性道面有草坪、碎石、沥青等各类道面,这类道面只能抗压不能抗弯,因而承载能力小,只能用于中小型飞机起降的机场。同时,水泥混凝土道面和沥青混凝土道面为高级道面。跑道道面要求有一定的摩擦力。为此,在混凝土道面一定距离要开出5cm左右的槽,并定期(6~8年)打磨,以保持飞机在跑道积水时不会打滑。在刚性道面上加盖高性能多孔摩擦系数高的沥青,可减少飞机在落地时的震动,又能保证有一定的摩擦力。

⑦强度。对于起飞质量超过5700kg的飞机,为了准确表示飞机轮胎对地面压强和跑道强度之间的关系,国际民用航空组织规定使用道面等级序号(Pavement Classification Number,PCN)和飞机等级序号(Aircraft Classification Number,ACN)方法来决定该型飞机是否可以在指定的跑道上起降。

PCN数是由道面的性质、道面基础的承载强度经技术评估而得出的,每条跑道都有一个PCN值。

ACN数则是结合飞机的实际质量、起落架轮胎的内压力、轮胎与地面接触的面积以及主起落架机轮间距等参数,由飞机制造厂计算得出的。ACN数和飞机的总重只有间接的关系,如B747飞机由于主起落架有16个机轮承重,它的ACN数为55,B707的ACN数为49,而它的总重只有B747的2/5,两者ACN却相差不大。

使用这个方法计算时,当ACN值小于PCN值,这类型的飞机可以无限制地使用这条跑道。在一些特殊情况下,ACN值可以在大于PCN值5%~10%时使用这一跑道,但这会导致跑道使用寿命的缩短。

(2)跑道附属区域

跑道附属区域构成如图5-3所示。

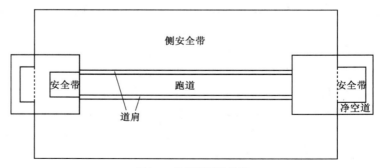

图5-3 跑道附属区域图

①跑道道肩。跑道道肩是在跑道纵向侧边和相接的土地之间有一段隔离的地段,这样可以在飞机因侧风偏离跑道中心线时,不致引起损害。此外大型飞机很多采用翼吊布局的发动

机,外侧的发动机在飞机运动时有可能伸出跑道,这时发动机的喷气会吹起地面的泥土或砂石,使发动机受损,有了道肩会减少这类事故。有的机场在道肩之外还要放置水泥制的防灼块,防止发动机的喷气流冲击土壤。

跑道道肩一般每侧宽度为1.5m,道肩的路面要有足够强度,以备在出现事故时,使飞机不致遭受结构性损坏。

②跑道安全带。跑道安全带的作用是在跑道的四周划出一定的区域来保障飞机在意外情况下冲出跑道时的安全,分为侧安全地带和道端安全地带。

侧安全地带:是由跑道中心线向外延伸一定距离的区域。对于大型机场这个距离应不小于150m,在这个区域内要求地面平坦,不允许有任何障碍物。在紧急情况下,可允许起落架无法放下的飞机在此地带实施硬着陆。

道端安全地带:是由跑道端至少向外延伸60m的区域。建立道端安全地带的目的是降低由于起飞和降落时冲出跑道的概率。

在道端安全地带中有的跑道还有安全停止道,简称安全道。安全道的宽度不小于跑道,一般和跑道等宽,它由跑道端延伸,它的长度视机场的需要而定,它的强度要足以支持飞机中止起飞时的质量。

③净空道。净空道是指跑道端之外的地面和向上延伸的空域。它的宽度为150m,在跑道中心延长线两侧对称分布,在这个区域内除了有跑道灯之外不能有任何障碍物,但对地面没有要求。可以是地面,也可以是水面。净空道的作用在于飞机可在其上空进行一部分起始爬升,并达到安全高度。

(3)跑道的布置形式

跑道的布置形式取决于跑道的数量和方位。跑道的数量主要取决于航空交通量的大小。跑道的方位主要取决于风向、场地及周围环境条件。在航空交通量小、常年风向相对集中时,只需单条跑道;在航空交通量大时,则需设置两条或多条跑道。跑道的布置形式有单条跑道、平行跑道、交叉跑道和开口V形跑道等。

①单条跑道。单条跑道是最简单的一种布置形式,如图5-4a)所示。单条跑道在目视飞行规则(VFR)情况下每小时的容量为50～100架次;而在仪表飞行规则(IFR)情况下,根据不同的飞机组合情况和具备的助航设备,其容量减至每小时50～70架次。

②平行跑道。通常为两条和四条平行跑道,如图5-4b)～图5-4d)所示。多于四条平行跑道时,会使空中交通管制变得很困难。

平行跑道的容量,在很大程度上取决于跑道的数目和跑道间的间距。平行跑道之间的间距差别可以很大。为便于讨论,可将间距分为"近距""中距"和"远距"三种。"近距"平行跑道之间的间距为213.4～761.7m,在IFR情况下,一条跑道上的运行同在另一条跑道上的运行是相互制约的,每小时容量为50～60架次;"中距"平行跑道之间的间距为762～1310.3m,在IFR情况下,一条跑道上的着陆同另一条跑道上的起飞无关,容量为每小时60～70架次;"远距"平行跑道之间的间距为1310.3m以上,在IFR情况下,两条跑道能独立地进行着陆和起飞,容量为100～125架次。在VFR情况下,"近距""中距"和"远距"平行跑道的每小时容量为100～200架次,间距对容量无影响,容量取决于飞机组合情况。

③交叉跑道。两条或更多的方向不同的相互交叉的跑道,称作交叉跑道,如图5-4e)～图5-4g)所示。当机场所在地区相对强烈的风向在一个以上时,如果只有一条跑道,就会造成

过大的侧风,因此要求有方向不同的交叉跑道。在风力强烈时,一对交叉跑道中,只能使用其中一条跑道,这就使飞行区的容量显著减少。如果风力相对较弱,两条跑道则可同时使用。交叉跑道的容量,在很大程度上取决于交叉点的位置(例如是在中间还是接近端部)和跑道的使用方式(例如是起飞还是着陆)。交叉点离跑道的起飞端和着陆入口越远,容量就越低[图5-4g)];交叉点接近于起飞端和着陆入口,容量就最大[图5-4e)],此时,交叉跑道的每小时容量为60~70架次(IFR)或70~175架次(VFR)。由于交叉跑道的相互干扰大,容量偏低,所以应尽量避免采用。

④开口V形跑道。两条跑道散开而不交叉时,称为开口V形跑道,如图5-4h)、图5-4i)所示。与交叉跑道一样,当某个方向的风力强烈时,只能使用一条跑道;当风力微弱时,两条跑道可以同时使用。

跑道的容量与飞机起飞和着陆的方向有关。当起飞和着陆从V形顶端向外散开时,如图5-4h)所示,其容量最大。此时,开口V形跑道的每小时容量为50~80架次(IFR)或60~185架次(VFR)。

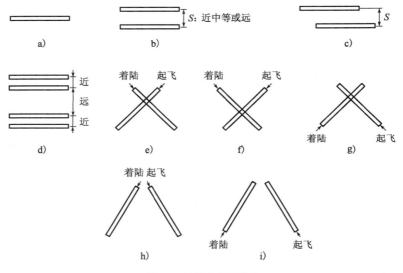

图5-4 跑道的布置形式

从跑道的容量和空中交通管制的难易情况来看,单向跑道是最可取的。因为,在其他条件相同时,单向跑道的容量比别的跑道要大。对空中交通管制来说,引导飞机在单方向运行不像多方向运行那样复杂。随着对常年风风向的准确掌握和飞机侧风降落的能力的加强,新的大型多跑道空港都采用平行跑道布局。就交叉跑道与开口V形跑道两种形式比较,后者更为可取。

(4)跑道的道面标志

跑道的类别不同,它的道面标志也不同,目视进近跑道有下列基本标志:①中心线;②跑道号;③等待位置标志。非精密进近跑道要加上跑道端标志和定距离标志;对于精密进近跑道,还要增加着陆区标志和跑道边线标志。各类跑道的标志如图5-5所示。

跑道端标志表示跑道可用部分的开始,通常是由铺设道面的起点作为跑道端,但在有安全道或起降不能全部使用跑道时,跑道端就会移入跑道一定距离。

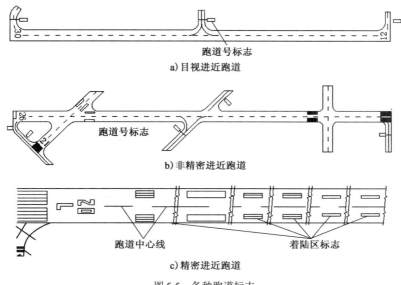

图 5-5　各种跑道标志

2）滑行道

滑行道是机场内供飞机滑行的规定通道（图 5-6）。滑行道的主要功能是提供从跑道到候机楼区的通道，使已着陆的飞机迅速离开跑道，不与起飞滑跑的飞机相干扰，并尽量避免延误随即到来的飞机着陆。此外，滑行道还提供了飞机由候机楼区进入跑道的通道。滑行道可将性质不同的各功能分区（飞行区、候机楼区、飞机停放区、维修区及供应区）连接起来，使机场最大限度地发挥其容量潜力并提高运行效率。滑行道应以实际可行的最短距离连接各功能分区。

滑行道系统主要包括：主滑行道、进出滑行道、飞机机位滑行通道、机坪滑行道、辅助滑行道、滑行道道肩及滑行带。滑行道系统可以根据实际需要和可能，分阶段建设，逐步完善。

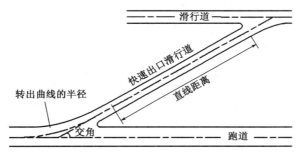

图 5-6　联络滑行道

3）停机坪

停机坪也叫机坪，是飞机停放和旅客登机的地方。停机坪的面积要足够大，以保证进行上述活动的车辆和人员的行动，机坪上用漆标出运行线，使飞机按照一定线路进出滑行道。

机坪又分为停放机坪和登机机坪。飞机在登机机坪进行装卸货物、加油；在停放机坪过夜、维修和长时间停放。

119

5.2.4 航站楼设施

航站楼(主要指旅客航站楼,即候机楼)是航站区的主体建筑物。航站楼的设计,不仅要考虑其功能,还要考虑其环境、艺术氛围及民族(或地方)风格等。航站楼一侧连着机坪,另一侧又与地面交通系统相联系。旅客、行李及货邮在航站楼内办理各种手续,并进行必要的检查以实现运输方式的转换。旅客航站楼的基本功能是安排好旅客和行李的流程,为其改变运输方式提供各种设施和服务,使航空运输安全有序。旅客航站楼的基本设施应包括:①车道边;②公共大厅;③安全检查设施;④政府联检机构;⑤候机室大厅;⑥行李处理设施(行李分检系统和行李提取系统);⑦机械化代步设施(人行步道、自动扶梯等);⑧登机桥;⑨旅客信息服务设施等。大型机场的旅客航站楼还设有特许商业经营和服务设施。因此,航站楼不仅是民航的营运中心,而且还是商业中心。旅客航站楼内还设有机场和航空公司的办公机构和特许经营部门。

(1)航站楼规模

航站楼的规模可由年旅客量的需求预测结果初步估算得到,航站区指标应按规划目标年的旅客吞吐量规模分级,如表5-4所示。

年旅客量与高峰小时旅客量比例关系表　　　　表5-4

航站区指标代码	年旅客吞吐量(万人次)	航站区指标代码	年旅客吞吐量(万人次)
1	<50	5	2000 ~ <4000
2	50 ~ <200	6	4000 ~ <8000
3	200 ~ <1000	7	≥8000
4	1000 ~ <2000		

各项设施服务的旅客对象有所不同,需对旅客进行分类,包括国际航线旅客和国内航线旅客,登机旅客和下机旅客,始发、终程、中转和过境旅客等。

航站楼的面积估算是寻求为航站楼的设施提供一个尺寸要求,其与预期达到的服务水平有关。我国目前实际采用的航站楼面积要求为每个设计高峰小时旅客 $14 \sim 30m^2$(国内航线)或 $24 \sim 40m^2$(国际航线),主要依据航站楼的布局形式具体选用。

航站楼建筑面积可按其性质和作用,根据预测的年旅客吞吐量和典型高峰小时旅客量进行粗略估算,见表5-5和表5-6。

按年旅客吞吐量估算航站楼的建筑面积表　　　　表5-5

类　　别	每百万旅客所需建筑面积(m^2)
国内旅客航站楼	7000 ~ 10000
国际旅客航站楼	12000 ~ 16000

按典型高峰小时旅客量估算航站楼的建筑面积表　　　　表5-6

旅客航站区指标	类别(m^2/人)	
	国内旅客航站楼	国际旅客航站楼
1)2	14 ~ 20	24 ~ 28
3)4	20 ~ 26	28 ~ 35
5)6	26 ~ 30	35 ~ 40

(2) 航站楼布局形式

航站楼建设一般采用两种模式,即集中式和分散式。集中式航站楼指所有主要设施集中起来组成一个单一的多层建筑。分散式航站楼指机场的功能由若干不同建筑分管,通常建筑也由不同的公司或航空公司主管。集中式和分散式航站楼的主要优缺点比较如表5-7所示。

航站楼布局模式比较表　　　　　　　　　　　　　　　　　表5-7

航站楼布局模式	优 点	缺 点
集中式	转机换乘方便; 设施利用充分,运营成本较低; 信息指引系统简化	步行距离较远; 地面出入机场车辆拥挤; 安检大厅旅客拥挤; 机场扩建难度较大
分散式	旅客步行距离短; 改扩建方便; 机坪门位布置方便; 飞机滑行时间少	机场工作人员增加; 建设、运营成本较高

总结各类航站楼的特点,可将其分为前列式、廊道式、运转式和卫星式四种基本布局形式。

①前列式布局。前列式航站楼为直线型或曲线型,飞机沿航站楼停靠,通过登机廊桥连接航站楼与飞机。简单的前列式航站楼通常有一个共用的等候和办理票务的地方,其出口通往机坪。

②廊道式布局。廊道式布局指在前列式布局的基础上,设置从航站楼主楼到登机口的封闭式廊道,飞机通常以平行或机头向内停放方式围绕廊道轴线停靠。

③运转式布局。运转式布局是由一个集中式航站楼和停机坪上飞机分散的停靠位置组成。飞机停靠位置离航站楼较远,登机和下机旅客需要通过运转车辆运载。

④卫星式布局。卫星式布局由一个航站楼主楼和一些卫星航站组成,卫星航站四周供飞机停靠和旅客上下机。航站楼主楼与卫星航站之间通常用地面、地下或是架空的连接体连接。

上述四种基本布局形式的主要优缺点如表5-8所示。

航站楼布局形式比较表　　　　　　　　　　　　　　　　　表5-8

航站楼布局形式	优 点	缺 点
前列式布局	进出便利,步行距离短	引导指示系统较复杂; 机场扩建难
廊道式布局	航站楼空间需求较小; 增加机位成本低; 基本投资和运转费用较低	步行距离长; 机场扩建较难
运转式布局	步行距离短; 航站楼建设成本低; 运行和扩展灵活性高	换乘运转时间长
卫星式布局	飞机调度灵活性高	航站楼建设成本高; 步行距离长; 机场扩建较难

5.2.5 机场地面交通系统

大中型运输机的巡航速度一般都在900km/h左右,因此,国内航线的乘机时间都在1~3h

之内。但是机场不可能建在离市区很近的地方,旅客从出发地到机场和从机场到目的地的地面交通时间往往会超过乘机时间。航空运输的快速优点便会因出入机场的地面交通的阻滞而部分抵消。为此,机场要充分考虑到出入机场的地面交通。由于出入机场的人中,还有除了旅客之外的工作人员、访客、接送者等,因此也要充分考虑到他们的需求。

出入机场地面交通运输方式主要有:小汽车、出租车、包租公共汽车、公共汽车、机场班车、火车、城市捷运公交系统、机场专用捷运系统和专用高速公路、直升机等。

5.2.6 机场运营管理

机场在管理组成上大致可以分为行政和财务、规划和工程、运营、后勤和维修四个部分。

(1)行政和财务

包括人事部门、财务部门、公共关系部门、办公室、采购部门等。

(2)规划和工程

机场在投入使用后会遇到开发和改扩建问题,如何统一规划,保证发展的整体性和建筑工程质量是一个机场长期良好运行的必要条件。

(3)运营

机场的运营分为空侧、航站楼区、安全保卫和应急救援四个部分。

①空侧:保证飞机的运行严格按照规定进行,对飞行区内的车辆运行严格管理,防止出现任何危险事故,为计划外特殊安排的飞机安排机位和登机门。

②航站楼区:保证航站楼建筑和出入道路的安全和通畅,防止机场内从业人员和旅客的任何妨碍安全规定的行动,引导他们有秩序地按照规定行动,管理驻港的各种企业和协调各种政府机构的行动。

③安全保卫:保护机场的禁止公众进入的地区和危险地区,在各登机门和安检区执行任务,保护机场财物和人身安全,在紧急情况下组织和疏散人群。

④应急救援:应对飞机发生坠落、失火等突发事故组织紧急救援行动。日常工作包括训练、演习以及检查各项设备和设施的完好情况,一旦出现险情能随时出现在现场,熟练执行任务。

(4)后勤和维修

机场有大量的建筑和设备,其维修和后勤工作量十分庞大,涉及建筑物及设施维修、场地维修、车辆维修、净空管理、鸟害控制等。

5.3 航　　线

5.3.1 航线和航路的基本概念

1)航线

航线是指飞机飞行的路线。航线确定了飞机飞行的具体方向、起讫和经停地点。民航飞机的航线,在已建立航路的地区都是由航路组成的。航线可分为国际航线、地区航线和国内航线三大类。

(1) 国际航线

国际航线是指飞行的路线连接两个国家或两个以上国家的航线。在国际航线上进行的运输是国际运输,一个航班如果它的始发站、经停站、终点站有一站在外国领土上都叫作国际运输。

(2) 地区航线

地区航线是指在一国之内,各地区与有特殊地位地区之间的航线,如我国内地与港、澳、台地区的航线。

(3) 国内航线

国内航线是在一个国家内部的航线,又可以分为国内干线、国内支线和地方航线三大类。

①国内干线:联结国内航空运输中心的航线,这些航线的起止点都是重要的交通中心城市,在这些航线上航班数量大,密度高,客流量大,如京—广线、京—沪线和上海—乌鲁木齐航线等。

②国内支线:指各中小城市和干线上的交通中心联系起来的航线,支线上的客流密度远小于干线,支线上的起止点中有一方是较小的空港,因而支线上使用的客机大都是150座以下的中小型飞机。

③地方航线:把中小城市联结起来的航线,客流量很小,一般只飞行50座左右的飞机。它和支线的界限不是很明确,过去一般把省内航线称为地方航线,现在国外把支线和地方航线统称为区域性航线。

2) 航路

空中航路是指根据地面导航设施建立的供飞机作航线飞行之用的具有一定宽度的空域。该空域以连接各导航设施的直线为中心线,规定有上限和下限的高度和宽度。

航路和航线最简单的区别就在于,航路是有宽度的空域,而航线简单说就是空中的一条线。这里我们所说的航线设施一般指航路设施。

民航航路是由民航主管当局批准建立的一条由导航系统划定的空域构成的空中通道,在这个通路上空中交通管理机构要提供必要的空中交通管制和航行情报服务。

对在空中航路内飞行的飞机必须实施空中交通管制。为便于驾驶员和空中交通管制部门工作,空中航路具有明确的名称代号。国际民航组织规定航路的基本代号由一个拉丁字母和1~999的数字组成。A、B、G、R用于表示国际民航组织划分的地区航路网的航路,H、J、V、W为不属于地区航路网的航路。对于规定高度范围的航路或供特定的飞机飞行的航路,则在基本代号之前增加一个拉丁字母,如用K表示直升机使用的低空航路,U表示高空航路,S表示超音速飞机用于加速、减速和超音速飞行的航路。

航路的设施包括航行管制雷达(简称"航管雷达")、航路甚高频和航路全向信标等。

5.3.2 航行管制雷达

航行管制雷达,是利用电磁波探测目标的电子设备。发射电磁波对目标进行照射并接收其回波,由此获得目标至电磁波发射点的距离、距离变化率(径向速度)、方位、高度等信息。目前常用的飞行管制雷达包括航路监视雷达和机场监视雷达。

航管雷达的特点是:

①能连续掌握从低空到高空的目标,天线多采用余割平方或超余割平方垂直波束设计。

②能长时间连续开机工作,可靠性高。发射和接收设备多采用双通道分集技术。

③识别真伪目标的能力强,抗地面、海面杂波和分辨气象杂波的性能较好。雷达信息实时传递到飞行管制中心,经计算机处理后,在综合动态显示器上显示。

常见的航管雷达有:

①精密进场雷达。用以帮助飞机在机场能见度不良的情况下正确着陆。能显示飞机下降航迹,以提示飞行人员改正。

②机场场面监视雷达。用以监视机场的跑道、滑行道和停机坪,防止飞机在地面和低空发生碰撞。

5.3.3 航路甚高频

甚高频通信系统(VHF COMM)是移动无线电通信中的一个重要系统,用于民用航空及海事近距离通信。

其通信方式以话音、图像、数据为媒体,通过光或电信号将信息传输到另一方。

甚高频通信系统是目前民航飞机主要的通信工具,在飞机起飞、降落时或通过控制空域时,机组人员和地面管制人员主要利用无线电波进行双向语音通信。每一名驾驶员通过其中任一系统选择一个工作频率后,即可进行发射和接收。

甚高频通信系统由收发机、控制盒和天线三部分组成。收发机用频率合成器提供稳定的基准频率,信号调制到载波后,通过天线发射出去。接收机从天线上收到信号后,经过放大、检波、静噪处理变成音频信号,输入驾驶员的耳机。控制盒为保证收发机的正常工作和测试系统提供输入。天线一般都安装在机腹和机背上。

5.3.4 航路全向信标

航路全向信标(VOR)是一种用于航空的无线电导航系统。其工作频段为 112~118 MHz 的甚高频段。

VOR 是以地面设施上放射出 30Hz 回转的心形图形后,搭载受讯机会输出 30Hz 的讯号。另外,地面设施也会发送出不含方位数据,由基准 30Hz 讯号变调而成的无向性讯号。两个 30Hz 之间的相位差就成为地面上的磁方位。使用 VHF 的 VOR 虽然容易因为地面发送设施附近的地形影响而产生误差,但是由于不受空间波的妨碍而没有传送特性的变动。

VOR 系统于 1949 年被国际民航组织批准为国际标准的无线电导航设备,是目前广泛使用的陆基近程测角系统之一。VOR 台的发射机有两种形式,即普通 VOR(CVOR)和多普勒 VOR(DVOR)。机载 VOR 接收机对两种 VOR 台都是兼容的。中国民航安装的 VOR 地面信标台多以 D-VOR 为主。

机载 VOR 接收机接受 VOR 地面台发射的基准相位信号和可变相位型号。并通过比较两种信号的相位差,得出飞机相对地面 VOR 台的径向方位即飞机磁方位 QDR,通过指示器指示出方位信息,供飞行员确定飞机的位置并引导飞机航行。

VOR 系统主要具有以下 3 种功能:

①利用两个 VOR 台或利用一个 VOR 台和一个 DME 台组合确定飞机位置。

②利用航路上的 VOR 台引导飞机沿航线飞行。

③终端引导飞机进场和非紧密近进。

在航图上,一般需要公布 VOR 台的使用频率、识别码、莫尔斯电码和地理坐标,在我国 VOR 台的识别码为三个英文字母。

5.3.5　航线及航线网的建立

1)航线的开辟

航线的开辟是指在原来没有航线的情况下,建立各种基础设施和服务系统,使飞机得以运行,这项工作主要由民航主管当局统一规划并协调工作的进程,如修建机场、建立导航台、空管服务系统等都需要前期的大量研究,包括经济发展,政治、军事需要,开辟的可能性(政治上和技术上)以及运行后的使用量等,建立机场和航路设施都需要大量投资,与国外通航要和外国政府协商。因此开辟新航线主要由民航主管当局确定,航空运输的需求是开辟航路时要考虑的主要因素。

2)航线的设立

航线的设立是指航路已经开通,作为一个航空企业是否要经营这条航线上的运输需要全面权衡。一个航空公司是否设立一条航线首先应考虑这条航线的市场状况,包括市场的大小、市场的预测、市场的竞争情况及可能占据的市场份额;其次是技术要求,包括需要的机队,机型及相应的维修训练等配套设备和各类专业人员;第三,在前两项要求都满足后应作出合理的班次计划,测算收入及利润水平,在决定投入航线后,向主管当局申请,经审查批准后开航。

3)航线网

把航线相互连接,成为一个网络来最大限度地利用航路,方便旅客,扩大市场。从航空运输企业方面要考虑市场需求,建立自己的航线网。航线网主要有城市对型和中心辐射型两种。

(1)城市对型

这是最早的航线网形式,即两个城市间开通往返航班,把城市两两连接起来组成的航线网。这种形式在世界上大量应用,我国的航线网主要是这种形式,它的优点是操作简单,航线之间互不相关,容易控制,在航线的准入和退出上政府的控制容易实行;缺点是对航路资源和旅客资源不能有效地组织和利用。

(2)中心辐射型

航空公司选择几个大的交通中心作为它的中心枢纽航站,由这些中心构成航线网的骨架,其他中小城市和相距最近的枢纽航站设立支线,这些支线上的航班和干线航班在时间上紧密相连,这样就构成了中心辐射型的航线网。这种航线网的优点是改进了运载率,增大了航线网的覆盖面,提高了公司的竞争力,有利于中小城市的长途旅客,充分利用了航路和旅客资源。它的缺点是加重了机场高峰时期的负荷,会使大城市间的长途旅客增加换机次数,使得小航空公司在干线上的竞争力减弱,政府的调控也变得困难。

5.4　飞　　机

5.4.1　飞机的基本概念

飞机是指具有一具或多具发动机的动力装置产生前进的推力或拉力,由机身的固定机翼产生升力,能在太空或者大气中飞行,自身的密度大于空气的航空器。

飞机可根据机翼的数目、机翼相对于机身的位置、机翼平面形状、用途、推进装置的类型、发动机的类型进行分类,具体如下:

①按机翼的数目,可分为单翼机、双翼机和多翼机等;
②按机翼相对于机身的位置,可分为下单翼、中单翼和上单翼飞机等;
③按机翼平面形状,可分为平直翼飞机、后掠翼飞机、前掠翼飞机和三角翼飞机等;
④按用途,可分为军用机、民用客机、民用货机等;
⑤按推进装置的类型,可分为螺旋桨飞机和喷气式飞机等;
⑥按发动机的类型,可分为活塞式飞机、涡轮螺旋桨式飞机和喷气式飞机等。

5.4.2 飞机的基本构成

飞机基本部分可以分为机身、机翼、尾翼、起落架、动力装置和电子仪表系统等,通常把机身、机翼、尾翼、起落架这几个构成飞机外部形状的部分合称为机体。它们的尺寸大小及位置变化影响着飞机的使用性能及运行效率。

(1) 机身

机身是飞机的主要部分,机身呈现长筒形状,把机翼、尾翼和起落架连在一起,它的前头部分即机头,装置驾驶舱用来控制整个飞机,中部是客舱和货运舱(用来装载货物、燃油及各种必需的设备)。机身后部与尾翼相连。

机翼用来产生支持飞机重量的升力,使飞机能在空中飞行。尾翼用来操纵飞机俯仰或偏转,并保证飞机能平稳地飞行。机身用来装载人员、物资和各种设备。起落架用于起飞、着陆滑跑和滑行,停放时支撑飞机。动力装置用来产生推力或者拉力,使飞机前进。

(2) 机翼

机翼是飞机的重要部分,机翼一般分为左右两个翼面,机翼除了提供升力外,还作为油箱和起落架的安放位置,机翼的翼尖两点之间的距离称为翼展,机翼的剖面称为翼型,翼型要符合飞机飞行速度范围并产生足够升力。机翼内部的空间除了安装机翼表面各种附加翼面的操纵装置外,主要部分是用来存储燃油的油箱,机翼上的燃油载量大约占全机燃油的1/4;机翼的主要功能是产生升力,以支持飞机在空中飞行,同时也起到一定的稳定和操纵作用。在机翼上一般安装有副翼、襟翼和扰流板。操纵副翼可使飞机滚转,收放襟翼可使机翼面积改变。机翼上还可安装发动机、起落架和油箱等。不同用途的飞机其机翼形状、大小也各不相同。机翼还用来安放起落架舱。

(3) 尾翼

飞机尾翼包括水平尾翼和垂直尾翼。水平尾翼由固定的水平安定面和可动的升降舵组成,有的高速飞机将水平安定面和升降舵合为一体称为全动平尾。垂直尾翼包括固定的垂直安定面和可动的方向舵。尾翼的作用是操纵飞机俯仰和水平方向偏转,保证飞机能平稳飞行,所以尾翼是飞机必不可少的部分。

(4) 起落架

起落架是航空器下部用于起飞降落或地面(或水面)滑行时支撑航空器并用于地面(或水面)移动的附件装置。起落架是唯一一种支撑整架飞机的部件,因此它是飞机不可或缺的一部分。

(5)动力装置

飞机的动力装置是飞机的重要组成部分,包括航空发动机、螺旋桨、动力辅助装置,其中最主要的是航空发动机,它构造复杂,自成体系,相对独立。

航空发动机由发动机及其启动、操纵系统,固定装置,燃油系统,滑油系统等组成。

(6)电子仪表系统

飞机的电子仪表系统是飞机感知和处理外部情况并控制飞机飞行状态的核心,对保障飞机安全、改善飞行性能起着至关重要的作用。飞机可依靠电子设备和地面导航系统的帮助,在远距离的航线上,能自动辨别航向,适应各种各样的气象条件,并且能在能见度很低(50~100m)的情况下着陆,能选择最佳航线、最佳飞行状态,使飞机性能有很大程度的提高,并且能够给乘客提供机上视听娱乐和电话服务。

飞机的电子仪表系统可分为四部分:通信系统、导航系统、飞机控制仪表系统和飞机电子综合仪表系统。

5.5 空中交通管理设施

5.5.1 空中交通管理

空中交通管理是为了有效地维护和促进空中交通安全、维护空中交通秩序、保障空中交通畅通,内容主要包括空中交通服务、空域管理、空中交通流量管理等。

1)空中交通服务

空中交通服务是空中交通管理的主要部分,主要内容包括空中交通管制服务、飞行情报服务和告警服务。

(1)空中交通管制服务

空中交通管制服务是指对飞行中的航空器提供交通管制服务,并实施有效的监督和管理。空中交通管制服务是空中交通管理的核心内容,其任务是防止航空器与航空器相撞及在机动区内航空器与障碍物相撞,维护和加快空中交通的有序流动。

空中交通管制服务按照管制单位分为机场管制服务、进近管制服务和区域管制服务。按照管制手段分为程序管制和雷达管制。程序管制是依照空中交通管制规则、机场和航路的有关规定,依靠通信手段进行管制的方法。要求机长报告飞行的位置和状态,管制员依据飞行时间和机长的报告,通过精确的计算,掌握飞机的位置和航迹。程序管制的主要职责是为飞机配备安全间隔。雷达管制是依照空中交通管制规则,依靠雷达监视的手段进行管制的方法。它对飞行中的飞机进行雷达跟踪监视,随时掌握飞机的航迹位置和有关飞行数据,并主动引导飞机运行。

(2)飞行情报服务

飞行情报服务是指提供规定区域内航行安全、正常和效率所必需的航行资料和数据的服务。其任务是向飞行中的航空器提供有助于安全和有效地实施飞行的建议和情报。

(3)告警服务

告警服务是指向有关组织发出需要搜寻援救航空器和协助该组织而提供的服务。其任务是向有关组织发出需要搜寻援救航空器的通知，并根据需要协助该组织进行搜寻援救的服务。告警服务是为接受空中交通管制服务的航空器，以及在可能范围内，为一切其他航空器自动提供，也为已知或确信受到非法干扰的航空器提供的服务。

2）空域管理

空域管理是指为维护国家安全，兼顾民用、军用航空的需要和公众利益，统一规划，合理、充分、有效地利用空域的管理工作。主要内容包括空域划分与空域规划。空域划分即飞行高度层规定和各种空中交通服务区域的划分。空域规划是指对某一给定空域，通过对未来空中交通流量需求的预测，根据空中交通流的流向、大小与分布，对其按高度方向和区域范围进行设计和规划，并加以实施和修正的过程。空域管理的任务是依据既定空域结构条件，实现对空域的充分利用，尽可能满足空域用户使用空域的需求。

3）空中交通流量管理

空中交通流量管理是指在空中交通流量接近或达到空中交通管制可用能力时，预先或适时采取适当措施，保证空中交通最佳流入或者通过相应区域，尽可能提高机场、空域可用容量的利用率。其中，空中交通流量管理分为先期流量管理（或战略流量管理）、飞行前流量管理（或战术流量管理）和实时流量管理（或动态流量管理）。

5.5.2 空中交通管理系统设施

空中交通服务固定设施包括通信设施、导航设施、监视设施、气象设施、航行情报设施等。管制员使用的设施、设备应当按规定经民航局批准。

1）通信设施

（1）地空通信设施

空中交通管制使用的地空通信设施，应当是独立的无线电台并配备自动记录设施。

①区域管制室使用的地空通信设施。区域管制室使用的地空通信设施应当能与在该管制区内飞行的并有相应装备的航空器进行直接、迅速、不间断和清晰的双向通信。

②进近管制室使用的地空通信设施。进近管制室使用的地空通信设施应当是专用频道，并能与在其管制区内飞行并有相应装备的航空器进行直接、迅速、不间断和清晰的双向通信。如果进近管制服务的职能由区域管制室或塔台管制室兼任，也可以在兼任的管制室使用的通信频道上进行直接、迅速、不间断和清楚的双向通信。

③塔台管制室使用的地空通信设施。塔台管制室使用的地空通信设施，应当能使塔台管制室与在本机场管制范围内飞行的并有相应装备的航空器进行直接、迅速、不间断和清晰的双向通信。

为了管制机场机动区内车辆的运行，防止车辆与航空器相撞，应当根据需要设置单独的地面移动无线电话通信频道，建立塔台管制室与车辆之间的双向通信。

（2）航空固定通信设施

空中管制单位应当配备航空固定通信设施，包括报文通信和直通电话，用以交换和传递飞行计划和飞行动态，移交和协调空中交通管制。管制单位使用的报文通信设施应当满足交换和传递飞行计划和飞行动态的需要。

①固定报文通信设施。区域管制室、进近管制室、塔台管制室以及机场空中交通服务报告室应当配备航空固定报文通信设施与空中交通管制单位进行通信联络。

②直通电话通信设施。区域管制室、进近管制室、塔台管制室、机场空中交通服务报告室应当配备直通电话等通信设施与单位进行通信联络;总调度室与管理局调度室之间应当配备直通电话通信设施进行通信联络。

③航空固定通信设施的功能。空中交通管制单位之间的航空固定通信设施,应当具有下列功能:

a. 直通电话,用于雷达管制移交目的的,应当能够立即建立通信,用于其他通信的,应当在15s之内建立通信;

b. 报文通信、报文传输时间不得超过5min。

空中交通管制单位使用的直通电话通信设施,应当有自动记录功能,自动记录应当保存30d。如果自动记录与飞行事故和飞行事故征候有关,应当按照要求长期保存,直至明确已不再需要保留时为止。

直通电话通信应当制定通信程序,并按照通信内容的轻重缓急程度建立通信秩序。必要时可以中断一些通话,以保证航空器遇到紧急情况时,空中交通管制单位能够立即与有关单位建立联系。

2) 导航设施

机场和航路应当根据空中交通管制和航空器运行的需要配备目视和非目视导航设施。

目视导航设施包括进近灯光系统、目视进近坡度指示系统、跑道灯光系统、滑行道灯光系统、机场灯标等。

非目视导航设施分为机场和航路非目视导航设施。机场非目视导航设施包括:精密进近仪表着陆系统(ILS)、非精密进近仪表着陆系统(NDB)、指点标等;航路非目视导航设施包括:全向信标台/测距仪(VOR/DME)、长波导航台(NDB)等。

3) 监视设施

空中交通管制单位通常应当配备相应的空管监视设备,以便监视和引导航空器在责任区内安全正常飞行。监视设施的要求如下:

①完整、有效和可靠。

②应当提供与安全有关的告警与警告显示。

③能够实现与相邻的空中交通服务单位的信息联网共享。

④空管监视设施数据应当配备自动记录系统,供调查飞行事故和飞行事故征候、搜寻援救以及空中交通管制和监视系统运行的评价与训练时使用。移动通信、固定通信和监视设施的自动记录系统应当处于统一的时钟控制之下,并能够同步播放。

⑤空管监视数据记录应当至少保存30d。如该记录与飞行事故或飞行事故征候有关,应当按照调查单位的要求长期保存,直至不需要为止。

4) 气象设施

(1) 气象设施的要求

民用航空气象(气象监视)台、站向空中交通管制单位提供服务的气象设施应具备如下功能:

①提供其需要的最新的机场和航路天气预报与天气实况,以便履行空中交通管制的职能。

②提供的气象资料的格式,应当使空中交通管制人员易于理解,提供的次数应当满足空中交通管制需要。

③民用航空气象(气象监视)台、站,应当设置在空中交通管制单位附近,便于气象台、站人员和空中交通管制单位人员共同商讨气象情报服务。

④机场和航路上有危害航空器运行的天气现象时,民航气象(气象监视)台、站应当及时提供给空中交通管制单位,并详细注明天气现象的地点、范围、移动方向和速度。

⑤向空中交通管制单位提供的高空和中低空气象资料用数字形式并供空中交通管制计算机使用的,空中交通管制单位和民航气象(气象监视)台、站应当对内容、格式和传输方式进行协商,统一安排。

(2)气象资料

民航气象(气象监视)台、站应当向飞行情报中心和区域管制室提供其所辖责任区内机场和航路的下列气象资料:

①重要气象情报。
②特殊空中气象报告。
③现行天气报告。
④天气预报(包括订正预报)。
⑤按空中交通管制单位指定的间隔时间提供指定地点的现行气压数据,以便拨正高度表。

民航气象(气象监视)台、站应当向进近管制室和塔台管制室提供其所辖责任区内机场和空域内的下列气象资料:

①现行天气报告。
②天气预报(包括订正预报)。
③特殊天气报告。
④按空中交通管制单位指定的间隔时间提供指定的机场和地点的现行气压数据,以便拨正高度表。
⑤如使用多个风力计,应当明确注明,以便识别每个风力计所监测的跑道和跑道地段。

进近管制室和塔台管制室应当配备地面风指示器,指示的风力数据应当与民航气象(气象监视)台、站的地面风指示器来自同一观测点和同一风力计。

使用仪器测算跑道视程的机场,其进近管制室和塔台管制室应当配备指示器,以供读出现行跑道视程数据,对起飞和着陆以及进近的航空器提供服务。配备的指示器所指示的数据应当与气象台、站的指示器指示的数据来自同一观测点和同一视程测计设备。

5.6 航空运输组织

5.6.1 航空客运

1)影响民航客运市场的主要因素

(1)国民经济发展速度

国民经济的发展速度是影响民航客运市场的首要因素。从统计规律来看,经济发展速度和航空运输的发展速度是直接关联的。国民经济的发展促使各行业的发展,因而使公务性(业务出差)的客运市场和货运有很大增长,这是我国目前航空运输客运需求的主要组成部分。

(2) 居民收入和结构的影响

人均国民生产总值从宏观上反映了居民收入的状态。居民的就业情况、从事的行业分布情况、年龄构成等因素和居民收入往往直接相关,对一个地区的空运自费市场有很大的影响。

(3) 国家政策的影响

在计划经济年代中,国家对空运市场的政策具有决定性的影响,如票价的规定、对特区政策的倾斜、税收的减免等,随着市场机制的健全,国家的作用集中体现在宏观调控上,对空运市场的影响相对减小,但在关系到行业发展、地区平衡、航线布局、合理竞争等方面,国家政策仍然对市场有着重要影响。

(4) 旅游业发展的影响

对于国外游客来说,航空是他们的首选旅行方式,对于国内旅游市场,航空运输也占有很大的比例,因此航空旅游市场是客运市场的重要组成部分,特别是对我国这样一个旅游资源大国,更要把旅游市场作为民航空运市场的重要部分进行调查和分析。

(5) 民用航空系统组织与技术进步的影响

民用航空系统组织与技术进步对航空运输的发展有着重要影响,其中空中交通管制的改善,机场和航路拥挤情况的缓解,都会促使运力增大,使航空运输加快发展,而航空制造技术的进步及我国航空工业的发展会使航空公司成本降低,将会是航空运输在整个运输业中占据更大份额的主要推动因素。

(6) 其他运输行业相互竞争的影响

航空运输与其他运输相互配合组成完整的国民经济运输体系,它们各自具有优势,有相互配合,但也存在着竞争。从长远看,1000km 距离之内的客运,以铁路、公路为主,1000～2500km 的距离上,高速铁路和航空运输相互竞争,在 2500km 以上的距离,空运占有明显优势,但在各个领域中仍然存在着对市场的竞争。

2) 航班的定义及分类

飞机从始发航站起飞,经过中间的经停站,最后到达终点站的经营性运输飞行叫作航班。航班按不同的性质有多种分类方法。

(1) 按经营区域分类

按经营区域分类可以分为国际航班、国内航班和地区航班。

始发站、经停站或终点站中有一站以上在本国国境以外的称为国际航班。

始发站、经停站或终点站全部在一国境内的称为国内航班。

始发站、经停站或终点站中有一站在一国内有特殊安排地区中的称为地区航班,这些地区如我国的香港、澳门和美国的波多黎各等。

(2) 按经营时间分类

按经营时间分类可分为定期航班和不定期航班。

定期航班指列入航班时刻表有固定时间运行的航班。定期航班又分为长期定期航班及季节性定期航班。长期定期航班在我国执行的时间为两年,在此期间内,班期、时刻、航班号不能随意更改,要确保航班的正常性,如有旅客,不论人数多少都要飞行,如遇特殊情况需要改变也必须事先通报,并取得批准。

季节性定期航班指根据季节不同有不同时刻、班期安排的航班,航班的时刻和班次按季节进行重新安排，我国按冬春、夏秋两季，一年安排两次。

不定期航班也称为包机飞行，是没有固定时刻的运输飞行，是根据临时性任务进行的航班安排。

一个航空公司的主要业务和信誉建立在定期航班的基础上，因而空管部门和签派部门在航班安排发生矛盾时，优先的次序为长期定期航班、季节性定期航班，最后是不定期航班。

3）航班的组织及安排

（1）航班时刻表

航班时刻表是航空运输企业生产活动整个流程的安排次序。对于企业内部，它是运输企业每日生产活动的安排和组织的依据，企业围绕着它来调配运力，安排人员，进行协调和管理。对于社会，航班时刻表则是向用户（单位和个人）提供服务信息和销售竞争的手段。旅客根据航班时刻表提供的航班时刻、机型、服务内容来选择其要乘坐的航空公司、飞机和航班。航班时刻表要根据季节和市场需求来进行调整或修正，在我国每年制订两次，每年4月至10月使用夏秋航季航班时刻表，11月至第二年3月使用冬春航季时刻表。时刻表的内容包括：始发站名称、航班号、到达站名称、起飞时刻、到达时刻、机型、座舱等级、服务内容等。

（2）航班号

按照一定的方法给每一个航班一个编号，这样旅客和工作人员便于区别和管理，这个编号叫作航班号。

①国内航班号的编排。国内航班号由航空公司的两字代码加4位数字组成，航空公司代码由民航局规定公布。通常，后面的4位数字第一位代表航空公司的基地所在地区；第二位表示航班的基地外终点所在地区（1为华北，2为西北，3为华南，4为西南，5为华东，6为东北，8为厦门，9为新疆）；第三、第四位表示这次航班的序号，单数表示由基地出发向外飞的去程航班，双数表示飞回基地的回程航班。近年来，由于航班量持续增长，因此并非所有航班号都遵守这一规则。

②国际航班号的编排。由航空公司代码加三位数字组成，第一位数字表示航空公司，后两位是航班序号，单数为去程，双数为回程。

（3）航班时刻表的编制

航班时刻表的编制是一项复杂而细致的工作，要综合考虑各方面的因素，又要协调各种矛盾，权衡利弊，制订出既适应市场又充分发挥企业能力的航班运行计划。

航班时刻表的编制牵涉到很多因素，其中主要的有下列几项：

①航班时刻表编制的依据是市场调查，在市场调查的基础上对航班运行期内（半年或两年）的市场作出预测，根据预测和以往实践的经验，制定出切合实际情况的时刻表。

②航班时刻表是一个航空公司整体的行动计划，因而必须从整个航线网来考虑航班的安排，如航线之间的衔接，和国际航线的衔接以及和地面、水路交通的衔接，这样才能发挥整个航线的效益。

③航空运输对时间极为敏感，因而在班期和时刻的安排上要尽力做到与旅客的需求相适应。季节、周末对旅客人数都有影响，航班的起飞时刻和到达时刻是国内旅客选择航班的重要考虑因素。由于航线上有其他公司的竞争和机场容量的限制，在安排时不可能把所有的航班都安排在最佳时间，因此必须综合考虑。

④组织航班要牵涉飞行、维修、供应等各个部门，因而编制航班时刻表要有这些部门的参

与,以保证各个部门之间的工作周期和能力的协调。

⑤在实际运行时不可避免地要出现一些和原来设想不同的情况,如需求的变化、气象条件影响航班的正常进行等,在编制时刻表时要尽可能考虑到这些变化,并留有一定的备用运力和执行的灵活性。

航班正点率是一个航空运输企业服务质量的主要标准之一,因而在遇到特殊原因航班延误或取消时,能尽快地予以补救。

(4) 航班的组织

组织一个航班并保证它的正点飞行,要有航空公司的多个部门相互配合。

①维修部门要对飞机进行维修和检查,决定飞机是否能飞行。

②航务部门收集气象情报,安排机组和制订飞行计划,把这个计划通知航管部门。

③销售部门销售机票,办理货物托运。

④供应部门供应机上用水,配餐,加油。

⑤运输部门为旅客办理手续,旅客通过安检、登机,货运部把货物和行李装入机舱,计算载重和平衡,由货舱单、旅客名单和平衡图组成随机文件交付机长,经放行后,飞机才可以起飞,飞机到站后,重复这一过程,飞往下一站。

5.6.2 航空货运

航空货运是一种快捷的现代运输方式,它除具有速度快、超越地理限制、运价高的特点外,还具有运输方向性(来回程运量有差异)、对象广泛性(货物种类多)、销售集中性(货物市场相对集中、稳定)等特点。随着现代科技的发展,高性能、大运载量、低油耗新型飞机的投入以及人们对时空的新需求,航空货运市场将会不断地扩展和繁荣。

1) 航空货运的优势

与其他运输方式相比,航空货运的运价高是它的劣势,而速度快是它的优势。只有在时间的优势超过了价格上的劣势的市场或用途上,空运货物才能显出它的优点,这类物品主要有:

①急用货物。这类货物是在当地得不到或者有很紧的时间要求的,例如急救的药品、贵重设备的急用备件等。这类货物常常是无计划的急件,在使用者的眼中运价和他的目标利益相比是很小的,目前这类货物的绝大部分都实行空运。

②不宜长时间保存的货物。这类货物也有时间限制,但它不如第一类货物的限制那么严,其中分为两类:一类是易腐的货物。如鲜花、水果和海鲜产品等,如果运输时间过长,这种货物的损耗将远超过它的运价。第二类是市场上生存周期很短的货物,最显著的例子是时装、装饰品等。它们在市场上流行的时间很短,一旦超过流行期,这些产品的价格就会直线下降,因而运价不是这种商品的重要构成部分,时间才是最主要的。随着人均收入的增加,这部分货物的市场扩展得很快,使货物的空运量有很大增加。

③快运包裹。这是邮递货物的一种发展,随着电信事业的发展,邮递信件出现了下降的趋势,但是电信业只能取代信件而无法完成紧急文件或小型急用货品的运送。因此在1970年之后出现的快运业取得了迅速发展,它把空运和地面传递紧密衔接,实现了门到门的服务,运输的物品包括信件、文件、小的电子装置(软盘、配件等)以及急用物品等。

2) 航空货运与客运的不同

①航空货运处理的货物类型多样、尺寸、价格、重量变化很大,因而运价复杂。

②货运需装箱、卸载、储存等需要较多的设施、场地和服务,而旅客运输时旅客都是主动的,场地和服务人员相对较少。

③货物的运输一般要牵涉到发货人、收货人、运输公司、航空承运人、仓库、海关等多个参加方,而旅客运输,通常只是旅客和航空公司双方参与。

④货运只要求按时间到达,对运输路线没有什么要求,这样航空公司可以在时限之内灵活安排航班和路线以提高航班的载运率,而旅客运输原则上不能改变航班和运送路线。

⑤航空货运的单向性很强,例如运输原材料只能是单向由产地送往加工地,回程的货源有时是一个不容易解决的问题,而客运总的来说是双向的。

3) 航空货运及货物的分类

(1) 货运形式

航空货运按形式大致可以分为普通货物运输、急件运输、航空快递、特种货物运输、包机运输。

①普通货物运输。普通货物指托运人没有特殊要求,承运人和民航当局没有特殊规定的货物,这类货物按一般运输程序处理,运价为基本价格的货物运输。

②急件运输。急件运输是指必须在 24h 之内发出,收货人急于得到的货物,急件货物运费率是普通货物运费率的 1.5 倍,航空公司要优先安排舱位运输急件货物。

③航空快递。由承运人组织专门人员,负责以最早的航班和最快的方式把快递件送交收货人的货运方式。快递的承运人可以是航空公司、航空货运代理公司或专门的快递公司。快递的方式有三种,一种是机场到机场,收货人在机场等候;第二种是门到门的快递服务,承运人从发货处取货,并将货物在规定时间直接送到收货人所在地址;第三种是由快递人派专人随机送货。快递运输安全、快速、准确,目前已经成为航空货运中的一个重要部分,其中大部分的运量是以第二种方式进行的,运输的货物以文件、样品、小件包裹为主。

④特种货物运输。用空运运输一些在运输上有特殊要求的货物,称为特种运输或特种货物运输。

⑤包机运输。包机是指包机人和承运人签订包机合同,机上的吨位由包括机人充分利用。包机吨位包括机上座位和货运吨位,包机的最大载重和运输货物要符合飞行安全的条件和民航局的有关规定,包机的计费按里程计算,如果飞机由其他机场调来,回程时没有其他任务时还要收取调机费。调机费按里程收费,调机计费里程包括调机里程和回程。

(2) 特种运输货物的种类

在《中国民用航空货物国内运输规则》中对特种货物运输做了明确的规定,其内容和国际货运的规定大体一致,其中包括菌种和生物制品、尸体和骨灰、活的动物、鲜活易腐物品、贵重物品、属管制物品的武器、弹药和危险品等。

【复习思考题】

1. 简述航空运输系统的组成。
2. 简述机场的功能及主要组成部分。

3. 简述跑道的布置形式及跑道长度的计算方法。
4. 简述出入机场地面交通运输方式。
5. 简述航线和航路的主要区别。
6. 空中交通流量管理的内容包括哪些?
7. 什么是航班?航班有哪些类型?
8. 简述空中交通管理导航设施的组成及其作用。
9. 影响民航客运市场的主要因素有哪些?
10. 如何测算航站楼规模?
11. 什么是航线?开辟一条航线需要考虑哪些因素?
12. 思考航空运输在国民社会经济发展中的作用与影响。

【本章参考文献与延伸阅读】

[1] 李昂,降绍华,杨新涅.民航概论[M].4版.北京:中国民航出版社,2021.
[2] 刘岩松,张驰,张晶,等.民航概论[M].北京:清华大学出版社,2017.
[3] 方从法,罗茜.民用航空概论[M].上海:上海交通大学出版社,2012.
[4] 李春锦,文泾.空中交通管理[M].北京:北京航空航天大学出版社,2017.
[5] 田勇,万莉莉,叶博嘉.绿色空中交通管理技术[M].北京:科学出版社,2017.
[6] 耿增显,郑峰,夏庆军,等.空中导航[M].北京:北京交通大学出版社,2020.
[7] 孙蕊.现代导航技术[M].北京:科学出版社,2020.
[8] 过秀成.城市客运枢纽规划与设计[M].北京:人民交通出版社股份有限公司,2018.
[9] 中国民航总局.民用航空运输机场选址规定:CCAR-170CA[S].1997.
[10] 中国民航总局.民用机场建设管理规定:CCAR-158-R1[S].2004.
[11] 中国民用航空局.运输机场总体规划规范:MH 5002—2020[S].北京:中国民航出版社,2020.
[12] 中国民航总局.民用航空支线机场建设标准:MH 5023—2006[S].北京:中国民航出版社,2006.
[13] 中国民用航空局.民用机场飞行区技术标准:MH 5001—2021[S].北京:中国民航出版社,2021.
[14] 中国民用航空局.民用机场道面评价管理技术规范:MH 5024—2019[S].北京:中国民航出版社,2019.
[15] 朱金福.航空运输组织[M].北京:科学出版社,2018.
[16] 谈至明,赵鸿铎.机场规划与设计[M].北京:人民交通出版社,2010.
[17] 罗良翌.机场运营管理[M].北京:电子工业出版社,2019.
[18] 朱金福.航空运输规划[M].西安:西北工业大学出版社,2009.
[19] 陈文华.民用机场运营与管理[M].北京:清华大学出版社,2019.

[20] 李艳伟,黄春新,高宏.民用机场运行控制[M].北京:清华大学出版社,2020.
[21] 钱炳华,张玉芬.机场规划设计与环境保护[M].北京:中国建筑工业出版社,2004.
[22] 中国民用航空局.民用机场工程项目建设标准:建标105—2008[S].北京:中国民航出版社,2008.

第6章 管道运输系统

6.1 概　　述

6.1.1 管道运输分类

管道运输是使用管道输送流体货物的一种交通运输方式,所输送的货物主要是油品(原油和成品油)、天然气(包括油田伴生气)、煤浆以及其他矿浆。管道运输随石油、天然气等流体燃料的开发及大规模应用而兴起并随需求增长而发展。

运输管道常按所输送的物品不同分为输油管道、输气管道和固体料浆管道。

(1)输油管道

输油管道分为原油管道和成品油管道两类。

①原油管道。原油一般具有比重大、黏稠和易于凝固等特性。用管道输送时,要针对所输原油的物性,采用不同的输送工艺。原油运输源自油田将原油输给炼油厂,或转运原油的港口或铁路车站,或两者兼而有之。原油管道运输呈现输量大、运距长、收油点和交油点少等特点,世界上的原油约有85%以上是用管道输送的。

②成品油管道。成品油管道输送汽油、煤油、柴油、航空煤油和燃料油,以及从油气中分离出来的液化石油气等成品油(油品)。每种成品油在商业上有多种牌号,常采用在同一条管道

中按一定顺序输送多种油品的工艺,这种工艺能保证油品的质量和准确地分批运到交油点。成品油管道的任务是将炼油厂生产的大宗成品油输送到各大城镇附近的成品油库,然后用油罐汽车转运给城镇的加油站或用户。有的燃料油直接用管道输送给大型电厂,或用铁路油槽车外运。成品油管道运输的特点是批量多、交油点多。因此,管道的起点段管径大,输油量大;经多处交油分输以后,输油量减少,管径亦随之变小,从而形成成品油管道多级变径的特点。

(2)输气管道

输气管道是输送天然气、煤层气和煤制天然气的管道,包括集气管道、输气干线和供配气管道。就长距离运输而言,输气管道系指高压、大口径的输气干线。这种输气管道约占全世界管道总长的一半。

(3)固体料浆管道

固体料浆管道发展于20世纪50年代中期,到20世纪70年代初已建成输送大量煤炭料浆管道。其输送方法是将固体粉碎,掺水制成浆液,再用泵按液体管道输送工艺进行输送。

6.1.2 管道运输特征

管道作为一种运输手段而得到较快的发展,成为交通运输系统中的一个重要组成部分,是因为它具有独特的优点:管道能够进行不间断的输送,运输连续性强,运输量大,不产生空驶。如管径529mm的管道,年输送能力1000万t;管径630mm的管道,年输送能力1500万t;管径720mm的管道,年输送能力2000万t;比一条单线铁路的运输能力还大。而用车、船运送油品,一般回程放空不能利用,浪费运力。管道可以实现密封输送,消除途中装卸、倒装和转运作业,把输送物资从产地直接送到消费地,因此,可使油类在运送途中的损耗,减小到最低限度。管道是埋在地下的,占用土地少,输送石油及其制品安全可靠。管道运输适应性强,基本不受自然条件的限制,如不受气候影响,可全天全年运行;可穿越高山峡谷,河流沼泽,几乎不受地形影响。管道基建投资少,燃料消耗少,经营管理简便,劳动生产率高,运输成本低,从而大大节省运输费用,运输效益大。在同一条管道中可以输送多种油品,比较易于实现运输自动化管理,占用劳动力少。

管道运输作为一种专用交通运输方式,货种单一且管道运输弹性小,起运量与最高运输量间的幅度小。油田开发初期,难以采用管道运输,往往还要以道路、轨道或水运作为过渡。管道某处出现故障或事故,会影响全管路输油工作。

6.2 长距离输油管道

6.2.1 长距离输油方式

管道输送原油及其制品的方式一般有三种,即常温输送、加热输送、易燃原油的不加热输送。

(1)常温输送

常温输送主要输送轻质油或低凝点原油的管道不需加热,油品经一定距离后,管内油温等于管线埋深处的地温,这种管道称为常温输油管,它无须考虑管内油流与周围介质的热交换。

原油或成品在大气温度下输送,多用于单一的成品油,如汽油、柴油、煤油或低黏度原油的输送。在输送过程中只有压能的消耗,设备、工艺简单,各站只要加压即可。

(2) 加热输送

加热输送主要用于一些凝固点高、黏度大、含蜡高的原油。当油品黏度极高或其凝固点远高于管路周围环境温度时,每公里管道的压降将高达几个甚至几十个大气压,这种情况下,加热输送是最有效的办法。这种油的输送要测定黏度与温度的关系。在输送过程中,既要解决压能平衡,还要解决热能平衡,因而要设置泵站与加热站,组成热泵站。输油管道要考虑摩阻的损失和散热损失,输送工艺更为复杂。

(3) 易燃原油的不加热输送

易燃原油的不加热输送主要包括热处理输送、乳化输送、水悬浮输送、内螺旋管输送和轻油稀释输送5种方式,各类输送方式的特点如表6-1所示。

易燃原油的不加热输送方式与特点表　　　　　表6-1

输送方式	特　　点
热处理输送	把油先加到一定温度,按要求的冷却速度冷却,改变蜡的结晶,从而改变与降低凝固点
乳化输送	在被输送油中加一些表面活性剂水溶液,在一定温度条件下,搅拌后形成一种水包油型乳状液,从而降低原油的凝固点
水悬浮输送	利用水凝固点较高的特点,使油颗粒状混合输送,液体中含油量占60%,这种输送要解决水源、脱水和水处理问题
内螺旋管输送	水、油混合输送,因离心力作用使水近壁,而油在中心进行输送
轻油稀释输送	用稀油与重黏度的油混合输送

6.2.2　长距离输油管道构成

长距离输油管道由输油站和输油管线两部分构成。

(1) 输油站(加压泵站)

输油站是管道运输的重要组成设备和环节,在管道运输过程中,通过输油站对被输送物资进行加压,克服运行过程中的摩擦阻力,使原油或其制品能通过管道由始发地运到目的地。输油站按其所在位置可以分为:①首输油站,多靠近矿场或工厂,收集沿输油管输送的原油及其制品,进行石油产品的接站、分类、计量和向下一站输油。要配有较多油罐和油泵。如果是热油输送还要配有加热设备。②中间输油站,负担把前一站输来的油,转往下站的任务。如果是热油输送,则通过中间输油站加热,使油温大于环温,带有加热功能的叫热泵站。③终点基地,收受、计量、储藏由输油管输来的油,并分配到各消费单位,或转交其他运输工具。需要有大量油罐和输转设备。

输油站设有一系列复杂的构筑物,其中直接有关的主要设备有:

①泵房。其作用在于造成一定的压力,以便克服管道输送时所产生的阻力,把石油输往下一站。应根据压力大小在每一定间隔距离的线路上设置一个泵站。

②油池。在矿场、炼油厂和各个输油站设有收油和发油的专用油池。利用管道从发油企业收油,或从油池往外发油。

③阀房。设有闸阀用以控制输油过程。

与输油过程不直接发生联系的辅助设施有变电所、冷却设备、锅炉房、机修车间、水塔、净化设备、阴极防护设施以及清管装置。

(2)输油管线

输油管线按其作用分为3种：

①内部输油管式辅助输油管：炼油厂、石油基地中的各种线路系统，用于输送加工原油和灌注油罐车、内河及港内驳船、远洋油轮及油桶。

②局部性输油管：把石油从矿场输往石油基地与大型输油管首站去的短距矿场管路。

③大型输油管或干线输油管：这种输油管自成系统，形成独立的企业单位。其线路可长达数百公里至数千公里。除必要的检修工作外，能全年不断地输送石油。

输油管线包括以下几部分设备：

①钢管，一般为用焊接方式连接的无缝钢管，每根长12.5m。建设时是散管，焊接成2km左右长，分段试压，缠上防腐层(沥青、玻璃皮等)后将管条连接起来，进行整体试压(试压压力为工作压力的1.2倍)，再下沟与埋管。

②穿(跨)越工程。

③截断阀。在各站、穿(跨)越工程两端及管道沿线每隔一定距离都要设截断阀。

④通信系统。通信系统用来指挥生产，便于检修等工作。

(3)管道与泵站的联系

管道与泵站的联系主要有通过式、旁通油罐式和密闭式，前两种方式均需在中间站安设一个油罐，其不同仅是油罐安放的位置不同，各个泵站各自成为一个独立水力系统，罐为缓冲装置。密闭式联系中间泵站不设油罐，仅设有事故处理罐，平常处于封闭状态，全线形成一个统一的水力系统，各部分的参数变化将影响整体，这种联系方式可靠性要求高，通信、自动化水平要求高。

6.2.3 长距离输油管道运行控制

1)输油管道的水力特性

(1)输油管道的压能损失

流体受到压力而在管道中运输，在运输过程中存在压能的供给与损耗。输油管道的压能消耗主要有两部分：一部分压能转化为势能，用于克服地形高差，这部分压能损失与输油量无关；另一部分被液体与管道间的摩擦消耗，包括油流通过直管段时的摩擦损失(简称沿程摩阻)和油流通过各种阀件、管件时的摩擦损失(简称局部摩阻)。长距离输油管道站间管道的摩擦损失主要是沿程摩阻，局部摩阻只占1%~2%。

在额定输量下运行的原油管道一般处于水力光滑区，低输量的黏稠原油管道可能进入层流区。沿程摩阻与管道长度、输量及油品物性等相关，管道输量的增大将导致摩阻压降明显增大，而加大管径对于降低摩阻有非常显著的作用。

(2)泵站—管道系统的工作点

管道的工作特性表示输送一定油品时，管道能量消耗H随流量Q变化的关系，如图6-1的曲线G(其中假设$\Delta Z > 0$)。一条管道(d、L、ΔZ一定)输送一种油品(v一定)时，有一特定的管道特性曲线。泵站的特性是指泵站的扬程(即泵站的能量供应)与排量的关系。离心泵泵站特性曲线如图6-1中的曲线C。

在长距离输油管道中,泵站与管道组成了一个水力系统,管道所消耗的压能(包括终点所要求的剩余压力)等于泵站所提供的压能,即二者保持能量供求的平衡关系。泵站—管道系统的工作点是指在压力供需平衡的条件下,管道流量与泵站出站压力等参数之间的关系,通过泵站特性曲线与管道特性曲线的交点即可确定,如图6-1的点A。

2) 输油管道的热力特性

加热输送管道中油品温度高于环境温度,故油品向环境散热而降温。油流在管道中的温降与输量、环境条件、管道散热条件、油温等因素有关。管道中油品温度随输送距离延长而下降。对输送某一油品的一定管道(即管径不变、管道总的传热系数基本不变),输油量越小,温度下降越快。图6-2为固定加热站进站温度时,不同输量G情况下的温降曲线。可见输量越小,要求上一加热站出站温度越高。原油的最高出站温度受沥青防腐层耐热性能、管道热应力、加热炉功率等的限制;原油最低进站温度则受原油流动性的限制(进站温度一般应高于原油凝点3℃)。

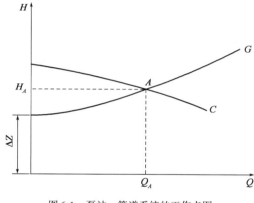

图6-1 泵站—管道系统的工作点图

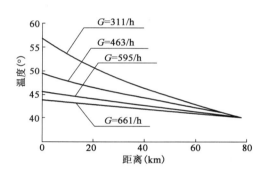

图6-2 不同输量下输油管道降温曲线图

输油管道的水力、热力特性是相互影响的。管道输量变化时,油品的温降规律也要发生变化,而温度条件的变化反过来又影响管道的压降规律。

3) 输油管道运行控制措施

(1) 输油管道工况调节

泵站—管道系统的工作点由系统的能量供需关系决定。当管道的输量需要改变时,泵站—管道系统的能量供需关系也发生变化。输油管道的调节就是通过改变管道的能量供应(改变泵站特性)或改变管道的能量消耗(改变管道特性),使之在给定的输量下达到新的能量供需平衡。

改变泵站特性的方法主要有:①改变运行的泵站数或泵机组数,适用于输量变化范围较大的情况;②调节泵机组转速,一般适用于小范围的调节,对于电动机驱动的离心泵,常采用变频调速的方法;③更换叶轮直径,主要适用于调节后输量稳定时间较长的情况。

改变管道工作特性最常用的方法是改变出站调节阀的开度,人为地改变局部阻力,即把多余的能量消耗在节流上。这种方法操作简单,但能源浪费大。当泵机组不能调速时,输量的小范围调节常用这种方法。

(2) 输油管道输量调节

输油管道的最大输量受输油泵的特性、管道强度、油品流动性质的限制。对于已建成的输油管道,若需要进一步提高输量,可更换更大输量的输油泵(必须重新校核管道强度)。或在现有管道的两站之间增设泵站。这些都是永久性的措施。对于短期的或季节性的增输要求,则可采用添加紊流减阻剂的方法。

输油管道内油品的流动大多处于紊流流态。紊流流场中的漩涡消耗了大量能量,因此紊流的摩阻压降大于层流(层流时管道沿程摩阻压降与流量成正比,在紊流光滑区则与流量的1.75次方成正比)。

紊流减阻剂是一种长链结构的高分子烃类聚合物,其减阻原理是抑制紊流的漩涡,减小管道输送的能量消耗。流体的紊流程度越高,减阻剂效果越好。但过泵和阀门节流以及通过管件的剪切均可使减阻剂分子链断裂,故减阻剂必须在泵站出站处注入。如需多个站间减阻,则需逐站注入减阻剂。

(3) 输油管道水击控制

输油管道密闭输送的关键之一是解决水击问题。水击是由于突然停泵(停电或故障)或阀门误关闭等造成管内液流速度突然变化,引起管内压力的突然大幅度上升或下降对管道所造成的冲击现象。水击所产生的压力波在输油管道内以 1000~1200m/s 的速度传播。水击压力的大小和传播过程与管道条件、引起流速变化的原因及过程、油品物性、管道正常运行时的流量及压力等有关(对于输油管道,管道中液流骤然停止引起的水击压力上升速率可达 1MPa/s,水击压力上升幅度可达 3MPa)。

水击对输油管道的直接危害有两种:水击的增压波,有可能使管道压力超过允许的最大工作压力,使管道破裂;减压波,有可能使稳态运行时压力较低的管段压力降至液体的饱和蒸汽压,引起液流分离,即在管道高点形成气泡区,液体在气泡下面流过。对于建有中间泵站的长距离管道,减压波还可能造成下游泵站进站压力过低,影响下游泵机组正常吸入。

解决水击问题通常采用泄放保护和超前保护两种方法。泄放保护是在管道上装有自动泄压阀系统,当水击增压波导致管内压力达到一定值时,通过阀门泄放出一定量的油品,从而削弱增压波。超前保护是在产生水击后,由管道控制中心迅速向有关泵站发出指令,各泵站采取相应的保护动作,以避免水击造成危害。

(4) 输油管道清管

清管是保证输油管道能够长期在设计输量下安全运行的基本措施之一。输油管道的清管,主要是清除输油过程中沉积在管内壁上的石蜡、油砂等凝聚物。管壁沉积物使管道的流通面积缩小,摩阻增加,增大了管输的动力消耗。

清管方法是向管内投放与管内壁紧密接触的清管器,其在油流的推动下顺着管壁前进,刮掉管壁上的沉积物。清管器有皮碗刮刀型、球型等多种,材质上有机械型和泡沫塑料型等。为了投放和取出清管器,需要在输油站上设置清管器收发装置。清管器同时还具有管内检测的功能,可检测管道的腐蚀、裂纹、变形等情况。

(5) 输油管道设计优化

管道线路的走向和管道的设计方案对其投资和运行成本有很大影响。例如,在一定任务输量下,提高管道运行压力将可以减少中间泵站,节省泵站建设的投资,但这要求管道有更高的强度(需提高管道用钢的等级或增大管子壁厚等),以及需要更高扬程的泵,还涉及管道耐压和泵扬程等设备技术指标的约束,因而存在最优工作压力。对于加热输送管道,在一定任务输量下,提高加热温度可使油品黏度下降,从而减小输油泵的电能消耗,其代价是燃料油消耗上升；反之，降低输送温度可节省燃料油消耗，但导致耗电量增加。油温上限还受管道热应力、防腐层耐热性能等因素的约束，油温下限则受油品物性的约束，因而存在最优的运行温度和压力。

在等温输油管道的设计中，若把线路走向、管径、管材、管壁厚度、泵机组型号、运行参数等都作变量考虑，可能的设计方案数目非常多。对于加热输送管道，还涉及进出站温度、加热方式与设备、管道埋深的确定及管道保温的选择等。为了确定输油管道的最优设计参数，必须采用最优化的数学方法，借助计算机求取数值解。这是一个涉及非线性规划、动态规划整数规划等的多目标综合性规划问题，有关的变量有连续变量、离散变量、整型变量，约束条件有等式及不等式，以及线性及非线性方程。衡量方案好坏的标准除了要求投资及经营费用低外，还要求施工期短、运行可靠性好、对环境的污染及危险小等。

6.3 长距离输气管道

长距离输气管线通常连接大产量天然气田或人工燃气与用气地区输气管线，其干管及支管的末端连接城镇或大型工业企业，作为该供气区的气源点。输气管道系统主要由矿场集气管网、干线输气管道网、城市配气管网以及与此相关的站、场等设备组成。这些设备从气田的井口装置开始，经矿场集气、净化及干线输送，再经配气管网送到用户，形成一个统一、密闭的输气系统。矿场输气管道输送未经处理的原料气，输送距离短、管径小、压力变化大。干线输气管道把经脱硫净化处理的天然气送到城市，输送距离长，管径大（400mm 以上），压力高（4.0MPa 以上），为天然气远距离输送的主要工具。城市输气管道为天然气的分配管网，遍布整个城市和近郊，一般呈环形布置且按压力严格区分。

6.3.1 长距离输气特点

长距离输气管道与压缩机站组成一个复杂的动力系统，由于其输送的气量大，常采用大口径、高压力的输送系统。其主要特点包括：

①长输管道是天然气长距离连续运输系统，可用自身运输的物质消耗克服摩擦阻力，迅速将天然气运到目的地。

②长输管道属于输气系统的中间环节，要协调好上下游间的关系，其设计及操作管理较为复杂。

③长输管道输送量大，涉及国计民生及千家万户，必须充分保证能安全、连续、可靠地供气。

④由于采气生产的均衡性和用户用气的波动性，要求管道有一定的储气能力，以适应用气量的变化。

⑤长输管道投产初期可充分利用地层压力进行输送，根据气田压力的变化逐步建增压站，可节约投资和经营费用。

⑥长输管道要求有与之配套的附属设施，尤其是通信和自控系统。

6.3.2 长距离输气管道构成

长距离输气管道由矿场集气设备、输气站、干线输气管道、城市配气管网四部分构成。

(1) 矿场集气设备

集气过程指从井口开始,经分离、计量、调压、净化和集中等一系列过程,到向干线输送为止。集气设备包括井场、集气管网、集气站、天然气处理厂、外输总站等。一般气田的集气有单井集气和多井集气两种流程。单井集气方式下的每一口井场除采气树外,还有一套独立完整的节流(加热)、调压、分离、计量等工艺设施和仪表设备。多井集气方式下,主要靠集气站对气体进行节流、调压、分离、计量和预处理等工作,井场只有采气树;气体经初步减压后送到集气站,每一个集气站可汇集不超过 10 口井的气体。集气站将气体通过集气管网集中于总站,外输至净化厂或干线。多井集气处理的气体质量好,劳动生产率高,易于实现管理自动化,多用于气田大规模开发阶段。单井集气与多井集气都可采用树枝形或环形集气管网。环形管网可靠性好,但投资较大。由于气井井口压力较高,集气管道工作压力一般可达 110MPa 以上。

(2) 输气站

输气站又称压气站。核心设备是压气机和压气机车间。任务是对气体进行调压、计量、净化、加压和冷却,使气体按要求沿着管道向前流动。由于长距离输气需要不断供给压力能,故沿途每隔一定距离(一般为 110~150km)设置一座中间压气站(或称压缩机站)。首站也是第一个压气站,当地层压力大至可将气体送到第二站时,首站也可不设压气机车间。第二站开始称为压气站,最后一站即干线网的终点——城市配气站。压气站也可按作用分为压气站、调压计量站、储气库三类。调压计量站多设在输气管道的分输处或末站,其作用是调节气体压力、测量气体流量,为城市配气系统分配气量并分输到储气库;储气库则设于管道沿线或终点,用于解决管道均衡输气和气体消费的昼夜及季节不均衡问题。

压缩机(或称压气机)是提高气体压力以输送气体的机器。它可分容积型和速度型两大类。前者通过压缩体积、增大密度来提高气体压力;后者则通过提高气体速度并使其从很高的速度降低,使动能转化为压力能。输气管线上的压缩机主要是容积型的活塞式往复压缩机和速度型的离心式旋转压缩机。

① 往复式压缩机的优点是排出气体的压力稳定,调节性能好,效率高,对压缩机制造材料要求不高,但结构复杂,易损件多,运转中振动、噪声较大,多适用于升压要求高、输气量低的线路。

② 离心式压缩机的优点是结构紧凑,排气均匀、连续,可直接串联运行,振动与易损件小,机内无须润滑油,不污染输送气体,转速高,节能,维修工作量小,但对流量小、压力要求高的输送要求难以满足,效率较低。

随着管径和流量不断增长,离心压缩机在输气干线上占据了绝对优势。活塞式压缩机中,活塞在汽缸中做往复运动对气体加压。离心式压缩机中,气体从轴向进入高速旋转的叶轮并被离心力甩出进入扩压器。叶轮中速度高、动能大的气体进入断面渐大的扩压器后速度降低,部分动能便变为压力能。接着气体通过弯道和回流器被第二级吸入,进一步提高压力。依次逐级压缩,直至获得所需压力。每级叶轮中,排气压力与进气压力之比称为叶轮的压力比。干线输气管上一个站的压缩比大致在 1.2~1.5。必要时可采用多台压缩机串联使用。

压气站站址应选择地面平坦、有缓坡可排水、土壤承载能力不低于 0.12MPa、地下水位低、土壤干燥的地方。

(3) 干线输气管道

干线是指从矿场附近的输气首站开始到终点配气站为止。

由于输气管道输送的介质是可压缩的,其输量与流速、压力有关。压气站与管路是一个统一的动力系统。压气机的出站压力就是该站所属管路的起点压力,终点压力为下一个压气站的进站压力。一般地,输气管线可以有一个或多个压气站。

当只有一个压气站时,系统工作点可由压气站及全线管路的工作特性来确定。不过,系统工作点并非是一成不变的,而是随压气站与管路工作特性、输气管线工作条件(如地温)变化而变化的。输气管与压缩机的选用要考虑使系统工作点在压缩机的高效区内,且工作点压力不超过管道工作的最大压力。

当全线有多个压气站时,在确定工作点之前应确定压气站数和站间距离。在生产中,由于各压气站需要消耗一定数量的天然气(动力与生活用气),输气干线从起点到终点的压力是逐渐下降的。若沿线有分气或进气,则各压气站的流量也可能不同。全线所需要的压气站数和站间距应根据实际情况通过水力计算确定。压气站数可根据管线起终点最大供气量、压气站最大出站压力、全线管长、末段管线长度、压气机性能、输送介质等因素来初步确定,再根据地形、地址、水、电、交通等条件最终确定。一般地,压气站数与站址确定后,压缩机与管路工作点即可确定,工作点的流量应大于或等于输气管的任务输量。

管径 D 对流量 Q 影响最大,其他因素不变时,Q 与 D 的 2.53 次方成正比;管径增大 1 倍,流量可增加 4.776 倍;其他参数不变时,要增加同样多的流量,则管长要缩短为原来管长的 1/31,或平均温度下降到原来温度的 1/31。故加大管径是提高输量的最有效途径之一。影响输量的另一重要因素是压力,高压输气比低压输气有利,即在相同的压差下,同时提高起点和终点压力能提高输气量,提高起点压力或降低终点压力也能提高输气量,但前者效果更好。温度的提高也有利于提高输气量。

(4)城市配气管网

城市配气指从配气站(即干线终点)开始,通过各级配气管网和气体调压所按用户要求直接向用户供气的过程。配气站是干线的终点,也是城市配气的起点与枢纽。气体在配气站内经分离、调压、计量和添味后输入城市配气管网。城市配气管网形式可分树枝形和环形两类,按压力则可分高压、次高压、中压和低压四级。由于不同级别的管网上管道等设施的强度不同,上一级压力的管网必须调压后才能输向下一级管网。城市一般均设有储气库,可调节输气与供气间的不平衡。

6.3.3 长距离输气管道运行管理

(1)运行管理目标

输气管道运行管理的目标是尽可能保证按质、按量、按时向用户供气,同时做到安全可靠、高效运行,以使得输气企业获得最佳的经济与社会效益。要实现这些目标,应根据管道沿线气源的供气能力及用户要求的用气流量确定技术上可行、经济上合理的工艺运行方案,并在方案实施过程中根据管道的实际运行状态进行合理的控制与调节。

工艺运行方案主要包括每个压气站的压缩机开机方案、进/出站压力、进/出站温度等要素。对于稳态工况,工艺运行方案中的各要素是不随时间变化的;对于非稳态工况,这些要素则可能随时间改变。无论是稳态工况还是非稳态工况,一个技术上可行的运行方案必须满足管道终点及沿线各分气点的供气流量及最低供气压力要求。在这些要求为给定的前提下,一般需要通过稳态或非稳态工况模拟确定输气管道的具体运行方案。在大多数情况下可能同时存在多个技术上可行的工艺运行方案,可通过运行费用或能耗最低等优化目标进一步比选方案。

(2)压气站与管路的匹配

压气站与管路匹配就是压气站与其站间管路联合工作。从物理本质上看,匹配反映了输气管道系统的能量守恒规律,即压气站提供的能量刚好等于气体在管路中流动的能量损失加上气体本身增加的能量。假设一条输气管道处于稳态工况,且其每个压气站的压缩机开机方案及调节方案是确定的,则管道的输气流量将随之确定。一条输气管道的具体匹配情况可以用其全线各压气站的工艺运行参数来描述,它取决于全线每个压气站及每段管路工艺特性。

压气站的工艺特性取决于其运行压缩机组合以及该组合中每台压缩机的特性。压缩机的工艺特性包括压比—流量特性(或排出压力—流量特性)、压头—流量特性、效率—流量特性和功率—流量特性,最常用的是压比—流量特性(或排出压力—流量特性)。往复压缩机的排出压力—流量特性比较简单,可描述为在吸入状态下的体积流量取决于转速,排出压力取决于其出口处管道的背压。

压气站的工艺特性是指将整个压气站作为一台等效压缩机看待时其所体现出的压比(或排出压力)—流量特性。只要知道压气站的压缩机开机方案以及其中每台压缩机的排出压力—流量特性,就可以确定该站的排出压力—流量特性。

管路的工艺特性包括水力特性和热力特性,与匹配有关的主要是水力特性。一段管路的水力特性是指该管路两端的压力与管路流量之间的关系。

(3)干线输气管道的工况调节

由于用户用气流量的变化及其他原因,输气管道的工况经常需要调节,这种调节一般是在压气站上进行的。离心压气站常用的调节措施有:①改变压缩机转速。这是所有调节方法中最经济的,基本原理是通过改变转速来改变离心压缩机的排出压力—流量特性。②压气站出口节流。该方法操作简单,其物理本质是通过增大压气站出口调节阀的局部阻力损失来降低输气流量,故经济性差。③压气站进口节流调节。该方法简单易行且经济上优于出口节流。④进口导叶角度调节。要求在离心压缩机叶轮进口前设置一组气流导向叶片,因而使压缩机的内部结构复杂化。调节范围取决于叶轮内径与外径之比,该比值越小,调节范围就越小。经济性仅次于调节压缩机转速。⑤回流调节。此方法简单易行,但经济性最差。其基本原理是让压气站出口的一部分气体通过站内循环管道返回进口,从而减少该压气站的有效流量。

6.4 固体料浆管道

6.4.1 固体料浆管道运输原理

用管道输送各种固体物质的基本措施是将待输送固体物质破碎为粉粒状,与适量的液体配置成可泵送的浆液,通过长输管道输送到目的地后,再将固体与液体分离送给用户。浆液管道主要用于输送煤、铁矿石、磷矿石、铜矿石、铝矾土和石灰石等矿物,配制浆液主要用水,少数采用燃料油或甲醇等液体。固体料浆管道的基本组成部分与输气、输油管道大致相同,但还有一些制浆、脱水干燥设备。以煤浆管道为例,整个系统包括煤水供应系统、制浆厂、干线管道、中间加压泵站、终点脱水与干燥装置。

6.4.2 固体料浆管道构成

固体料浆管道由浆液制备系统、输送管道、中间泵站、后处理系统四部分构成。

(1) 浆液制备系统

以煤为例,煤浆制备过程包括洗煤、选煤、破碎、场内运输、浆化、储存等环节。为清除煤中所含硫及其他矿物杂质,一般要采用淘选、浮选法对煤进行精选,也可采用化学法或细菌生物法。

从煤堆场用皮带运输机将煤输送至储仓后,经振动筛粗选后进入球磨机进行初步破碎,再经第二级振动筛筛分后进入第二级棒磨机掺水细磨,所得粗浆液进入储浆槽,由提升泵送至安全筛筛分,最后进入稠浆储罐。在进行管输前,为保证颗粒级配和浓度符合质量要求,可用试验环管进行检验。不合格者可返回油罐重新处理。

煤浆管道首站一般与制浆厂合在一起,首站的增压泵从外输罐中抽出浆液,经加压后送入干线。

(2) 输送管道

在管道中流动浆液是流态多变的固液二相混合物,在一定的流速下浆液才能稳定流动。量降低、流速减缓的情况下会出现多种不均质流态,甚至产生固体沉积现象。为保持浆液稳定流动,须确定合理的输送工艺,如筛选均质固体、确定合理破碎筛分、确定颗粒级配、配制适合浓度的浆液;还要根据年输送量选择适宜的管径、确定临界流速等。此外,在确定固体粒径和级配时,要考虑便于固液分离。

在固体管道中浆液的浓度受固体的重度、粒径等的限制。煤浆管道的浆液重量浓度在50%左右,而铁矿浆液的重量浓度为66%左右。管道输送工艺中应注意的问题有:

①浆液管道的流态。在相同的流速下,由于粒径级配不同形成三种基本流态:均质流态,在管道断面上颗粒均匀悬浮,各点的固体浓度相同;半均质流态,细颗粒均匀分布在管道全断面上部,但大颗粒则在下部运动,因此下部浓度大,上部浓度小,但不出现固体颗粒沉淀;非均质流态,全断面上浓度分布很不均匀,出现固体颗粒沉淀,并在管道底部出现沉淀层。严格地说,不存在纯均质的浆液流,同一种浆液当流速变化时,可以在均质流与半均质流或半均质流与非均质流之间转化。出现沉淀时的流速称为浆液的临界流速,这一流速是非均质流与半均质流的分界点。固体管道应在临界流速以上输送浆液。

②固体料粒径的选择。固体管道营运是否经济,与颗粒粒径的选择有密切关系。制浆和脱水费用主要由设备投资和运行费用两项组成,而这两项费用都与颗粒粒径有关。粒径越小,需要破碎的设备就多,耗用动力大;脱水也难,脱水的设备多,时间长,能耗也多。粒径与输送费用的关系更为复杂。粒径越大,浆液流态不稳定,临界流速大,耗能也大;粒径小,流态稳定,临界流速低,但也有一定的限度。如粒径小于某一数值,则会使浆液的黏度增加,能耗上升,脱水更加困难,输送费用反而增加。粒径的选择又与固体的重度有关。根据黑梅萨煤浆管道的经验,煤浆管道中的全部颗粒粒径要小于1.19mm,其中20%的粒径要小于0.044mm。当粒径小于0.044mm的占14%时,停输时会造成管道堵塞;后改为16%通过0.044mm筛孔,仍有堵塞,但较易于启动;最后改为19%的粒径小于0.044mm,再启动就比较容易。对不同的管道,上述条件还会改变。

③管道坡度。管道坡度是造成管道堵塞的因素之一,应严格限制管道坡度。固体料浆管道常用间歇输送来调节输量,停输后固体颗粒会沉淀。如果管道坡度大于沉淀物的自然安息角,沉淀物将向下滑动堆积,形成堵塞。若堵塞的长度较短,可在启动压力下恢复流动。若堆积长度过长,启动将会困难。煤浆管道的敷设坡度一般不大于16°。

(3) 中间泵站

中间泵站的任务是为煤浆补充压力能。停运时则提供清水冲洗管道。输送煤浆的泵也可分容积式与离心式两种,其特性差异与输油泵大致相同。泵的选用要结合管径、壁厚、输量、泵站数等因素综合考虑。为了减少浆液对活塞泵缸体、活塞杆、密封圈的磨蚀,可采用油隔离泵方法,避免浆液进入活塞缸内,活塞只对隔离油加压并通过它将压力传给浆液。

(4) 后处理系统

煤浆的后处理系统包括脱水、储存等部分。管输煤浆可脱水储存,也可直接储存。脱水的关键是控制煤表面的水含量,一般应保证在7%～11%。影响脱水的因素主要有浆液温度与细颗粒含量。浆液进入受浆罐或储存池后用泵输送到振动筛中区分为粗、细浆液。粗浆液进入离心脱水机,脱水后的煤粒可直接输送给用户,排出的废液输入浓缩池与细粒浆液一起,经浓缩后再经压滤机压滤脱水后输送给用户。

由于管道中流动的浆液是固液两相的混合物,其输送过程中除了要保证稳定流动外,还要考虑其沉淀的可能,尤其是在流速降低情况下。不同流速、不同固体粒径及浓度条件下,浆液管道中可能出现均质流、非均质流、半均质流三种流态。非均质流浓度分布不均,可能会出现沉淀,其摩阻高,输送费用大。

颗粒大小及浆液浓度影响后处理系统的经济性,细颗粒含量多时虽然可以降低管输费用,但制浆、脱水费用将会增加。

6.5 城镇燃气管道

6.5.1 城镇燃气管道分类

城镇燃气管道可按用途、敷设方式、设计压力、管网形状、管网压力级制等加以分类。

(1) 按用途分类

①分配管道。分配管道是在供气地区将燃气分配给工业企业用户、商业用户和居民用户的管道,包括街区和庭院的燃气分配管道。

②用户引入管。用户引入管是将燃气从分配管道引到用户室内引入口处总阀门前的管道。

③室内燃气管道。室内燃气管道是通过用户管道引入口的总阀门将燃气引向室内,并分配到每个燃气用具的管道。

(2) 按敷设方式分类

①埋地管道。城市中燃气管道一般采用埋地敷设,有直接埋设及间接埋设两种,当燃气管段需要穿越铁路、公路时,有时需加设套管或管沟。

②架空管道。工厂厂区内或管道跨越障碍物以及建筑物内的燃气管道时,常采用架空

敷设。

（3）按设计压力分类

燃气管道与其他管道相比，有特别严格的要求，因为管道漏气可能导致火灾、爆炸、中毒等事故。燃气管道中的压力越高，管道接头脱开、管道本身出现裂缝的可能性就越大。管道内燃气压力不同时，对管材、安装质量、检验标准及运行管理等要求也不相同。

我国城镇燃气管道按燃气设计压力 P（MPa）分为七级，如表6-2所示。

城镇燃气设计压力（表压）分级（单位：MPa）　　　表6-2

名　　称		压　　力
高压燃气管道	A	$2.5 < P \leq 4.0$
	B	$1.6 < P \leq 2.5$
次高压燃气管道	A	$0.8 < P \leq 1.6$
	B	$0.4 < P \leq 0.8$
中压燃气管道	A	$0.2 < P \leq 0.4$
	B	$0.01 \leq P \leq 0.2$
低压燃气管道		$P < 0.01$

燃气输配系统各种压力级制的燃气管道之间应通过调压装置相连。当有可能超过最大允许工作压力时，应设置防止管道超压的安全保护设备。

（4）按管网形状分类

①环状管网。环状管网是指管段联成封闭的环状，输送至任一管段的燃气可以由一条或多条管道供气。环状管网是城镇输配管网的基本形式，在同一环中，输气压力处于同一级制。

②枝状管网。枝状管网以干管为主管，分配管呈树枝状由主管引出。在城镇燃气管网中一般不单独使用。

③环枝状管网。环枝状管网是环状与枝状混合使用的一种管网形式。

（5）按管网压力级制分类

城镇燃气管网系统可根据所采用的管网压力级制不同划分：

①单级系统。单级系统是仅有低压或中压一种压力级别的管网输配系统。

②二级管网系统。二级管网系统由具有两种压力等级的管网系统组成。

③三级管网系统。三级管网系统是由低压、中压和次高压三种压力级别组成的管网系统。

④多级管网系统。多级管网系统是由低压、中压、次高压和高压多种压力级别组成的管网系统。

6.5.2　城镇燃气管网系统选择

1）城镇燃气管网采用不同压力级制的原因

城镇燃气管网不仅应保证不间断地、可靠地给用户供气，保证系统运行管理安全，维修简便，而且应考虑在检修或发生故障时，关断某些部分管段而不致影响其他系统的工作。因此，在城镇燃气管网系统中，需要选择不同压力级制，具体原因如下：

（1）经济性

大部分燃气由较高压力的管道输送，可以缩小管径以节省管材。如由城市的某一地区输送大量燃气到另一地区,则应采用较高的压力比较经济合理。有时对城市里的大型工业企业用户,可敷设压力较高的专用输气管线。

(2) 用户需求

居民用户和小型公共建筑用户需要低压燃气,而大多数工业企业则需要中压或次高压、甚至高压燃气。

(3) 消防要求

在城市未改建的老区,建筑物比较密集,街道和人行道都比较狭窄,不宜敷设高压或中压 A 管道。考虑安全运行和方便管理,也不宜敷设高压或中压 A 管道,而只能敷设中压 B 和低压管道。同时大城市的燃气输配系统的建造、扩建和改建具有过程性,在城市的老区原先设计的燃气管道的压力大都比近期建造的管道的压力低。

2) 燃气管网系统的选择

城镇燃气输配系统压力级制的选择,应根据燃气供应来源、用户的用气量及其分布、地形地貌、管材设备供应条件、施工和运行等因素,经过多方案比较,择优选取技术经济合理、安全可靠的方案,主要考虑以下因素:

①气源情况,包括燃气的种类和性质、供气量和供气压力;燃气的净化程度和含混量;气源的发展或更换气源的规划情况。

②城市规模、远景规划情况、街区和道路的现状和规划以及用户的分布情况。

③原有的城市燃气供应设施情况。

④不同类型用户对燃气压力的要求。

⑤用气的工业企业的数量和特点。

⑥储气设备的类型。

⑦城市地理地形条件、地下管线和地下建筑物、构筑物的现状和改建、扩建规划。

3) 城镇燃气管网系统的分类

(1) 单级管网系统

只有一个压力级制,即仅用一级压力的管网输送、分配和供应燃气的系统。其优点是供应系统简单,维护管理方便且不需要压送设备,输配费用小;缺点是供气压力低,致使管道直径较大,一次投资费用较高且用户压力波动大。适用于用气量较小,供气范围为 2~3km 的城镇和地区。当供应范围较大时,必须采用很大口径的管网,使输送单位体积燃气的投资和金属耗量急剧增加。

(2) 中—低压二级制管网系统

低压气源厂和储气罐供应的燃气经压缩机加至中压,由中压管网输气,再通过区域调压器调至低压,由低压管道供给燃气用户。在系统中设置储配站以调节小时用气不均匀性。

中—低压二级制管网系统的特点是:因输气压力高于低压供气,输气能力较大,可用较小的管径输送较多数量的燃气,以减小管网的投资费用。只要合理设置中—低压调压器,就能维持比较稳定的供气压力。输配管网系统有中压和低压两种压力级别,而且设有压缩机和调压器,因而维护管理复杂,运行费用较高。由于压缩机运转需要动力,一旦储配站停电或其他事故,将会影响正常供气。因此,中压供气及二级制管网系统适用于供应区域较大、供气量也较大、采用低压供气方式不经济的中型城镇。

①中压 B—低压二级管网系统。中压 B—低压二级管网系统的气源是人工燃气,用低压

储气罐储气。从气源厂生产的低压燃气,经加压后送入中压管网,再经区域调压站调压后送入低压管网。设置在供气区的低压储气罐低压时由中压管网供气,高峰时,储气罐内的燃气输送给中压(经加压)或低压管网。该系统特点是供气范围比单级系统大,采用低压配气,庭院管道在低压下运行比较安全,但投资要比中压单级系统大。一般适用于人口密集、街道狭窄的老城区。

②中压A—低压二级管网系统。中压A—低压二级管网系统的气源为天然气,用长输管线末端储气。天然气由长输管线经燃气分配站送入该市,中压A管道连成环网,通过区域调压站向低压管网供气,通过专用调压站向工业企业供气。低压管网根据地形条件可分成几个互不连通的区域管网。该系统特点是输气干管直径较小,比中压B—低压二级系统节省投资。对于街道宽阔、建筑物密度较小的大中城市均可采用。

(3)高—中—低三级制管网系统

高(次高)压燃气从气源厂或城镇的天然气门站输出,由高压管网输气,经区域高—中压调压器调至中压,输入中压管网,再经区域中—低调压器调成低压,由低压管网供应燃气用户。

高—中—低压三级制管网系统的特点是:①三级系统通常含有中低压两级,另外一级管网是高压或次高压。②高(次高)压管道的输送能力较中压管道更大,所用管径更小,如果有高压气源,管网系统的投资和运行费用均较经济。③采用管道储气或高压储气罐,可保证在短期停电等事故时供应燃气。④三级制管网系统配置了多级管道和调压器,增加了系统运行维护的难度。如无高压气源,还需设置高压压缩机,压缩费用高。

高—中—低压三级制管网系统适用于供应范围大,供气量大,并需要较远距离输送燃气的场合,可节省管网系统的建设费用,对天然气或高压制气等高压气源较为经济,通常在大城市要求供气有充分保证时考虑选用。

(4)多级管网系统

多级管网系统的气源是天然气,城市的供气系统可采用地下储气库、高压储气罐站以及长输管线储气。这种管网系统一般适用于居民人口众多的特大型城市。天然气由较高压力等级的管网经过调压站降压后进入较低压等级的管网。工业企业用户和大型公共建筑用户与中压B或中压A管网相连,居民用户和小型公共建筑用户则与低压管网相连。因为气源来自多个方向,主要管道均连成环网,运行管理安全灵活。平衡用户用气量的不均匀性可以由缓冲用户、地下储气库、高压储气罐以及长输管线储气协调解决。

对于新建城市天然气输配系统,多采用高—中压两级系统及中压单级输配管网。前者适用于较大城市,其中高压管道可兼作储气装置,而具有输、储双重功能。后者适用于中小城市。输配系统中的中压管道供气至小区调压装置(箱)或楼栋调压箱,天然气实现由中压至低压的调压后进入低压庭院管和室内管。各小区或楼栋设调压柜或设楼栋调压箱。也可中压管道直接进入用户调压器调压,用户燃具前的压力更为稳定。

6.5.3 城镇燃气输配系统构成

城镇燃气门站、储配站和调压站是城镇燃气输配系统中的重要组成部分。当接收长输管线来气并控制供气压力、计量,向城镇、居民点和工业区供应燃气时,称之为门站。当具有储存燃气功能并控制供气压力时,称之为储配站。当具有控制燃气压力的功能,连接城镇燃气输配系统中不同压力级制的管网时,称之为调压站。

(1) 门站和储配站

城镇燃气门站是长距离输气干线或支线的终点站,城市、工业区管网的气源站。门站规模依据区域天然气规划确定。

储配站是城市燃气输配系统中储存和分配燃气的设施。其主要任务是使燃气输配管网达到所需压力和保持供气与需气之间的平衡。

气态储存是我国广泛用于调节用气不均匀性的储气方式,分低压储存和高压储存两种。当城镇采用低压气源,而且供气规模不大,燃气供应系统通常采用低压储气与其相适应,需建设低压储配站。低压储配站的作用是在用气低峰时将多余的燃气储存起来,在用气高峰时通过储配站的压缩机将燃气从低压储罐中抽出送到中压管网中,保证正常供气。

(2) 调压站

调压站设于城市配气管网系统中的不同压力级制的管道之间,或设于某些专门的用户之间,有地上式和地下式之分。根据压力等级、调压精度、附属配置等不同功能,分有楼栋调压箱、区域调压箱、高压调压站、城市门站、超高压调压站等。

站内主要设备是调压器,其任务是按照用户的需求,对管网中的天然气进行调压,以满足用户的需求。

调压站的个数、布置要考虑调压室的最佳作用半径,布设位置应选在负荷比较集中或大用户位置,以减少输配管网,避开繁华地段,远离火灾及一些重要的建筑物。

调压站是燃气输送管道的关键设备,需具备按运行要求和设计规定将输配管网的压力调配到下一级管网或用户所需的压力;当系统的负荷发生变化时,将调节后的压力保持稳定在运行或设计要求的范围之内以及控制燃气的流量等功能。

6.6 输油输气管道布局

6.6.1 管道布局原则

根据管道的特点及其在运输系统中的地位,对于管道布局,应遵循交通运输布局一般原则,并作以下具体考虑:

(1) 因地制宜原则

管道的铺设及其能力规模与输送物资要求相协调,管道的发展和布局要适应石油、石油化工工业、天然气生产的发展和布局、炼油厂布局、换装港站布局以及石油消费地区分布,应符合石油的基本流向图,安排管道运输的布局,促使管道线网的合理化。

(2) 各种交通运输方式协调发展原则

处理好管道运输与公路运输、铁路运输、水路运输的相互关系,各种交通运输方式合理分工,在管道运输经济合理的范围内发挥其优势。

(3) 适应国民经济发展原则

管道设备能力和技术标准的选定,要通过可行性研究和技术经济比较,提高管道运输的经济效益。

管道布局由石油、石油制品、天然气的起运地和到达地所决定。大多数大型管道是将石油、石油制品、天然气送到全国各地的运输干线,其建设应根据开采和炼油地区现有石油、石油产品、天然气的资源,计算从矿场到炼油厂及各消费地的近期和远期货流量。管线建设必须通过与其他交通运输方式投资费用、运营费用、金属消耗等进行技术经济的比较。管道管径大小的确定需要考虑近、远期输油任务。

6.6.2 输油管道布局

1)线路选择

输油管道线路的选择,应根据工程建设的目的和资源、市场分布,结合沿线城镇、交通、水利、矿产资源和环境敏感区的现状与规划,以及沿途地区的地形、地貌、地质、水文、气象、地震自然条件,通过综合分析和多方案技术经济比较确定线路总体走向,还应具体考虑以下因素:

①中间站场和大、中型穿(跨)越工程位置选择应符合线路总体走向,局部线路走向应根据中间站场和大、中型穿(跨)越位置进行调整;管道不应通过饮用水水源一级保护区、飞机场、火车站、海(河)港码头、军事禁区、国家重点文物保护范围、自然保护区的核心区。

②输油管道应避开滑坡、崩塌、塌陷、泥石流、洪水严重侵蚀等地质灾害地段,宜避开矿山采空区、全新世活动断层。当受到条件限制必须通过上述区域时,应选择其危害程度较小的位置通过,并采取相应的防护措施。管道线路与已建管道路由走向大致相同时,宜利用已建管道走廊并行敷设。

③埋地输油管道同地面建(构)筑物的最小间距应满足相关的规范要求。原油、成品油管道敷设需要考虑与城镇居民点、重要公共建筑、临近飞机场、海(河)港码头、大中型水库和水工建(构)筑物的安全距离;输油管道与铁路、公路并行敷设时,应敷设在相应交通用地范围边线以外。

④同期建设的输油管道,宜采用同沟方式敷设;同期建设的油、气管道,受地形限制时局部地段可采用同沟敷设,管道同沟敷设时其最小净间距不应小于0.5m。管道与通信光缆同沟敷设时,其最小净距(指两断面垂直投影的净距)不应小于0.3m。

2)管道标识

管道沿线应设置里程桩、标志桩、转角桩、阴极保护测试桩和警示牌等永久性标志,并应满足以下要求:

①里程桩应沿管道从起点至终点,每隔1km至少设置1个。阴极保护测试桩可同里程桩合并设置。在管道平面改变方向时应设置水平转角桩。转角桩宜设置在折转管道中心线上方。

②管道穿(跨)越人工或天然障碍物时,应在穿(跨)越处两侧及地下建(构)筑物附近设置标志桩。通航河流上的穿(跨)越工程,应在最高通航水位和常水位两岸岸边明显位置设置警示牌。

③当管道采用地上敷设时,应在行人较多和易遭车辆碰撞的地方,设置标志并采取保护措施。标志应采用具有反光功能的涂料涂刷。埋地管道通过人口密集区,有工程建设活动可能和易遭受挖掘等第三方破坏地段应设置警示牌,宜在埋地管道上方埋设管道警示带。

3)输油站设施

(1)站场选址

输油站的设置应合理利用土地,并应符合当地国土空间规划。输油站位置选择需符合下列规定：

①宜选定符合工程建设条件及生产生活较方便的地点。

②应保持与附近城镇居民点、工矿企业、铁路、公路等的安全间距要求。

③站场位置选定应结合管道线路走向，满足工艺设计的要求，站场内应有足够的生产及施工操作场地。

④站场位置选定应避开存在崩塌、活动断层、滑坡、沼泽、流沙、泥石流、矿山采空区等不良地质的地段；蓄(滞)洪区及有内涝威胁的地段；易受洪水及泥石流影响的地段，窝风地段；在山地、丘陵地区采用开山填沟营造人工场地时，应避开山洪流经过的沟谷；水源保护区、自然保护区、风景名胜区和地下文物遗址。

⑤首、末站站址的选定宜与上下游企业联合选址，并应使管道的进出线方便。

⑥区域布设的防火距离应符合现行《石油天然气工程设计防火规范》(GB 50183—2004)的相关规定。

(2) 站场总平面布置

站场总平面布置的防爆要求、防火间距、防火措施和雨水排放和收集方案应符合《石油设施电气设备安装区域一级、0区、1区和2区区域划分推荐作法》(SY/T 6671—2017)的相关规定。

6.6.3 输气管道布局

1) 线路选择

输气管道线路走向应根据工程建设目的和气源、市场分布，结合沿线城镇、交通、水利、矿产资源和环境敏感区的现状与规划，以及沿途地区的地形、地质、水文、气象、地震等自然条件，通过综合分析和多方案技术经济比较，确定线路总体走向，还应具体考虑以下因素：

①与公路或铁路并行的管道路线宜在公路或铁路用地边界3m以外。

②线路宜避开环境敏感区，当需要通过环境敏感区时需采取保护措施。大中型穿(跨)越工程和压气站位置的选择，应符合线路总体走向。局部线路走向应根据大中型穿(跨)越工程和压气站的位置进行调整。

③线路应避开军事禁区、飞机场、铁路及汽车客运站、海(河)港码头等区域。除为管道工程专门修建的隧道、桥梁外，不应在铁路或公路的隧道内及桥梁上敷设输气管道。输气管道从铁路或公路桥下交叉通过时，不应改变桥梁的水文条件。

④线路宜避开城乡规划区，当受条件限制，需要在城乡规划区通过时，应采取安全保护措施。石方地段的线路由爆破挖沟时，应避免对公众及周围设施的安全造成影响。

⑤线路宜避开高压直流换流站接地极、变电站等强干扰区域。埋地管道与建(构)筑物的间距应满足施工和运行管理需求，且管道中心线与建(构)筑物的最小距离不应小于5m。

⑥线路宜避开滑坡、崩塌、塌陷、泥石流、洪水严重侵蚀等地质灾害地段，矿山采空区及全新世活动断层。当受到条件限制必须通过上述区域时，应选择危害程度较小的位置通过，并采取相应的防护措施。

2) 管道标识

管道沿线应设置里程桩、转角桩、标志桩、交叉桩和警示牌等永久性标识，并应满足以下要求：

①管径相同且并行净距小于6m的埋地管道,以及管径相同共用隧道、涵洞或共用管桥跨越的管道,应有可明显区分识别的标识。

②通过人口密集区、易受第三方损坏地段的埋地管道应加密设置标识桩和警示牌,并应在管顶上方连续埋设警示带。

③平面改变方向依次转角大于5°时,应设置转角桩。平面上弹性敷设的管道,应在弹性敷设段设置加密标识桩。

④地面敷设的管段应设警示牌并采取保护措施。

3)输气站设置

(1)站场选址

输气站的设置应符合目标市场、线路走向和输气工艺设计的要求,各类输气站宜联合建设。输气站位置选择应符合下列规定:

①应满足地形平缓、地势相对较高及近远期扩建需求。

②应满足供电、给水、排水、生活及交通方便的需求。

③应避开山洪、滑坡、地面沉降、风蚀沙埋等不良工程地质地段及其他不宜设站的地方。

④压气站的位置选择宜远离噪声敏感区。

⑤区域布设的防火距离应符合《石油天然气工程设计防火规范》(GB 50183—2004)的有关规定。

(2)站场总平面布置

输气站内平面设施、防火安全、场内道路交通与外界公路的连接应符合《石油天然气工程设计防火规范》(GB 50183—2004)和《石油天然气工程总图设计规范》(SY/T 0048—2016)的有关规定。

6.6.4 我国中长期油气管网布局

结合国内石油、天然气消费需求增长,以及国家能源安全和公共安全的保障需求,2017年国家发展和改革委员会和能源局发布《中长期油气管网规划》,对我国油气管网布局做出明确规划。

(1)输油管道网布局

输油管道网布局分为原油和成品油管网布局,对原油管网布局规划要求形成西北与西南相连、东北与华东华北贯通、沿海向内陆适当延伸的"东西半环、海油登陆"的原油通道格局,其中西半环分为西北和西南方向,西北方向主要承接哈萨克斯坦和巴基斯坦原油管道,西南方向对接缅甸进口原油。东半环对接俄罗斯原油,向东北、华北以及华东输送。海油登陆主要通过推进沿海码头原油外输管道设施建设以及沿海向内陆辐射管网建设,满足沿海地区原油需求。

成品油管网布局规划要求进一步优化网络结构,增加覆盖城镇,完善跨区管道运输系统,形成"北油南运、沿海内送"的运输通道布局。其中,北油南运通道由东北南下通道、华北南下通道和西北南下通道组成,实现成品油向华北、中南、西南和华中地区输送。沿海内送通道由齐鲁西送通道、沿江输送通道和华南内送通道组成,实现向中部、西南以及华中地区的输送。此外,完善区域内支线管道建设,提高接入城市数量和城市间成品油管道运输比例。

(2)输气管道网布局

天然气需求广泛分布、点多面广、跨区调配要求高,对天然气管道网络布局要求坚持"西气东输、北气南下、海气登陆"的原则,形成"主干互联、区域成网"的全国天然气基础网络。其中西气东输重点满足中东部地区用气需求,北气南下将俄罗斯天然气资源引入华北、华东,海气登陆结合LNG接收站建设,建设LNG外输管线。天然气管道网规划还要求实现全国主干管网全覆盖、全联通,区域管网与支线管网互联互通,对边缘地区燃气基础设施建设也有考虑。

【复习思考题】

1. 管道运输按所输送的物品不同可分为哪几类?
2. 相较于其他交通运输方式,简述管道运输的特点。
3. 长距离输油方式有哪些?简述输油管道与泵站的联结方式。
4. 分析长距离输气特点与管道设备的构成。
5. 固体料浆管道运输适宜运输的货物有哪些?
6. 简述固体料浆管道运输设备的构成。
7. 简述影响城镇燃气管网系统选择的因素。
8. 简述输油(气)管道布局的主要原则。
9. 分别概述输油、输气管道选线和选址的主要影响因素。
10. 试分析我国管道运输发展趋势。

【本章参考文献与延伸阅读】

[1] 中华人民共和国住房和城乡建设部.输油管道工程设计规范:GB 50253—2014[S].北京:中国计划出版社,2014.

[2] 中华人民共和国住房和城乡建设部.输气管道工程设计规范:GB 50251—2015[S].北京:中国计划出版社,2015.

[3] 中华人民共和国建设部.石油天然气工程设计防火规范:GB 50183—2004[S].北京:中国计划出版社,2004.

[4] 国家能源局.石油设施电气设备安装区域一级、0区、1区和2区区域划分推荐作法:SY/T 6671—2017[S].北京:石油工业出版社,2018.

[5] 国家能源局.石油天然气工程总图设计规范:SY/T 0048—2016[S].北京:石油工业出版社,2017.

[6] 国家发展和改革委员会,国家能源局.中长期油气管网规划[R].2017.

[7] 沈志云,邓学钧.交通运输工程学[M].北京:人民交通出版社,2003.

[8] 王绍周.管道运输工程[M].北京:机械工业出版社,2004.

[9] 过秀成.交通运输工程学[M].北京:人民交通出版社股份有限公司,2017.

[10] 黄春芳,梁建新,陈树东,等.石油管道输送技术[M].北京:中国石化出版社,2018.

[11] 孟江,龙学渊,黄茜,等.油气管道输送技术[M].北京:中国石化出版社,2021.
[12] 董绍华,段宇航,孙伟栋,等.中国海底管道完整性评价技术发展现状及展望[J].油气储运,2020,39(12):1331-1336.
[13] 吴长春,左丽丽.关于中国智慧管道发展的认识与思考[J].油气储运,2020,39(4):361-370.

第 7 章
综合交通运输系统

7.1 概 述

7.1.1 综合交通运输系统内涵

我国于 20 世纪 50 年代开始建立综合交通运输系统,协调各种交通运输方式之间关系,实现各种交通运输方式的合理分工、协调发展、资源和成本节约。综合交通运输发展经历单一运输方式主导的初步发展阶段到各种交通运输方式相互竞争的完善发展阶段,现已进入各种交通运输方式组合发展阶段。综合交通运输已由追求速度规模向更加注重质量效益转变,由各种交通运输方式相对独立发展向更加注重一体化融合发展转变,由依靠传统要素驱动向更加注重创新驱动转变。

综合交通运输系统是在科技创新和制度创新的作用下产生的一种现代交通运输组织形式。综合交通运输系统内涵强调高效、经济和服务,以尽量少的资源占用和消耗提供尽量好的交通运输服务,通过交通运输基础设施、运输装备、运输组织、管理制度等要素的协同,提升客货运输的效率与效益。综合交通运输系统可以有效衔接公路、铁路、水路、航空、管道等各种交通运输方式,基于交通运输方式间协同互补,形成综合化的交通运输方式、立体化的空间布局、全链条的交通运输服务,满足交通运输需求的多样性与差异性,使综合交通运输系统向安全可靠、便捷顺畅、经济高效、绿色集约与智能先进发展。

7.1.2 综合交通运输系统构成

综合交通运输系统构成可从以下四个维度理解：①国土空间维度：城市群综合交通运输系统、都市圈综合交通运输系统、城乡综合交通运输系统等；②服务维度：客运系统、货运系统、共享系统；③方式（设施）维度：公路、铁路、水路、航空、管道、枢纽与场站；④功能维度：客货流系统、载运工具系统、综合交通运输网络系统、交通运输管理系统、交通运输生产组织系统和交通运输信息系统。以下从功能维度对综合交通运输系统构成进行介绍。

(1) 客货流系统

对于各种交通运输方式，客货流的流动也是有相互影响的。综合交通运输系统中的各种交通运输方式的客货流，相互依存、相互影响、相互制约，形成了动态系统。客货流系统的流动是交通运输对象空间组合和变动的动态过程。

(2) 载运工具系统

包括载运工具和装卸机械。载运工具实现旅客和货物的运送和集散；装卸机械实现旅客、货物的上下和枢纽内的空间组合，两者的功能将直接影响整个综合交通运输系统的运转效率。

(3) 综合交通运输网络系统

由运输线路、场站、枢纽等固定设施组成的整体。综合交通运输网络直接为交通运输对象提供运送服务，而场站、枢纽则是间接地为交通运输对象提供运送服务。综合交通运输网络分布在广大地域之上，具有分布广、建设工期大、投资量大的特点，其通过能力情况直接影响综合交通运输系统的运转。

(4) 交通运输管理系统

作为国家政府的综合交通运输管理部门，交通运输管理系统是对综合交通运输系统实施宏观调控的系统。为了确保综合交通运输系统灵活有序地运转，取得良好经济效益，须建立一套完整的组织机构，制定统一规范，并实施一定管制。

(5) 交通运输生产组织系统

由各个交通运输生产者组成的系统，与交通运输管理系统及信息系统，共同组成综合交通运输系统的"软件"部分。对各种交通运输方式和各个交通运输生产环节进行合理组织，保证综合交通运输系统的灵活运转，以取得较好运输效益。

(6) 交通运输信息系统

操纵交通运输系统运转过程中与一切活动相关信息的收集、传递和流动的机构。通过各种手段来收集、掌握和传递综合交通运输相关信息，及时协调综合交通运输系统内各种交通运输方式和各个运输环节衔接，以最小经济消耗获得最佳交通运输效益。

7.1.3 综合交通运输系统特征

综合交通运输系统特征主要体现在综合化的交通运输方式、立体化的空间布局、全链条的交通运输服务等方面。

(1) 综合化的交通运输方式

综合交通运输系统内部具有各种交通运输方式，各种交通运输方式所提供的服务存在明显差异性。各种交通运输方式形成一体化衔接，运输服务、经营合作、技术标准等方面形成一体化逻辑连接。考虑各种交通运输方式具有不同的技术经济特征和适应不同交通运输需求,在有效满足交通运输需求的情况下,实现系统整体高效用和高效率。

(2) 立体化的空间布局

我国区域经济社会发展水平和经济地理格局总体上呈"东密西疏"的空间特征,综合交通运输系统在空间布局上要与交通运输需求相匹配。综合交通运输系统中包括空中走廊、陆上通道、海上航线、交通枢纽等,需要集约利用国土空间资源,各种交通运输方式线路、场站实现空间共享与立体换乘换装。

(3) 全链条的交通运输服务

综合交通运输系统提供全链条快速的交通运输服务,在各种交通运输方式协同与交互过程中解决跨交通运输方式运营中存在的信息交互、衔接、转运等问题,提高交通运输效率。综合交通运输系统提供的交通运输服务向全构成、全链条、全参与发展,通过综合交通运输系统中交通运输基础设施、载运装备与运营组织等将交通运输服务拓展至客运全出行链与货运全供应链。

7.1.4 综合交通运输系统性能

综合交通运输系统性能可以从安全、便捷、高效、绿色、经济五个方面描述。

(1) 安全

安全性可用重大安全事故数量等绝对指标、单位运输里程事故数或人员财产损失等相对指标度量。

(2) 便捷

客货运输利用综合交通运输系统的方便程度,可用综合交通运输系统的便利性指标、可达性指标进行度量。

① 便利性指标。可用抵达枢纽及骨干网络时间衡量便利性。如县级行政中心 15min 上国道、30min 上高铁、60min 到机场,市级行政中心 45min 上高铁、1h 到机场。便利性指标还包括享受 1h 快速交通服务的人口占比,中心城区至综合交通运输枢纽 30min 可达率、国际国内互联互通度、全国主要城市立体畅达度、县级节点有效覆盖率等。

② 可达性指标。用确定空间尺度的时间指标表达。如《交通强国建设纲要》提出的 123 出行交通圈,客运服务支持都市区 1h 通勤、城市群 2h 互通、主要城市 3h 覆盖。货运服务支持国内 1d、周边国家 2d、全球主要城市 3d 抵达。也可以区分不同方式及组合的可达性,如区域内高速公路网络和铁路网络的可达性、空铁联运可达性、水陆空综合交通可达性等。

(3) 高效

包括设施利用率、运输效率(装载率)、外部性、通道能力利用率、设施的服务水平、拥堵控制等。

(4) 绿色

客货运输过程的污染排放,应涵盖全寿命周期、全出行链、全方式。低碳是交通运输系统性能的主要指标,而集约化运输是减碳的主要途径。

① 低碳。低碳通过交通运输基础设施绿色化建设比例、全寿命周期碳排放与交通运输过程碳排放指标(g/人公里、g/吨公里)、单位耗能与清洁能源(气、电、氢等)比例等度量。

② 集约。集约通过提供单位交通运输能力的设施占地降低比例、客货运量与周转量集约

化运输比例等指标度量。

③低影响。低影响通过受交通运输设施建设与运行影响区面积、人群与敏感点数量等指标度量。

(5) 经济

包括运输费用、运输时间（人与物在途时间价值）、交通运输全要素生产率、物流费用占国内生产总值比例、甩挂运输比例等。通过运输费用或运输时间的控制、交通运输全要素生产率控制，可以调控综合交通运输系统的经济性水平。

7.2 综合交通运输网络

7.2.1 综合交通运输网络定义

综合交通运输网络是通过衔接公路、铁路、航空、水路、管道等各种交通运输方式，形成交通运输方式综合化、空间布局立体化的交通运输网络；是各种交通运输方式，包括公路、铁路、水路、航空和管道运输的线路、航道、航线以及枢纽等交通运输基础设施的集合，构成了广泛分布于地区或国家的网络，并成为地区或国家的社会经济发展的基础。综合交通运输网络可以理解为：①由综合交通运输固定设施组成的综合交通运输基础网络；②由综合交通运输线路与载运工具共同组成的综合交通运输运营网络；③由各种综合交通运输资源信息组成的综合交通运输信息资源网络。综合交通运输基础网络的系统目标是运输通行能力最大、路网效率最高，满足综合交通运输需求；综合交通运输运营网络的系统目标是运输成本最低，经济效益最高；综合交通运输信息资源网络的系统目标是运输资源利用率最高。

7.2.2 综合交通运输网络层次

1) 综合交通运输网络分级

综合交通运输网络基于服务覆盖范围可分为快速网、骨干网、干线网、基础网。

(1) 快速网

快速网以高速铁路、货运铁路干线、管道运输干线、高速公路、国际机场、支线机场、特大型港口、大型港口等为主体，服务品质高、运行速度快。快速网是构建国家综合交通运输系统的主要组成部分，服务国际、省际的交通需求，以及国家范围内主要城市、行政中心、经济中心、主要口岸、重要产业和能源生产基地之间的交通需求。国际客运以航空为主，国际货运以海运和管道为主。国内客运以高速铁路、高速公路、航空为主；时效性极高的长距离客货运以航空运输为主，其他时效性较高的长距离运输及中距离运输以高速铁路网为主，时效性较高的短距离客货运输以高速公路为主。国内货运以货运铁路干线、管道运输干线、水路为主，并实现铁水、管水、公铁等多式联运。

(2) 骨干网

骨干网以城际铁路、区域间高速铁路、区域间的高速公路为主体，构建区域间高效运行的综合交通运输网络，主要为区域内客货运输提供高品质服务和快速运行服务，与快速网互联互通，是区域综合交通运输系统的主要组成部分，主要服务于都市圈、城市群内的城际或省际的交通需求。区域骨干网运输结构以区域间城际铁路为主,以区域高速公路为辅。中长距离客货运输以城际铁路为主,短距离客货运输以高速公路为主。

区域内的重要城市间形成纵横交错、便捷通达的城市铁路、区域间高速铁路主通道,在区域内省会城市、中心城市、重要经济区形成多中心放射的路网格局,同时加强城市群内外交通的密切联系。沿边、沿海公路连续贯通,有效连接国家陆路门户城市和重要边境口岸,形成重要区域内重要运输通道。城际铁路规模将进一步扩大,实现区域内相邻大中城市间 1~4h 交通圈,城市群内 0.5~2h 交通圈。提供安全可靠、优质高效、舒适便捷的旅客运输服务。

(3) 干线网

干线网是以普通铁路、普通国道、普通港口、普通支线机场等为主体,构建运行效率高、服务能力强的综合交通运输干线网,是省级综合交通运输系统的主要组成部分,主要服务于省域范围内城际间的交通出行需求。普通国道全面连接省内县级及以上行政区、交通枢纽、边境口岸和国防设施。普通国道、省道形成布局合理、功能完善、覆盖广泛、安全可靠的国家干线公路网络,实现首都辐射省会、省际多路连通,地市通达、县县国道覆盖。

(4) 基础网

基础网是以普通省道、农村公路、支线铁路、支线航道等为主体,通用航空为补充,构建覆盖空间大、通达程度深、惠及面广的综合交通运输网络,是地市级综合交通运输系统的主要组成部分,主要服务于市域范围内的交通出行需求。普通省道与城市干道衔接,提高城市内外交通运输能力,并且与口岸、支线机场以及重要资源地等互联互通;农村公路通达全部乡镇和建制村;地方开发性铁路、支线铁路和沿边铁路建设实现与矿区、产业园区、物流园区、口岸等有效衔接,增强了对干线网的支撑作用。

2) 不同层次网络间关系

综合交通运输网络各层次相互作用,协调发展,实现国家辐射国际、首都辐射省会与城市群、省会辐射地市、地市辐射县乡的基本功能。快速网与骨干网主要提供高效、快捷的运输服务,发挥交通的骨干作用,体现交通运输网络的机动性、快速性。干线网和基础网主要提供交通基本服务,发挥交通的基础服务作用,体现交通运输网络的可达性、辐射性。

快速网是国家级交通运输网络,主要连接国际主要政治中心、经济中心、主要口岸等。骨干网是区域性交通运输网络,主要为区域客货运输提供高品质服务和快速服务,连接城市群内的主要城市,基本连接省会城市和其他重要城市,并通过与快速网的衔接,实现区域间、城市群间的交通连接。干线网是省级交通运输网络,是运行效率高、服务能力强的普通干线网络,主要连通省域内主要城市、资源富集区、货物主要集散地、主要港口及口岸,基本覆盖县级以上行政区,是省会与省域内城市联系的主要交通运输网络。基础网是地市级及以下交通运输网络,是覆盖空间范围广、通达程度深、惠及面广的交通运输基础服务网络,主要连接乡镇与建制村。

7.2.3 综合交通运输网络特性

(1) 目的性

综合交通运输网络具有最大限度地满足社会经济生活中的综合交通运输需求的预期目标,包括旅客运输需求(含居民出行需求)和货物运输需求。对于综合交通运输网络的建设、运营、信息管理等各个阶段又有不同的要求,从而将总目标划分为若干分目标。

(2) 集合性

综合交通运输网络是由分散的综合交通运输线路、交通运输站点、交通运输设备及相关设施等共同组成的,由于网络元素的分散,以及对时间性的要求,需要标准、管理和控制方式的一致性。各分散的网络元素既是综合交通运输网络的组成部分,又可相对独立地完成一定的交通运输功能。

(3) 关联性

综合交通运输网络需要通过关联,实现综合交通运输系统的整体功能,包括各种交通运输方式之间的衔接和同种交通运输方式内部的衔接等。网络的组成元素是相互依存、相互作用又相互制约的。由于组成元素的关联性,组成元素的功能发挥也相互影响,如城市节点的交通运输集散组织能力会影响相关交通运输线路的交通运输能力。

(4) 阶层性

综合交通运输网络具有一定的层次结构,不同层次综合交通运输网络之间有明确的功能定位,快速网、骨干网主要承担综合交通运输通道上大能力、高要求、中长距离的交通运输需求;干线网与基础网主要满足可达性、灵活性及广覆盖的交通运输需求,与快速网、骨干网互为补充。网络中各对应元素也可因位置、功能的不同,处于不同阶层,从而发挥不同的作用。

(5) 整体性

整体性就是要保证在给定的目标下,系统的元素集、系统的关系集以及阶层结构整体结合效果最佳。综合交通运输网络是一个协调配合的整体,对任何一个运输元素或交通运输子系统都不能离开整体去研究,元素之间的联系和作用以及阶层分布也不能离开整体的协调去考虑。

(6) 环境适应性

规划综合交通运输网络时,应充分考虑该网络对生态环境的影响、对土地资源的占用、对能源的消耗、对环境的污染及所造成的交通安全等问题。环境适应性也是综合交通运输网络可持续发展的重要因素。

7.3 综合交通运输通道

7.3.1 综合交通运输通道定义与分类

1) 综合交通运输通道定义

综合交通运输通道可定义为某一地域范围内,在两个或多个重要节点之间,由发达的、线路走向基本一致的高效率交通干线组成,与周边土地利用存在密切联系的廊道状地域空间系统。综合交通运输通道两端的节点可以是城市组团、重要城市或者区域群体;与行政区划的不同之处在于综合交通运输通道的廊道状地域空间虽然有边界,但综合交通运输通道的边界是模糊的。

2) 综合交通运输通道分类

综合交通运输通道具有空间层次性,按照不同的空间层次,综合交通运输通道可分为国际综合交通运输通道、国家综合交通运输廊道、区域综合交通运输通道,不同层次的综合交通运输通道具有不同的功能,彼此间相互联系和影响,在空间上形成层级有序的综合交通运输通道。

(1)国际综合交通运输通道

国际综合交通运输通道是指跨越主权国家或地区边界的通道,通过两种或两种以上交通运输方式,将分布于不同国家的口岸、物流枢纽连接起来,从而实现不同国家经济体物理意义上的联通,基于运输协议、运输规则,促进不同地区的经贸往来。国际综合交通运输通道是承担国际交流的基础和国家对外联系的桥梁。一个畅通便捷的国际综合交通运输通道是保证一个国家或地区参与国际分工的先决条件。国际货运联系主要是通过海上通道完成的,铁路或公路等通道在一些内陆国家间也起重要作用。

(2)国家综合交通运输廊道

国家综合交通运输廊道主要是指连接国家主要经济区、城市群并承担所有空间相互作用的大流量、高效率的综合交通运输通道。国家综合交通运输廊道能够提高沿线地区的可达性,改变区位优势格局,促进沿线地区资源合理开发利用。国家综合交通运输廊道旅客和货物运输均占有较大比重,其中客运以公路、铁路和航空线路为主;货运以铁路、水路和管道线路为主,包括客运专线、货运专线和客货混用线路,运输速度一般在 120 ~ 300km/h。

国家综合交通运输廊道按照国家交通运输需求量与地区之间交通联系强度可细分为国家综合交通运输主轴、国家综合交通运输走廊、国家综合交通运输通道。国家综合交通运输主轴是指在重要交通流量方向具备综合交通运输能力的通道,主要承担国家级的主要交通运输任务,是国家综合交通运输系统的主干线。国家综合交通运输走廊连接着国家范围内交通运输量较为密集的地区,服务的经济与人口较为密集,在国家综合交通运输廊道中起辐射作用。国家综合交通运输通道主要服务于国家综合交通运输主轴与国家综合交通运输走廊之间的衔接,扩大国家综合交通运输廊道覆盖。

(3)区域综合交通运输通道

区域综合交通运输通道主要是指联系城市群内各主要城市及沿线重要城镇,由各种交通运输方式和交通运输线路组成,为区域内同向、稳定、大量、高频客货运输提供高效、快速交通运输服务的交通运输服务系统。区域综合交通运输通道以客运为主、货运为辅,客运以铁路和公路线路为主,货运则有铁路、公路、水路和管道线路等,交通运输线路主要由高速公路、城际轨道交通等构成,运输速度一般在 80 ~ 200km/h。

区域综合交通运输通道按照城市群内各主要城市及沿线重要城镇间交通运输需求量可分为区域综合交通运输主通道、区域综合交通运输次通道。区域综合交通运输主通道承担城市群内主要城市间的快速客货运输,主通道中客货运输量密集稳定。区域综合交通运输次通道主要起到沟通城市群内主要城市与重要城镇的作用,主要承担客运任务,使主要城市与城镇形成稳定联系。

7.3.2 综合交通运输通道构成

综合交通运输通道的构成要素大致相同,一般包括交通运输线路、交通运输方式、交通运输影响区域。

(1)交通运输线路

交通运输线路是综合交通运输通道的最主要组成部分。综合交通运输通道内的线路设施一般由各种交通运输方式、走向大体一致的多条交通运输线路构成。交通运输线路在综合交通运输通道中承担着运输任务,是综合交通运输通道内集中客货流迅速、及时、安全通过的重要保障。由于交通运输方式的不同,综合交通运输通道内相同走向的各线路具有不同的特征,而且不同空间层次的综合交通运输通道的线路构成也各异。

(2)交通运输方式

综合交通运输通道内交通运输方式可以是公路、铁路、水路、航空和管道等的一种或多种,也可以是几种交通运输方式的联运。由于各种交通运输方式的技术经济特性不同,具有各自的优缺点,综合交通运输通道的交通运输方式也渐趋多样化。随着综合交通运输系统的发展,各种交通运输方式之间的密切配合对改善综合交通运输通道交通运输条件、提高综合交通运输通道的运输效率具有重要的意义。

(3)交通运输影响区域

综合交通运输通道的交通运输影响区域是指与综合交通运输通道交通干线周边土地利用存在密切联系的区域,一般为客货流比较密集的带状区域。按与交通干线联系的性质,可将影响区划分为三类,即直接影响区、间接影响区和联合影响区。直接影响区是指与综合交通运输通道内交通运输线路有直接运输联系的所有经济单位组成的完整地带。间接影响区是指与综合交通运输通道有一定运输联系、所有客货运输的起讫点均不在综合交通运输通道范围内的经济单位组成的区域。联合影响区是指与综合交通运输通道有一定运输联系,且只有客货运输的起点或终点位于本通道范围内的区域。

7.3.3 综合交通运输通道特征

(1)统领性

综合交通运输通道是整个综合交通运输系统的骨干,其在综合交通运输网络中具有全局意义;作为经济区域或行政区域内综合交通运输系统的重要组成部分,其承担了区域内主要的客货运输任务。综合交通运输通道的技术、设备和管理方式基本能够反映交通运输系统的整体水平。

(2)集聚性

综合交通运输通道的集聚性体现在交通运输线路的集中,还体现在对周边产业和人口的吸引。综合交通运输通道客货运输运输量大,运输集中,各种交通运输方式、多条交通运输线路在空间上集聚,互相协作,有助于降低运输成本,进而吸引产业、人口、经济活动向通道沿线地区集中,形成连绵的发展轴线。

(3)扩展性

除直接联系和经过的区域外,综合交通运输通道对客货运输的吸引还影响到非相邻的区域,即综合交通运输通道的间接影响区或联合影响区。综合交通运输通道的发展过程是影响范围的扩展过程,随着综合交通运输通道发展演变,通道的规模和范围不断扩大,其间接影响区和联合影响区将逐渐演变为直接影响区。

(4)层次性

综合交通运输通道具有一定的层次,这不仅体现在地域尺度上的层次性,还体现在同一地域尺度的综合交通运输通道在级别上的层次性。高层级的综合交通运输通道往往由各种交通运输方式构成,通行能力大,能适应各种交通运输需求;而低层级的综合交通运输通道则一般由单一交通运输方式组成或以某种交通运输方式为主。低层级综合交通运输通道在具备一定条件后能发展成高层级综合交通运输通道。

(5) 开放性

综合交通运输通道并非是空间中孤立存在的实体系统，它跟外界具有密切的联系，与人口、环境、资源、经济与社会等外部环境之间有着不断的物质、能量和信息的交换。作为开放的空间子系统，综合交通运输通道在接受区域空间结构对其影响的同时，也在不断对社会空间产生介入效应。在开放的条件下，这两种效应互相作用，使得综合交通运输通道进入相对有序状态。

(6) 生命性

综合交通运输通道形成是交通运输通道与经济活动在空间相互作用长期演化的结果。在与环境的适应过程中，综合交通运输通道不断进行内部结构的调整、功能的优化、地域范围的伸缩、外部形态的演变，在动态的变化过程中表现出顽强的生命力。

7.4 综合交通运输枢纽

7.4.1 综合交通运输枢纽定义与特征

(1) 综合交通运输枢纽定义

综合交通运输枢纽是拥有融铁路、公路、水路、航空、管道等各种交通运输方式所连接固定设备和活动设备为一体的综合交通运输空间结构。综合交通运输枢纽处于两条或多条干线运输方式的交叉点上，形成受区位、政治、经济、人口、社会等因素发展的影响，对于地区之间的联系、地区和城市的发展起到促进作用。综合交通运输枢纽在发展过程中逐渐突破单一的交通功能，向多元化的城市功能拓展。综合交通运输枢纽作为连接综合交通运输网络基础节点和衔接各种交通运输方式的纽带，是综合交通运输系统中各种交通运输方式、不同分布方向、不同交通运输线路客货流的集散、转换点。

(2) 综合交通运输枢纽特征

综合交通运输枢纽具有三个特征：在地理位置上，地处两种及以上的交通运输方式衔接地区或客货流重要集散地；在交通运输网络上，综合交通运输枢纽是综合交通运输网络上多条交通运输干线通过或连接的交会点，连接不同方向上的客货流；在交通运输组织中，承担着各种交通运输方式客货到发、同种交通运输方式客货中转及各种交通运输方式客货联运等运输作业。

7.4.2 综合交通运输枢纽分类

考虑综合交通运输枢纽区域地位、运输强度、服务范围等不同，综合交通运输枢纽可分为国际综合交通运输枢纽集群、综合交通运输枢纽城市、综合交通运输枢纽港站。

(1) 国际综合交通运输枢纽集群

服务和辐射全球范围，一般位于国际综合交通运输通道上，强化人员往来、物流集散、中转服务等综合服务功能，可采取多机场、多铁路车站的组合布局模式，通过便捷、直达、大容量的交通运输通道，实现国家内外交通运输方式的衔接与交通需求中转。

（2）综合交通运输枢纽城市

国际综合交通运输通道、国家综合交通运输廊道的核心节点，在全球资源配置、全国及跨区域人员物资中转集散中发挥重要运输组织功能。综合交通运输枢纽城市按服务和辐射范围可分为全国性综合交通运输枢纽、区域性综合交通运输枢纽、省域性综合交通运输枢纽、地方性综合交通运输枢纽等。

全国性综合交通运输枢纽服务和辐射全国范围，一般位于国家综合交通运输廊道上，主要衔接高品质的快速网与高效率的区域骨干网，优化中转设施和集疏运网络，促进各种交通运输方式协调高效。

区域性综合交通运输枢纽服务和辐射城市群范围，一般位于区域综合交通运输通道上，主要衔接高效率的区域骨干网与便捷化的干线网，提升对周边的辐射带动能力，加强对综合运输通道和全国性综合交通运输枢纽的支撑。

省域性综合交通运输枢纽服务和辐射省域范围，一般位于省会城市，主要衔接干线网与基础网，主要集散省域范围内的交通需求。

地方性综合交通运输枢纽主要服务城市内部客货集散、中转、城区、市郊及短途城际间的客货换乘、换装。

（3）综合交通运输枢纽港站

综合交通运输枢纽港站是综合交通运输枢纽的具体依托，包括机场、港口、铁路站、邮政处理中心等，按承担客货运量的主要交通运输方式可分为港口型综合交通运输枢纽、机场型综合交通运输枢纽、公路场站型综合交通运输枢纽、铁路车站型综合交通运输枢纽。

港口型综合交通运输枢纽依托沿海、内河港口，对接国内国际航线和港口集疏运网络，实现水陆联运、水水中转有机衔接，其内部各种交通运输方式的布局特点以及总体布局模式与机场型综合交通运输枢纽类似，主要受岸线影响较大。

机场型综合交通运输枢纽是以航空为主体，由铁路、汽车长途等其他对外交通运输方式和轨道、公交等对内交通运输方式共同构成的一类综合交通运输枢纽。

公路场站型综合交通运输枢纽是以公路客运为主、城市轨道为辅，同时由多种城市交通运输方式共同组成的综合交通运输枢纽。该类枢纽不仅是城市对外交通的重要节点，同时也承担了城市内部交通换乘枢纽的作用。

铁路车站型综合交通运输枢纽是以铁路交通运输方式为主、其他对外交通运输方式和城市交通为辅的一类综合交通运输枢纽，是目前我国综合交通运输体系中最常见也是最重要的节点。

7.4.3 综合交通运输枢纽功能

综合交通运输枢纽承担着交通衔接、客货流集散、运输组织、中转换乘换装、信息服务和经济增值等多种功能，同时具有较强的外部性，通过整合资源形成完整交通运输链条，对综合交通运输网络的高效运转具有重大作用，其效率高低直接影响综合交通运输系统总效率，对于区域经济社会发展及城市形态的演化也具有影响。综合交通运输枢纽功能主要体现在以下六个方面。

（1）交通衔接功能

交通衔接功能是指综合交通运输枢纽作为一个衔接点，根据客货运交通需要，把不同出行方式、不同出行线路、不同出行方向的交通出行与运输活动连接成为一个有机整体。综合交通运输枢纽作为各种交通运输方式或线路的接合部,有效改善城市内外交通由于运输组织方式差异造成的"内外交通"衔接不畅问题,通过枢纽内部各种交通运输方式之间的立体化衔接来解决大量车流和人流的相互干扰的问题,满足由起讫点不同、需求时间不同、对服务的要求不同、对象不同等因素造成的多样、多层次性交通运输需求,促进了多式联运、综合交通运输和现代物流的发展。

(2) 客货流集散功能

综合交通运输枢纽的客货流集散功能主要针对综合交通运输系统的运输客货流,枢纽节点基于枢纽场站系统及其连接的交通运输线路,利用自身对客流的汇集作用为枢纽节点间的综合运输大通道提供客货流。枢纽与其服务区域内的交通需求起点相连,实现客货流从非枢纽节点到枢纽节点的汇集,即由"面"到"点"的汇集客流功能;枢纽节点与枢纽节点相连,实现客流从枢纽节点到枢纽节点间的规模化运输,即"点"到"点"的规模化运输客流功能;枢纽与其服务区域内的交通需求讫点相连,实现客货流从枢纽节点到非枢纽节点的分散,即实现由"点"到"面"的分散客流功能。

(3) 运输组织功能

运输组织功能包括运输生产组织、客货流组织、运力组织和运行组织四个方面。运输生产组织在客运系统方面包括为组织旅客上下车提供的各种管理服务工作,为参营车辆安排运营班次、制定发车时刻等;在货运系统方面包括货物运输的发送、中转、到达等作业,组织货物的装卸、分发、换装作业等。客货流组织包括收集客货流信息和客流变化规律资料,并合理安排营运线路,实现货物的合理运输等。运力组织包括运输枢纽站场组织营运车辆进行客货物运输,运用市场机制协调客货源与运力之间的匹配关系等。运行组织包括办理参营车辆到发手续,组织客车按班次时刻准点正班发车;确定货运车辆行驶的最佳线路和运行方式,制订运行作业计划等。

(4) 中转换乘换装功能

中转换乘换装功能是指枢纽场站为旅客的中转换乘提供方便,为货物中转、换装提供方便,配备相应的场站服务设施,在时间、要求、物耗等方面为中转旅客、货主提供服务,确保旅客换乘作业、中转货物换装作业的完成。客流的换乘是指从特定集散点或场站设施开始,通过枢纽内的换乘组织线路,到达另一集散点或场站设施的过程,包括换乘通道的供给能力、换乘组织的有效性和换乘过程的舒适性。

(5) 信息服务功能

信息服务功能是指通过现代信息、通信设备,使公路交通运输枢纽与水路交通运输枢纽、铁路站场和航空港有机联系,相互衔接,迅速、及时、准确地传递和交换各种营运信息;向社会提供货源、运力信息和配载及通信服务。

(6) 经济增值功能

经济增值功能是指综合交通运输枢纽对经济社会发展的影响相较于单一交通运输枢纽具有显著性。综合交通运输枢纽可为旅客、货主、司乘人员提供食、宿、娱乐服务,为货主代办报关、报检、保险等业务,为营运车辆提供停放、加油、检测和维修服务。综合交通运输枢纽本身不仅是一个交通运输的功能单位,而且对于所在地区乃至整个区域的经济发展具有强大的带动作用。对综合交通运输枢纽周边地区的空间进行联合开发,可以使综合交通运输枢纽成为具备多功能的综合型中心。

7.5 综合交通运输一体化

7.5.1 综合交通运输方式一体化

1)综合交通通道一体化

以国家综合交通运输廊道布局为依托,主轴与走廊间协调衔接。沿江通道建设沿江高铁,优化以高等级航道和干线铁路、高速公路为骨干的沿江综合交通运输通道功能;沿海通道提高铁路通道能力,提升港口航道整体效能;发挥铁路的骨干作用和港口的门户作用,衔接国际综合交通运输通道。对于待贯通段和瓶颈段推进建设和扩容改造,考虑协同综合交通运输通道建设与各种交通运输方式衔接,探索新型交通运输方式应用。建设过程中与空间规划、区域规划的衔接,引导资源有效配置,节约并集约利用通道线位资源、岸线资源、土地资源、空域资源,提高资源利用效率。

交通运输基础设施建设全过程、全周期绿色化,降低各种交通运输方式单位运输周转能耗。综合交通运输通道的公路铁路协同规划与建设,预留后建者的建设条件,公路铁路可以上下分层建设,公路在下,铁路在上。上下层建设与并线或共线建设相比,可进一步节省土地资源。江河通道资源以珍惜资源、统筹使用为原则,建设立体(并行)的跨江跨河通道,节省建设成本。城市道路、轨道交通与城际间道路、市域铁路协调规划,使干支线道路衔接顺畅、能力匹配;使高铁、城际铁路、市域铁路、城市轨道交通四网融合,换乘方便。

2)综合交通枢纽一体化

(1)综合交通运输枢纽集群

综合交通运输枢纽集群位于综合交通运输通道的重要交会点,依托省、自治区、直辖市的中心城市和口岸城市,已有国际性综合交通运输枢纽集群全球互联互通水平和辐射能级的提升,可以培育新一批辐射区域、联通全国的综合交通运输枢纽集群,发挥中心城市引领作用,促进集群内各城市分工协作、资源共享。开放协同性的综合交通运输枢纽集群需要建设枢纽集群设施网络,提高枢纽集群国际辐射能级,建设高质量发展先行区;枢纽集群实现更高水平互联互通,增强综合交通运输枢纽集群辐射带动能力。

(2)综合交通运输枢纽城市

考虑综合交通运输枢纽城市功能定位,保证各条线路的顺畅连通,遵循客运"零距离换乘"和货物换装"无缝衔接"的原则,统筹线路、场站以及信息传输等设施的有效衔接,充分体现客货流汇集、换乘/换装和疏散的承载性、顺畅性和兼容性。强化对外交通联系及城市内外衔接,提升综合交通运输枢纽城市集聚辐射能力。国际性综合交通运输枢纽城市强化门户功能,区域性、地区性综合交通运输枢纽城市提高衔接服务水平。

(3)综合交通运输枢纽港站

根据社会经济发展和交通需求的预测结果,综合考虑交通运输条件及自然环境等因素,对综合交通运输枢纽港站的数量、地理位置、规模进行优化和调控,实现整个综合交通运输系统运输效率最大化。按照"统一规划、统一设计、统一建设、协同管理"原则,发挥主导交通运输方式在枢纽港站功能布局、换乘换装设施设备配置、建设管理等方面主体作用,使枢纽港站与集疏运体系、连接系统一体融合发展。

新建综合交通运输枢纽内各种交通运输方式集中布局,实现空间共享与同台换乘。加强轨道交通与机场的衔接,国际交通运输功能较强的航空枢纽由2条以上轨道交通衔接。铁路综合交通运输枢纽一体设计、建设与运营,全国性铁路综合客运枢纽基本实现2条以上都市圈市域(郊)铁路或城市轨道衔接。新建综合交通运输枢纽整合既有货运枢纽场站资源和服务功能,提升多式联运效率与物流综合服务水平。综合交通运输枢纽建设注意发展空间预留、用地功能管控、开发时序协调,推进站城一体、产城融合。

7.5.2 综合交通运输网络一体化

综合交通运输网络一体化适应新型城镇化战略需要,在资源共享前提下,发挥各层次网络优势,满足不同空间差异出行需求,消除服务区域空间空白。综合交通运输网络一体化基于合理功能级配构建体系,实现"功能互补,服务兼顾,互联互通,资源共享"一体化服务。

(1) 综合交通运输网络与运输服务网融合发展

综合交通运输基础设施、载运工具、标准、信息与管理有机衔接,综合交通运输网络动态运行管理提高服务智能化水平,打造以全链条快速化为导向的便捷交通运输服务网,构建空中、水上、地面与地下融合协同的多式联运网络,完善供应链服务体系。

(2) 综合交通运输网络与信息网融合发展

交通运输基础设施与信息基础设施统筹布局、协同建设,推动车联网部署和应用,强化与新型交通运输基础设施建设统筹,载运工具、通信、智能交通、交通管理相关标准跨行业协同。

(3) 综合交通运输网络与能源网融合发展

综合交通运输基础设施与能源设施统筹布局规划建设,充分考虑各种能源输送特点,综合交通运输基础设施与能源基础设施共建共享,提高设施利用效率,减少能源资源消耗。综合交通运输基础设施网与智能电网融合,适应新能源发展要求。

7.5.3 综合交通运输区域发展一体化

(1) 重点区域交通运输一体化

重点区域建设辐射全球的航运枢纽,打造交通高质量发展先行区,提升整体竞争力和影响力。重点区域实现高水平互联互通,巩固提升港口群、机场群的国际竞争力和辐射带动力,建成具有全球影响力的交通枢纽集群。以提升对外连通水平为导向,强化门户枢纽功能,构建一体化综合交通运输系统。建设东西畅通、南北辐射、有效覆盖、立体互联的综合交通运输网络。考虑生态环境保护与交通运输高质量发展,优化交通基础设施空间布局。

(2) 地区交通运输一体化

人口、经济密集地区交通承载力提高,强化对外开放国际运输服务功能。推进综合交通运输通道与综合交通运输枢纽建设,更好发挥承东启西、连南接北功能。强化交通运输基础设施布局,推进陆海新通道建设,打造东西双向互济对外开放通道网络。优化枢纽布局,完善枢纽体系,发展通用航空,改善居民出行条件。交通运输发展提质增效,强化地区通道能力建设。

(3) 城市群内部交通运输一体化

城市群轨道交通网络化,城际交通网便捷高效,基本实现城市群内部2h交通圈。城市群内部重要港口、站场、机场的路网连通性提升,城市群内港口群、机场群统筹资源利用、信息共享、分工协作、互利共赢,提高城市群交通枢纽体系整体效率和国际竞争力。统筹城际网络、运力与运输组织,提高交通运输服务效率。研究布局综合性通用机场,发展城市直升机运输服务,构建城市群内部快速空中交通网络。建立健全城市群内交通运输协同发展体制机制,推动相关政策、法规、标准等一体化。

(4)都市圈交通运输一体化

中心城区建设连接卫星城、新城的大容量、快速化轨道交通网络,推进公交化运营,加强道路交通衔接,打造1h"门到门"通勤圈。城市道路网结构优化,形成级配合理、接入顺畅的路网系统。有序发展共享交通,城市步行和自行车等慢行交通系统与停车设施合理配置。开展人行道净化行动,建设自行车专用道,引导公众绿色出行。深入实施公交优先发展战略,构建以城市轨道交通为骨干、常规公交为主体的城市公共交通系统,推进以公共交通为导向的城市土地开发模式,提高城市绿色交通分担率。超大城市利用轨道交通的地下空间与建筑,优化客流疏散。

(5)城乡交通运输一体化

城乡交通运输基础设施和运输服务的一体化是综合交通运输系统建设的重点,为提高城乡交通运输公共服务公平性,使城乡连通渠道畅通,城乡双向流通与融合发展。城乡交通运输基础设施应一体化规划、建设、管护,地方高速道路网与国道、农村道路以及其他交通运输方式协调衔接。依托城乡交通运输连接畅通与城乡客运一体化,使城乡综合交通运输发展均衡。

7.5.4 综合交通运输产业发展一体化

(1)与邮政快递融合

在铁路、机场、城市轨道等交通场站建设邮政快递专用处理场所、运输通道、装卸设施。重要交通枢纽邮件快件集中安检、集中上机(车),发展航空、铁路、水运快递专用设施设备。各种交通运输方式跟踪数据等实现信息共享。邮件快件多式联运,跨领域、跨区域和跨交通运输方式顺畅,全程运输透明化。乡村邮政快递网点、综合服务站、汽车站等设施资源整合共享。

(2)与现代物流融合

现代物流体系建设,依托国家综合运输通道和枢纽布局,在枢纽中建设应急、冷链、分拣处理等功能区,完善口岸衔接,提高转运分拨效率。增加农村交通运输基础设施骨干网络和末端网络覆盖。发展高铁快运与航空物流,鼓励现代物流企业积极参与全球供应链重构与升级,依托综合交通枢纽城市建设全球供应链服务中心与全球物流供应链体系。

(3)与旅游融合

综合交通运输系统需要考虑国家旅游风景道、旅游交通体系等规划建设,打造具有广泛影响力的自然风景线。强化旅游交通运输网络"快进慢游"功能,加强交通运输干线与重要旅游景区衔接。完善公路沿线、服务区、客运枢纽等旅游服务设施功能,支持乡村旅游、度假休闲旅游、自驾游等相关交通运输基础设施建设,使通用航空与旅游融合发展。重点旅游景区建立交通集散体系,发展定制化旅游交通运输服务,增设邮轮旅游服务,形成综合交通运输系统与旅游的良性互动格局。

(4)与装备制造等相关产业融合

交通运输与现代农业、生产制造、商贸金融等跨行业合作,支持交通装备制造业延伸服务链条,现代装备在交通运输领域应用,国产航空装备产业化、商业化应用,交通运输与现代装备制造业的相互支撑。交通运输与生产制造、流通环节资源整合,物流组织模式与业态创新。

【复习思考题】

1. 简述综合交通运输系统内涵。
2. 综合交通运输系统构成按照功能划分包括哪些?
3. 综合交通运输系统有哪些主要特征?
4. 综合交通运输网络层次主要包含哪些内容?简要说明不同层次网络间的关系。
5. 综合交通运输网络有哪些主要特性?
6. 简述综合交通运输通道的定义与分类。
7. 简述综合交通运输通道的特征。
8. 简述综合交通运输枢纽的定义与特征。
9. 简述综合交通运输枢纽的主要功能。
10. 简述综合交通运输方式一体化的主要内容。
11. 结合《国家综合立体交通网规划纲要》,试论述综合交通运输系统建设如何支持国家区域协调发展战略。
12. 结合《交通强国建设纲要》,试分析如何推进综合交通运输系统与相关产业融合发展。

【本章参考文献与延伸阅读】

[1] 中共中央,国务院. 交通强国建设纲要[EB/OL]. (2019-09-19)[2022-10-01]. http://www.gov.cn/zhengce/2019-09/19/content_5431432.htm.

[2] 中共中央,国务院. 国家综合立体交通网规划纲要[EB/OL]. (2021-02-24)[2022-10-01]. http://www.gov.cn/zhengce/2021-02/24/content_5588654.htm.

[3] 交通运输部科学研究院. 中国可持续交通发展报告[EB/OL]. (2021-10-14)[2022-10-01]. https://xxgk.mot.gov.cn/2020/jigou/gjhzs/202112/t20211214_3631113.html.

[4] 中共中央,国务院."十四五"现代综合交通运输体系发展规划[EB/OL]. (2022-01-18)[2022-10-01]. http://www.gov.cn/zhengce/content/2022-01/18/content_5669049.htm.

[5] 交通运输部,国家铁路局,中国民用航空局,等. 现代综合交通枢纽体系"十四五"发展规划[EB/OL]. (2022-01-29)[2022-10-01]. https://www.mot.gov.cn/zhuanti/shisiwujtysfzgh/202201/t20220129_3639070.html.

[6] 尹传忠,王立坤. 综合运输学概论[M]. 上海:上海交通大学出版社,2020.

[7] 万明. 交通运输概论[M]. 北京:人民交通出版社股份有限公司,2015.

[8] 李·毕理克巴图尔. 区域综合交通运输一体化——运作机制与效率[M]. 北京:经济管理出版社,2012.

[9] 邵春福,张旭,等.城市交通设计[M].北京:北京交通大学出版社,2016.
[10] 罗仁坚.中国综合运输体系理论与实践[M].北京:人民交通出版社,2009.
[11] 丁金学.综合运输通道发展理论与实践[M].北京:人民交通出版社股份有限公司,2018.
[12] 卢春房,卢炜.综合立体交通运输体系发展策略[J].铁道学报,2022,44(1):1-7.
[13] 姚冠新,范雪茹,刘路,等.枢纽经济视域下的物流枢纽服务和综合交通运输一体化发展的仿真优化[J].系统工程,2021,39(2):101-110.
[14] 杨涛.新时代跨区域综合交通运输规划的思考[J].城市规划,2021,45(3):21-23,45.
[15] 朱高峰.交通运输网络理论探讨[M].北京:高等教育出版社,2009.
[16] 吴兆麟.综合交通运输规划[M].北京:清华大学出版社,2009.
[17] 过秀成.城市客运枢纽规划和设计[M].北京:人民交通出版社股份有限公司,2018.
[18] 曹小曙,许志桦.城市群综合交通运输系统研究[M].北京:商务印书馆,2014.
[19] 赵鹏军,吕迪,胡昊宇,等.适应人口发展的现代化综合交通运输体系研究[J].地理学报,2020,75(12):2699-2715.
[20]《综合交通运输导论》编委会.综合交通运输导论[M].北京:人民交通出版社股份有限公司,2021.
[21] 傅志寰,孙永福.交通强国战略研究[M].北京:人民交通出版社股份有限公司,2019.
[22] 寇玮华.交通网络应用优化理论与方法[M].成都:西南交通大学出版社,2018.
[23] 庞清阁,姜彩良,石宝林.关于新时代我国综合交通运输发展的若干思考[J].交通运输研究,2019,5(4):20-25.
[24] 姚晓霞,荣朝和.我国综合立体交通网规划性质及作用分析[J].城市规划,2020,44(5):104-110.
[25] 何世伟.综合交通枢纽规划——理论与方法[M].北京:人民交通出版社,2012.
[26] 本书编写组.国家综合立体交通网规划纲要学习读本[M].北京:人民交通出版社股份有限公司,2021.
[27] 本书编写组.交通强国建设纲要学习读本[M].北京:人民交通出版社股份有限公司,2021.
[28] 交通运输部推进交通强国建设领导小组.交通强国建设专项研究成果汇编[M].北京:人民交通出版社股份有限公司,2021.

第8章
区域综合交通运输规划

8.1 区域综合交通运输规划的总体思路

8.1.1 区域综合交通运输规划的定位

根据《关于建立国土空间规划体系并监督实施的若干意见》(以下简称《若干意见》)要求将主体功能区规划、土地利用规划、城乡规划等空间规划融合为统一的国土空间规划,实现"多规合一",建立"五级三类"的国土空间规划体系:"五级"即国、省、市、县、乡镇五级行政层级;"三类"包括总体规划、详细规划和相关专项规划,并对各级国土空间规划的规划内容做出了原则性规定。与国家空间规划编制相适应,《国家综合立体交通网规划纲要》明确我国交通基础设施最高层次的空间网络是综合交通运输体系的基础,包括铁路、公路、水路、航空、管道等各种运输方式的主要通道和节点,是一张布局完善、规模合理、结构优化、资源集约、衔接高效、互联互通的海陆空骨架网络。作为国家国土空间规划专项规划的国家级综合交通运输规划,需要逐步实现从技术类规划向政策类规划转变。国家级综合交通运输规划也应分级并建立相应体系,应逐步成为以政策性内容为主的战略规划,地市层面的综合立体交通网规划则应确定为技术类规划,需要提出具体项目的线位走向及建设要求等,以便与地市层面的国土空间规划相衔接,保证综合立体交通网规划在地市层面能够真正落地实施。省级综合交通运输规划则介于两者之间,需兼顾政策和技术两方面要求。

8.1.2 区域综合交通运输规划的转型

国土空间规划体系的建立促使交通规划进入全新"转型期",需从思维方式、体系构建、内容转型、编制审批、动态评估、法规标准等多方面进行交通规划的转型发展。

(1)转变交通规划思维

以国土空间规划体系建立的指导思想为基础,交通规划应树立生态保护优先的开发思维;全域全要素一体化战略思维;交通与空间协同发展思维;以人为本的高质量发展思维。

(2)建立新的交通规划体系

综合考虑部分城镇化密集区跨区域协同发展以及专项体系逐级传导落实的需要,建立与国土空间规划匹配的交通规划体系框架,包括国家、省级、市、县综合交通运输规划及对应的区域交通专项规划,如图 8-1 所示。

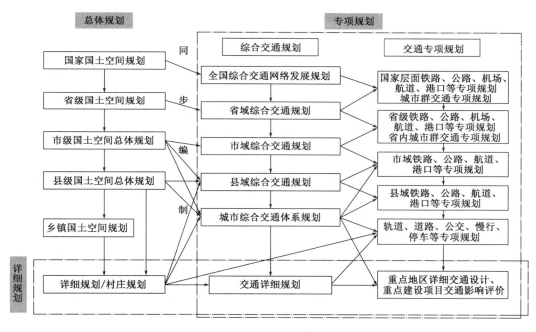

图 8-1 与国土空间规划匹配的"五级三类"交通规划体系图

(3)充实交通规划的内容

交通规划在内容覆盖范围上,基于全域空间治理,补充完善全域交通系统的管控与约束;基于国土空间全要素管理,完善航运、航空、地下等交通空间的管控与约束。在规划的传导机制上,应当逐级落实上位规划及国土空间总体规划的强制性内容,实现与其他相关专项规划的衔接与协调,对下位规划及详细规划发挥约束、管控与引导作用。在编制深度需求上,应当严格落实同级别国土空间规划的要求,为国土空间规划方案的确定提供交通系统支撑依据;要明确提出对下一个层次交通规划及详细规划的分解落实要求。在编制成果的需求上,应当由规划方案形式向方案管控与引导政策形式转变,形成可解读、可操作、可评估的成果。

(4)组织编制与审批

交通规划应与同级别国土空间规划同步开展编制,相互协调反馈,确保规划的科学性;并在综合交通规划编制完成后，抓紧编制同级别各道路交通专项规划，为下级别国土空间规划明确约束与管控条件。由所在区域交通、规划与建设主管部门负责组织编制本级综合交通规划、交通专项规划或交通详细规划，由本级或上级政府负责审批。

(5) 实现动态评估

交通规划作为国土空间规划体系中重要的专项规划，应当与同级别国土空间总体规划及详细规划同步实行定期评估机制。

(6) 完善法规政策与技术标准

法规政策及技术标准体系的建立将同步于国土空间规划编制的过程，交通规划领域应当在国土空间规划体系的框架下，充分发挥已公布的相关技术标准和规范的积极作用，通过实践不断完善综合交通规划的相关技术标准。

8.1.3 区域综合交通运输规划的编制要点

区域综合交通运输规划作为国土空间治理的重要政策工具，应当与国土空间规划同步开展专题研究与专项规划编制工作，从更高工作层面、更早工作阶段积极融入国土空间规划体系。不同级别的国土空间规划反映了不同层级的目标与任务。全国国土空间规划侧重战略性，省级国土空间规划侧重协调性，市县和乡镇国土空间规划侧重实施性，构建了自上而下逐级落实国家发展战略的体系框架。根据国土空间的分层体系规划，将对应国家级、省级、市县级交通设施，建立国家综合立体交通网规划、省级综合立体交通网规划以及市县综合交通运输规划。

(1) 国家综合立体交通网规划编制要点

国家综合立体交通网规划立足于"交通强国"战略，以支撑现代化经济体系和社会主义现代化强国建设为目标，建设"便捷顺畅、经济高效、绿色集约、智能先进、安全可靠"的现代化高质量综合立体交通网络。国家综合立体交通网连接全国所有县级及以上行政区、边境口岸、国防设施、主要景区等，应以统筹融合为导向，以多中心、网络化为主形态，构建快速网、干线网、基础网多层次网络布局，注重存量资源优化利用和增量供给质量提升，完善公路、铁路、水路、航空、邮政快递等基础设施网络。

国家综合立体交通网主骨架由国家综合立体交通网中最为关键的线网构成，是我国区域间、城市群间、省际以及联通国际运输的主动脉，是支撑国土空间开发保护的主轴线，也是各种运输方式资源配置效率最高、运输强度最大的骨干网络。国家级综合运输通道应依据国家区域发展和国土空间开发保护格局，结合未来交通运输发展和空间分布特点，将重点区域按照交通运输需求量级划分为"极、组群、组团"三类，按照"极、组群、组团"之间交通联系强度，建设由主轴、走廊、通道组成的国家综合立体交通网主骨架。交通主轴加强京津冀、长三角、粤港澳大湾区、成渝地区双城经济圈4极之间联系，促进全国区域发展南北互动、东西交融；交通走廊强化4极的辐射作用，加强极与组群和组团之间联系，优化完善多中心、网络化的主骨架；交通通道强化主轴与走廊之间的协调，加强组群与组团、组团与组团之间联系，促进内外连通、通边达海。国家综合交通枢纽系统由综合交通枢纽集群、枢纽城市及枢纽港站构成，京津冀、长三角、粤港澳大湾区、成渝地区双城经济圈形成4大国际性综合交通枢纽集群，面向不同层级需求建设国际性、全国性的综合交通枢纽城市和枢纽港站。面向国际需求发展多元化国际运输通道，依托国际性枢纽港站，构建国际客货运输网络。

(2) 省级综合立体交通网规划编制要点

省级综合立体交通网规划应起到承上启下、统筹协调的作用。落实全国国土空间规划、国家专项规划、区域规划确定的重大交通基础设施建设，包括国家事权的干线铁路、高速公路、普通国道、国家级口岸公路、干线航道、沿海港口、高等级内河航道、民用运输机场等。研究省级事权的交通基础设施建设，包括城际铁路、支线铁路、省级高速公路网、普通省道公路网、通用机场、道路运输场站、其他内河航道等，协调各个地市，确定交通基础设施规模、空间布局和建设时序。根据"三区三线"划定，优化交通空间与城镇空间、农业空间、生态空间的关系。

省级综合交通运输网络规划应以实现交通资源优化配置、体现组合效率为目的，加强对轨道交通网、公路交通网、干线航道网、邮政服务网布局规划的指导和约束，构建以铁路为主干，以公路为基础，水路、航空比较优势充分发挥的省域综合立体交通网。省级综合运输通道布局应考虑与国家国际运输网络的衔接，与周边主要城市群和重要城市的联系，全省设区市、主要陆路、海上和航空口岸之间的联系，以及国土开发和国防功能的需要。综合运输枢纽规划应围绕综合交通枢纽城市的服务功能，构建国际性、全国性、区域性三个层次的全省综合交通枢纽城市格局。面向国际、国内、省内出行需求，建设机场群、港口群和综合客货运枢纽港站群。

(3) 市（县）域综合交通运输规划编制要点

市、县域综合交通运输规划起统筹协调、指导实施的作用。在市、县域层面深化国家、省级事权的交通基础设施项目与"三区三线"的协调，研究市级事权交通基础设施项目的布局、规模等，包括市域（郊）铁路、城市轨道、县道公路网、乡道、城市快速路、内河航道、港口、汽车站、公交场站等。

市、县域综合交通运输规划覆盖全域空间，构建全域交通网络，同时基于生活空间、生态空间和生产空间交通差异化发展要求，制定区域差别化交通体系。根据国土空间发展战略的综合交通体系发展总体目标，同时考虑空间区域差别化的发展要求，制定区域差别化交通发展目标和指标。建设各种交通方式协调发展的高品质城乡交通运输体系，满足城乡居民日常通勤、生活、休闲、健身等多样化出行需求，合理利用绿色生态空间和风景旅游资源，构建生态休闲健身绿道网、全域旅游交通网，同时引导城乡空间的集约节约发展，构建满足全域、全要素空间需求的综合交通网。依托综合立体交通网，建设邮政快递服务网络与枢纽。

8.2 区域交通运输规划编制内容

8.2.1 区域综合交通运输规划的内容及要求

区域综合交通运输规划是指在一定地域范围内（国家或者地区）对交通运输系统进行总体战略部署，即根据国民经济发展的要求，从当地具体的自然条件和经济条件出发，通过综合平衡和多方案的比较，确定交通运输发展方向和地域空间分布。区域综合交通运输规划是实现国民经济对交通运输要求的重要手段，也是编制各种交通运输方式专项规划的基本依据。

区域综合交通运输规划主要包括区域综合交通运输网络规划、区域综合交通运输通道规划、区域综合交通运输枢纽规划三方面内容。表8-1为区域综合交通运输规划的要点。

区域综合交通运输规划的要点 表8-1

规划内容	规划要点
区域综合交通运输网络规划	根据运输网络的构成及特性，综合区域社会经济发展、环境、资源等影响因素，提出不同层次运输网络的规模、布局规划
区域综合交通运输通道规划	分析具有密集客货流的两地客货需求特点，对两地之间不同能级通道内的交通方式进行合理配置及设施结构优化
区域综合交通运输枢纽规划	结合上位规划要求，通过运输枢纽的性质与功能定位，确定客货运输枢纽规模与布局，并结合各枢纽的特性，对规划枢纽场站布局和交通枢纽的部署

8.2.2 区域交通专项规划的内容及要求

区域交通专项规划是依据区域综合交通运输规划，按基本运输方式在运载工具、线路设备、运营方式、技术经济特征及适用范围不同而开展的。

区域交通专项规划包括公路运输规划、铁路运输规划、水路运输规划、航空运输规划等。它侧重于各子系统本身的发展目标、需求分析、布局规模、布局方案、近期建设计划、运营管理、效益评价等。表8-2为区域交通专项规划的要点。也可根据实际工作需要开展公路网规划、港口规划、航道规划、枢纽总体布局规划等。

区域交通专项规划的要点 表8-2

规划主体	规划要点
公路运输规划	制定公路网规模、布局、等级结构配置，公路运输枢纽布局和公路运输组织等
铁路运输规划	确定铁路网规模、结构，铁路枢纽布局、铁路运输线路的组织规划等
水路运输规划	合理布局航道网，确定港口选址及规模、运输设施、水运交通结构等
航空运输规划	确定机场选址、布局、设施规模，结合航空运输系统特点，合理规划航线、机队规模等

8.3 区域综合交通运输规划

区域综合交通运输规划是对综合运输系统发展建设的总体部署，是综合交通运输系统合理、协调、有序发展的依据。区域综合交通运输规划主要包括区域综合交通运输网络规划、区域综合交通运输通道规划、区域综合交通运输枢纽规划。

8.3.1 区域综合交通运输网络规划

区域综合交通运输网络规划是在考虑特定区域社会经济发展需求、环境、资源等因素的基础上，提出综合交通运输网络布局的规划方案，并对各方案进行比选，确定规划方案，对规划方案进行综合评价，制定分期实施的项目建设序列，提出规划实施的保障措施和建议。

1）规划目标与原则

区域综合交通运输网络规划的目标是在充分考虑国土规划、社会经济发展与运输需求、环境影响等基础上，通过对综合交通运输网络的节点城市（或枢纽城市）、运输线路、通道和网络整体的设计与布局等，实现各个交通运输子网络系统之间的运行协调，各子系统、子网络之间优势互补,以达到交通运输效率的提升最大化,促进其与社会经济以及环境系统的合理协调与可持续发展。

区域综合运输网络规划应遵循以下原则:

①适应区域发展战略和规划,综合考虑经济布局、人口资源配置、用地开发、对外开放、国防建设等交通运输要求,且适度超前。

②根据客货流的流向,考虑与区域的外部经济联系和过境交通的需求,充分体现各种运输方式的技术经济特点和比较优势,合理配置和集约利用交通线路资源,连接和优化各种交通设施的空间布局。

③交通运输网络布局应充分考虑区域自然地理条件和资源特点,因地制宜发展各运输方式。

④体现以人为本,加强枢纽衔接和一体化综合交通设施配置,实现点(站、港、枢纽)、线(线路)和面(交通网络)的协调。

⑤注重节约集约用地、节能减排,整合现有资源,保护生态环境,加强交通安全,建设资源节约型、环境友好型、土地利用高效率、能源友好型的综合交通网络。

2)规划流程

综合交通运输网络规划除了要结合区域社会经济发展规划及国土利用总体规划之外,还要在规划过程中吸纳综合交通运输通道、枢纽布局的研究成果,与之有机结合。区域综合交通运输网络规划流程如下:

①结合区域国土利用总体规划、区域社会经济发展规划,确定区域综合交通运输网络规划的目标,制定规划总体方案、工作流程、实施计划。

②综合交通调查,主要包括交通设施、运输组织、运输运营和服务情况,区域自然、人文、经济、社会等资源分析,既有交通系统存在问题的剖析及成因分析,现状交通运输模型的参数标定。

③结合交通运输发展与社会经济发展相关性分析,预测区域社会经济发展,研判交通运输发展趋势,综合运用四阶段分析模型(交通发生吸引、交通方式划分、交通分布、运输网络配流)进行运输需求预测。

④结合通道布局规划与枢纽布局规划成果形成的综合交通运输网络主骨架,利用方式选择分析确定网络内部各方式设施规模与形态,拟定综合交通运输网络布局规划方案,并对布局规划方案进行优化比选。

⑤从社会、经济、环境等方面对规划方案进行综合评价。

⑥给出规划网络分期实施方案,并对近期建设项目进行排序。

3)主要规划内容

(1)综合交通调查分析

交通调查是整个规划研究必不可少的基础工作,大量可靠的数据资料是保证规划具有科学性的基本条件。区域交通网络规划所需收集资料一般包括区域社会经济发展现状、区域内综合运输状况及区域运输网状况。具体如下:

①进行区域社会经济发展现状调查,目的在于预测未来社会经济发展的水平,预测社会经济对交通运输的需求。主要调查项目包括区域的自然资源、旅游资源、矿产资源、人文资源等;有关政治、经济、文化政策等;各节点人口、工农业产值、物资产量等。

②进行区域内综合运输状况的调查,目的在于确定区域内交通特性。主要调查项目包括客货运量及周转量的历年统计资料,港口吞吐量,各路段(河段)路口实测交通量(货流量)观测资料,运量起讫点(OD)及各节点货运转运状况调查等。

③进行区域交通网络的调查,目的在于掌握网络及相关设施的基本情况和运营的状况。其调查项目有交通网络的布局、线路等级等。

(2) 交通需求分析

运输网络在一个区域社会经济发展中有着广泛的政治、经济、国防和社会多方面的作用。以区域中各城市为节点单位,运用数理统计的方法,以单一出行、小区出行等作为统计单元,基于一定时空范围内系统平衡的考虑,从出行生成、出行分布、方式划分和交通分配等各环节对规划年的交通需求状态进行分析。

网络运输量的预测一般可分为四阶段:运输量产生的预测,即各节点运输总量的预测;运输量分布的预测,即区域综合运量 OD 矩阵的预测;运输量分组的预测,即将未来综合运量 OD 矩阵分解为分方式运量 OD 矩阵;运输量分配的预测,即将各种运输方式运量 OD 矩阵在各方式交通网络上进行配流。

①出行生成。出行生成预测是需求分析预测的第一阶段,是获得每个目标地区的总量交通需求,即交通生成量;在总量的约束下,计算每个交通小区的发生和吸引交通量。出行的发生、吸引,与土地利用性质、设施规模密切相关。交通生成总量预测方法主要有原单位法、增长率法、交叉分类法以及回归分析法。回归分析法认为每个城市的出行生成量取决于城市中各类用地的经济发展程度、土地开发强度、区位等因素。发生与吸引交通量预测与交通生成总量预测方法相同,分为原单位法、增长率法、交叉函数法和函数法。

②出行分布。在出行生成预测中获得区域间的出行生成和吸引量后,出行分布阶段主要预测未来规划年区域间的出行交换量。目前最为常用的方法主要是增长系数法和重力模型法。

增长系数法的使用相对简单,基于给定现状分布,假设未来与现状分布量具有相同的分布形式,并通过计算增长系数来预测未来分布量。结合分析现状交通小区间交通量与小区本身的属性、小区间阻抗等变量之间的关系,通过统计回归得到的模型预测规划年的出行分布情况。重力模型法基于路网和土地利用对出行产生的影响,考虑到两个交通小区之间吸引强度和阻力,认为两个交通小区的出行吸引与两个交通小区之间的交通发生和吸引量成正比,与交通小区之间的交通阻抗成反比。

③方式划分。交通方式的划分是出行时选择出行工具的比例,根据交通调查数据,研究交通方式选择行为并构建模型,从预测基础设施或交通服务水平等条件发生变化时交通方式之间的交通需求变化。交通方式预测方法主要包括转移曲线法、重力模型、回归模型、概率模型等集计模型。

转移曲线法根据出行者的经济条件、出行目的和两种方式所需的行程时间比值、成本比值等影响因素划分模式。在我国交通方式众多、影响因素复杂的情况下传统的转移曲线和概率模型方法较难适用。因此,在实际计算中出行划分通常采用定性和定量分析相结合的方法。结合城市发展和出行结构现状,定性分析城市未来布局规模和变化趋势,交通系统的建设发展趋势,估算规划年各城市交通结构的可能比值;根据交通调查数据,考虑各种交通方式的特点和出行选择心理等因素,对当前分担率进行修正。

④交通分配。交通分配主要有车流和客流分配两种类型,相应的各种分配方法是基于 OD 点对之间的路径阻抗。该路径阻抗通常与出行分布中确定的交通阻抗不一致。同时,这也会影响到出行方式的选择。因此在交通分配阶段结束后,应考虑四个阶段之间的相互作用,并进行反复迭代运算。

(3) 规划方案制定

规划方案的设计是以区域交通规划的目标为导向,以网络配流结果为基础,以网络评价为原则,以优化方法为手段来实现。规划方案的制定应考虑两个方面:①提高目前现有路网上某些路段的技术手段;②在现有路网上增添新的路线。其目的主要是提高线路的通过能力。改善交通网络的交通条件,在多数情况下是考虑路网中每条路段提高等级的可行性,只有在少数情况下(如新开发区域)才考虑增加新的线路。方案设计中可选择的策略很多,不可能考虑所有的选择组合,故必须从中做出明智的选择。为此需要引入专门系统、掌握有效的技术手段。同时,应注意到方案设计的产生不仅包含路网物理性能改善,还包含路网使用效率提高(如维修、养护规划)和一些财政上的手段(如运输价格和税收政策)。

区域综合运输网络规划的主要环节是运输网络的布局规划。区域综合交通运输网络宏观布局研究是以运输通道和枢纽的布局为研究出发点,重点研究影响运输通道和枢纽的总体布局和关键问题的解决,主要内容包括以下三个部分:运输通道的外部形态、内部线路总体走向和衔接系统布局。

①布局目标。在交通运输网络布局规划的过程中,着重要解决的是交通网络服务的连通性、畅通性、可靠性的问题及交通网络服务空间联系需求,还要考虑可达性的问题。连通性指区域中大量的节点之间如何连线、采用何种方式连接,主要取决于社会与经济发展对运输需求的影响和交通运输方式的技术经济特性之间的耦合关系;畅通性指满足生产和生活对交通运输的需求,适应交通流量和流向,保证一定的服务水平,主要取决于线路的通行能力、节点或枢纽的处理能力、节点与线路的容量匹配、交通流特征和行为、路径选择行为、运输组织和网络结构等;可达性指网络中任意两节点之间相互联系的难易程度,通常以时间或距离的长短作为度量,主要取决于节点之间经过多条线路、中间节点到达目的节点,这一过程受到各路段的权值影响,如路段长度、通行时间、通行费用等。

②布局方法。综合交通网络布局规划采用分层次分方式的布局方法进行。在确定控制节点及枢纽的基础上,考虑区域对内对外经济发展、交通需求和过境交通进行交通网络布局。在网络布局的过程中,随着交通运输网络的不断变化,网络拓扑结构也发生变化,线路数量的增多、等级的提高、可选择路径的增加、通达性的提高及服务水平的提高等都可能诱增新的需求。同时,交通方式的选择也会发生变化,导致节点间交通分担率的改变和产生需求的转移。综合交通网络的规划布局需要反馈这些需求变化,这是一个不断反馈需求变化和不断完善网络布局的过程,对客货运输量、方式和路径选择、分担比率和交通量分布需要重新调整和分配,但总运输量应得到控制。

③布局模型。交通网络的布局涉及多方面的因素、多方各层次的利益及决策,通常通过建立双层或多层规划模型进行分析。

若设区域中路网节点数为 n,用 $v_1, v_2, \cdots, v_n$ 表示。网络的邻接矩阵为

$$\boldsymbol{X} = (x_{ij})_{n \times n} \tag{8-1}$$

表示 n 个节点间的相互连通情况,$x_{ij} = 1$ 表示对应的两节点 i 和 j 之间有线路直接连通,否

则 $x_{ij}=0$ 不直接连通。其中，$x_{ij}=x_{ji}$；当 $i=j$ 时，$x_{ij}=0$。交通网络的布局就是要找到对应的连线方式，即把 X 作为决策变量。

交通规划人员的宏观决策与客货交通运输的选择行为之间相互影响和作用，区域综合交通网络的布局优化是两者各自决策并相互影响的结果。应用双层规划模型进行描述，其模型框架可表示为

$$\begin{cases} \min\limits_{x_k} F(\boldsymbol{X}_k,\boldsymbol{T}_k,PA_k) \\ \text{s.t.} \quad G(\boldsymbol{X}_k) \leq 0 \\ \quad\quad x_{kij} \in \{0,1\} \end{cases} \tag{8-2}$$

$$\begin{cases} \min\limits_{r_k,PA_k} f(\boldsymbol{X}_k,\boldsymbol{T}_k,PA_k) \\ \text{s.t.} \quad g(\boldsymbol{X}_k,\boldsymbol{T}_k,PA_k) \leq 0 \end{cases} \tag{8-3}$$

式中：X_k——第 k 种交通方式网络的布局方案邻接矩阵，x_{kij} 是矩阵中的元素；

T_k——第 k 种交通方式的 OD 分布矩阵；

PA_k——第 k 种交通方式的路径选择集合。

④布局评价。根据不同规划层次和要求，对规划方案的技术评价从以下两个层次进行。第一层是运输网络总体建设性能评价，从区域交通网络整体角度出发，从区域发展的远景角度分析评价交通网的总体建设水平、交通网络布局水平、各方式间衔接水平等；第二个层次是线路节点性能的评价，分析枢纽的可达性、线路服务水平等。

区域综合交通运输网络技术评价指标体系如图 8-2 所示。

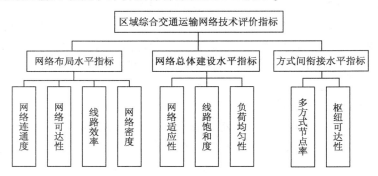

图 8-2 区域综合交通运输网络技术评价指标体系

方案比选评估应从技术因素的角度分析区域综合交通运输网络的结构和特性，反映网络规划布局的综合水平和布局方案的合理性。区域内外的交通联系需要多种运输方式来共同完成，区域综合交通网络规划的技术评价应反映网络自身的技术水平和对交通需求的适应性。

（4）规划方案的评价

区域综合交通网络规划评价是规划过程的最后一个关键环节，包括社会评价、环境评价和经济评价。

①社会评价。社会评价主要内容包括规划区域发展水平、人口集聚及沿线城镇就业率情况等。

②环境评价。交通系统对环境的影响体现在正负两方面。负面效应包括：噪声、废弃、振

动、安全、恐惧、拥挤疲劳、地区阻隔等。正面效应包括：可达性提高、促进生产、扩大市场、土地增值、改善景观等。

③经济评价。对交通运输规划方案的经济效益评价要通过两方面的核算才能完成，即成本和效益。无论是成本还是效益，都有直接和间接之分。

从成本(或投资费用)来看，直接费用包括初始投资费用，以及相关交通运输设施、运输服务的运营和维护费用等；间接费用包括其他政府机构所需的经费开支(如公安机关为加强车辆限速及停车管理)，增加社会费用，如大气和噪声污染、交通拥挤和交通事故费用，能源和轮胎消耗费用等。

8.3.2 区域综合交通运输通道规划

区域综合交通运输通道规划是在需求预测的基础上，结合系统的外部环境，对规划期内通道的类型、规模、构成、建设时序及内部运输方式的规模等进行规划。目的是通过对运输通道的合理规划，使综合交通运输通道更好地服务于区域社会经济发展。

1) 规划目标与原则

区域综合交通运输通道规划的目标是在对现状综合交通运输通道形成过程及其缺陷分析的基础之上，从建设、使用角度出发，对综合交通运输通道的发展需求和硬件条件进行分析和明确，建立与运输业发展规律相协调、与社会经济发展需求相一致的通道运输格局，包括通道内不同运输方式的线路走向、衔接方案的拟订与技术经济比较、优化工作。

综合交通运输通道的布局应遵循以下原则：

①布局规划服务于区域发展，加快推动区域一体化进程，为区域产业升级和转移提供有效支撑，按照区域规划发展的要求，布设区域综合交通运输通道。

②布局服务于区域产业发展和城镇体系规划，引导产业带和城镇轴的形成和发展，促进产业升级、加速城市化进程，在空间布局上提供有效支撑。

③加强区域重点交通运输枢纽的联系，为区域经济社会发展服务。

④有效扩大综合交通运输通道服务覆盖范围，形成区域综合运输骨架网络，使区域内更多地区享受更加便捷、更多样、更低成本的运输服务。

2) 规划流程

综合交通运输通道规划方法主要以综合运输全局的视角，分析交通运输通道内城镇、产业、运输需求等特征，研究其对综合交通设施的要求。规划流程如下：

①结合国土利用总体规划、社会经济发展规划、城市总体规划等，分析区域经济发展水平、产业发展特征、交通发展特征，确定区域综合交通运输通道研究的目标，制定规划总体方案、工作流程、实施计划。

②综合交通调查，分析区域交通供求特征，分析现状通道适应性，总结通道内设施现状问题。

③进行区域运输需求预测，分析区域客货流流向流量，运用区位线理论、节点重要度理论等进行通道布局规划。

④结合通道设施发展模式的选择分析，进行通道内部设施布局、方式协调等的进一步优化。

⑤从社会、经济、环境等方面对规划方案进行综合评价，并给出规划网络分期实施方案。

3) 规划的主要内容

(1) 综合交通调查分析

通道规划的交通调查分为社会、经济环境调查及各客、货运交通量调查等。重点应对通道沿线交通运输设施及社会经济发展的状况进行调查。通过综合交通调查,剖析既有交通系统存在的问题及成因,标定运输通道模型的参数。

(2) 交通需求预测

综合运输通道规划中的需求预测是对综合运输通道进行规划的基础,目的是根据对通道服务范围内的社会经济发展状况及历史数据的分析,预测未来的总需求及内部各运输方式的运输需求,估计规划期内运输方式的分担率,从而对通道结构的优化提供参考。由于综合运输通道内部并存多种运输方式,每种方式技术经济特点不同,吸引的运输对象群体也不一样,所以必须在对运输对象属性进行细致分析的基础上,预测各种方式的分担率,以期对通道规划起到指导作用。

(3) 规划方案制定

在综合交通运输通道线位、功能及衔接规划确定以后,还要根据各交通运输方式的工程要求和运输方式的特点,遵循各自的技术规范,在满足交通运输方式线位拟选的技术条件下,确定具体线位布设方案。

① 运输通道布局规划。根据区域性运输通道的定义及其影响环境分析可知,布局研究区域外的人口密集区、区域过境交通联系对运输通道的形成和发展具有重要的影响。交通区位布局法重视区域通道吸引范围内的经济和交通格局等条件对区域内运输通道路网布设的影响;重要度布局法应用在分析某地区的通道布局,研究的是封闭系统内的交通规划,不考虑区域外经济、交通格局对区域内运输通道布设的影响。因此,可结合上述两者的优点进行通道的布局规划,即节点重要度区位线联合布局法。

运输通道备选线位的分析,是通过区位线分析法首先找出通道可能的路径走向方案。交通区位是交通现象在地理上的高发场所,主要区位线如下:

a. 运输通道基本区位线(最短路区位线)。在规划区域内布局研究的运输通道的备选起讫点明确后,端点之间最便捷相连的线位为运输通道的一条或多条备选路径。

b. 运输通道城市带区位线。运输通道城市带区位线是规划区域内存在的与运输通道基本区位线相近或平行的一条或几条呈带状分布的城市群带状相连线位。

c. 运输通道产业区位线。运输通道产业区位线是根据通道通过区的产业特征确定的备选路径。

d. 运输通道地形区位线。运输通道地形区位线包括与运输通道基本区位线相近或平行的呈带状分布的通道内平原或草原等的地域中心连线、沿河线、山脊线、山坡线等。

运用区位线重要度的概念,就可以利用区位线重要度的计算结果,定量比较通道组成的多条区位线相对重要度,从而初步合理地选择区位线上节点和方案。通过对区位线重要度比较和选择,可以选取多条重要度相对较大的区位线作为运输通道多方式工程布线的通道,同时进一步为运输通道资源配置提供基础,以便在工程方案容许的情况下,使各方式集中在重要度较大的区位线上。

综合运输通道布局方案流程如图 8-3 所示。

② 节点的选择及分析。交通运输节点是组成交通运输网络的基本元素之一,任意两个节

点之间都可以发生客、货的交流。在一个区域中,节点是形成网络结构的支撑点,确定连接哪些节点是交通网络布局的首要任务。

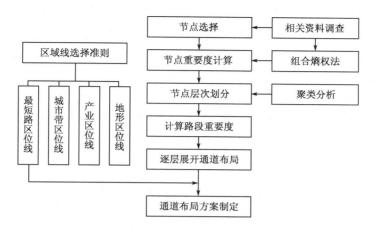

图 8-3　综合运输通道布局方案流程

a. 节点的选取及重要度计算。在进行节点选择时,应根据交通网络在区域社会经济、政治和国防中的地位、层次、作用以及发展战略目标,结合线网的特征,选择合理范围内的主要交通集散地作为交通线网布局的主要控制点。一般国家级网络节点规模应达到中等城市以上的规模,如城市圈中的各省、自治区的省会城市和直辖市,以及距其不远的联系相对较紧密的地市级城市;省级网络节点,应具有县以上规模,重要节点为省、自治区中的大中城市和大型能源基地等;市、县级网络节点,应具有乡以上规模,市、县域中的小城镇及大型工业基地作为交通节点。

在综合交通网规划中,为了确定布局方案路线走向、线路所经过的城镇以及网络布局,通过分析规划区域内主要城镇在政治、经济、交通方面的重要度,通过计算各城镇节点的重要度,确定其在综合交通网中的地位和重要性,掌握和区分节点在社会经济发展水平、政治经济地位、资源等节点运输网中的功能地位和作用等方面的差异,为综合交通网的布局连线提供依据。

节点重要度计算指标体系如图 8-4 所示。

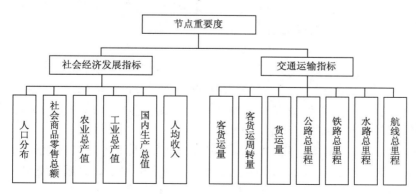

图 8-4　节点重要度计算指标体系

b. 节点聚类分析及层次划分。为进一步明确节点的功能地位及层次,一般采用系统聚类分析的方法。根据相应的重要度指数,确定节点划分界限,给出类型划分的重要度范围,并根据相关属性将所有节点划分为所要求的类数或层次。根据相似性原则,按照经济发展水平及交通需求将节点层次划分为具有不同功能和地位的几个层次。一般情况下,可以根据需要将入选节点划分为重要节点、较重要节点和一般节点等。根据节点的经济量和交通运输量的大小,通过对节点进行系统聚类分析,将节点划分为不同的类型,从而区分和确定不同层次线路走向的主要控制点,使区域综合交通网络的布局具有明确的层次性。聚类分析常用方法有蚁群聚类分析方法。

③交通区位线重要度计算。区位线重要度分为两个层次,即路段重要度和通道重要度。路段是通道的某一段,通道重要度可以认为是其构成路段的重要度之和。重力模型可用于计算节点间的路段重要度的求解,公式如下:

$$\begin{cases} P_k = \sum_{i,j \in k} P_{ij}^k \\ P_{ij}^k = K \dfrac{F_i F_j}{U_{ij}} \end{cases} \tag{8-4}$$

式中:P_k——第 k 条备选区位线的重要度;

P_{ij}^k——第 k 条备选区位线上节点之间的联系重要度;

K——待定系数,该系数可以通过多元线性回归分析法得到;

F_i、F_j——节点 i、j 的重要度;

U_{ij}——节点 i、j 之间的交通阻抗,节点间的交通阻抗通常与实践、距离有关。

(4)规划方案评价

区域综合运输通道评价包括社会、环境、经济评价。社会评价主要评价通道沿线人口集聚、城镇分布优化、教育水平提高、促进城镇就业、社会公平等方面。环境评价主要评价生态保护程度、污染物和噪声的控制等。经济评价主要评价沿线国内生产总值、人均收入、设施的投入产出比例等。

8.3.3 区域综合交通运输枢纽规划

区域综合交通运输枢纽是在某个区域内由两条或两条以上运输线路的交汇、衔接而形成并对区域发展有重大影响的综合性设施,具有运输组织管理、中转换乘和换装、装卸、仓储、信息服务和其他辅助服务功能。运输枢纽作为交通运输的生产基地是交通运输网络中客货集散、转运和过境的场所,是提高客货运输速度的关键环节。

1)规划目标与原则

区域综合交通运输枢纽规划的目标是将各种交通方式有效衔接在枢纽所在城市,确保最方便快捷的换乘和换装,使其以综合运输系统社会效益最大化为宏观目标,与枢纽所在城市的城市交通系统有机结合,使城市的对内、对外交通衔接流畅,确保城市基本功能的实现。

交通运输枢纽的合理布局应遵循以下原则:

①必须从国家综合交通运输系统的形成和发展来考虑交通运输枢纽的布局。交通运输枢纽的布局应服从于综合交通网的总体规划,处理好交通运输枢纽在交通运输网中的布局。

②交通运输枢纽布局应与城市建设和产业发展紧密协调。

③交通运输枢纽内部布局应以运输网络的规划为依据,充分保证各种运输方式之间的协调。枢纽内各种设施的布局,首先要以与相邻枢纽合理分工为前提,确保主要客流、货流在枢纽内经路的顺直、便捷。

2）规划流程

综合运输枢纽布局规划的具体流程如下：

①研究经济社会及交通运输总体发展趋势，结合区域经济发展规划、城镇空间体系规划、区域综合交通运输规划确定区域综合交通运输枢纽规划的目标，制定规划总体方案、工作流程及实施计划。

②运输枢纽交通调查工作应包括现状交通运输系统调查、社会经济调查及乘客出行调查等。现状交通运输系统调查包括各运输方式的客、货运量调查及停车布局调查等；社会经济调查包括城市土地利用、产业结构布局、人口分布、就业岗位及经济发展程度调查；乘客出行调查包括乘客个人信息及车辆保有量等。结合交通调查结果，分析既有交通系统中存在的问题并剖析其成因。

③分析综合运输需求发展特征，结合交通运输与社会经济发展的相关性，运用四阶段分析模型进行需求预测。

④结合需求预测结果、城市总体规划，确定交通运输枢纽布局研究思路，界定适宜该规划的枢纽分类，并进行布局影响因素分析。运用数学物理模型与成本效益分析法、运筹学原理等方法确定交通运输枢纽布局方案，再进行多方案比选。

⑤从社会、环境、经济等方面对现有规划方案进行综合评价。

3）枢纽布局规划方案制定

运输枢纽规划的主要内容是运输枢纽布局规划。在进行全国或地区综合交通运输枢纽规划时，综合交通运输枢纽可以被理解为枢纽城市，在对各种运输方式有效衔接的具体的综合交通运输枢纽规划时，将综合交通运输枢纽理解为客货集散或中转的枢纽场站。综合交通运输枢纽布局规划应从宏观、中观和微观三个层面进行优化。宏观层面是枢纽城市的选择，主要解决如何确定综合交通运输网络中枢纽城市的问题；中观层面为场站布局的优化，主要解决城市空间上枢纽场站的合理选址问题；微观层面为交通运输枢纽内部功能区空间布局的优化，主要解决交通运输枢纽内部各交通方式在功能区空间上合理布局的问题。

(1) 枢纽城市布局

综合交通运输枢纽城市是综合交通网中的重要结点，应具有良好的地理和交通区位等条件及广泛的吸引和辐射范围，对该地区交通运输的衔接顺畅和高效运行具有全面和重要影响。

根据枢纽城市的各种影响因素，将主要影响因素设置为一级指标，包括经济、社会和交通运输发展的主要指标，另外对每一项指标进行细化，以便获得具体的二级指标。评价指标体系评价指标中既包括定量指标也包括定性指标，对所有指标进行标准化处理，全部转换成 0~1 之间的数值。一般通过熵值法确定指标权重，具体熵值法确定权重的过程如下。

用 X_{ij} 表示第 i 个城市的第 j 个评价指标值，其中 i 表示城市，j 表示某个城市对应的评价值；假设共有 m 个城市和 n 个评价指标，即 m 为城市的数量，n 为参评指标数量；这样就得到一个 $m \times n$ 维的评价矩阵 X。P_{ij} 是第 j 个指标下第 i 个城市占该指标的特征比重，计算如下：

$$P_{ij} = \frac{x_{ij}}{\sum_{i=1}^{m} x_{ij}} \tag{8-5}$$

计算指标的熵值。对于某项指标，不同城市的指标值差距越大，则该指标在模式评价中所起的作用就越大。

(2)枢纽场站选址

综合交通运输枢纽选址方案是在综合交通运输量预测的基础上,根据规划范围内客货流量、城市总体规划及各分区的功能、城市对外通道的分布等,确定枢纽场站的空间分布、服务范围和规模,最后对所形成的方案进行优化的过程。

①在综合交通运输枢纽所在地区,由于受交通发生吸引源的分布、交通运输网络特点以及自然环境等因素的影响,使得在同样的地域范围、同样的交通运输网络上,不同的枢纽场站布局会导致不同的交通运输效率和经济社会效益。

②根据对经济社会发展和交通需求的预测结果,运用交通规划和网络优化理论和方法,综合考虑交通发生吸引源的分布、交通运输条件、自然环境等因素,对枢纽场站的数量、地理位置、规模和与其他枢纽的相互关系进行优化和调控,最大化实现整个综合交通运输枢纽运输效率。

(3)规划方案评价

枢纽规划方案评价包括社会、环境、经济效益评价。社会评价包括评价枢纽规划方案对枢纽城市空间发展及人口集聚程度、城市就业率提升、城市化水平等的影响。环境评价包括对生态环境改善、环境污染、城市噪声等的评价。经济效益评价包括对国内生产总值、城市财政收入、人均收入水平等的评价。

8.4 区域交通专项规划

8.4.1 公路运输规划

公路运输规划包括公路网规划、公路运输枢纽规划、公路运输通道规划等。本节重点阐述公路网规划。

公路网规划就是将区域公路网络作为一个整体,通过对区域公路网络的现状进行分析和评价,以及对未来区域社会经济发展、客货运需求、公路建设投资进行预测,并以此拟定合理可行的公路网规划建设方案,确定区域公路网的规模、布局、建设时序及配套政策、措施等,以指导区域公路的建设和改造的过程。

1)规划流程

公路运输规划是区域综合交通规划的一个重要组成部分,其规划程序如图8-5所示。

2)规划内容

(1)综合交通调查分析

①社会经济信息。社会经济信息主要包括国家有关政策方针信息,资源环境信息,人口、经济及土地利用信息等。

②公路交通基础设施信息。公路交通基础设施信息包括道路信息、道路运输站场信息和公路网结构信息等。

③综合运输信息。综合运输信息主要包括综合运输网络信息和综合运输交通信息。综合运输网络信息包括:铁路网、水路网各线路起讫点、主要经过点、里程、等级、通过能力、主要场站规模及适应状况;航空线起讫点、里程、机场位置、通过能力及适应状况;管道起讫点、主要经

过点、里程及通过能力;邮电设施密度及适应状况;铁路、水路、航空、管道及邮电设施的发展规划。综合运输交通信息包括:五大运输方式历年完成的客货运输量及周转量;非交通部门车辆完成的历年公路客货运输量及周转量;公路的历年交通量和县、乡级公路的基年交通量;五大运输方式的基年运输 OD 表、运输成本、平均速度、实载率(使用率)以及汽车平均工作率、平均车日行程、平均运距等运营指标、汽车保有量。

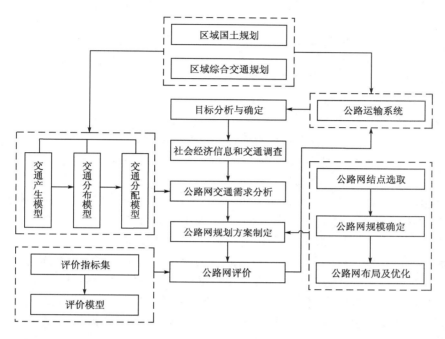

图 8-5　公路运输规划程序图

④公路 OD 信息。公路 OD 信息主要包括公路上交通流的构成、流量、流向、车辆起讫点、货物类别、车辆实载率、车型等数据。

(2)需求分析

综合交通调查结果,进行公路网的远景交通量预测。需求预测方法采用四阶段需求预测模型。

(3)规划方案制定

公路网的布局规划是指以一定的目标和条件为依据,采用适当的方法选择规划线路,将选定的控制结点连接起来,形成未来公路网平面布局方案的过程。主要包括以下内容。

①公路网结点的选择。在进行结点选择时,一般应根据公路网的特征、地位或层次、作用以及发展的战略目标,结合区域社会经济、政治、国防等发展的需要,选择合理范围的结点作为路网布局的控制点。结点层次划分的方法主要有重要度法、动态聚类法、模糊聚类法、模拟退火聚类法等。下面介绍重要度法和动态聚类法,其他方法可参考有关文献。

a.重要度法。将反映规划区域内各结点功能强弱的特征量或特征参数,称为结点的重要度。它是对结点社会经济活动的度量,是描述规划区域内结点在交通网络中所处地位、重要程度相对大小的一个量的指标。应用重要度法划分结点层次的过程是首先计算各结点的重要度,然后根据结点重要度排定结点的顺序,进而选择结点。为了便于理解和把握,一般分为

3～5个层次。

可选择人口(反映区域活动机能)、工业总产值(反映区域产业机能)、社会物资产耗总量(反映社会的运输需求)或商品零售总额(反映区域的商业功能)三项指标作为选择公路网结点的定量分析标准。重要度定义如下:

$$Z_i = \left(\alpha_1 \frac{R_i}{R_\alpha} + \alpha_2 \frac{G_i}{G_\alpha} + \alpha_3 \frac{S_i}{S_\alpha}\right) \times 100\% \tag{8-6}$$

式中: Z_i——第 i 结点的重要度(现状或未来预测值);

R_i——第 i 结点的人口(万人);

R_α——区域内各结点人口的平均值(万人);

G_i——第 i 结点工业总产值(亿元);

G_α——区域内各结点工业总产值的平均值(亿元);

S_i——第 i 结点的社会物资产耗总量或商品零售总额(万元);

S_α——区域内各结点社会物资产耗总量或商品零售总额的平均值(万元);

α_1、α_2、α_3——第 i 结点以上三项指标的权重。

b. 动态聚类法。动态聚类法的基本思想:先将规划区域中的所有结点视为聚类分析的样本,再按一定的标准将样本分为不同类,每一类具有典型的特征;如可把区域内特别发达城市所对应的点分为一类等,最后根据需要按重要程度逐类选择结点。

②公路网合理发展规模的确定。公路网的发展规模与区域经济发展状况、规划结点分布状况及交通发展状况有关。公路网合理发展规模的确定,是进行公路网布局规划的首要工作和前提。常用的表示方法是采用公路网密度、公路网通达深度、公路网等级结构、出行距离以及出行时间等来表示。公路网合理规模的确定方法主要有:经济分析法、公路周转量分析法、时间序列趋势外推法、线性规划法。在规划实践中一般采用两种或多种方法进行计算。下面介绍应用较广泛的国土系数法和结点连通度法。

a. 国土系数法。

$$L = \alpha l \sqrt{AP} \tag{8-7}$$

式中:L——公路网总里程(km);

α——国土系数;

l——平均国民收入(万元);

A——区域面积(km^2);

P——人口数(万人)。

b. 结点连通度法。

$$L = K_N \zeta \sqrt{NA} \tag{8-8}$$

式中:L——公路网总里程(km);

K_N——路网连通度;

ζ——路网变形系数;

N——区域结点数;

A——区域面积(km^2)。

(4) 规划方案评价

公路网规划方案评价包括技术评价、经济评价、环境评价、社会评价。

公路网的技术评价,是从公路网的技术性能方面,分析其内部结构和功能,目的是揭示路网的使用质量,为编制公路网规划方案、验证方案的合理性并进行方案的优化和决策提供技术方面的依据。

公路网的经济评价,是指对公路网进行经济效益分析。主要是指对经济指标方面的计算与分析,即通过比较规划方案的建设、营运费用和效益,并结合规划期的未来资金预测,对方案的经济合理性进行分析论证。

公路网的环境评价是对公路网建设和运营给环境造成的正负面影响及影响程度作出评价,用以指导公路网规划方案的决策和建设。主要指对生活环境和生态环境的评价。

公路网的社会评价,就是分析公路网系统对规划区域的社会方面的作用和影响,包括对区域政治、经济和文化等方面的影响。

公路网技术评价主要是从两个方面进行:一是网络结构性能指标,二是网络使用性能。具体技术评价指标体系见表8-3。

公路网规划方案技术评价指标体系　　　　表8-3

分　类	具　体　指　标	
网络结构性能	道路特征	网容量、网等级、路面铺装率
	通达深度	网连通度、公路网密度、节点通达度
网络使用性能	交通特征	交通流量、平均车速、交通密度、行车时间
	服务水平	公路网饱和度、里程饱和率、事故率

8.4.2　铁路运输规划

铁路运输规划包括铁路网规划、铁路运输枢纽规划、铁路运输通道规划等。本节重点阐述铁路网规划。

铁路网规划是一个系统工程,包括社会经济、行车组织、线路、站场、工程经济等多个子系统,研究理论涉及方方面面。根据相关资料的调查及现状交通量系统分析成果,基于预测铁路交通 OD 量,通过不断改善铁路网方案及预测未来交通需求在路网上的分布情况,是协调路网供给和未来交通需求之间,并达到平衡的一个复杂过程。

1) 规划流程

铁路网规划研究思路及方法是:从发展综合交通运输体系观点出发,以国家及省市社会经济发展规划为指导,贯彻社会经济可持续发展为原则,充分考虑各运输方式合理布局和分工,分析现状运输流结构、特点及趋势,预测研究年度各区全社会运输需求及铁路运输流量和流向。根据运量需求提出铁路网总体规模及布局方案,制定铁路分期发展计划和实施步骤。铁路运输规划流程如图 8-6 所示。

2) 规划内容

(1) 综合交通调查分析

铁路网规划的交通调查分为社会经济、交通调查与铁路运营调查两部分。

① 全国铁路资料调查。铁路全线运量历史和现状统计资料(包括客货运发送量、周转量、

省间交流和局间交接口运量),以及有关线路的运输任务、设计文件、能力以及运量。

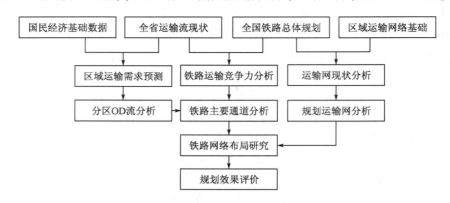

图 8-6　铁路运输规划流程

②铁路局、铁路分局调查。铁路局、铁路分局统计资料汇编,主要线路的技术标准,输送能力、运量与运能的矛盾,铁路主要运输统计资料,铁路计划,客货运输设备、铁路运行图、机务和工务资料。

③铁路站、段调查与分析。站、段调查除核实铁路局和铁路分局的有关调查资料以外,应详细分析的调查资料如下:货场分区作业资料,货主货运量资料,货运资料台账,旅客的发送、中转、客流不平衡程度等。

(2)交通需求分析

综合交通调查分析结果,进行铁路运输规划交通需求预测。具体步骤是:先对客、货运交通生成、运输分布、列车方式进行预测,然后将客、货运列车方式预测的结果汇总进行铁路运输分配预测。交通生成、运输分布、列车方式划分、运输分配四步骤组成交通预测程序。

在铁路网规划过程中,铁路网的配流和道路网配流方法虽然都遵照系统最优的原则,但是两者之间由于运输组织规律的不一致,配流的约束条件具有本质的差异。

铁路行车组织设计分析就是要对铁路网分配的交通量从运营角度提出有益的规划方案和扩能措施,并提出完成铁路网分配预测交通量的路网线路等级、正线数目、机车类型、牵引定数、机车交路、技术站分布原则、车流组织原则、路网上编组站布局及分工、枢纽内编组站分工、车站到发线有效长、闭塞类型等,用以优化铁路网及技术站布局。

(3)规划方案制定

①铁路网规划。铁路运输网络的形成过程是从无到有,逐步扩展,长大干线先行,分岔支线紧跟,部分支线分段接长大干线。即先构成路网骨架,然后充实、扩展,最后形成四通八达、机动的铁路运输网络。

a.铁路线网规模与等级。铁路运输网络的规模,取决于铁路运输承担的全社会的客货运输总量以及铁路的运营效率,同时与铁路网的间距等因素有关。

b.铁路运输网络布局。铁路运输网络的布局应着重分析宏观社会经济与铁路运输发展的关系,结合区域的地理特征和铁路运输现状,从战略角度出发,提出未来铁路网络布局规划的战略指导方针。优先考虑国家确定的铁路运输主通道和连接临近区域的重要通道,从适应和促进全区域产业经济带的建立和完善区域综合运输网的功能出发,构筑铁路运输网络布局。

②铁路枢纽布局规划。在铁路网的交汇点或终点区域,由各种铁路线路、专业车站和其他相关运输服务的有关设备组成的整体,称为铁路枢纽。铁路枢纽是连接铁路干线和支线的中枢,是服务城市、服务工业区、连接国民经济各部门的重要环节,是交通枢纽的主要组成部分。铁路枢纽布局是否合理直接影响铁路运营以及国家及区域经济的发展。

a. 铁路枢纽布局规划与路网规划的配合。路网规划应保证枢纽点的分布和车流集散规律,并指出枢纽的性质、规模、范围和大致的功能分工。在此基础上,结合城市规划和其他交通方式的要求,枢纽所在地的地形、地质、水文等自然条件进行枢纽布局。

b. 铁路枢纽布局规划与城市规划的配合。与城市生产生活直接相关的设备(客运站、综合性货运站、货场等),应按照其性质布置在城区范围内,或靠近城市中心,或设置在城市外围而有市内干道连接的地区;无直接关系的设备(编组站、客车整备所等),应尽可能布置在城市外围地区。

c. 铁路枢纽布局规划与自然条件的配合。铁路枢纽所在地区的地理位置和自然条件各不相同,因此,铁路枢纽的总体布局规划必须从当地的自然条件的实际情况出发,包括地形、地质、水文等条件,提出具体的规划方案。

(4)规划方案评价

铁路网评价应分别对铁路网及铁路枢纽进行评价。规划效果评价是区域铁路网规划的检验。选取合理的评价体系,对区域铁路网规划方案进行评价,再进行包括社会、环境、经济评价等内容的铁路运输规划综合评价。

8.4.3 水路运输规划

水路运输规划的任务是对现有水路资源进行调查分析,以对港口、航道以及现有水系资源整合利用为原则,分析水路运输系统存在的问题,分析预测规划区域未来水路运输系统的运输量,确立有效的水路运输发展运输量,解决航道、港口、船舶运行等子系统的规模、等级、实施序列等问题,为未来区域社会经济发展提供高效、合理、优质的水路运输服务。

1)规划流程

水路运输规划必须从总体设计出发,包括目标任务的确定、规划原则的确定;然后通过现状调查与分析,进行水路交通运输量发展预测,在预测基础上进行方案的规划设计、比选,最后对规划方案综合评价,制定实施方案与策略等一系列的基本流程。具体规划流程见图8-7。

2)规划的主要内容

(1)综合交通调查分析

①航道网规划调查分析。航道网规划调查主要包括社会经济和交通两个方面。首先要确定航道网规划影响范围,在确定影响范围的基础上收集影响范围内的社会经济资料,主要包括:规划对象的上位规划资料、影响范围内的社会经济现状及发展规划资料、产业布局现状及规划、影响范围内物资种类、分布、流向以及未来开发趋势等基础资料搜集。做好航道网规划还必须对影响范围的交通状况进行调查,主要包括:现有航道网络、设施和船舶状况调查;规划范围内其他运输方式地位、现状和发展规划资料收集;历年运输总量、运输周转量以及各运输方式运量承担情况调查等;必要时组织规划人员进行规划区域水运交通OD分布调查。

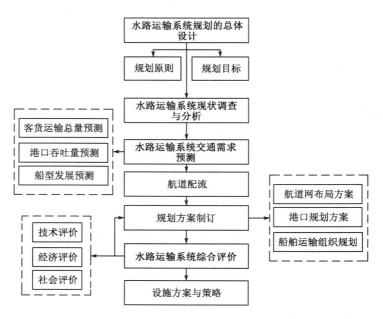

图 8-7 水路运输规划流程

②港口规划调查分析。港口现状的调查工作应包括腹地的经济、交通状况、港口的地理位置、港口的自然条件等。其经济社会条件调查项目可参考表 8-4 中所列项目。

经济社会条件调查项目   表 8-4

分　类		调　查　项　目
港口及城市现况	客货运	公路、铁路、航空客货运量,各种运输工具运价比较
	主要企业	企业产值、原材料、成品运输量、流向,对各种运输工具依赖程度,发展规划
	港口现状	设施能力、利用现况,客货吞吐量,船舶周转量,企业财务效益
	主要问题	港址扩建可能性,与城市关系,港口能量薄弱环节,社会发展对港口的要求
相关设施	土地利用	土地利用规划,地价,城市用地布局
	主要设备	铁路线路、站场通过能力及扩大可能性,公路通过能量及发展规划,机场,仓储面积及能力,供电、供水,城市国际通信网条件
	设施规划	腹地重点建设项目布局规划,运输网规划与多式联运,港口城市规划
水面利用	水产	人工养殖设施,搬迁和赔偿,近岸渔业捕获量,小型渔港
	海滨旅游	海滨公园,浴场,生活岸线,游艇基地
	航道	海损事故,船舶航行状况,航道拓宽浚深可能性
	临海沿江工业	原材料、成品运输、业主码头
与港口发展相关的企业		远洋运输公司,地方航运公司,外贸有关部门、企业,仓储公司,集装箱公司,各种代理公司,主要货主,各部门 EDI 系统状况

除了经济社会条件调查,港口规划建设必须对建港地区的自然条件进行调查和分析,自然条件调查项目可参考表 8-5 中所列项目。

自然条件调查项目   表 8-5

分 类		调 查 项 目
地形	陆上地形	1:5000~1:2000 地形图,局部 1:500 地形图,海岸稳定性
	水下地形	1:5000~1:2000 水深图,海区海图
	河流	流量、流速、含沙量、河流变迁、沙洲及其稳定性、季节变化
地质	土壤类别	砂土类、黏土类、海相、河相沉积土
	基岩埋深	基岩高程、基岩性质
	土壤性质	贯入击数,物理力学指标
气象	风	风速风向玫瑰图,最大风速
	台风	通过频率、路径、大小、海岸设施破坏情况
	其他	气温,月最高、最低平均气温,降水量、日数,雾日及能见度,水
海象	潮汐	潮汐类型、特征潮位、河流潮区界、增减水
	海流	潮流椭圆、余流、流路
	波浪	波浪玫瑰图,特征波要素,台风期波要素
	泥沙	含沙量、粒径、泥沙运动特性、主要方向、输沙量
地震		地震烈度鉴定
环境条件		水质、绿地植被、海岸侵蚀、污染源

除表 8-5 中所列项目外,海岸地貌调查分析对拟建港区也是十分有益的。海岸地貌学是宏观的分析在风、浪、流等作用力的影响下,海岸带变化的一门科学,所涉及的预计未来海岸的冲淤变化对港口规划具有参考价值,在实际工作中可以增加研究海岸地貌学的人员参加新港址的海岸及河口调查分析。

(2) 交通需求分析

① 航道需求预测。在预测运输量时,应对区域内外社会经济发展趋势及发展水平进行科学合理的判断,建立水运发展与经济发展之间的相互关系模型,预测水运运量的发展趋势。

预测步骤:通过对研究区域内各小区历史经济数据的回归分析,采用相关模型预测、分析社会经济指标与水运运量之间的相关性,预测出全区域各特征年的客货运总量及分货种运量,预测各小区的边际总量,包括进入总量和出发总量,预测各小区分货种的进入量和出发量以及市内各节点的进入量与出发量的总量和分货种运量,对外市小区各节点进行总量及分货种进入量、出发量预测、OD 运量分布预测、航道配流。

② 港口吞吐量预测。港口吞吐量也称为货物流量,是指一年内通过港口装卸的货物总量。港口吞吐量是确定港口规模的决定性指标,对港口规划建设具有重要指导意义。

a. 港口吞吐量预测影响因素。港口是为腹地服务的基础设施,港口吞吐量的影响因素较多,其中主要包含腹地的经济发展水平和发展目标,腹地的经济结构,综合运输交通系统的现状以及周边港口之间的竞争。港口的吞吐量预测应根据腹地的经济发展现状、区域发展规划,合理确定港口货运量的发展趋势。

对于客运量的预测,则主要受到铁路、公路、航空等其他替代交通方式的发展情况影响。当前,人们对海洋旅游等提出了更多新的要求,应认真加以考虑。

b. 港口吞吐量预测方法。港口吞吐量预测方法主要分定性与定量两类。定性分析法是利用历史资料,依靠专家经验、知识和综合分析能力,对未来的发展状况进行分析预测,如意见集合法、专家调查法(德尔菲法)、专家小组意见法等。定量分析法是根据历史统计数据,通过建立数学模型预测事物发展的未来状况,常用的有多元回归分析法、时间序列法、概率分析法、灰色系统法和组合预测法。

(3)规划方案制定

①航道网布局规划。

a.航道网层次划分。航道网划分为三个层次,第一个层次是干线航道网,一般由高等级航道组成,是整个航道网的主骨架;第二个层次是次干线,一般由四级和五级航道组成,次干线将主骨架航道网联络成网;第三个层次是支线,一般由六级和六级以下航道组成,支线是航道网的毛细血管,可解决航道的可达性。

b.规模等级确定。航道的规模必须要能满足远景通过量的需求,通过计算规划航道的通过能力来检验其是否达到远景的要求。航道的通过能力是指每段航道一年可以通过的货物总吨位,上、下行总通过量计算如下:

$$2w_0 = 4\omega\beta v t a_1 a_2 a_3 a_4 a_5 a_6 c \tag{8-9}$$

式中:w_0——航道单向船舶通过能力(t/年);

ω——模拟船队载重吨位(t/年);

β——水运密度系数(船队数/km),取 $1000/L$;

L——单元船队平均长度(m),未包含安全间隔;

v——船队平均营运速度(km/h);

t——全年航行时间(h);

a_1——船队密度增大时,航行阻力增加,影响航速,引起的航运量折减系数;

a_2——到发港不均衡影响船舶运量的折减系数;

a_3——因水深不足船舶折减系数;

a_4——船舶交会时引起的折减系数;

a_5——非载重船影响系数;

a_6——非标准船影响系数;

c——上下行货物流向平均实载率。

②港口布局规划。

a.港口规模等级。根据我国港口的近年实际,适当考虑远景,并参照世界港口的吞吐量状况,建议采用适当的级数与明显而有序的级差,以划分成六级为宜,即特级港(特大港),年换算吞吐量大于1亿t;一级港(巨大港),年换算吞吐量为5000万~1亿t;二级港(大港),年换算吞吐量为1000万~5000万t;三级港(中港),年换算吞吐量为100万~1000万t;四级港(小港),年换算吞吐量为10万~100万t;五级港(微型港),年换算吞吐量小于10万t。

b.港口选址。港口选址遵循如下主要原则:选址阶段应对拟选地区的地形和地貌、地质和气象以及地震等自然条件和调查分析城市依托、供电、供水、通信、施工条件以及社会、人文情况等,并对其进行必要的勘测;对拟选港址的铁路、公路、水路运输现状和发展规划、集疏运方式和能力、引接条件等,应进行充分的调查分析和比选,因地制宜地选择集疏运方式,优先考虑水运及原有集疏运设施,必要时,可采用多种集疏运方式。老港改建、扩建期间,应妥善处理同一区域内新港与老港的关系,以及综合性港区与各种专业性港区或码头之间的关系;充分利用原有设施,同时避免重复施工和相互干扰;港址的天然水深应适当,不宜将港工建筑物建造在地形、地质变化大或水深过深以及水文条件复杂的地段,也不宜将场所选址定在水深太浅使疏浚和维护挖泥量过大的地区。

(4)水路运输规划方案评价

水路运输规划评价包括技术评价及经济、社会、环境评价等内容。

水路运输规划技术性能指标包括航速、载重量、载重量系数、海军系数、横摇周期等。营运指标包括:①产量指标:年客货运量、客货运周转量、平均运输距离、载重量;②生产能力指标:船舶艘数、平均使用船舶数、载货量、载重量;③船舶使用效率指标:船舶营运率、航行率、载重量利用率、平均航行速度;④船舶生产效率指标:吨天生产量、每吨船生产量;⑤船员劳动生产率。

8.4.4 航空运输规划

航空运输规划是为实现航空运输系统的目标对系统的结构、规模、作用、反应和市场等做出的计划。航空运输生产能力的安排应当与运输需求相适应,或两者应当尽可能保持平衡。

1)规划的主要内容

航空运输规划主要包括机场规划、航线布局规划及机队规划。

(1)机场规划

①综合交通调查。机场规划中综合交通调查内容包括现有机场的规模和使用情况、空域结构和导航设施、机场周围的环境、已有的机场地面交通系统、城市发展规则、区域经济规划等,确定适应运输要求所需要的机场设施,预测包括年旅客量、年飞机运行次数、年货运量、机队组成、出入机场交通量等。进一步确定飞机场的跑道数、跑道长度、停机坪面积、航站楼面积、出入机场地面交通的类型、机场所需的土地面积等。这一工作可作为可行性、机场选址或设计方案研究的基础。

②机场需求分析。航空业务量预测是机场规划的基础,预测方法主要有专家判断法、类比法、趋势外推法、计量经济法、市场分析法五种。

a.专家判断法。通过征求专家个人意见或召开专家会议作出预测。专家判断法简单易行,需要较少的人力和物力;召开专家会议可以集思广益,发挥专家们集体智慧。缺点是受专家们的业务水平、掌握资料的情况和对预测问题是否感兴趣等影响较大。专家判断法适用于用直观感觉进行预测的项目,或需要对很多相关因素的影响作出判断的项目等,对机场远期规划的各项预测宜采用此法。

b.类比法。以长期历史数据为类比模型,找出与预测机场周围环境和运输条件相似的机场,与预测机场进行全面且深入的对比,并得出预测结论。新建机场的航空业务量,可采用类比法进行预测。

c.趋势外推法。根据过去的情况推测未来发生的情况,认为影响过去发展的主要因素在未来仍将发挥主要作用,并且其本身变化不大。趋势外推法主要用于短期预测,是一种比较成熟的方法。在运用此方法预测航空业务量时,首先要收集相关的历史数据,然后利用图解法或回归分析法得到航空业务量随时间变化的曲线,最后根据曲线的变化趋势推测未来的航空业务量。

d. 计量经济法。在分析航空业务量与主要影响关系的基础上,对未来航空业务量进行预测。例如,虽然某机场有多年的客运量统计数据,足够用趋势外推法预测未来的客运量。但是,由于当地发生了较大改革,预计当地经济将迅速发展,如果用趋势外推法预测,客运量可能与未来情况不符。经过仔细分析,机场的客运量主要取决于当地的社会生产总值,这种根据影响机场客运量的主要经济因素进行预测的方法称为计量经济法。

e. 市场分析法。根据工作、职务、收入、学历、年龄,将机场受影响范围内的人口划分为不同的类别,统计各类人数和乘飞机情况,然后根据各类人数的变化趋势和乘飞机发展情况,预测未来的机场客运量。通过调查和预测,可以准确掌握哪部分人乘飞机旅行,而哪一部分人不乘飞机旅行及其原因。

③方案制定。

a. 机场规模确定。机场所需的发展规模取决于以下因素:预期使用该机场的飞机性能特性和大小、预测交通量、气象条件及机场场址的高程等。

b. 机场选址。新建机场的规划应包括机场选址的内容。机场选址是从环境、地理、经济和工程角度考虑,寻找足够容纳各项机场设施而且位置适当的场地。选址的场地最重要的一点是对各候选机场地址(包括现有机场的扩建)进行正确评价。评价应考虑以下因素:可利用空域;在机场附近的空域内是否有障碍物,即所谓的净空要求;对周围环境和发展的影响;机场的物理特性,如地形、地基、气候等;接近航空业务需求点,例如接近城市中心等;现有出入机场的地面交通系统;土地价格。

(2)航线布局规划

首先,对客货运输的市场需求进行调查,掌握交通需求在空间上的发生量与吸收量,通过社会调查(SP 调查)分析,预测航空运输方式分担客货运量的比例。根据航空运输方式的分担运量的大小,研究航线对象城市机场的规模、跑道等级、通信导航能力、机队运输能力以及地面交通能力等因素。

其次,航线设计既要满足社会发展需要,又要充分考虑它的经济效益。对新航线的设立通常采用以下方法:

①线形规划法。线形规划法是基于运输要求来进行运输方式和航线布局的定量分析和分布优化。

②技术经济分析法。技术经济分析法是把多种可能布局方案可能产生的经济效益进行比较,分析航线布局的经济性。

航线选择是航班计划的基础。航空公司在获得航线经营许可权之后,才可能根据航线的特点,制订具体的航班计划。

航班的航线飞行主要有直达航线、间接对飞航线和环形航线。直达航线是指在始发机场和终点机场之间往返直飞,无经停点,用于运输量较大的城市之间,旅途时间短,成本低,受市场欢迎。间接对飞航线在始发机场和终点机场之间有经停点,回程按原路飞行;用于直飞没有足够的客货运量,通过提供中途机场的停靠,补充载运业务,以降低飞行成本。环形航线通常不按原路返回,其主要原因是由于单向运量不足。

(3)机队规划

机队规划任务主要包括三个方面:一是从长远发展角度预测和分析航空公司的机队规模;二是确定机队规模并做出相应的飞机选型决策;三是从航班生产运营的角度进行飞行航班机

型选择。

机队规划通常分为短期规划(1年)、中期规划(3~5年)和长期规划(10~15年)。目前,世界航空业使用的多种机队规划方法基本上遵循以下两种思路:宏观机队规划和微观机队规划。宏观机队规划是考虑机队规模的预测进行相关分析和研究,主要解决机队的长期规划问题,按照"从上而下"(即从宏观到微观)的顺序进行分析和预测。而微观机队规划是根据微观航班和航线机型选择,按"从下到上"(即从局部到整体)的顺序进行分析,获取航空公司机队中的短期规划结果。

①机队规模决策——宏观规划方法。主要应用载运率对指定时期的未来航空运输市场的潜在需求作出估计,当载运率达到一定水平时,会有客货溢出现象发生,此时航空交通需求大于航空公司的运力。若载运率越高,则说明潜在旅客需求量越大,这就意味着航空公司潜在收入的损失越多。因此,当有关指标相对偏高时,说明可供运力不能满足市场要求,此时应考虑增加运力,这是一种"指标警示"分析方法。这种方法既可以作为航空公司整体运力的需求分析,也可以用于某一航线运力需求分析。机队规模的宏观分析方法包括预测飞机需求总量、分析现有机队运力、确定新增飞机数量及调整总体运营规划等。

②航班机型调配——微观规划方法。微观机型调配是对目前已开通航线或拟开通航线的各航线逐条进行预测,求得各个座级飞机的需求量。汇总各航线需求量,得到公司飞行需求总量。微观规划方法主要是以航线为讨论问题的出发点,以每一条航线甚至航班机型选择为基础,其解决问题的思路与宏观分析方法形成对比。

2)规划方案评价

航空运输规划方案评价包括技术评价及经济、社会、环境评价等内容。技术评价指标如表8-6所示。

航空运输规划方案技术评价指标体系 表8-6

一级指标	二级指标	三级指标
技术指标	环境可持续	能源消耗
		环境污染控制
		空域资源利用效率
	经济可持续	航空客运盈利水平
		航空货运盈利水平
		民航基础设施建设的资金充裕
	社会可持续	普遍服务程度
		民航职工的工作能力
		民航企事业单位健康发展
	布局协调	地区之间的协调
		支线与干线的协调
		与其他运输方式的协调
	内部协调	国际航空运输与国内航空运输的协调
		航空旅客运输与航空货物运输的协调
		运输航空和通用航空的协调

【复习思考题】

1. 如何理解与"五级三类"国土空间规划体系相匹配的综合交通规划体系？
2. 试分析国土空间规划体系下综合交通规划转型思考要点。
3. 简述国家级、省级、市县级综合交通运输规划各自的编制要点。
4. 区域综合运输规划的任务重点有哪些？
5. 区域综合交通运输网络规划主要包括哪些内容？
6. 在综合运输网络布局中,如何实现各种交通运输方式之间的协调发展？
7. 简述综合交通运输通道规划的目标和原则。
8. 区域综合交通运输枢纽规划的流程包括哪些内容？
9. 简述公路运输规划的目标与原则。
10. 铁路运输规划主要包括哪些内容？
11. 简述水路运输规划的流程。
12. 航空运输规划主要包括哪些内容？

【本章参考文献与延伸阅读】

[1] 中共中央,国务院.关于建立国土空间规划体系并监督实施的若干意见[EB/OL].http://www.gov.cn/zhengce/2019-05/23/content_5394187.htm.(2019-05-23)[2022-10-01].

[2] 中共中央,国务院.国家综合立体交通网规划纲要[EB/OL].(2021-02-24)[2022-10-01].http://www.gov.cn/zhengce/2021-02/24/content_5588654.htm.

[3] 过秀成.城市交通规划[M].2版.南京:东南大学出版社,2017.

[4] 吴兆麟.综合交通运输规划[M].北京:清华大学出版社,2009.

[5] 钱林波,彭佳,梁浩.国土空间综合交通体系规划的新要求与新内涵[J].城市交通,2021,19(01):13-18,81.

[6] 张乔,黄建中,马煜箫.国土空间规划体系下的综合交通规划转型思考[J].华中建筑,2020,38(01):87-91.

[7] 张迦南,赵鹏.综合运输通道规划方法研究[J].北京交通大学学报,2010,34(3):142-147.

[8] 卢春房,卢炜.综合立体交通运输体系发展策略[J].铁道学报,2022,44(1):1-7.

[9] 杨涛.新时代跨区域综合交通运输规划的思考[J].城市规划,2021,45(3):21-23,45.

[10] 姚晓霞,荣朝和.我国综合立体交通网规划性质及作用分析[J].城市规划,2020,44(5):104-110.

[11] 石飞.国土空间规划体系下的交通协同规划思考[J].城市规划,2022,46(2):79-83.

[12] 张浩宏,黄斐玫.国土空间规划体系下的综合交通规划编制思考[J].规划师,2021,37(23):33-39.

[13] 孔令斌.国土空间规划中城市综合交通体系规划的内涵[J].城市交通,2021,19(1):11-12.
[14] 江雪峰,马小毅.论交通规划在国土空间规划中的关键作用——以广州市为例[J].城市规划,2021,45(4):76-83.
[15] 熊巧.区域综合交通网络布局优化与决策研究[D].成都:西南交通大学,2015.
[16] 费雪.综合交通网络模型构建技术研究[D].南京:东南大学,2016.
[17] 孟国连.区域性运输通道布局规划的方法及应用研究[D].北京:北京交通大学,2010.

第9章 城市综合交通体系规划

在市县国土空间规划中的城市综合交通体系规划包括城市交通发展战略规划和城市综合交通系统规划，规划应以市县国土空间规划、经济社会发展规划以及上位相关综合交通专项规划为依据，遵循安全、绿色、公平、高效、经济可行和协调的原则，因地制宜进行规划。城市综合交通体系规划应与城市空间布局、土地使用相互协调，有效引导城市空间布局与优化，协调交通系统在承载城市活动、引导城市集约高效开发、塑造城市特色风貌、提升城市环境质量等方面的功能。城市交通发展战略规划注重战略性和方向性，最终形成城市交通发展战略报告或上升提炼为交通白皮书；城市综合交通系统规划注重系统性和综合性，在交通发展战略的指导下进行，同时作为交通专项规划的上层规划，注重传承性和衔接性。

市县城市综合交通专项规划一般应包括城市道路网规划、城市公共交通设施规划、城市轨道交通规划、城市停车设施规划、慢行交通设施规划、货运系统规划、近期交通建设计划以及局部地区交通规划等，侧重规划方案的可实施性。

9.1 城市交通发展战略规划

城市交通发展战略是城市交通发展的纲领，侧重分析城市交通系统与社会经济发展环境相互依存关系，与土地利用的互动关系，明确城市交通政策，对交通系统规模、交通方式结构、交通服务水准、交通管理体制、交通投资与价格、交通环境等一系列重大问题进行宏观性的判断和决策。

9.1.1 城市交通战略目标与控制指标

城市交通战略目标是城市远期交通发展所达到的总体水平，一般可从促进社会公平、宜居环境、社会发展三个方面来分析。城市交通发展控制指标是对特定城市交通战略目标的深化和细化。控制指标选择应符合城市国民社会经济发展要求，并对城市性质有所响应。由于城市发展与城市交通相互关联的复杂性和多目标性，表9-1所提出的交通战略目标所对应的指标体系有一定程度的重复，具体应用时应加以优选，注意结合城市个性特征对战略目标和指标体系进行侧重点分析和考核标准定位。

交通战略目标与控制指标 表9-1

总体目标	具体战略目标	指标体系	
		服务状态	规划响应
社会公平	为不同阶层居民均提供相对舒适便捷和高效的出行服务	慢行空间独立性，公交步行到站时间，运行车速，不同等级道路行车速度，不同出行方式出行成本和时间成本，居民对交通服务满意度	慢行空间面积率，公交线网密度和站点覆盖率，公交车保有量和发车频率，道路网密度，公交信息化水平、道路交通运行信息化水平
	不过度消耗能源和环境资源	出行结构方式，平均车公里排放与能耗，节能减排车辆应用和清洁燃料使用比例，主要道路和交叉口尾气排放是否符合国家标准	公交系统构成，有无明确的车辆节能减排管理政策，有无完善的公共交通优先措施和公交运营补贴机制，公交场站用地是否充足，以及因地制宜的私家车需求管理政策体系
	继承交通历史出行格局	慢行、公交出行者对规划方案的满意度	规划对既有交通基础设施的利用程度，是否压缩了慢行空间、减少了公交路权，规划引发新交通矛盾是否给予考虑
社会发展	优化城市空间结构，满足不同片区对交通可达性要求	片区不同交通方式可达性，新区与旧城通道公交与道路服务水平	大中运量公共交通密度，是否制定差异化停车收费制度，运输系统与重要交通运输节点布局与新区开发和旧城改造是否同步
	彰显城市历史文化风貌特色，保护城市文化风貌	交通基础设施建设与城市产业发展和山水文化协调程度，交通基础设施与历史文化资源协调程度	是否针对山水特征进行道路断面设计，是否针对城市主要产业进行配套交通投资，是否针对历史城区进行交通发展策略和交通设施配置研究
	支撑社会经济发展	城市客流运输满足程度，主要道路平均延误，是否考虑未来客流增长趋势，对外交通基础设施和自然资源对城市分隔影响	道路网、公交线网和停车设施容量与交通需求匹配性，交通投资是否具有适度超前性，跨河流、铁路通道容量
宜居环境	降低交通对生活环境的影响	交通流分配是否均衡，居住区道路机动车车流量和流速是否得以控制以及人车冲突是否明显	交通管制措施是否完善，居住区宁静化措施应用情况，中心商业区步行区或步行街配置，城市自行车休闲通道数量
	降低交通对城市景观的影响	交通对公共活动空间和绿地的影响程度	高架和地下交通空间的比例，核心区域大型互通立交数量，交通设施对绿地占用比例，运输系统布局与城市公共活动空间关系的合理性

9.1.2 城市远期交通需求分析

城市远期交通需求分析是为城市交通发展战略规划提供研究基础的工作,一般采用简化的四阶段交通预测分析方法,体现在交通分区、建模方法、预测详细度等方面的简化,侧重于宏观的数据分析。城市远期交通供需分析的交通分析区划分应与城市用地布局规划相衔接和协调,以城市主要功能区的分布为依据,以有利于主流向分析和走廊交通分析为原则。一般每个交通分析区面积以 4~8km², 人口以 6 万~15 万人为宜。交通分析区的面积可以随土地利用强度或建筑面积系数等值的减少而增大,一般在城市中心区宜小些,在城市郊区或附近郊县可大些,交通分析区分界也应尽可能利用行政区划的分界线,以利于相关基础资料收集工作的开展。

9.1.3 城市交通发展战略方案设计

城市交通发展战略方案设计是检验未来城市各种土地利用规划方案下的交通发展方向以及不同交通网络布局对城市社会经济活动、土地利用开发的影响,方案设计的重点是高快速路系统和大中运量公共交通系统等运输网络形态和布局规划。

一般采用情景分析的方法对城市空间布局形态可能存在的情况进行模拟,并考虑国家宏观交通政策、城市规模、用地形态等的差异,拟定相应的交通方式发展政策(如公交优先政策、私人汽车调控政策、自行车交通政策、步行交通政策等),形成若干比选方案。

通过 SWOT 分析方法生成备选交通战略方案,交通发展优势(S)和劣势(W)主要指现阶段已经取得的一些交通建设进展和交通存在的问题,主要针对交通系统自身的条件分析,交通发展机遇(O)与挑战(T)主要指宏观社会经济环境为未来交通合理发展带来有利条件和制约因素,主要针对交通系统外部环境的分析。一般包括发展环境分析、因素影响力度分析、类型确定和发展战略确定四个环节。

9.1.4 城市交通发展战略测试

城市交通发展战略测试面向不同情景下的城市空间布局以及相对应的城市交通发展战略,一般利用交通战略测试模型来完成对战略方案的比选工作,为方案提供可比选的定量指标并给出差别化的数据。交通战略测试模型主要关注一些宏观测试对象,具体测试对象的选择主要依据战略目标设计要求,一般包括居民分方式出行总量、区域的可达性、关键通道服务水平、骨干道路网络的规模,以及城市交通尾气排放和能源消耗总量等。

以关键通道服务水平为例,其测试模型一般用来分析通道总供应和总需求之间的相互关系。通道总需求可用组团间客流联系强度 q_{ij} 表示,交通基础设施总供给表示通道的道路交通资源供给情况,具体可计算如下:

$$P = \frac{\sum_{i=1}^{m} R_i}{c} \tag{9-1}$$

式中:P——通道总供给值(标准车道);

m——各级道路数(个);

R_i——各级通道的理论通行能力(pcu/h);

c——平均每车道理论通行能力(pcu/h)。

通道服务水平可用小汽车出行需求与道路交通资源供应情况的比值反映,这里采用 φ 来评价通道的供需情况,可计算如下:

$$\varphi = \frac{q_{ij}\alpha}{Pc} \tag{9-2}$$

式中:φ——通道服务水平(pcu/h);

q_{ij}——通道所承担的客流量(pcu);

α——组团间小汽车出行比例(%),表示通道所采用交通方式。

9.1.5 城市交通发展战略优选

城市交通发展战略优选的过程就是对不同备选交通战略方案评估的过程,主要衡量交通战略对城市、社会、经济、交通系统等各个方面产生的影响的综合效益。交通战略评估的对象主要包括对交通发展战略实施可行性评估、效果评估、效应评估以及效率评估四方面的评估。

交通战略评估方法主要针对效果评估和效应评估两方面。一般采用"前—后"交通战略评估法和"有—无"交通战略评估法。"前—后"交通战略评估法,就是将交通战略在实施前可以衡量出的状态与接受交通战略作用后可以衡量出的新状态之间进行对比,从中得出交通战略效果,进而据此对交通战略的价值作出判断。图 9-1 中 A1 代表交通战略执行前的效果,A2 代表交通战略执行后的效果,A2 - A1 表示交通战略实际效果。该方法的优点是操作简单,不足之处是它无法将被评估战略的"纯效果"与该项政策以外的因素所产生的效果分离出来。

"有—无"交通战略评估法是在交通战略执行前和执行后这两个时间点上,分别就采取交通战略和不采取交通战略两种情况进行前后对比,然后再对两次对比结果进行比较,以确定被评估的交通战略的效果。图 9-2 中,A1 和 B1 分别代表现状有无交通战略两种情况,A2 和 B2 分别代表未来有无交通战略的两种情况。A2 - A1 为有交通战略条件下的变化结果,B2 - B1 为无交通战略条件下的变化结果。(A2 - A1) - (B2 - B1) 便是交通战略的实际效果。这种方法需要补充大量的现状分析数据,操作便捷性比"前—后"对比法相对较差,但能够比较有效地将被评估交通战略的"纯效果"从战略执行后产生的总效果中分离出来,降低外界因素的干扰。

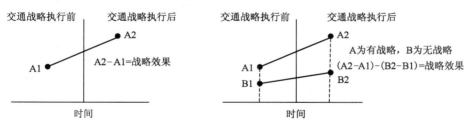

图 9-1 "前—后"交通战略评估法　　图 9-2 "有—无"交通战略评估法

9.2 城市综合交通系统规划

9.2.1 城市对外交通规划

城市对外交通与区域交通运输网和城市总体用地布局之间有着密切的关系。城市对外交通是区域运输网络上的一个结点,对外交通又是城市形成和发展的重要条件。对外交通是以城市为基点,在城市与城市之间的外部区域进行人与物运送的各种交通运输系统的总称,包括铁路、水路、公路以及航空运输的线路和枢纽。

1) 规划目标与原则

城市对外交通规划应遵循与城市社会经济发展战略目标相一致;与城市总体规划和区域城镇体系规划相协调;与区域综合运输体系、城市交通系统相协调;环保、经济、绿色、低碳、可持续;兼顾近期与远期等原则,根据城市的经济社会发展情况,把握城市对外交通的发展趋势、预判未来对外交通可能面临的问题,明确城市对外交通的发展方向,采取有效的规划措施,落实城市总体规划的战略并引导城市发展目标的实现。具体目标包括以下四个方面:

① 构筑各种交通方式相对完善、相互协调的城市对外综合交通体系。
② 加强与周边重点城市快速通道的建设,支撑区域城市群一体化发展。
③ 城市客货运输的重要基础设施规划,满足城市社会经济发展的需要。
④ 规划便捷的城市对外出入口,服务城市快进快出的对外交通需求。

2) 规划流程

城市对外交通规划主要依据城市具体情况,研究对外交通线路设施和运输枢纽设施的布局,处理好与相关专项规划的关系。涵盖铁路、公路、水路、航空四种运输方式,明确对外交通发展的目标、体系结构、总体布局、功能等级等。具体的对外交通规划流程如图9-3所示。

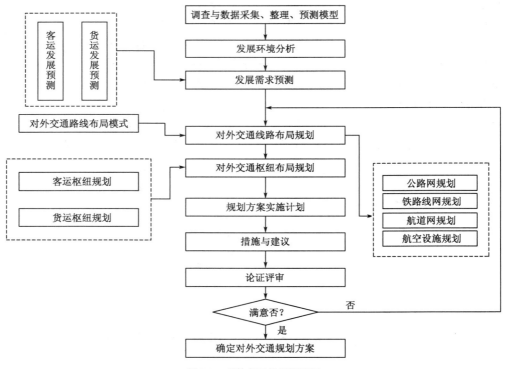

图9-3 对外交通规划流程图

3) 主要规划内容

(1) 对外道路交通网络规划

对外道路交通网络规划是城市对外交通规划的主要内容,包括市域公路网规划、城市结点路网规划和城市对外出入口道路规划。

①市域公路网规划。市域公路网规划以增强城市与区域间的交通联系,提高城市与周边城镇的统筹为目标,进行市域行政区范围内的公路网规划。市域范围内的道路包含高速公路、国省干线、集散层面的县乡公路。市域公路网规划是在城市总体规划和上位公路网规划发生较大调整后进行的,规划范围主要是中心城区、县城、重点城镇结点间的等级公路。

规划内容包含两个层面,一是近期的改善规划,二是中长期的总体规划。近期方面,主要针对现有的突出问题进行诊断,提出改善的对策和措施,并给出近期建设重点项目。中长期总体规划方面,主要应研究未来公路网的总体规模和布局形态,预测远景道路交通量,提出路网远期发展目标,匡算路网总体规模。布局规划阶段分别从线路和结点两个角度考虑线路的布局方案,针对不同结点的功能,结合布局的影响因素,可采取分层布局等方法规划整个路网。规划中还应包括路网布局效果的优化和评价内容。

②城市结点路网规划。城市结点路网的规划主要包括城市结点类型、规模、形态特征的分析,不同城市结点的公路在城市中的布置和过境方式等内容。

③城市对外出入口道路规划。城市对外出入口道路规划着重研究城市内部路网与区域过境路网的相互衔接问题。在交通组织层面,应注重引导对外出入口道路的分散化、均衡化分布。在路网衔接结构层面,应注重区域路网与城市道路间衔接的合理级配问题。

(2) 对外客运枢纽规划

城市对外客运枢纽涉及城市对外交通系统和城市内部交通系统,是以公路和铁路为代表的城市对外交通结点和以城市轨道、公交等城市内部交通结点之间有效衔接的场所。对外客运枢纽规划主要包含公路客运枢纽规划、铁路客运枢纽规划、机场规划等内容。

9.2.2 城市内部交通规划

1) 城市道路网规划

(1) 规划原则

按照与道路交通需求基本适应、与城市空间形态和土地使用布局相互协调、有利公共交通发展、内外交通系统有机衔接的要求,合理规划道路功能、等级与布局。城市道路系统规划应符合城市的空间组织和交通特征;体现城市的历史和文化传统,保护和延续历史城区的道路格局,反映城市风貌;为地上和地下工程管线和相关市政公用设施布设提供空间;满足城市救灾、避难和日照、通风的要求。

(2) 规划任务

优化配置城市干路网结构,规划城市干路网布局方案,提出支路网规划控制密度和建设标准;提出城市各级道路红线宽度指标和典型道路断面形式;确定主要交叉口、广场的用地控制要求;确定城市防灾减灾、应急救援、大型装备运输的道路网络方案。

(3) 城市道路网布局

城市道路网布局应符合城市空间布局、地形以及气候特征,并能适应城市空间发展的需要。城市道路网络规划应在继承既有道路系统布局特征基础上,综合考虑城市空间布局的发展与控制要求、开发密度分区、用地性质、客货交通流量流向、对外交通,结合地形、地物、河流走向和气候环境等,因地制宜确定。

①干线道路布局。干线道路系统应相互连通,方便出行者多样化的路径选择,承担45%

以上的城市集中建设区机动化交通周转量,提高城市机动化交通运行效率。

规划城市人口 100 万人及以上规模的城市外围可布局外环路,宜以快速路或高速公路为主,为城市过境交通提供绕行服务;历史城区外围、规划城市人口规模 100 万人及以上的城市的中心区外围可根据城市形态布局环路,分流通过性交通。环路建设标准不应低于环路内高等级道路的标准,并应与放射线道路衔接良好。

规划城市人口 100 万人及以上规模的城市主要对外方向应至少有 2 条城市干线道路衔接,其他城市主要对外方向宜有 2 条城市干线道路衔接;分片区、组团开发的城市,各相邻片区、组团之间宜有至少 2 条城市干线道路相连通。

干线道路系统的密度,规划城市人口 100 万人及以上规模城市可按 $1.2 \sim 1.7 km/km^2$ 确定;50 万 $\sim$ 100 万人的城市可按 $1.1 \sim 1.6 km/km^2$ 确定;20 万 $\sim$ 50 万人的城市可按 $1 \sim 1.4 km/km^2$ 确定;5 万 $\sim$ 20 万人的城市可按 $0.8 \sim 1.2 km/km^2$ 确定。

②集散道路与地方道路密度控制要求。集散道路与地方道路布局应符合不同城市功能地区的地方性活动特征。不同城市功能地区的集散道路与地方道路密度应结合用地功能和开发强度综合确定,满足开放、便捷、各具特色的街区建设要求。表 9-2 规定了不同用地功能区的街区尺度推荐值以及路网密度控制要求。

不同用地功能区的街区尺度推荐值　　表 9-2

城市功能地区		街区尺度(m)		路网密度
		长	宽	(km/km^2)
居住功能区		$200 \sim 300$	$100 \sim 300$	$7 \sim 15$
商业区与就业集中的中心区		$100 \sim 200$	$100 \sim 200$	$10 \sim 20$
工业区		$200 \sim 600$	$150 \sim 400$	$4 \sim 12$
物流园区	物流街区	$200 \sim 600$	$150 \sim 400$	$4 \sim 12$
	服务街区	$200 \sim 400$	$100 \sim 200$	$7 \sim 15$

(4)城市道路空间分配

①道路红线宽度取值。城市道路红线应在基本红线宽度上,综合考虑道路承担的行人、自行车、公共交通等交通功能,以及地下空间布局、防灾等要求确定。城市道路基本红线宽度取值如表 9-3 所示。

城市道路基本红线宽度取值　　表 9-3

道 路 子 类	双向车道数	基本道路红线(m)	可选择的地面公交服务	行人和自行车
Ⅰ级快速路	主路 $4 \sim 8$	$30 \sim 60$	公共交通干线、普线	—
Ⅱ级快速路	主路 $4 \sim 8$	$30 \sim 60$		—
Ⅰ级主干路	$6 \sim 8$	$40 \sim 60$	公共交通干线、普线	优先
Ⅱ级主干路	$4 \sim 6$	$40 \sim 60$		优先
Ⅲ级主干路	$4 \sim 6$	$30 \sim 50$		优先
次干路	$2 \sim 4$	$25 \sim 40$		优先
公有支路	2	$7 \sim 20$	公共交通支线	优先
非公有支路	混合	$7 \sim 20$	—	优先

②道路横断面布置。道路横断面布置应符合所承载的交通特征;道路空间应集约使用,优

先满足行人和自行车、公共交通路权要求;同一条道路宜采用相同的横断面布置,当道路横断面变化时,道路红线应考虑过渡段设置要求;道路空间分配应符合机动车、自行车、行人等不同运行速度的交通安全行驶的要求;设置公交停车港湾、人行立体过街设施、轨道出入口等的路段,红线应适当加宽,不宜压缩人行道和自行车道的宽度。

(5)道路交叉口用地控制

交叉口应按照相交道路交通量与构成特征,优先满足公共交通、行人和自行车的通行安全与便捷的要求,科学确定交叉口形式。没有交通需求预测的情况下,交叉口的形式可按《城市道路交叉口规划规范》(GB 50647—2011)进行选型。干线道路平面交叉口用地应在方便行人过街的基础上适度展宽;城市道路立体交叉用地宜按照枢纽立交 8 万~12 万 m^2,集散立交 6 万~8 万 m^2 控制。

2)公共交通规划

(1)规划原则

依据城市公共交通系统构成和客运系统总体布局框架,统筹规划公共交通系统设施安排和网络布局;各种方式的城市公共交通应一体化发展;修建轨道交通的城市,公共汽(电)车网络应根据轨道交通网络的建设与开通及时进行相应调整。

(2)规划任务

确定城市轨道交通网络和车辆基地的布局原则及控制要求;确定大运量快速公共汽车网络,提出线位控制原则及控制要求,以及停车场、保养场规划布局和用地规模控制标准;确定公共汽(电)车停车场、保养场规划布局和用地控制规模标准,提出首末站规划布局原则;确定公共交通专用道设置原则和技术要求,规划公共交通专用道网络布局方案,提出港湾式公交站点的设置原则和规划建议;提出出租汽车发展策略和出租汽车驻车站规划布局原则。

(3)公共交通走廊层级划分

公共交通走廊按照高峰小时单向客流量或客流强度可分为高、大、中与普通客流走廊四个层级。各层级公共交通走廊客流特征应符合表 9-4 的规定。

各层级公共交通走廊客流特征 表 9-4

层 级	客 流 规 模	宜选择的运载方式
高客流走廊	高峰小时单向客流量≥6 万人次/h 或客运强度≥3 万人/(d·km)	大运量集约型公共交通(城市轨道交通)
大客流走廊	高峰小时单向客流量 3 万~6 万人次/h 或客运强度 2 万~3 万人/(d·km)	
中客流走廊	高峰小时单向客流量 1 万~3 万人次/h 或客运强度 1 万~2 万人/(d·km)	中运量集约型公共交通[城市轨道交通或公共汽(电)车交通]
普通客流走廊	高峰小时单向客流量 0.3 万~1 万人次/h	普通运量集约型公共交通[公共汽(电)车交通]

(4)城市公共汽(电)车

①线路功能层次划分。城市的公共汽(电)车线路宜分为干线、普线和支线三个层级,城市可根据公交客流特征选择线路层级构成。不同层级城市公共汽(电)车线路的功能、运送速度和客运能力宜符合表 9-5 的规定。城市应因地制宜地合理选择快速公共汽车系统。

不同层级城市公共汽(电)车线路功能与服务要求　　表9-5

线路层级	干线	普线	支线
线路功能	连接城市各分区,沿主要客流走廊,串联主要客流集散点	城市分区内部线路	深入城市社区内部,干线或普线的补充
运送速度(km/h)	≥20	≥15	—
单向客运能力(千人/h)	5~15	2~5	1~2
高峰期发车间隔(min)	<5	<10	—

②车辆规模。城市公共汽(电)车辆的规模与发展要求,应综合考虑运载效率、乘坐舒适性和环保要求,并规划城市人口规模300万及以上的城市宜达到500乘次/标台以上,其他城市宜达到400乘次/标台以上;规划城市人口规模100万及以上的城市不应小于12标台/万人,规划城市人口规模50万~100万人的城市不应小于10标台/万人,规划城市人口规模小于50万的城市不宜小于8标台/万人,旅游城市和其他流动人口较多的城市可适当提高。

③场站规划。城市公共汽(电)车场站应根据服务需求、车种、车辆数、服务半径和用地条件在城市集中建设区内均衡布局。公共汽(电)车场站应节约用地,立体建设。可根据需求与用地条件,整合首末站与停车场,或停车场与保养场。

公共汽(电)车首末站、停车场、保养场的综合用地总面积不得小于每标台150m²。各类型场站规划用地指标宜符合表9-6的规定。

各类型场站用地面积计算指标　　表9-6

公共汽(电)车场站类型		用地面积(m²/标台)
首末站		70~100
停车场		120~150
保养场	保养能力(标台)	
	50	220
	100	210
	200	200
	300	190
	400	180

当公交场站建有加油、加气设施时,其用地应按现行《汽车加油加气站设计与施工规范》(GB 50156)的要求另行核算面积后加入到场站总用地面积中。

首末站宜设置在居住区、城市各级中心、交通枢纽等主要客流集散点附近,根据500m服务半径的人口或就业岗位规模确定是否应配建首末站。单个首末站的用地面积不宜低于2000m²。在用地紧张地区,首末站可适当简化功能、缩减面积,但不应低于1000m²。

3)步行与自行车交通规划

(1)规划原则

按照安全、连续、便捷、舒适的原则,结合城市功能布局,合理规划步行与自行车系统。安全原则即保障独立、专用的有效通行空间,将行人、非机动车与机动车空间隔离;连续原则即保障设施网络的空间连贯性;便捷原则即保障行人和非机动车网络与城市公共服务设施、公共交通站点等吸引点紧密衔接,加强无障碍设计;舒适原则即保障步行与骑行环境品质,建设完善的地面铺装、林荫绿化、遮阳避雨、照明排水、街道家具、易于识别的标志等配套设施。

(2) 规划任务

步行与自行车系统规划任务有确定步行、自行车交通系统网络布局框架及规划指标;提出行人、自行车过街设施布局基本要求;提出步行街区布局和范围;确定城市自行车停车设施规划布局原则;提出无障碍设施的规划原则和基本要求。

(3) 步行网络规划

步行道按功能可分为步行廊道、步行集散道、居住步行道、商业步行道、步行巷道和步行休闲道。在进行步行网络规划时,应考虑到道路所属的政策分区和步行单元性质,依据道路自身属性以及在步行网络发挥的作用进行合理的分级分类。在步行主导发展区内,以休闲性步行交通网络为主,兼顾与步行廊道和集散道的连通性能,最大程度发挥休闲性步行交通网络的部分交通功能;步行优先发展区内,以步行廊道为框架,集散道为过渡,商业步行道为支撑;步行平衡发展区中,以居住、行政和科研用地为主,末端道路基本为居住步行道性质,由步行巷道的连通增加可达性;步行一般发展区中可对步行廊道和集散道的布设进行硬性控制,末端道路规划视具体情况而定。

(4) 自行车交通网络规划

按功能、重要性及交通强度等因素,将自行车道路划分为廊道、集散道、连通道、休闲道、微循环道五个等级。自行车廊道尽量沿期望走廊和左右300m内的平行道路布设,并且尽量穿过慢行核和换乘枢纽等控制点。廊道穿过的慢行核主要包括大型居住区、学校、商业、办公、行政中心,换乘枢纽包括一级和二级换乘枢纽。可根据交通区位和出行模式确定廊道网形态,结合用地性质和截面流量确定廊道间距,考虑控制点和车流走廊确定廊道布局,在道路现状的基础上调整廊道布局,最后确定廊道工程标准。

自行车集散道和连通道结合自行车交通的重要流向,依附于自行车廊道进行衍生,平行于廊道或者联系廊道进行布设,主要控制点为慢行核及一级、二级换乘枢纽。以单个慢行区作为规划区域,沿着重要的交通流向,联系一定规模的居住地与就业、就学点,可根据慢行区的性质和廊道布局决定集散道密度。

自行车休闲道组织应结合城市绿地、水系和历史文化等资源,主要控制点为慢行核、公园、绿地、河岸等。应结合沿河绿带和水运巴士码头,由滨湖、沿江区域沿河流水系向区内带状绿地渗透,并与风景区道路和自行车租赁点相衔接,联系主要的高等院校区、生活区和公共服务区,形成连续可达、覆盖广泛、使用便捷的网络化自行车休闲交通体系。

自行车微循环道路网络沿期望走廊,填补骨干道路网络空隙,联系慢行核与一级、二级换乘枢纽。以单个慢行区作为规划区域,沿着重要的自行车流量走向,连接自行车骨干路网,分散主要流向的自行车流量,或连接慢行核与自行车骨干道路,增加自行车道路网络的可达性。

(5) 自行车停车场布局规划

自行车停车场应满足自行车的各类停放需求,布局应根据自行车交通的特征,结合大型公共设施、重要交通枢纽、公共交通站点等设置,并与自行车交通网络相协调。自行车路内停车位应设置在机动车道外,可布设在人行道、路侧绿化带内。自行车停车场可与公共自行车租赁服务点结合设置。自行车停车场可与机动车停车场结合设置,但进出通道应与机动车分开设置,保障自行车进出便利、安全。

4）城市机动车停车规划
（1）规划原则
遵循城市停车设施的供给策略，综合利用城市土地资源和地下空间，确定各类机动车停车设施规划建设基本要求。
（2）规划任务
确定城市机动车停车分区和不同类别停车需求的供给目标；提出城市配建停车指标建议及管理对策；提出城市机动车公共停车场规划布局原则。
（3）停车分区
城市停车分区是对不同区域制定和实施差异化的停车设施供应策略和停车管理、经营措施，引导城市停车需求在时间和空间上均衡分布。其中，城市中长期停车专项规划中确定的停车分区通常是基于城市总体规划和综合交通规划，旨在不同分区中提出相对综合的停车发展策略，与城市区位规划、用地布局以及其他交通系统的规划相协调，其划分单元通常较大。面向近期改善的停车管理分区是针对建成区停车矛盾相对突出的区域，划分单元相对较小，各分区提及的改善措施相对具体，且以停车收费、停车场准入机制等管理措施的调整为主。
（4）配建停车指标
住宅停车位配建标准应与城市的机动车拥有发展目标相适应，并留有余地。非住宅配建停车位配建标准应与所在地区交通需求管理相适应。医院等公共建筑的配建停车指标应设置上限与下限值，行政办公、商业、商务建筑配建停车指标应设置上限值。中心区各类建筑的配建指标应低于外围区，停车矛盾较大的老旧住宅小区与周围地区，更新改造时可适当提高停车配建指标。
（5）公共停车场规划
规划城市人口规模100万及以上的城市，规划社会停车场用地面积占城市建设用地面积比例不宜超过0.8%，其他城市不宜超过0.5%；单个停车场规模不宜过大，进出交通应减少对城市交通运行的影响；可在符合社会停车场设置要求的广场、公共交通场站、道路、桥梁等的地下空间设置社会停车场；应根据城市的货车停车需求单独设置货车停车场，或在社会停车场中设置货车停车位。

9.3 城市交通专项规划

9.3.1 城市道路网规划

（1）规划目标与原则
城市道路网规划的目标是构筑功能清晰、级配合理、布局完善的城市道路网络系统，支撑城市空间结构与用地布局，引导用地开发，推动城乡统筹协调发展。应遵循如下规划原则：
①与城市布局结构相协调，引导和促进城市发展，推动城市用地结构和产业布局调整。
②充分加强道路网络的系统性，提高道路网络的交通集散能力。
③与各种交通方式相协调，考虑使用者要求，明确道路功能定位，合理分配路权。
④注意道路与环境的关系，与城市景观相协调，满足市政工程管线布设的要求，减少交通

建设给自然生态环境带来的不利影响。

⑤充分考虑公交发展需求,为公交优先发展提供条件。

(2) 规划内容

道路网规划主要分为以下六个方面的内容:

①制定城市道路网络的发展目标、发展策略,确定近远期道路网体系结构、布局和规模;

②确定城市骨架道路系统(由快速路、主干道、次干道组成),论证并确定道路等级、建设控制标准、道路红线、对应道路断面形式及交叉口形式与控制范围;

③确定支路的控制规模、设置标准、走向、控制要求;

④提出主要道路横断面推荐方案;

⑤确定互通立交的位置红线控制范围,提出初步规划方案,确定跨线桥的位置与用地控制范围;

⑥确定交通设施布设的位置、标准与控制要求。

作为道路网专项规划,除了要满足主要内容研究深度的要求外,还需包括:在确定道路网络总体结构、道路网络主骨架的情况下,对不同等级的道路进行使用功能划分;对干道网中每一条道路根据其等级及使用功能进行横断面设计(板块形式、是否设置非机动车道、非机动车道的宽度、人行道的宽度、隔离物的形式与宽度);确定道路红线控制范围;提出快速路、干道之间交叉口的形式(立交还是平面相交、采用何种形式的立交)并对主要干道之间的平面交叉口进行规划设计;对支路系统提出改善方案,确定支路的使用功能、支路的红线宽度,交通管理的要求(是否设置单行道、是否为非机动车专用路、支路与主要干道交叉口的交通组织与管理)。

(3) 规划流程

城市道路网络规划流程如图9-4所示,具体如下:

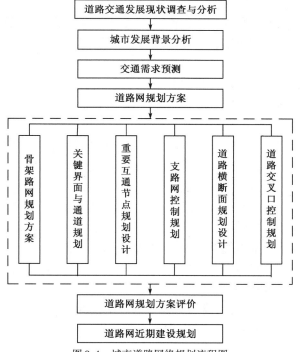

图9-4 城市道路网络规划流程图

①准备工作。开展现状调查与资料收集、现状分析与问题诊断,并解读上位规划与相关专项规划,分析城市交通发展趋势。

②方案制定。建立城市交通模型,进行交通需求分析和预测,以交通需求为参考,制定城市道路网规划方案,包括道路功能分级体系、快速路系统、骨架路网布局、支路网控制性规划以及道路设施规划等方案。

③方案优化。利用交通模型对规划方案进行测试与评价,调整优化方案,并制定路网规划的近期实施方案。

9.3.2 常规公共交通规划

常规公共交通系统是指在城市道路上运行的公共汽电车组成的交通系统,不包括城市轨道交通、出租车交通等非常规公交形式。城市常规公共交通规划是城市综合交通规划的重要部分,是解决城市常规公交现状问题和指导未来发展的宏观指导文件,要动态和均衡地考虑城市发展规模、用地布局和道路网规划等各方面的因素。

(1) 规划任务与原则

常规公共交通规划的任务是在战略规划的框架下,就公共交通系统的现状问题和未来发展,系统地提出未来的方针政策、规划方案和建议。构建与城市发展规模相适应、与城市用地布局相协调、与其他交通方式良好衔接,安全、便捷、高效、舒适、管理有序的城市常规公共交通系统,应遵循如下原则:

①协调性原则。应与城市总体规划和交通发展规划相协调,以长远和发展的眼光,超前做好规划,具有一定的前瞻性和延续性。

②系统性原则。应运用系统的观点,有效地组织各地区的客运、有效地组织各种公共交通运输方式,建立完整的公交运输系统。

③可操作性原则。规划方案要有可操作性,公交场站设施等要从用地上得到控制,并远近结合,在长远规划的基础上,对线网、场站等发展提出近期实施计划。

(2) 规划内容

常规公共交通规划,应根据城市发展规模、用地布局和道路网规划,通过对现状公交的全面调查研究分析,掌握公交系统各方面既有特征,识别现状存在的问题;通过建立模型,深入分析现状需求,预测未来公交需求,把握公交发展势态;根据规划前景、发展阶段及政策环境等,分析常规公交发展目标、发展模式、策略;在客流预测的基础上,根据规划前景、发展阶段及政策环境等,研究分析公共交通车辆数、线网布局、换乘枢纽和场站设施布局等;根据模型测试评估目标评价结果,优化调整规划方案,经过政府部门、企业社会公众意见咨询,提出最终规划方案并制定实施计划。

(3) 规划流程

常规公共交通规划可划分为四个阶段,各个阶段的主要工作包括:

第一阶段,现状分析与问题诊断阶段。包括常规公交与城市发展适应性分析、常规公交基础设施分析、常规公交出行特征分析等。

第二阶段,需求预测阶段。包括常规公交出行需求分布预测及常规公交走廊预测分析。

第三阶段,规划方案制定阶段。制定常规公交线网规划、场站规划与运营管理的具体方案。

第四阶段,方案评价阶段。从经济、生态环境等多个方面进行规划方案的综合评价和比选。

常规交通规划流程如图9-5所示。

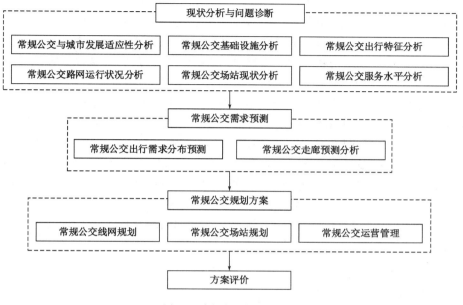

图 9-5　常规交通规划流程图

9.3.3　城市轨道交通线网规划

(1) 规划任务与原则

轨道线网规划应基本做到"三个稳定、两个落实、一个明确"。"三个稳定"即线路起终点(走向)稳定、线网换乘结点稳定、交通枢纽衔接点稳定;"两个落实"即车辆基地和联络线的位置及其规划用地落实;"一个明确"即各条线路的建设顺序和分期建设规划明确。具体规划任务如下:

①根据城市总体布局结构、居民出行需求特征、客运交通需求走廊等级及走向等方面情况,明确轨道网络的线路功能层次及其布局结构。

②根据轨道交通发展目标、居民出行需求以及城市经济和财政承受能力等方面情况,分析远景轨道网络应达到的适宜规模。

③根据城市土地利用规划、客运交通需求走廊及主要交通枢纽布局,论述网络构架要求,提出不同的网络规划方案,进行网络方案客流测试和网络方案综合评价。

④根据各方面协调及公众咨询意见,进行网络方案优化调整,形成推荐方案。

⑤进行系统选型,确定敷设方式,进行车场及联络线等相关规划。

城市轨道交通线网规划是长远的、指导性的专项宏观规划。它强调稳定性、灵活性和连续性的统一,遵循如下原则:

①稳定性原则:规划核心在空间上(城市中心区)和时间上(近期)要稳定。

②灵活性原则:规划延伸条件在空间上(城市外围区)和时间上(远期)要有灵活变化的余地。

③连续性原则:线网规划要在城市条件不断变化的情况下,不断调整完善。

(2)规划阶段与流程

城市轨道交通线网规划研究主要分为3个阶段:前提与基础研究阶段、线网构架研究阶段和实施规划研究阶段。

①前提与基础研究阶段。该阶段主要对城市自然和人文背景加以研究,从中总结指导轨道交通线网规划的技术政策和规划原则。主要研究依据应是城市总体规划和综合交通规划等。具体研究内容包括城市现状与发展规划、城市交通现状与规划、城市工程地质分析、既有铁路利用分析和建设必要性论证等。

②线网构架研究阶段。线网构架研究是线网规划的核心部分,主要是方案构思、交通模型测试和方案评价3个工序的循环过程,其目的是推荐优化的线网方案。这部分研究主要内容包括:合理规模的研究、线网方案的构思、线网方案客流测试、线网方案的综合评价。

③实施规划研究阶段。实施规划是轨道交通是否具备可操作性的关键,集中体现轨道交通的专业性,主要研究内容是工程条件、建设顺序、附属设施的规划等。具体内容包括:车辆段及其基地的选址与规模研究、线路敷设方式及主要换乘节点方案研究、修建顺序规划研究、轨道交通线网的运营规划、联络线分布研究、轨道交通线网与城市的协调发展及环境要求、轨道交通和地面交通的衔接等。

城市轨道交通线网规划技术流程如图9-6所示。

9.3.4 城市公共停车规划

(1)规划目标与原则

城市公共停车规划是寻求停车需求的满足与城市社会经济发展、交通、土地利用和环境保护多目标的平衡,建设规模适宜、结构合理、布局均衡并与道路设施、公交设施、配建停车设施相协调的公共停车系统,引导市民选择合理的交通出行方式,调控停车动态需求,维持城市动、静态交通的平衡。城市公共停车规划遵循如下原则:

①协调动静态交通。要平衡城市道路网容量与城市各片区功能发挥之间的关系,停车供应的总体水平应能够促进城市社会和经济的发展,满足小汽车适度进入家庭的停车需求。

②供应差别化与结构合理化。要建立差别化的区域停车供应及消费政策,结合公共交通发展政策,缓解城区停车压力。建立"以配建停车供应为主、路外公共停车供应为辅、路内停车为必要补充"的结构合理、布局均衡的停车系统。

③一体化发展。要建立一体化的工作机制,体现停车规划、建设、管理三位一体的原则。逐步建立停车系统运行管理的信息化与智能化,实现停车资源的有效管理和利用;推动停车发展走社会化、产业化道路,实现城市停车与社会经济协调发展。

(2)规划内容和流程

城市公共停车规划主要包括以下内容:

①资料收集。资料收集是规划的主要工作之一。除了从相关政府部门收集社会经济发展、交通发展、停车设施资料外,还应通过各类调查,以统计各类停车设施的停车供应水平,了解停车需求特征,发现现状停车问题的症结所在。

②分区停车政策目标与发展策略。针对停车现状及未来发展趋势,回顾现有的交通政策及停车政策,根据国内外经验,提出合理的停车政策目标与发展策略。

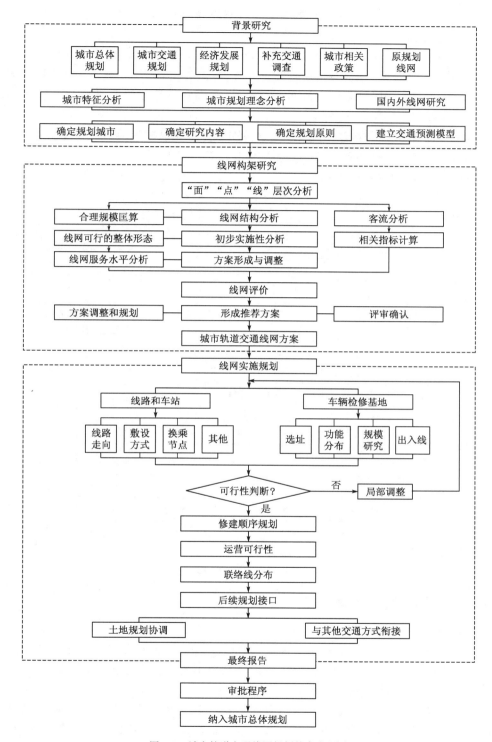

图 9-6 城市轨道交通线网规划技术流程图

③停车需求预测。停车需求预测根据两项数据，一是未来土地利用规划，二是在土地利用规划的基础上，从整体交通规划中得出的全天车辆出行数据。根据各类车辆出行在每天不同

时段的分布,考虑停车泊位的周转率,得出不同区域高峰时间内最大停车泊位需求,并以此推算得公共停车泊位需求总量。

④公共停车场选址与布局。分析城市控制性详细规划中的片区特征及用地性质、综合交通规划中的专项规划方案,结合各区域现状停车泊位的供应情况及驾驶员调研分析的结果,依据停车需求预测,对不同区域采用刚性布局、半刚性布局和弹性布局相结合的方法,确定规划近、中远期布局方案。

⑤公共停车发展政策与措施。基于停车发展策略,研究提出解决现状停车问题及保障公共停车规划方案的建设、管理和收费等方面的停车政策、措施。

城市公共停车规划流程如图 9-7 所示。

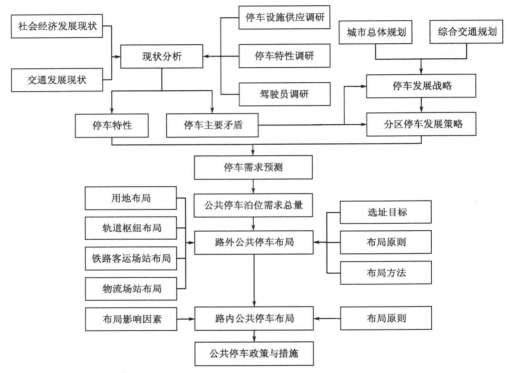

图 9-7 城市公共停车规划流程图

9.3.5 城市自行车交通规划

(1)规划目标与原则

城市自行车规划的目标是在轨道交通、公共汽车等公共交通方式,小汽车、步行等私人交通方式之外,为城市提供另一种安全、便捷、可靠、低成本的个体交通方式,合理满足居民自行车出行及运动休闲的需要。规划遵循如下原则:

①整体性原则。自行车交通规划应符合城市自行车交通系统性的要求,各部分内容良好衔接、互补共通,保证自行车使用者之间及其与城市自行车出行环境、其他交通方式使用者之间和谐愉快。

②连续性原则。应保障城市自行车交通系统的连续性,使自行车交通空间合理布局、顺畅衔接。

③分区组织原则。应将城市自行车交通分区进行规划,提倡自行车交通出行区间连通、区内畅达。

④美观原则。应根据功能要求和美学原理进行自行车系统的规划设计,为城市居民创造景观优美、自由舒适的自行车出行环境。

(2)规划内容与流程

城市自行车交通规划的内容主要包括:

①现状调查与问题分析识别。针对自行车交通基础设施、自行车出行特征及服务水平、自行车运行管理等各个方面开展全面系统的调查与资料收集,分析、识别城市自行车交通系统存在的主要问题,并剖析其主要原因。

②确定自行车交通发展定位。从城市发展阶段、发展目标出发,分析自行车交通发展前景,确定自行车交通功能定位,借鉴国内外发展经验,提出自行车交通发展的目标、方向与基本策略等。

③建立自行车交通需求预测模型。整理分析相关基础数据,进行现状模型的标定与校核,建立自行车客流预测模型,对交通需求总量及分布情况进行预测分析。

④制定自行车道路网络规划方案。根据城市道路网络布局结构、居民自行车出行需求特征、自行车交通需求走廊等方面情况,按照分区组织的原则,构建分工明确、层次清晰、机非分离的自行车道路网络布局方案。

⑤制定自行车停车场规划方案。基于自行车停车需求分布预测结果,设定自行车停车场的建设标准,在城市大型公共建筑、轨道交通站点、公交枢纽等主要人流集散点规划布置自行车公共停车场,重点构建为城市公共交通系统提供客流集散服务的 B+R 系统。

⑥制定自行车交通组织与管理技术指引。按照维持城市自行车交通运行秩序,提高道路运行效率和安全水平的要求,研究自行车路段、交叉口的交通组织基本设计方案,制定切实可行的骑车者、车辆、道路、安全防护设施、停车场管理方案。

⑦制定自行车交通近期改善方案。针对城市自行车交通存在的主要问题,提出近期需要建设的自行车道路、停车场等基础设施,明确其建设序列安排,确定矛盾突出的自行车道路、交叉口交通组织改善方案。

城市自行车交通规划流程如图9-8所示。

9.3.6 城市物流系统规划

(1)规划目标与原则

城市物流是以城市为主体的,为满足城市需求所发生的物流活动。城市物流系统由基础设施、信息系统和运作系统三大要素组成,通过实现货物运输、储存、包装、搬运、流通加工、配送及信息处理等功能,以保障城市功能的正常发挥。规划应遵循如下原则:

①统一规划原则。城市物流系统规划应以城市总体规划与布局为基础,适应城市产业结构调整和空间布局的变化,与城市功能定位和远景发展目标相协调。因此,城市物流系统规划应与城市总体规划一致。

②经济性原则。城市物流系统的规划建设要充分利用现有的物流资源,通过对现有物流资源的利用、改造,实现新建物流系统与原有物流系统的有效兼容与整合,减少土地占用和资金投入。

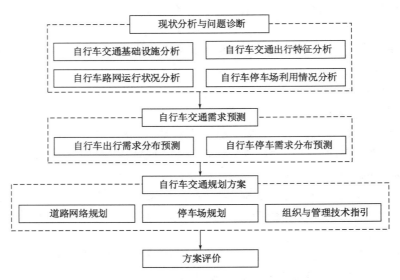

图9-8 城市自行车交通规划流程图

③整体性原则。城市物流系统通过要素之间的协调、配合，要实现城市物流系统的整体目标而不是局部利益，当城市物流资源分散在不同企业或不同部门时，各种城市物流要素很难充分发挥作用。只有在全社会范围内对各种城市物流要素进行整体的优化组合和合理配置，才可以最大限度地发挥各种物流要素的作用，提高整个城市的物流效率。

④网络化原则。物流经营管理、物流作业、物流资源、物流信息等物流系统诸多要素的组织是按网络方式在一定的地域内进行规划、设计、实施的，所以城市物流系统的规划必须遵循网络化的原则。

⑤市场化原则。城市物流系统规划必须遵循市场化规律，使物流系统总体的经济运行取得最佳效益。只有根据市场需求，才能规划合理的物流基础设施、构建高效的物流信息系统、出台到位的物流政策，使整体物流系统发挥其系统功能，实现物流功能的合理化。

⑥前瞻性原则。城市物流系统是为城市经济发展和居民生活需求服务的，应立足于城市当前的经济发展要求和居民生活需求，也应着眼于将来的发展趋势和需求变化，使资源最大限度地发挥作用。

(2) 规划内容与流程

城市物流系统规划主要分为以下三个方面的内容：①物流基础设施规划；②物流信息系统规划；③物流运作系统规划。

物流基础设施是物流活动的载体，是物流合理化的基础。物流基础设施规划是城市物流系统规划的硬件部分，主要包括物流网络规划和物流节点平面布局规划。物流网络规划是指在一定的层次和地区范围内确定物流网络合理的布局方案，其重点是城市物流节点布局规划和城市物流通道规划两部分。物流节点平面布局规划是根据物流节点的功能、作业流程以及服务质量等方面的要求，确定物流节点内部各种功能区域的平面布局方案。

物流信息系统规划包括企业物流信息系统、物流节点信息系统和公共物流信息系统三个层次的规划。各系统具体规划内容因服务主体的不同而有较大差异。

物流运作系统规划重点是城市物流产业政策保障规划，具体包括综合协调机制的建立、物流供需市场的培育、物流标准化工作的推进、物流人才战略以及为物流基础设施和物流信息系统规划的实施提供所需的政策保障等。

城市物流系统规划流程如下：

①制定合理的城市物流系统规划目标，并确定规划的指导思想。

②分析当前城市物流发展状况，明确城市物流的发展阶段和存在问题。

③在物流需求预测和发展环境分析的基础上，进行城市物流网络规划，包括城市物流节点布局规划和城市物流通道规划。

④结合现代物流发展趋势和物流信息服务主体对信息系统的需求，提出各层物流信息系统的规划设计方案。

⑤为确保城市物流系统规划的实现，进行物流运作系统规划。

⑥利用仿真等技术对规划方案进行评价、选择和优化，并制定分期实施计划。

城市物流系统规划流程如图9-9所示。

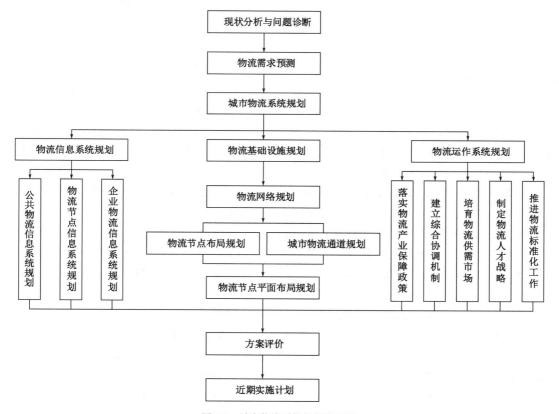

图9-9 城市物流系统规划流程图

【复习思考题】

1. 市县国土空间规划中的城市综合交通体系规划应遵循怎样的规划原则？

2. 城市交通发展战略规划的侧重点是什么？简述其战略目标与控制指标。
3. 如何进行城市交通发展战略方案的设计、测试与比选？
4. 城市综合交通系统规划的任务重点有哪些？
5. 简述城市对外交通规划的目标与原则。
6. 城市道路网规划主要包括哪些内容？
7. 简述城市常规公共交通规划的流程。
8. 城市轨道交通线网规划各阶段的规划任务有哪些？
9. 简述城市公共停车规划的目标与原则。
10. 城市自行车交通规划主要包括哪些内容？
11. 简述城市物流系统规划的原则及主要规划内容。
12. 请结合所在城市分析其综合交通体系存在什么问题？谈谈近远期综合交通体系的建设方案。

【本章参考文献与延伸阅读】

[1] 中共中央,国务院.关于建立国土空间规划体系并监督实施的若干意见[EB/OL].(2019-05-23)[2022-10-01].http://www.gov.cn/zhengce/2019-05/23/content_5394187.htm.

[2] 中华人民共和国住房和城乡建设部.城市综合交通体系规划标准:GB/T 51328—2018[S].北京:中国建筑工业出版社,2018.

[3] 中华人民共和国住房和城乡建设部.城市步行和自行车交通系统规划标准:GB/T 51439—2021[S].北京:中国建筑工业出版社,2021.

[4] 过秀成.城市交通规划[M].2版.南京:东南大学出版社,2017.

[5] 过秀成,崔莹.城市步行与自行车交通规划[M].南京:东南大学出版社,2016.

[6] 过秀成,李家斌,等.轨道交通运营初期公共交通系统优化方法[M].南京:东南大学出版社,2015.

[7] 毛保华.城市轨道交通规划与设计[M].2版.北京:人民交通出版社,2011.

[8] 过秀成.交通工程案例分析[M].北京:中国铁道出版社,2009.

[9] 朱顺应,郭志勇.城市轨道交通规划与管理[M].南京:东南大学出版社,2008.

[10] 王炜,陈学武.交通规划[M].2版.北京:人民交通出版社股份有限公司,2015.

[11] 孔令斌.国土空间规划中城市综合交通体系规划的内涵[J].城市交通,2021,19(1):11-12.

[12] 钱林波,彭佳,梁浩.国土空间综合交通体系规划的新要求与新内涵[J].城市交通,2021,19(1):13-18,81.

[13] 江雪峰,马小毅.论交通规划在国土空间规划中的关键作用——以广州市为例[J].城市规划,2021,45(4):76-83.

[14] 张乔,黄建中,马煜箫.国土空间规划体系下的综合交通规划转型思考[J].华中建筑,2020,38(1):87-91.

[15] 马小毅,欧阳剑,江雪峰,等.大城市国土空间规划交通指标体系构建思考[J].规划师,2020,36(1):52-58.
[16] 汪益纯,曹国华,王树盛.国土空间规划背景下交通规划传导与管控研究[C]//交通治理与空间重塑——2020年中国城市交通规划年会论文集,2020:508-514.

第 10 章
运输组织与运输服务

10.1 运 输 组 织

10.1.1 运输组织的概念

运输组织是在运输企业的生产和经营实践中发展起来的关于运输资源合理配置和利用的理论和技术。作为社会组织管理职能之一的运输组织,包括微观和宏观两个不同层面。

(1)微观层面

微观意义上的运输组织属于企业生产组织管理的范畴,是从运输企业系统整体优化的目标出发,以生产过程的组织管理的最优化,实现资源投入的最小化和产品利润的最大化为运输组织之目的。不同的交通运输方式都有其特定的运输线路、载运工具,并形成各自的技术运营特点、经济性能和合理的使用范围,在运输生产组织中,应充分根据交通运输方式、企业运输服务的特点,合理配置载运工具、装卸设备以及其他辅助设施和设备等,科学组织运输作业流程。

(2)宏观层面

宏观意义上的运输组织属于综合交通运输系统的运行组织与管理的范畴。从整个交通运输系统角度看,交通运输系统由多种交通运输方式构成,一个完整的交通运输过程可能由一种交通运输方式完成,更可能需要多种交通运输方式联合完成,由多种交通运输方式相互协作配合完成运输过程,需要更高形式的运输组织模式,这种模式不仅要解决交通运输方式间旅客的换乘、货物的装卸和中转运输的技术问题,而且还要克服不同交通运输方式间管理体制、规章制度和信息系统的各种障碍,建立统一的技术、组织和制度的保证。

10.1.2 运输组织的目标

正确处理交通运输安全与运输效率的关系,在保证安全的基础上提高运输效率,是运输组织的原则。运输效率是一定条件下运输固定设备、活动设备和人力资源规划和运用的多目标综合优化问题,具体如下:

①从载运工具运用的角度看,有车辆和船舶的货物配载问题,有特殊货物运输条件的确定和安全运输问题。

②从运输港站工作的角度看,有运输动力、线路、作业站台、仓库货位和装卸机械等设备配置问题与运输技术作业流程的组织管理问题。

③从运输网络运用和管理的角度看,有交通流的组织调整和动态监控、确保系统安全、畅通和交通高效有序的问题。

④从运输企业生产和经营的角度看,有运输市场调查、客流和货流组织以及运输产品设计的问题,运输设备综合运用和运输生产过程优化组织的问题。

⑤从整个综合交通运输系统角度看,有各种运输方式的布局和运输协作配合问题等。

从运输资源合理配置的角度,需要对运输设备及其运输能力的加强和发展提出运营上的要求,科学合理地规划运输固定设备、活动设备和运输管理系统的布局和建设,实现运输资源动态合理配置的目标。

10.1.3 运输组织的内容

运输活动主要由提供运输服务的专门的运输企业完成,运输过程主要包括两大组成部分:运输用户与运输企业之间的运输商务过程、运输企业运送旅客和货物的运输生产过程。

运输商务过程是由运输用户与运输企业之间,围绕运输服务需求和运输服务质量和价格,明确双方权利义务进行交易并最终形成契约关系、订立运输合同的过程。

运输生产过程是运输企业履行上述契约要求,提供相应的运输产品和服务,借助一定的运载工具,综合运用相关技术设备和人力资源,组织有关部门和环节的协调和配合,实现运输对象的运送过程及其相关的技术、经济和安全管理过程。

运输对象由旅客和货物构成。两者的运输需求有相同的方面:每一具体的运输需求都有其始发、终到地点构成位移需求;都有一定批量构成运输量的需求;都有一定的对运输过程的运输服务水平(例如安全性、快速性、方便性、经济性、舒适性等)的质量需求。因此都需要利用一定的载运工具和运输线路,在一定地点(港、场、站)完成一定的作业。

1) 旅客运输组织

按载运工具不同,有铁路、公路(包括城市道路)、航空和水路四种运输方式。按运程不同,有城际旅客运输和城市旅客运输。旅客运输服务对象的运输流程可以简单描述为旅客获得乘坐交通工具的凭证;旅客从始发地港、站登乘交通工具开始运输;旅客在途中运输,包括中转和换乘;旅客到达目的地,离开交通工具,终止运输。客运站(港、机场)是旅客运输的起终点,旅客运输的组织与管理主要是在客运站(港、机场)内完成。其作业流程如图10-1所示。

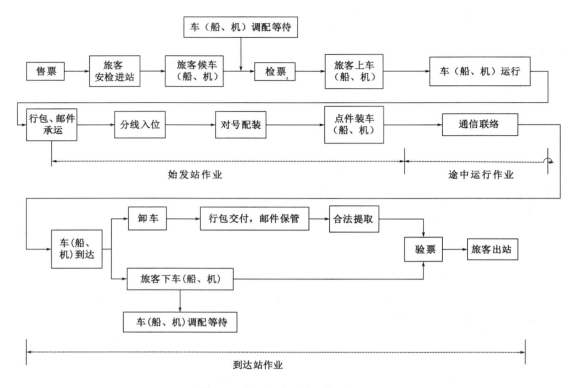

图 10-1 客运站(港、机场)作业流程图

为组织旅客运输过程,运输企业需要进行以下工作:

①旅客运输市场调查和旅客运输需求预测分析;了解不同旅客群体(客流)的数量、流向、流程、流时、旅行服务需求及其变化,分析各种运输方式的市场占有率。

②根据市场需求开发有竞争力的、满足不同层次需求的多样化旅客运输产品和运输服务;如各运输线路和方向的、不同行程的铁路列车、飞行航班、公路班车等。

③制定运输计划,合理运用运输技术设备、能源和人力资源。

④提供方便的客票预订和发售服务、良好的候车(船、机)环境和旅客乘降服务、安全快速舒适的载运工具、旅行途中优质规范的餐饮、卫生和文娱服务、信息服务、各种延伸服务,旅客投诉和理赔服务。

⑤运输过程的监控和调度指挥,保证旅客和行李包裹安全、迅速和方便的输送。

⑥运营活动的安全、技术和经济考核、统计分析和管理。

2)货物运输组织

货物运输按载运工具不同,有道路(包括城市道路)、轨道、水路、航空和管道五种方式。除管道运输是一种比较特殊的、运输线路和运载工具合一的专门运送石油及其制品、天然气等产品的运输方式外,其他四种运输方式都共同面临复杂、繁多的货物品类和批量的安全性、完整性运输需求。

货运组织过程主要包括组织货源、办理货物承运手续、货物保管、装卸、途中运送、到达卸车(船、机)、货物保管、交付、运输统计与结算等环节。货物运输生产主要包括发送作业、中转作业、运行作业、到达作业,其中发送作业、到达作业和中转作业由港站人员计划、安排与实施;

运行作业则由承运人的生产管理部门计划、安排,由驾乘人员具体实施。其作业流程如图10-2所示。

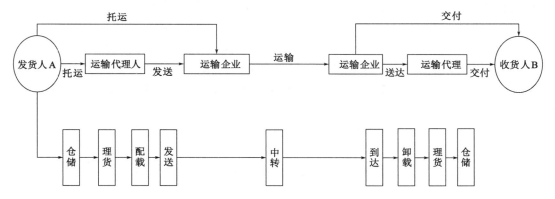

图10-2 货物运输生产作业流程图

为组织货物运输过程,运输企业需要进行以下工作:

①货物运输市场调查和运输需求预测分析;了解本地区物资运输的品类、数量、流向、流程、各种季节性物资运输需求,分析各种运输方式的市场占有率。

②根据市场需求开发有竞争力的优质货物运输产品和运输服务,如各运输线路和方向的、不同行程的道路货运班车、轨道货运班列等,保证货物运输的安全、快速、方便、准时、经济。

③组织货源货流,制定运输生产计划和载运工具运用计划,合理运用运输技术设备的运输能力。

④提供货物运输信息服务,包括货物运输信息查询、货物运输动态跟踪预报、货物运输单据流转、货物运输设备运用、货物运输工作统计分析等信息和其他延伸增值服务。

⑤运输过程的监控和调度指挥,安全、高效、经济、有序地实现货物输送、运载工具的运行过程和在货运站(港、机场)的技术作业过程。

⑥运营活动的安全、技术和经济考核、统计、分析和管理。

3)交通运输流组织

客流与货流以载运工具为载体,实现有目的的位移,载运工具在运输线路上的移动便形成交通运输流。载运工具的运输组织方式多种多样,与道路运输和轨道运输相比,水路运输和航空运输的交通运输流是一种稀疏流,在运输线路上相互干扰和冲突较少,彼此表现除较强的独立性,通常只是在特定地段(如水运人工航道)和运输结点(水运港口获航空港)及其进出相邻区域才需要疏导和处理交通运输流。而道路运输和轨道运输的交通运输流,则不仅在结点上,而且在线路上均呈现较强的关联性。轨道运输的运载工具一般为单元式车辆,但个别车辆一般不能单独发运,必须将相同去向或到站的车辆组成列车才能发运。列车运行需要严格规范其运行次序与运行速度,铁路车站便是列车产生、消失、途中停靠和运行次序调整的地点和场所。公路或城市道路以各种汽车为运载基本单元,速度不同的汽车在运输线路上的跟驰和超越关系常常发生变化,在平面交叉路口也要按不同运行方向确定通过交叉口的先后次序。为保证运输安全、畅通和良好的运输秩序,需要对交通运输流进行疏导、调节和管理,即交通运输流组织。

交通运输流组织的主要任务是:

①管理、调节和控制交通运输需求,从时间和空间分布两个方面影响和促进交通运输流的适度生成和合理分布,制定运输计划,防止或缓解交通运输"瓶颈"的交通拥挤和阻塞。

②调节控制交通运输线路上载运工具的运行速度,实现较高的线路利用率和通行能力。

③制定或规范载运工具的运行路径,提高载运工具的运输效率。

④调整及控制载运工具运行的相互顺序关系,保证运输安全和良好的运输秩序。

⑤组织交通运输场站作业过程,包括:旅客乘降、货物装卸,组织载运工具基本单元的分解、组合、中转、接续、技术检查、商务检查、货物及其票据交接等作业过程,保证作业过程的连续性、平行性、协调性、均衡性等方面的要求。

⑥编制公共交通运输服务时刻表,协调和规范公共交通运输系统的运输组织工作。

4) 交通港站作业组织

交通港站是旅客和货物运输的始发、终到和中转地点。其生产过程包括:

(1) 生产准备过程

生产准备过程,是指基本生产活动之前所进行的全部技术准备和组织准备工作,如编制旅客和货物运输计划、装卸作业计划,设计运输工作方案,确定作业地点、库场和接运工具,准备装卸机械和货运文件等。

(2) 基本生产过程

基本生产过程,是指旅客在交通港站的乘降、行李包裹和货物的装卸、搬运以及载运工具进出场站和在场站内部的有目的的运输移动和技术作业,是运输对象和运输工具从进入港站到离开港站所进行的全部作业的总和。

(3) 辅助生产过程

辅助生产过程,是保证基本生产过程正常进行所必需的各种辅助性生产活动,如运输机械、场库、站台(泊位)货位、信息通信、线路基础设施、电力供电和装卸机械等的维修、保养与管理。

(4) 生产服务过程

生产服务过程,是为基本生产和辅助生产服务的各项活动,如为旅客运输提供的候车(船、机)、餐饮、娱乐、信息等服务,为货物运输提供的理货、仓储和计量等服务,为载运工具提供的技术整备、生活必需品供应、燃料和淡水供应服务、设备整备、清洁、检查、保养与维修,为货主提供的货物鉴定、检验、包装等服务。

5) 运输生产的流程再造

运输生产过程是为实现人和物有目的的移动而进行的一系列逻辑相关活动的有序集合。运输企业有效运行的标志,是实现人流、物流、资金流和信息流的合理流动,按照一定的逻辑顺序,由一个阶段向另一个阶段转变,这种转变过程实际上是一种流动,因此,将运输生产过程及其管理过程称为运输流程。

运输生产流程再造是以信息社会下的业务流程再造理念为基础,为有效改善运输组织的绩效,对现有运输生产流程的重新分析、设计和改造。其中,电子商务所激发的运输流程再造已经影响到了运输组织的各个环节,而集装箱运输则是运输流程再造的典范。

集装箱运输组织形式克服了普通件杂货运输存在的装卸效率低、货损货差率高、包装要求高、货运手续繁杂、运输服务质量低等缺点。集装箱运输使流通过程中每一个环节都发生了根本性的变革,是一种高效率、高效益、高质量的运输组织方式。

10.1.4 运输需求与供给

运输组织工作的重要内容之一就是掌握与运输服务相关的运输需求分析技能,包括运输需求的特征分析、运输量的调研和统计、运输需求预测等。进行运输需求分析的最终目的也是在为运输供给确定一个可发展的空间。

从某种意义上说,运输需求的数量和质量特征决定运输供给的数量、特征以及相应的运输组织方式和运输组织水平。另一方面,运输组织也是运能供给的一种调控手段,会间接地实现对运输需求的调控。对于关系到社会经济和人民生活全局的交通网络,如铁路,当其某一局部的供给能力不足而成为运输瓶颈时,利用运输组织的方法调控过量的运输需求,如实施限制装车,综合平衡运量与运能,是与运用经济杠杆和价格机制进行需求调控并行不悖的有效手段。对于各种随机产生的城市交通出行需求,在某个时段、某些地段由于过度集中可能造成交通拥挤时,也必须运用科学的运输组织方法诱导交通流、均衡交通量。

1)运输需求

运输需求是人们对于所接受运输服务的支付意愿,同时它也反映了这种意愿随运输价格或成本水平而发生的变化。运输活动的主要内容是实现人或货物的空间移动,因此只有了解了运输市场需求状况,运输企业才能进行有效的运输活动。

(1)运输需求概念

"需求"与"需要"是两个不同的概念。运输需求是指在一定时期内,一定的价格水平下,社会经济生活在货物和旅客空间位移方面提出的具有支付能力的需要。运输需要是货主或旅客对运输供给者提出的为实现空间位移的要求。而运输需求与需要之间的区别在于,它是指需要当中的有支付能力、可以实现的部分。因此,运输需求应具备两个条件:一是有购买运输服务的主观欲望或要求,这是必要条件;二是具有支付运输服务的客观能力,这是运输需求形成的充分条件。

(2)运输需求的基本特征

运输需求是一种普遍性需求,然而与其他商品需求相比,运输需求具有其特殊性。运输需求具有广泛性、多样性、派生性、空间特定性、时间特定性和部分可替代性六个主要特征,具体特征如下:

①广泛性。人类社会活动的各个方面、各个环节都离不开人和物的空间位移,这种位移的一部分由私人或生产企业自行完成,不形成运输需求,而大部分需要由公共运输完成。运输业作为一个独立的产业部门,任何社会活动都不可能脱离它而独立存在,因此与其他商品和服务的需求相比,运输需求具有广泛性。

②多样性。运输需求的多样性主要取决于运输对象的多样性要求。在货运方面,运输货物物品种类繁多,在质量、体积、形状、性质、包装上千差万别,对运输条件的要求各不相同。在客运方面,由于旅客的身份、收入、旅行目的等不同,对运输服务在速度、方向、舒适性等方面的要求也是多种多样的。因此对运输服务、运输工具及技术措施产生了多样化的需求。

③派生性。市场需求分为本源需求和派生需求。本源需求是指消费者对最终产品的需求,而派生需求则是由于对某一最终产品的需求而引起的对产生它的某一生产要素的需求。货主或旅客提出位移要求的最终目的往往不是位移本身,而是为了实现其生产、生活中的其他需要,完成空间位移只是中间的一个必不可少的环节。因此,运输是社会生产和人类生活派生

出来的需求。但是，客运在生活水平比较高的国家和地区也会一定程度上转变为本源性的需求，例如人们可以乘坐各种交通工具途经不同的线路作为自己旅行目的之一。

④空间特定性。运输需求是运输消费者指定的两点之间带有方向性的位移，运输需求的这一特点，构成了运输需求的两个要素，即流向和流程。流向是指货物或旅客空间位移的地理走向；流程也称运输距离，是指货物或旅客空间位移的起点和止点之间的距离。对于货运来说，运输需求在方向上往往是不平衡的，特别是一些受区域分布影响的大宗货物如煤炭、石油、矿石等，都有明显的流动方向，这是造成货物运输量在方向上不平衡的主要原因。

⑤时间特定性。客货运输需求在发生的时间上有一定的规律性，例如，周末和重要节假日前后的客运需求明显高于其他时间，市内交通的高峰期是上下班时间；蔬菜和瓜果的收获季节也是这些货物的运输繁忙期。运输需求时间上的不平衡引起运输生产在时间上的不均衡。

时间特定性的另一层含义是对运输速度的要求。客货运输需求对运输服务的起运和到达时间有各自特定的要求。从货物运输需求看，由于商品市场千变万化，货主对起止的时间就各不相同，各种货物对运输速度的要求相差很大；对于旅客运输来说，每个人的旅行目的和对旅行时间的要求也是不同的。

运输需求的时间特定性引出运输需求的两个要素，即运输需求的流时和流速。流时是指运输需求对空间位移起止时间的要求；流速是指运输消费者对货物实现位移全过程中运输速度的要求。运输速度和运输费用是成正比的，运输服务消费者会在运输速度和运输费用之间进行权衡，以尽量小的费用和尽可能快的速度实现人与物的位移。

⑥部分可替代性。不同的运输需求之间一般是不能互相替代的，例如，人的位移显然不能代替货物的位移，但是在另一些情况下，人们却可以对某些不同的物质位移做出替代性的安排。例如煤炭的运输可以被长距离高压输电线路替代；在工业生产方面，当原料产地和产品市场分离时，人们可以通过生产位置的确定在运送原料还是运送产品或半产品之间做出选择。运输需求的这种部分可替代性是区位理论解决选址问题和国民经济重大工程项目进行技术经济分析的基础，人员的一部分流动在某些情况下也可以被现代通信手段替代。

(3) 运输需求的要素

运输需求包含以下 6 项要素：

①运输需求量：也称流量，通常用货运量和客运量来表示，用来说明货运需求和客运需求的数量与规模。

②流向：指货物或旅客发生空间位移时的空间走向，表明客货流的产生地和消费地。

③运输距离：也称流程，指货物或旅客所发生的空间位移的起始地至到达地之间的距离。

④运输价格：简称运价，是运输单位质量或体积的货物和运送每位旅客所需的运输费用。

⑤运送时间和送达速度：又称流时和流速，前者是指货物或旅客发生空间位移时从起始地至到达地之间的时间；后者指货物或旅客发生空间位移时从起始地至到达地之间单位时间内位移的距离。

⑥运输需求结构：是按不同货物种类、不同旅客出行目的或不同运输距离等对运输需求的分类。

2) 运输供给对运输需求的影响作用

供需是相互依赖的，运输需求先于运输供给而产生；但是运输供给并不是完全被动的，它对运输需求的形成也起到一定的积极作用，所以要确定未来运输需求的质、量等形态特征，就需要考虑道路运输供给对道路运输需求的影响。

一般而言,运输供给对运输需求的影响作用,包括运输供给对运输需求的制约作用、诱增作用,可以从以下四个方面考虑。

(1)交通网络

交通网络对道路运输需求的作用是显而易见的。首先,交通网络对运输需求的直接作用,交通网络是运输体系最基础的设施,健全的交通网络方便人们的出行,也增加货物的流动;交通网络的路况、运行状态与运输质量也有直接联系,路况好则车辆运行平稳,一定程度上保证安全性、及时性和舒适性。其次,交通网络对运输需求的间接作用,主要表现在交通对经济增长的贡献,交通发展促进经济发展,由此引发生产的发展、产业结构的优化、人们生活水平的提高,这些都影响运输需求的总量规模和结构。

(2)运输工具

运输工具的数量、结构对运输需求的形成有重要影响。首先,运输工具对运输需求有诱增作用,运输工具数量、性能的提高均会使得出行更加便捷、安全,进而诱发人们的运输需求。其次,运输工具结构的变化对运输需求的结构也有很大影响,比如公路运输中,大、中、小型及专用货车有各自适用领域,若其中一种达不到运输需求的要求,就会使得这部分运输需求受到一定程度的抑制。

(3)运输企业和枢纽

运输企业和枢纽是运输任务的承担者和运输的组织者,它们直接面向运输消费者,因此其管理是否完善、运输组织是否合理、运行效率的高低、服务质量和信誉的好坏、运力投放结构是否合理均会直接影响运输消费者的综合感受和评价,关系到能否有效吸引客货源。

(4)运输政策和行业管理

运输政策和行业管理对运输需求的影响主要体现在以下几点:

①交通网络规划和枢纽规划的制定影响着区域内运输需求的形成与分布。

②通过对运输工具总量及结构、发展速度的控制、发展方向的引导,间接影响运输需求。

③通过对运输行业的政策导向,确定一定时期内的重点与非重点,影响各运输方式在综合运输体系中的地位和综合运输体系的形成。

④通过对运输企业的管理,如对货运合同、货运项目、货物品类的监察和控制,规范市场竞争,保障市场秩序,保证道路运输的总体服务质量,间接提高其吸引客货源的能力。

3)运输需求的度量

运输需求的大小通常用运输需求量来描述,运输需求量是指在一定条件下,运输消费者愿意购买且能够购买的数量。运输需求与运输量同样是采用客货运和周转量来表示,但是从其内涵来说是有区别的。运输需求是由于社会经济活动(包括生产活动和消费活动)所引起的潜在的物流、客流或者交通流;而运输量则取决于运输需求与运输供给之间的均衡关系,它没有包括那些可能发生但没有实现或发生转移的潜在需求。运输需求应与不同的服务水平(通行能力、交通工具、服务质量等)相联系才是有效的,尤其是在运输供给短缺的条件下,运输需求与运输量有明显区别。

运输量预测是运输组织工作中规划运能利用、编制日常运输计划的基本依据,也是决定运输设备新建和扩能改造的重要参考指标。因此,运输量预测的准确性以及运量发展变化趋势的正确把握,是做好运输规划工作,提高运输组织工作的预见性的重要前提。

10.2 运输市场与服务

10.2.1 运输产品的市场特征

1) 运输产品概念

运输业同工农业一样从事社会生产活动,参与创造国民收入,但它不像工农业生产那样改变劳动对象的性质和形态,而只是改变运输对象(货物或旅客)在空间和时间上的存在状态,即空间位置的移动。这种空间位置的改变,也是一种物质变化的形式,通常称为"位移"或者"运输"。位移虽不创造新的有形产品,也不改变运输对象的形态,但可以增加货物的使用价值或者满足旅客的旅行需要,它既是运输生产活动产生的效用,也是运输业用以出售的产品。运输产品的整体概念分为三个层次：

①核心产品。运输产品的核心内容,就整个运输产业而言,就是要满足顾客需要的位移。安全、准确、迅速、文明地实现从出发地到目的地的位移,这是客户所需购买的实质性产品,是运输产品的实体利益。

②形式产品。运输行业通常用位移载体的外在特性(如运输工具的类型和型号,运输线路的布局和环境,运营工作组织及运输过程服务质量,航班、车次及乘坐席别等级等)加以展示,变成可以感知的形式产品。

③附件产品。这是顾客在购买位移产品时所得到的附加服务和利益,如售前服务(客票预约预售、上门办理货运业务等)、售后服务(查询、投诉、事故赔偿等)、信息服务及各种延伸服务(代办货物仓储、包装、行包接送、搬运、运输代理等)。

2) 运输产品的特征

(1) 运输生产在流通过程中进行

运输生产是物质生产过程在流通领域中的继续,物质生产必须以消费为终结,才能保证社会生产的连续、更迭和不断扩大。在生产和消费之间,一个过程的产品能够以什么样的速度作为生产资料或生活资料进入另一过程,即转化为生产消费或者个人消费,首先取决于运输业的发展。运输业在社会化大生产条件下,作为社会生产过程的一般条件而具有"先行"的特征。这种特征随着市场从区域性扩大到全国性,越来越显示出它的重要性。

(2) 运输生产改变运输对象的空间位置

运输不产生有形的商品,也不增加社会产品的总量,只改变运输对象的空间和时间上的存在状态。

(3) 运输产品边生产边消费

在运输生产过程中,旅客或货物与运输工具一起运行,随运输工具的场所变动而改变其所在位置。运输工具的运行场所的变动,就是运输业的生产过程。由于运输业的生产过程和生产成果的消费过程完全融合在一起,因此既不存在任何形式的可供出售的"半成品",也不存在任何形式的可以存储、转移、调拨的"成品"。

(4) 运输生产需要一个综合运输网

从生产地到消费地的运输过程常常要由几种运输方式共同完成,而旅客的起讫点、货物的始发地和终到地遍及广泛的区域,必须有一个干支相连、相互衔接的综合运输网与之相适应。在运输布局中,使各种运输方式合理分工与协调发展,做到统一布局,在全国形成综合运输网,保证运输生产的连续性,具有重要意义。

(5)各种运输方式生产同一产品

各种运输方式虽然使用不同的技术装备,具有不同的技术经济性能,但生产的是同一的产品,即客、货的位移。

3)运输产品的实现方式

能否提供运输产品既是衡量运输企业规模的重要指标之一,也是考察企业运输组织水平的一种途径。运输企业提供运输产品是指在一定的时间期限内,利用一种或多种载运工具,实现客户所要求的从起始地到目的地的货物位移服务。运输产品的实现方式一般有三种:

①市场方式。即若干运输企业以自愿衔接和外部合同方式组成联运等形式,合作完成货物位移的全过程。

②企业方式。即组成一体化大型运输企业内部管理的方式和能覆盖全部或大部分货物位移区域的大型服务网络,独立完成货物位移的全过程。例如,零担运输公司、快递公司等。

③联盟方式。此方式处于市场方式与企业方式之间,即通过比市场的外部合作程度更高,但不及企业内部管理程度的一体化形式完成货物位移的全过程。如国际海运业与航空运输业形成的联盟等。

这三种方式各有自己的特点,但从节约交易成本的角度看,运输企业的一体化方式节约程度最高。因此,运输业组织结构的未来发展趋势,应是在提供市场需要的运输产品的同时,尽可能地控制运输生产的全过程,只要网络特性所决定的密度经济和幅员经济支持这种一体化,就会出现运输方式内部或跨运输方式的大型运输企业。

10.2.2 运输市场的含义及特征

(1)运输市场的内涵

运输市场是运输生产者和运输消费者之间进行运输交易的场所和区域。

狭义的运输市场是指承运人提供载运工具和运输服务,来满足旅客或货物对运输需要的交易活动场所以及进行运输能力买卖的场所。它仅是一个地点概念,如客运站、货运站、机场、港口等。

一般意义的运输市场是指某种运输方式提供运输服务满足运输需求(客运、货运需求)的活动区域。如国际航空客运市场、国内铁路货运市场等。

广义的运输市场是指进行运输劳务交换所反映的各种经济关系和经济活动现象的总和,它体现在以下几个方面:

①运输市场是运输产品供求关系的总和。运输市场是由劳务、资金、载运工具、相关设备、技术、信息等供给和客运、货运需求共同构成的,这个意义上的市场概念强调的是买方、卖方力量的对比结合,如"买方市场""卖方市场"就反映了这一内涵下的供求力量对比的结果。运输企业根据买卖双方在运输市场中的地位和供求态势来分析运输市场,根据市场供求规律来调节其生产和经营策略。

②运输市场是在一定时空条件下对运输产品需求(现实需求和潜在需求)的总和。这个层面上的运输市场主要强调的是"运输需求",当人们说"中国的运输市场很大"时,不是指运

输交易场所很大,而是指"中国对运输产品"的需求很大,在研究运输市场问题时,更多的是指这一层面上的运输市场。

(2)运输市场的特征

运输市场同其他市场一样,是以商品交换为主要内容的经济联系形式,它是运输生产者与消费者相互连接的桥梁和纽带,是运输劳务交换关系的总和,它除具备一般商品市场的特征之外,还具有与一般市场不同的特征,即运输市场具有第三产业服务性市场的特征,主要表现在以下几个方面:

①运输市场是一种典型的劳务市场。运输企业为客、货提供没有实物形态的运输劳务,在运输生产过程中,由于使客、货实现了空间位移,而为旅客提供了服务,使货物的价值得到了提升,因此,运输不产生新产品,但产生新价值。

②运输市场具有较强的区域性和波动性。运输需求主要依赖于社会、经济、文化、科技发展水平,在不同区域,运输需求会具有较强的区域不平衡性,即使在同一条运输线路的不同方向上,运输需求也具有明显的差异。另外,无论客运还是货运需求,都具有季节性变动的规律,同时运输市场受各种因素影响,运输量在流量、流向、流时、流距等方面波动性较大。

③不同类型的运输市场,其进入难易程度和竞争激烈程度有较大的差异性。部分运输市场,如铁路、航空、国际海运等运输市场的进入有一定难度,这是由于运输企业的投资规模大,对技术要求高。

④运输市场存在较多的联合产品。随着运输需求多样化、运输技术的不断提高,货物从生产地到目的地的运输不是仅用一种运输方式来完成,而是使用两种或两种以上的载运工具,通过分段衔接的形式来完成,因此,这种运输产品属于一种联合产品。例如,联合运输、综合运输、国际集装箱运输、快递运输、邮政运输等都属于联合运输产品。

运输市场是运输服务供求关系的总和,是运输企业生产经营活动的场所。它是沟通运输生产和消费、调节运输供求的手段,是实现企业生产目的、扩大运输生产的条件。合理利用运输市场,可以促进企业竞争,推动技术进步,改善生产经营管理,提高经济效益。

(3)运输市场的分类

为了对不同运输市场的经济特征有针对性地进行市场调查与分析研究,可以从不同角度对运输市场进行分类。

①按行业划分:铁路运输市场、水路运输市场、公路运输市场、航空运输市场、管道运输市场。这种分类可用于研究不同运输市场间的关系,如综合运输、运价体系和各种运输方式之间的竞争等。

②按运输对象划分:货运市场、客运市场、装卸搬运市场。其中,客运市场对运输的安全性、快速性、舒适性和方便性等要求较高,而货运市场则对安全质量和经济性要求较高。货运市场对国民经济形态较为敏感,而客运市场则与人民生活水平有关。

③按运输范围划分:国内运输市场(如铁路运输市场、水路运输市场、公路运输市场)、国际运输市场(如国际航空运输市场)。

④按供求关系划分:买方运输市场、卖方运输市场。

⑤按运输需求的弹性划分:富于弹性的运输市场、缺乏弹性的运输市场。在旅游等富于弹性的运输市场中,运价的变动对运输量的影响较大,运价是调整运输市场平衡的有力工具。在上班、上学等运输需求弹性较低的运输市场中,运价变动对运输量变动的影响不大。为了在时

间上使运输市场供求平衡,通常会采取在时间上错开客流高峰的强制性措施,如错开上下班时间等。

10.2.3 运输服务的基本特征

(1)运输服务的公共性

运输服务的公共性,是指运输服务在广泛的社会范围内与广大群众均有利害关系的特性。运输服务的公共性主要体现在以下两个方面:

①旅客运输服务需求范围。在现代社会生活中,人们不可能在同一地点得到工作、生活及教育等各方面的需要,因而产生"出行"。也就是说,人们要经常产生出门活动的需要。当"出行"距离超过一定步行的范围时,就需要乘用交通工具。

②货物运输服务需求范围。"物"的生产过程中所发生的原材料、半成品、成品、加工设备及辅助用品的运输,需要者(单位)非常广泛。

(2)运输产品的特殊性

①运输产品是无形产品。运输生产并没有给人或物以质和形态的变化,只是使它们在保持原样的情况下,进行空间场所的移动,使之具有移动价值。运输生产为社会提供的效用不是实物形态的产品,而是一种服务,其产品称为无形产品。

②运输产品是即时产品。它是只能在其生产与消费过程中即时存在的产品。运输产品只能在生产与消费过程中即时存在,不能脱离生产过程而独立存在。这就是运输服务的即时性。因为运输过程对运输供给者来说是生产过程,而对于运输需求者来说,则是消费过程。在运输生产过程中,运输服务本身既是被加工对象,又是消费对象,一旦被加工对象离开生产过程,运输生产即告结束,而其生产成果也被即时消费完毕。

③运输产品以复合指标为主要计算单位。运输企业的产品,是通过提供运输工具来实现人或物的移动,因而运输产品的产生,同时体现了两种数量:运输对象的数量和其被移动距离的数量。

(3)运输服务的准公费服务性

运输业与其他有形产品的生产一样,运输产品中也凝结着供给者的劳动价值,其产品也具有商品属性,按等价交换的原则,通过市场向用户提供有偿的运输服务。另外,由于运输服务又具有公共性特征,为了减轻人民的负担,运输产品的价格不能过高,特别是旅客运输。

10.2.4 运输成本与服务定价

1)运输成本

运输成本的分析和控制是运输行业、企业管理的主要内容之一。运输成本是指在报告期内进行客货运输所支付的全部费用,包括在运输过程中直接发生的各种费用,如运输服务的港口费用以及应负担的管理机构的各种费用。在运输经济分析中一般采用机会成本的概念,而且采用经济成本而非会计成本。

(1)运输成本的特性

运输成本除了具备一般产品和服务成本的基本性质外,还具有以下特性:

①运输成本中没有组成产品实体的原材料支出。一般工业产品成本中,组成产品实体的原材料消耗占有较大比重,而运输产品是旅客或货物的位移,不具有实物形态,虽然运输生产

过程中也发生材料支出,但是这部分主要用于固定运输设施、移动载运工具等的投资和修理。

②运输业的生产和销售过程合二为一,成本联系密切。一般工业企业会依据商品生产和销售的不同过程,分别计算产品成本、产成品成本、销售成本等,以便考核产品生产费用和销售费用的耗费。而运输业属于连续式生产类型,从旅客购票上车至旅行结束或承运货物开始至货物交付给收货人位置这个过程既是运输产品的生产过程,又是产品的销售过程,生产和销售同时完成。

(2)运输成本的分类

运输成本可以从不同角度进行分类:依据资本的构成进行分类、依据成本与运量变化的关系进行分类。

①依据资本的构成进行分类。依据资本的构成可分为固定设施成本、移动设施拥有成本和运营成本。

固定设施成本主要包含最初的建设投资、与运量关系不大的养护和维修费用。每种运输方式都有其对应的固定设施,公路运输需要公路和车站,铁路运输需要铁轨和车站,航空运输需要机场和雷达系统,水运则离不开港口和渡口。

移动载运工具包括铁路机车车辆、各类卡车、公共汽车、小汽车、各类客货船舶、飞机等,管道运输方式则没有相应的移动运输设备。移动设施拥有成本包含购买移动载运工具、维修保养费用。

运营成本主要包括工作人员工资与载运工具消耗的燃料及电力费用这两大部分。工作人员包括驾驶员、乘务员、售票员以及一些辅助人员和管理人员,其中驾驶员和乘务员等一线员工的工资与运量是相关的,这部分可以归为变动成本,而辅助人员和管理人员的工资则可以视为固定成本。载运工具消耗的燃料及电力基本与运量呈线性关系,因此这部分属于变动成本。

②依据成本与运量变化的关系进行分类。依据成本与运量变化的关系可分为变动成本和固定成本。

变动成本是随客货运量的增加或减少而相应发生变化的支出,主要来自于劳动成本、燃料费用和维修保养费用等。

固定成本是指在一定时期内、一定运量范围内相对稳定的支出,它不受运量的直接影响,主要包括运输工具、通道、站点的费用。修理费用大部分也是相对固定的,这种介于变动成本和固定成本之间的支出称为半固定成本。

变动成本和固定成本的划分是相对的,其划分界定存在一个时间域或者工作量域,有些成本在较短时间内不会变化,但是如果时间长些,会随着规模等因素变化,从而转变为变动成本。因此变动成本也区分为短期变动成本和长期变动成本。

2)运输服务定价

运输服务定价是指运输企业对特定货物或旅客所提供的运输劳务的价格。形成运输价格的因素比较复杂,主要有运输成本、运输供求关系、运输市场的结构模式、各种运输方式间竞争、国家相关经济政策。运价的构成以运输价值为基础,主要有运输成本、利润、税金等要素。

(1)运输成本

正常情况下,运输企业为能补偿运输成本而不至于亏本并能扩大再生产,要求运输服务价格不低于运输成本。因此,运输成本便成为形成运输价格的重要因素和最低界限。

按照财政部颁布的《运输企业财务制度》规定,运输成本由营运成本、管理费用、财务费用

三部分组成。以下以公路货运为例,简述三部分费用:

①营运成本是指与公路营运生产直接有关的各项支出,包括实际消耗的各种燃料、物料、润料、用具和索具,汽车固定资产折旧费、修理费、租赁费、保险费、货物费、代理费、驾驶员工资福利费以及事故净损失等。

②管理费用是指运输企业行政管理部门为管理和组织营运生产活动的各项费用,包括公司经费、工会经费、劳动保险费、财产和土地使用税、技术转让费、技术开发费等。

③财务费用是指运输企业为筹集资金而发生的各项费用,包括企业营运期间发生的利息支出、汇兑净损失、调剂外汇手续费、金融机构手续费以及筹资发生的其他财务费用等。

(2) 利润

保证一定的利润是扩大再生产的资金来源,如何确定运价中的利润,一般有成本利润率法、工资利润率法、资金利润率法、综合利润率法等方法。

成本利润率法是按成本比例确定利润,它反映运价中利润与成本之间的关系。这种定价方法比较简单,但由于成本高的部门获得的利润多,而且各部门的成本构成不同,成本及成本项目之间难以比较。

工资利润率法是按工资确定利润,它反映运价中利润与工资的关系。按这种方法定价,凡是使用劳动量多的部门获得的利润就多,反之就少。

资金利润率法是按资金比例确定利润,它反映运价中利润与资金之间的关系,实质是按生产价格定价,占用资金越多,技术装备程度越高,从而有利于提高劳动生产率和降低单位产品价值,有利于促进运输业的技术进步。

综合利润率法是部分按工资利润率、部分按资金利润率定价,又称双渠道定价。它比较全面地反映职工和技术装备的作用,反映了各种货类的运输生产效率。但是工资和利润两者的综合比例较难确定。

(3) 税金

税金是运价构成的一个重要因素,从理论上讲,价值构成中利润与税金的性质和来源是一致的,同属于劳动者为社会劳动所创造的价值,但各自的职能是不同的,税收很大程度上取决于国家的税收政策,所以,利润和税收是构成运价的两个不同要素。

【复习思考题】

1. 简述运输需求的概念与基本特征。
2. 如何对不同方式的交通运输流进行组织?其主要任务是什么?
3. 简述运输供给对运输需求的影响作用。
4. 如何看待运输需求与供给之间的关系?
5. 简述运输市场的特征。
6. 请结合实际出行经验谈谈对于运输服务公共性的理解。
7. 运输成本的概念是什么?运输成本可以从哪几个方面来分类?具体如何分类?

8. 如果将道路运输服务作为一种商品,它与我们平时所描述的商品有何不同？运输市场的内涵及运输市场与其他市场相比有何特点?

【本章参考文献与延伸阅读】

[1] 杨浩. 运输组织学[M]. 北京:中国铁道出版社,2019.
[2] 戴彤焱,孙学琴. 运输组织学[M]. 北京:机械工业出版社,2006.
[3] 鲍香台,何杰. 运输组织学[M]. 南京:东南大学出版社,2008.
[4] 王小霞. 运输组织学[M]. 北京:北京大学出版社,2013.
[5] 王长琼. 物流运输组织与管理[M]. 武汉:华中科技大学出版社,2009.
[6] 胡思继. 交通运输学[M]. 北京:人民交通出版社,2001.

第11章 货物运输组织

11.1 公路货物运输组织

11.1.1 公路货物运输类型

公路货物运输主要有以下类型：

按货运地区范围，可分为城市货运和城间货运。

按运输距离，可分为短途货运和长途货运。

按车辆从属关系，可分为公用货运和自用货运。公用货运是由汽车运输企业进行组织，用来完成国民经济各部门的货运要求，并具有盈利性质的货运类型。自用货运是由拥有自用车辆的各社会单位等自行组织，仅完成本部门内部货运任务并不具有盈利性质的货运类型。

11.1.2 公路货物运输组织形式

在公路货物运输中，合理地组织车辆运行方式可有效提高车辆利用率和运输生产率，其中可明显提高运行效率的公路运输组织形式主要有多（或双）班运输、定点运输、定时运输、甩挂运输、直达联合运输、集装箱运输、零担货物运输等。

(1) 多(或双)班运输

多班运输是指在昼夜时间内的车辆工作超时一个班以上的货运形式。组织双班运输的基本方法是每辆汽车配备两名左右的驾驶员,分日、夜两班轮流行驶。它也是提高车辆生产率的有效措施之一,但要注意安排好驾驶员的劳动、休息和学习时间,同时也考虑到定车、定人和车辆保修安排。在组织双班运输时,由于夜班比日班条件差,因此,除了工作时间长短不同外,在安排日夜班的运行作业计划时,一般应遵循以下原则:难运的安排在日班,好运的安排在夜班。为了开展多班运输,还应特别注意组织好货源,并与收发单位搞好协作关系,创造良好的装卸现场条件,修整现场道路,安排照明设备等,以保证顺利地开展多班运输。

(2) 定点运输

定点运输是指按发货点固定车队、专门完成固定货运任务的运输组织形式。在组织定点运输时,除了根据任务固定车队外,还实行装卸工人、设备固定和调度员固定在该点进行调度等工作。实行定点运输,可以加速车辆周转、提高运输和装卸工作效率、提高服务质量,并有利于行车安全和节能。定点运输组织形式,既适用于装卸地点比较固定集中的货运任务,也适用于装货地点集中而卸货地点分散的固定性货运任务。

(3) 定时运输

定时运输是指运输车辆按运行作业计划中所拟定的行车时刻表来进行工作。在汽车行车时刻表中规定:汽车从车场开出的时间、每个运次到达和开出装卸地点的时间及装卸工作时间等。由于车辆按预先拟定好的时刻表进行工作,加强了各环节工作的计划性,提高了工作效率。要组织定时运输,必须做到各项定额的制定和查定工作,包括:车辆出车前的准备工作时间定额,车辆在不同运输路线上重、空载行驶时间定额,以及不同货种的装、卸工作时间定额等。同时还应合理确定驾驶员的休息和用餐等生活时间,加强货源调查和组织工作,加强车辆调度和日常工作管理以及装卸工作组织等。

(4) 甩挂运输

甩挂运输是指利用汽车列车甩挂挂车的方法,以减少车辆装卸停歇时间的一种拖挂运输形式。在相同的运输组织条件下,汽车运输生产效率的提高取决于汽车的载重量、平均技术速度和装卸停歇时间三个主要因素。实行汽车运输列车化,可以相应提高车辆每运次的载重量,从而显著提高运输生产效率。采用这种组织方法,就使得整个汽车列车的装卸停歇时间减少为主车装卸停歇时间加甩挂时间。但需要注意周转挂车的装卸工作时间应小于汽车列车的运行时间间隔。甩挂运输适于装卸能力不足、运距较短、装卸时间占汽车列车运行时间比重较大的运输条件下采用,并根据运输条件的不同而组织不同形式的甩挂运输。

(5) 直达联合运输

直达联合运输(即各种运输方式的直达联合运输)是指以车站、港口或供需物资单位为中心,按照货物运输的全过程,把供销部门、多种运输工具组织成一条龙,将货物从生产地一直运输到消费地。其主要优点是:

①有利于各种运输方式的综合利用和发展,促进综合运输网的形成。

②压缩车船等运输工具的停留时间,提高港站的通过能力,节省运力和降低运输成本。

③可以减少货物运输的中间环节,加速物资周转,节约运输费用。

以汽车为主体的中、短途货物联合运输,实现汽车运输企业与产销部门之间的运输协作或汽车运输与其他运输方式之间的协作。为了搞好直达联运工作,有效地利用各种运输工具以满足社会生产和生活的需要,组织直达联合运输的有关部门应首先做好货源调查工作,掌握货源及货流规律,然后根据运输任务的要求、运输工具的特点以及道路情况,合理选配和安排各种运输工具及运输任务,并组织好各种运输工具的衔接。

(6)集装箱运输

集装箱运输是指把一定数量的货物集中于一个便于运输、搬运、装卸、储存的集装箱内来进行货物运送的运输组织形式。公路集装箱运输多采用以下几种形式:

①公路集装箱直达运输。即由汽车或汽车列车独立承担全程运输任务,许多发达国家一般都是以这种运输形式为主。

②公路、铁路集装箱联运。即由汽车运输部门和铁路运输部门共同完成集装箱运输任务,这种运输形式有利于发挥铁路运输能力大和公路运输机动灵活的特点。

③公路、水路集装箱联运。即由汽车运输部门和水路运输部门共同完成集装箱运输任务,进、出口货物运输常采用这种运输形式。

汽车运输除了可独立承担集装箱运输任务外,在集装箱多式联运工艺流程中也是处于第一个和最后一个运输环节。集装箱运输的经济性主要集中表现在"门到门"运输,但它的最终实现只能通过汽车运输才能予以保证,是不可缺少的运输环节。因此,汽车运输是铁路、水路集装箱运输最有效的集散方式。

(7)零担货物运输

凡一批货物托运的质量或体积在3t以下或不满一整车装运时,该批货物称为零担货物。其一般采用定线定站式货运班车或客运班车捎带货物挂车的形式将沿线零担货物集中起来运输的货运形式。零担货物具有运量小、流向分散、批数较多、品类繁杂的特点。零担货运的营运组织形式主要有直达零担车、中转零担车、沿途零担车三种。

①直达零担车是在起运站将不同发货人托运到同一到站且性质适宜配装的各种零担货物,同车装运至到达地的运输组织形式。这种形式可加快零担货物的送达速度,避免中转换装作业,确保货物完好并节省中转费用。在组织零担货物运输时应尽可能地开行这种形式。

②中转零担车是指在起运站将不同发货人同一方向不同到站且性质适宜配装的各种零担货物,同车运至规定的中转站,以便再另行配装为新的零担车继续运往到达地的运输组织形式。这种零担运输形式对运量零星、流向分散的零担货物的运输很适用,符合零担货物的特点。

③沿途零担车是指在起运站将不同发货人托运同一线路、不同到站,且性质适宜配装的各种零担货物,同车运装至沿途各作业计划点,卸下或装上零担货物后继续行驶,直至最后终站的运输形式。这种零担运输形式在组织工作上较为复杂,车辆在途时间也较长,但它能够满足沿途某些零担货主的运输需要。

11.1.3 公路货物运输车辆运行与调度工作

公路货物运输车辆运行作业计划是运输生产计划的继续。运输生产计划虽然按年、季或月安排了生产任务,但它只是纲领性的生产目标,不可能对运输生产的细节作出作业性的安排。为此,有必要制定车辆运行作业计划,以便实现具体的运输过程。车辆运行作业计划的主要作用,是将运输生产计划中规定的各项任务,按月、旬、日以至工作班,具体、合理地分配到各基层生产单位,以保证企业运输生产计划能够按质、按量、按期完成。车辆运行作业计划有不

同的形式,通常按其执行时间的长短分为以下几种:
①长期运行作业计划。其适用于经常性的运输任务,通常其运输线路、起讫地点、运输量及货物类型都比较固定。
②短期运行作业计划。其适应性较广,对于货运起讫地点较多、流向复杂、货种繁多的货运任务,可对其编制周期为三日、五日、十日等作业计划。
③日运行作业计划。其主要适用于货源多变、货源情况难以早期确定和临时性任务较多的情况。
④运次运行作业计划。其通常适用于临时性或季节性、起讫地点固定的短途大宗货运任务。

调度工作是企业生产管理活动中一个重要的组成部分。汽车运输生产活动是围绕着车辆运行进行的,为了完成计划所规定运输任务,企业必须进行一系列的日常运输工作组织,其中最为核心的部分就是车辆运行调度工作。调度工作不仅以车辆的运行为中心,而且通过车辆运行作业计划,可将企业内部各职能科室及车队、车站、车间、装卸等基层运输生产单位连接成一个有机的整体,同时,又通过车辆运行作业计划,保持与企业外部的港口码头、铁路站场、物资仓库及车船运行等衔接和配合。车辆运行调度工作的任务是通过汽车运输企业所建立的各级调度机构,及时、全面地了解运输生产过程,并不间断地组织指挥和监督检察,正确处理运输生产中出现的各种问题,使各个生产环节和作业能协调工作,保质、保量地完成车辆运行作业计划。

11.2 铁路货物运输组织

11.2.1 铁路运输的货物种类

铁路运输货物的类别,一般按货物的性质和运输条件划分为普通货物和特殊货物。

(1) 普通货物

普通货物是指在运输过程中,不需要采取特殊保护或防护措施,并按一般运送条件办理的货物,如散装货物煤炭、矿石、木材、袋装货物粮食、棉纱、聚酯颗粒等。

(2) 特殊货物

特殊货物是指由于货物本身的性质,在运输过程中,货物需要采取特殊的运送保护措施,以保证货物完整和行车安全。特殊货物一般分为以下5类:

①危险货物。凡具有燃烧、爆炸、腐蚀、毒害、放射射线等性质,在运输过程中可能引起人身伤亡、财产毁损而需要特别防护的货物,均属于危险货物。危险货物在运输过程中,需要分别按其特性在包装、标志、承运、装卸、编组、挂运、防护和管理等方面采取安全措施。

②鲜活货物。凡是在运输、保管过程中需要采取冷藏或加温、供应饲料、饮水等特殊措施,以防止腐烂、变质或死亡的货物,称为鲜活货物。保证鲜活货物质量的关键,是根据货物的性质,严格执行其所要求的运输条件。

③超限货物。货物的高度、宽度有任何部位超出车辆限界或特定区段装载限界的,称为超限货物。对超限货物,要在车辆选择、装载方案制定、装车和挂运等方面采取妥善措施,确保运

输安全。

④超长货物。货物的长度超过所装普通平车的长度,需要使用游车或跨装超限的,称为超长货物。无论使用何种车型,均需保证货物装载和加固的安全技术条件。

⑤集重货物。货物的重量,大于所装平车的负重面长度最大允许载重量,称为集重货物。对于运输集重货物,应在装载方案确定时,避免车底架受力过于集中,以免造成其工作应力超过最大允许限度的现象发生。

11.2.2 铁路货物运输方式

按照我国铁路运输行政管理特点以及铁路技术装备条件,现行的货物运输方式有以下几类。

(1)按货物运输范围划分

①管内货物运输:指在一个铁路局管辖范围内的运输。

②直通货物运输:指跨及两个或两个以上铁路局的运输。

以上两种运输都属于铁路系统内部的运输,包括相同轨距和不同轨距间的铁路运输,当货物的运程,包括轨距不同的铁路区段时,在衔接地点必须进行换装并遵守有关的运输规定。

③水陆货物联运、公铁联运:以一份货运票据,在换装地点无须发货人重新办理托运,由铁路和水路或铁路和公路共同参与的运输。水陆联运、公铁联运都属于多式联运。

④国际铁路货物联运:指在两个或两个以上国家之间进行铁路货物运输时,只使用一份统一的国际联运票据,由一国铁路向另一国铁路移交货物时,无须发货人、收货人参加,铁路当局对全程运输负连带责任的运输方式。

(2)按铁路技术装备条件和运输组织方式划分

按铁路技术装备条件和运输组织方式,现行铁路货物运输分为整车、零担和集装箱货物运输。整车货物运输适用于大宗货物运输;零担货物运输适用于每批次量较小的零星货物运输;集装箱货物运输适用于精密、贵重、易损货物运输。

①整车货物运输。凡一批货物的重量、性质、体积、形状需要以1辆或1辆以上货车装运的,均按整车货物办理。另外,需要保温的货物、密封的货物、不易计算件数的货物、规定必须按整车办理的危险货物、易于污染其他货物的污秽品、未装容器的活体动物、必须用罐车装运的液体货物,都必须按整车办理。

②零担货物运输。按照货物重量、体积和形状,不需要以一辆单独货车运送,而且允许与其他货物配装的货物,可以按零担办理。零担运输在运输组织、装卸作业等环节上,相对于整车作业更为复杂,因此还要受到其他一些运输条件的限制。

③集装箱货物运输。凡能装入集装箱,不会对集装箱造成损坏的货物及规定可按集装箱运输的危险货物均可按集装箱办理。集装箱以装运贵重、易碎和怕湿货物为主。

11.2.3 铁路货物运输业务流程

铁路货物运输业务流程由货物发送作业、货物运输途中作业、货物到达作业三部分构成。

(1)货物发送作业

包括托运人向作为承运人的发送站申报运输要求、提交货物运单、进货、缴费,与发站共同完成承运手续;发站受理托运人的运输要求,审查货物运单、验收货物及其运输包装、计量、收费,与托运人共同完成承运手续。承运顺序因运输种类不同而异:整车货物是先装车后承运,零担和集装箱货物则是先承运后装车。

(2) 货物运输途中作业

货物运输途中作业包括重车运行途中的货物常规交接与检查、特殊作业及异常情况处理。

常规交接与检查是指货物运输途中车站人员同列车乘务人员相互间在局(分局)规定地点和时间内办理的火车或货物的交接检查工作;特殊作业一般包括:零担货物在中转站的作业,整车分卸货物在分卸站的作业,加冰冷藏车在加冰所的加冰作业,托运人或收货人提出的货物运输变更的办理等业务;异常情况的处理是指货车继续运行或货物继续运送有碍运输安全或货物完整时必须做出的处理,例如,货物装载偏重、超载或货物装载移位须进行的换装或整理,对运输阻碍的处理等。

(3) 货物到达作业

包括到站作为承运人向收货人发出货物催领通知,接受到货查询、收费、收单、交货,与收货人共同完成交货手续;收货人向作为承运人的到达站查询、缴费、交单、领货,与到站承运人共同完成交付手续。

由铁路组织卸车,到站再向收货人办理交接手续、交付货物后,即算交付完毕;发站由托运人组织装车,到站由收货人组织卸车的货物,到站在货车交接地点交接完毕,即算交付完毕。

铁路货物运输业务流程如图 11-1 所示。

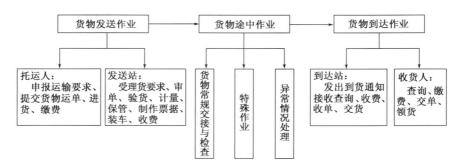

图 11-1 铁路货物运输业务流程图

11.2.4 铁路货物运输行车组织

铁路行车就是机车、列车和车列在线路区间内或车站站线上的运行或位移。铁路行车组织则是综合运用铁路运输技术设备(机车、车辆、线路、车站、通信、信号等)和统筹协调铁路运输有关专业部门(机务、车辆、工务、电务、运输等),保证安全、准确、迅速、经济地实现铁路行车的工作。

铁路行车组织的功能在于把铁路运输这一架大联动机的各种技术设备和各个专业部门协调有序地结合成一个大系统,精确而有节奏地正常运转。

铁路行车组织内容主要包括:车站行车作业、列车编组、列车运行、线路通过能力、机车车辆运用、日常运输组织及调度管理等。

1) 车站行车作业

有效运用车站技术设备,合理组织车站行车技术作业的生产管理方法,是铁路行车组织的组成部分之一。车站类型不同,办理的技术作业内容也有所不同。

(1)中间站技术作业。中间站办理的技术作业主要是接发列车作业、摘挂列车的摘挂调车作业和车辆取送作业,少数车站也办理机车给水、补机摘挂、列车技术检查、列车始发或终到作业。

(2)技术站技术作业。技术站(区段站和编组站的总称)办理的技术作业,除接发列车作业外,主要与到发列车和车流的性质有关。在技术站到发的列车按其作业性质有四种:①无改编中转列车,它是在车站不进行改编而只在到发场、出发场或直通场进行到发作业后继续运行的列车;②部分改编中转列车,它是在车站进行变更重量、变更运行方向或换挂车组等调车作业及相应的到发作业后继续运行的列车;③到达解体列车,它是在车站进行到达作业后解体的列车;④自编始发列车,它是在本站编组并进行出发作业的列车。在技术站到发的车流有三种:①无调中转车,它是在中转列车(无改编和部分改编中转列车的总称)中不摘下的运用货车;②有调中转车,它是在技术站改编但不进行货物作业(装车或卸车)的运用货车;③货物作业车,它是在车站进行货物作业的运用货车,又称本站作业车。

2)列车编组

旅客列车的编组是固定的,主要由乘坐旅客的车辆及服务性的非乘坐旅客的车辆两大基本部分组成。前者包括数量不等的硬座车、软座车、硬卧车、软卧车;后者包括行李车、餐车、乘务员宿营车、邮政车等。其编组在每次运行图实行期间,由原铁道部和铁路局根据客流密度、列车种类、机车功率、列车质量、线路坡度、运行速度、站线长度和站台长度等因素予以确定,一般不变动。

货物列车编组的方法是根据车流的大小和性质,结合各站设备条件,采取不同的车流组织形式:在装车量较大的车站(一站或若干站联合)组织始发或阶梯直达列车;将未纳入始发或阶梯直达列车的车流向就近的技术站集中,然后按车流去向的远近分别编入不同的适当的列车,主要是技术直达列车、直通列车和区段列车,逐步转送到目的地。按照上述方法,我国铁路的列车编组包括两大部分:装车地直达列车编组和技术站列车编组。

(1)装车地直达列车编组

在装车地利用自装车辆编组,通过一个或一个以上编组站(或规定有作业的区段站)不进行改编作业的列车,称为装车地直达列车。

只要装车站(一站或几站联合)有一定数量的稳定的车流,装车和调车设备具备组织直达列车的能力,并且保证足够的空车供应,就可以组织装车地直达列车。装车地直达列车能最大限度地减少中间作业环节,从而降低运输成本,减轻运行途中有关技术站的改编作业负担,加速机车车辆周转和货物送达。因此,各国铁路都十分重视,并将其作为铁路首要的车流组织形式。

(2)技术站列车编组

未被装车地直达列车输送的车流,要将其送往技术站加以集中,以便和技术站自装车流汇合在一起分别编组不同种类和到站的列车,称之为技术站列车编组。

由于在一般情况下,每个区段都要开行摘挂列车和区段列车,因而编制技术站列车编组计划主要是确定技术直达列车和直通列车的编组问题。在技术站编组列车时,每一去向的车流都是陆续到达的,必须将各衔接方向到解列车陆续挂来的有调中转车流,和从本站各装卸地点陆续取出的装卸完的零星车流,按去向分解到固定使用的调车线之内,使之凑足规定质量或长度的车列,然后才能进行编组。

3) 列车运行

列车的运行主要是依靠编制列车运行图来实现。

列车运行图就是运用坐标原理描述列车运行的时间、空间关系,表示列车在铁路各区间运行时间及在各车站停车和通过时间的线条图。

列车运行图是列车运行的图解,它以横轴表示时间,并用垂直线等分横轴代表一昼夜的小时和分钟;以纵轴表示距离,并按列车在各区间运行时分的比例画水平线,代表各车站中心线的位置。图上的斜线称为列车运行线,其与车站中心线的交点就是该列车在区段内有关车站的到、发或通过时刻。

列车运行图规定了列车占用区间的次序,列车在每一车站出发、到达或通过的时间,在区间的运行时分,在车站的停站时分,以及列车的质量和长度等。这样,列车运行图也就规定了铁路线路、站场、机车、车辆和通信信号等设备的运用,以及与行车有关各部门的工作。因此可以说列车运行图是铁路运输工作的一个综合性的计划,铁路行车组织的基础,是协调铁路各部门和单位按一定程序进行生产活动的工具。

(1) 列车运行图的分类

根据铁路线路的技术设备(如单线、复线)和列车运行速度、上下行方向的列车数量以及对各种列车的运行具有不同的要求,铁路上采用着不同类型的运行图。

① 按区间正线数目的不同有单线运行图和复线运行图。

单线运行图的特点是上下行列车均在同一条正线上运行,从而列车的会让必须在车站上进行。复线运行图的特点在于上下行列车分别在各自的正线上运行,互不干扰,因而对向列车可以在区间内或车站上交会,但同方向列车的越行仍须在车站上进行。

② 按各种列车运行速度的不同有平行运行图和非平行运行图。

凡同一方向列车在同一区间内的运行速度都相同,因其运行线互相平行,并在区段内没有列车越行的,称为平行运行图;凡具有不同种类和运行速度的列车运行图,同方向列车的运行线不相平行,称为非平行运行图。非平行运行图也称普通运行图,是铁路普遍采用的运行图。

③ 按上下行方向列车数目是否相同,分为成对运行图和不成对运行图。

④ 按同方向列车是否追踪运行,分为追踪运行图和非追踪运行图。

在自动闭塞区段同方向列车允许以闭塞分区为间隔追踪运行,即采用追踪运行图;在非自动闭塞区段,同方向列车只允许以站间区间或所间区间为间隔连发运行,即一般情况下只能采用非追踪运行图(或称连发运行图)。

(2) 列车运行图的编制

为适应客货运输需求的变化、铁路技术装备和运输组织工作的改进、列车牵引质量及速度的提高,对铁路列车运行图进行重新制定或修订,它是铁路行车组织工作的重要内容之一。在我国,一般在原铁道部统一领导部署下,每两年在全路定期编制一次列车运行图,由各铁路局负责各自管辖范围的编图具体工作。

原铁道部由运输、机务、车辆、工务、电务、计划等有关部门负责人组成领导小组,负责编图的组织领导工作,确定编图的原则、任务和步骤,组织有关铁路局拟定全路跨局列车的运行方案,解决局间列车交接的有关问题,审查各局提报的编图资料和各局编制的列车运行图。

各铁路局也由运输、客运、机务、车辆、工电等部门的有关人员组成编图小组,按照原铁道部的统一部署，认真准备编图资料，负责完成本局的编图工作。

列车运行图的编制，必须贯彻国家在这一时期的方针政策和原铁道部的有关指示，并符合下列要求：

①确保列车运行的安全。
②适应运输市场需求，迅速、便利地运输旅客和货物。
③充分利用运输能力，经济合理地运用机车车辆和安排施工时间。
④做好列车运行线与车流的结合。
⑤保证各站、各区段间的协调和均衡。

为加快编图进度，一般采取集中与分散相结合的办法：旅客列车运行图采取在原铁道部直接领导下集中编制的方法；货物列车运行图采取先集中、后分散的编制方法。列车运行线的铺画原则上采取先客后货、先快后慢、先直通后管内、先编初步方案再具体铺画详图的方法。

为了保证客、货列车按运行图和经济合理地运用机车，应在编制列车运行图的同时绘制机车周转图。机车周转图是根据该区段所采用的机车运转制和乘务制度，以及列车运行方案编制的机车运用工作计划。

4) 线路通过能力

铁路线路通过能力是指某一铁路线、方向或区段，根据现有的固定技术设备，在一定类型的机车车辆和行车组织方法条件下，在单位时间内所能通过的规定质量的最大列车对数或列数。

货运通过能力除用列数表示外，也可用车数或货物吨数表示。

按各种固定设备分别计算出来的通过能力，其中最小的一种能力限制了整个线路、方向或区段的通过能力，该能力即为该线路、方向或区段的最终通过能力。为了适应国民经济发展和国防建设的需要，铁路应有预见、有计划地采取措施加强区段的通过能力。加强铁路区段通过能力的途径，不外是提高货物列车质量标准及其载重系数和增加列车密度，或者两方面综合起来运用，实现列车质量、速度、密度的优化组配。其具体措施可分为两大类：一类是以挖潜提效为主，不需任何投资或只需极少量投资的技术组织措施，如增加平行作业、缩短占用技术设备时间等；另一类是以采用先进技术装备为主的技术设备改扩建措施，如修建新线、完善信号联锁闭塞设备、采用大型货车等。

但无论采用何种方法，加强铁路区段通过能力是一项复杂的系统工程。铁路各种技术设备之间是相互关联的，在采取某种加强措施时，必须注意到相关设备和作业组织的配套问题。例如，提高列车牵引质量就要涉及站线有效长度的延长、大功率机车和大型货车的采用、制动技术的改进等一系列问题。这就是说，必须采取综合加强措施，才能取得更好的效果。

11.3 水路货物运输组织

11.3.1 水路货物运输分类

水路货物运输根据分析的目的不同，可以有多种分类方法，见表11-1。

水路货物运输种类　　　　　　　　　　　　　表 11-1

分类方法	运输方式	含义
按贸易种类分类	外贸运输	本国同其他国家和地区间的货物运输
	内贸运输	本国各地区间的货物运输
按航行区域分类	远洋运输	船舶航行跨越大洋的运输航线
	近洋运输	本国各港口至邻近国家港口间的海上运输航线
	沿海运输	本国沿海各港口间的海上运输航线
	内河运输	在一条河流（包括运河）上或通过几条河流的运输，一般为国内运输，但如属于经过多个国家的河流，例如欧洲的莱茵河、多瑙河等，在这种河流上也有国与国之间的运输
	湖泊运输	一个湖区内的运输，大多属于国内运输，但在像美国、加拿大两国间的五大湖区内也有国与国之间的国际运输
按船舶营运形式分类	班轮运输	船舶在特定航线上和固定港口之间，按事先公布的船期表进行有规律的航行，以从事货物运输业务并按事先公布的费率收取运费的一种运输方式
	不定期船（租船）运输	与班轮运输相比，不定期船（租船）运输没有固定的航线、港口、船期和运价，是根据国际租船市场的行情和租船人的实际需要，船舶所有人出租整船或部分舱位给租船人使用，租船人按约定的运价或租金支付运费的商业行为

国际上的贸易货物有 2/3 以上是通过远洋和近洋运输来完成的，其航行距离长，涉及面广，其经营活动受有关国际公约和各国法律约束，同时还受国际航运市场的影响，与沿海运输相比，远洋和近洋运输风险要更大、运输环节更多、影响因素也更复杂。

11.3.2　水路货物运输组织形式

水路货物运输组织是指从事水路运输的航运企业对运输船舶运行活动的合理安排。船舶为了安全、迅速、经济、方便地运送货物，必须与港口、航道等在技术条件、营运管理上相互适应，且与其他运输方式相互协调配合。

水路货物运输组织主要有班轮运输组织（即定期航线运输）、不定期船运输组织、轮驳船队运输组织三种，其中轮驳船队运输组织主要用于内河运输。以下重点介绍班轮运输组织、不定期船运输组织。

1）班轮运输组织

（1）班轮运输特点

班轮运输又称定期船运输，是指固定船舶按照公布的船期表在固定航线和固定港口间运行的运输组织形式。从事班轮运输的船舶称为班轮。班轮运输具有以下特点：

①具有"四固定"的特点，即是固定航线、固定港口、固定船期和相对固定的费率。这是班轮运输的最基本特征。

②班轮运价内包括装卸费用，即货物由承运人负责配载装卸，承托双方不计滞期费和速遣费。

③承运人对货物负责的时段是从货物装上船起，到货物卸下船止，即"船舷至船舷"或"钩至钩"。

④承运双方的权利义务和责任豁免以签发的提单为依据,并受统一的国际公约的制约。

(2) 班轮航线设置

国际上班轮航线有多种布局形式,但最基本、最常见的有传统多港口挂靠航线、干线配支线船航线、多角航线、单向环球航线、小陆桥航线及大陆桥航线等。影响班轮公司航线选择的最主要因素是货源,或准确地讲是航线经济效益,其次是港口的自然条件和社会、政治因素。为了选定合适的航线,必须做货源调查及港口调查。一般来说,选定的航线要有足够的货源,并且从长远角度来看有较大的发展潜力。班轮航线货流方面的特征,可以用以下四个参数描述:港间货流量、航线货流总量、运输方向不平衡系数、运输时间不平衡系数。

(3) 班轮船期表的编制

班轮船期表的编制主要计算往返航次时间、航线配船数、航线发船间隔、到发时间与调整。

①往返航次时间计算。往返航次时间是一艘班轮由始发港启航,经中途港、目的港返回到始发港再启航所经历的时间,或称为船舶周转周期。往返航次时间计算的依据是:航线总距离、船舶航速、港口装卸效率、在港装卸货物的数量及其他可能发生的耗时因素,如进出港减速航行和通过运河等。

②航线配船数计算。一条班轮航线通常需要配置船舶的艘数要由货运需求(量的多少及发到船频率)、单船装载能力和往返航次时间等因素决定。

③航线发船间隔的计算。发船间隔是指一个班次的船舶驶离港后,直至下一班次的船舶再次驶离该港的间隔时间。它可由船舶往返航次时间及航线配船数确定。

④到发时间计算与调整。结合沿途各港的具体情况,先分别计算出相邻两港之间各航段的航行时间和在各港的停泊时间,然后根据始发港发船时间依次推算出船舶到、离各港的时间。当沿途各港所在地的时差不同时,在船期表上应给出船舶到发的当地时间。为此,需将上述未考虑时差而计算出的各港到发时间加上或减去各港所在地与始发港所在地间的时差。向东行为加,向西行为减。当航线有几艘船舶运行时,后续船舶在各港的到发时间依次相差一个发船间隔时间。

班轮船期表是以表格的形式反映船舶在位置和时间上运行程序的文件,其主要内容包括:船名、航次编号、始发港、中途港和终点港的港名,到达和驶离各港的时间。

(4) 班轮公会

班轮运输的特点是航线垄断性很强,许多航线上都存在垄断组织,即班轮公会。它是由经营同一条航线的若干个航运公司为了限制互相竞争,并免受外来竞争,就航线经营的利益分配达成某种协议而形成的一种半垄断联合体。

2) 不定期船运输组织

(1) 不定期船运输特点

不定期船业务是针对以经营无固定船舶、航线、船期、运价、港口的海运业务而言的。这种业务大多以专用散装船为主要运送工具,并以散装货物(如煤、矿砂等)为主,所承运的货物有一定流向与季节性,且运价较定期船低。

(2) 航次租船

签订航次租船合同前,一般要根据货源情况和装卸港、航线情况进行航次估算。所谓航次估算是船舶经营者根据各待选航次的货运量、运费率、挂靠港口、船舶特性及航线参数等有关资料,估算各航次的航次收入、航次成本和航次每天净收益,从而预知某个航次是否盈利。航次估算是船东或经营人进行航次租船决策的基础,它被广泛地应用在不定期船的运输组织中。

(3)船舶期租

在期租过程中,通常船舶出租人负有保证船舶适航性的义务,并基于此收取一定的租金。因此,期租保本费率就是每一载重吨、每一个月分摊的船舶出租人为提供适航船舶和船员所发生的全年所有费用,也称船舶期租租金基价,简称 H/B(Hire Base)。

(4)船舶闲置

在航运市场上,需求随着世界经济的发展和贸易量的变化经常发生变化,而作为供给的船舶吨位一旦形成,一般是比较稳定的。因此,在运输需求与实有运力之间常会出现不平衡的现象,导致运价上下波动。

当货少船多,运价下跌时,船舶盈利逐渐减少,出现保本、甚至亏损的现象,企业被迫考虑封存(闲置)部分运力,以减少亏损,调整供需关系,使运价回升。

发生亏损就意味着运输收入不能抵偿运输成本,但也不能一亏损就草率地将船舶封存起来:因为船舶封存起来以后,仍需要发生一定的维持费用,如资本费(折旧费)、看守费用、保险费、维护保养费等,称其为封存成本或闲置成本,虽然成本数额大为减少,但这些成本却得不到任何来自船舶自身的补偿。权衡这两种状态的经济得失,得出船舶封存的经济条件:

①当船舶营运亏损额小于船舶封存成本,应继续营运。

②当船舶营运亏损额等于船舶封存成本,视其他情况而定(称为封存点或封存界限)。

③当船舶营运亏损额大于船舶封存成本,应停航封存。

在日常的经营工作中,为简便、直接地判别,可将上述亏损额与封存成本之间的比较转换为费率之间的比较,以便根据市场运费率的高低,直接做出反应。

11.3.3 水路货物运输业务流程

以下分别对班轮运输和不定期船运输的业务流程进行介绍。

1)班轮运输业务流程

班轮运输业务流程一般包括三大环节:货运安排→接货装船→卸船交货。其货运的相关单证流转如图 11-2 所示(以国际货运流程为例)。

图 11-2 中,各数字含义具体说明如下:

①托运人向船舶代理人提出货物装运申请(托运单 B/N、装货联单 S/O)。

②船舶代理人签发 S/O,并要求托运人将货物及时送到指定码头。

③托运人持有关单证向海关办理报关手续,海关在 S/O 单上盖章放行后,准备装船。

④船舶代理人编制装货清单(L/L),分别送至理货公司、装卸公司,并按计划装船。

⑤大副根据 L/L 单,通知理货公司、装卸公司按计划装船。

⑥托运人将经过海关在 S/O 单上盖章放行的货物运至码头仓库准备装船。

⑦大副核实装船后的 S/O 单,留下 S/O 单、签发收货单(M/R)。

⑧理货公司将大副签发的 M/R 转交给托运人。

⑨托运人持 M/R 单到船舶代理人处付清运费(预付方式)换取正本已装船提单(B/L)。

⑩船舶代理人留下 M/R 单,签发 B/L 单给托运人。

⑪托运人持 B/L 单及其他有关单证到议付行结汇(信用证支付形式),取得货款,议付银行将 B/L 单及有关单证邮寄开证行。

⑫船舶代理人将编制好的出口载货清单(M/F)送船长签字后,向海关办理船舶出口手续,M/F单随船带,船舶启航。

⑬装货港船舶代理人编制出口载货运费清单(F/M)、连同B/L单副本、M/R单送交船公司结算代收运费,负责将卸货港需要的单证寄给卸货港船舶代理人。

⑭卸货港船舶代理人接到船舶抵港信息后,通知收货人船舶到港任期,准备接货。

⑮收货人到开证银行付清货款取回B/L单(信用证支付方式)。

⑯卸货港船舶代理人根据装货港船舶代理人寄来的货运单证,编制进口载货清单、有关船舶进口报关和卸货所需要的单证;约定装卸公司、理货公司,做好接船卸货准备。

⑰船舶抵港后,船舶代理人办理船舶进口手续,并开始卸货。

⑱收货人持正本B/L单向船舶代理人办理提货手续,付清应付费用后,换取代理人签发的提货单(D/O)。

⑲收货人办理货物进口手续,向海关支付进口关税等。

⑳收货人持D/O到码头仓库或船边提取货物。

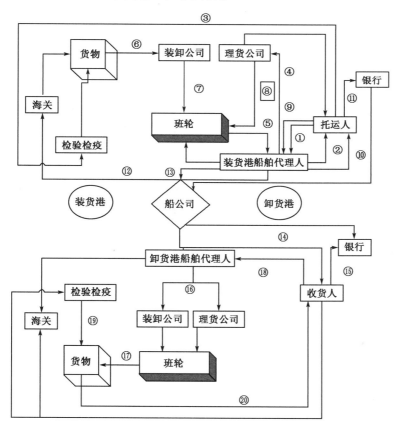

图11-2 班轮运输主要货运单证流转示意图

2)不定期船运输业务流程

租船业务是通过租船市场进行的。船舶所有人是租船市场上船舶的供给方,租船人则是租船市场上船舶的需求方。国际上的租船业务几乎都是通过租船经纪人来进行的,租船经纪人熟悉租船市场行情,精通租船实务,具有丰富的租船知识和经验,在整个租船程序中起桥梁或中间人的作用,对顺利开展租船业务起着重要的作用。

租船程序主要包括"询盘""发盘""还盘""报实盘"和"签订租船合同"几个环节,如图11-3所示。

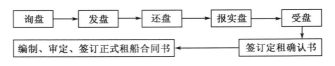

图11-3 不定期租船程序

(1)询盘

"询盘"是指租船人或船舶所有人,直接或通过租船经纪人在租船市场上要求租用船舶或承揽货物的过程。询盘的目的是让对方知道发盘人的意向和需求的概况。承租人发出询盘的目的是以适当的洽租条件,寻求合适的船舶来运输货物,船舶所有人发出询盘的目的是承揽货物运输业务。询盘的内容应包括必须让对方知道的项目,且应尽量简单扼要。

(2)发盘

发盘是指在租船过程中,船东或租船人根据实际情况报价,通常以一个租船合同范本为依据,针对其中的可变项目进行洽租的过程。

发盘根据其是否附有条件而有虚实盘之分。实盘是指报盘中的条件不可改变,并在有效的时间内接受才能有效,否则无效;虚盘是有条件的发盘,这种发盘的有效性必须以满足某种条件为前提,如以船未租出、货未订妥船、再确认等各种条件为前提。

(3)还盘

还盘又称还价,是指接受发盘的一方对发盘中的一些条件提出修改,或提出自己的新条件,并向发盘人提出的工作过程。还盘的目的在于要求对方更改对自己不利的,或合同执行上不可行的洽租条件。这时要仔细审查对方发盘的内容,决定哪些条款可以接受,哪些条款不能接受、要进行修改和补充,并逐一提出。

(4)报实盘

在经过了多次还盘与反还盘后,如果双方对租船合同条款的意见已渐趋一致,一方可以报实盘的方式要求对方做出是否成交的决定。

(5)受盘

受盘又称接受订租,即一方当事人对实盘所列条件在有效期内明确表示承诺的意见。至此,租船合同即告成立。

(6)签订定租确认书

一项租船业务成交后,通常的做法是要在当事人之间签署一份定租确认书。定租确认书应详细列出船舶所有人和承租人在洽租过程中双方承诺的主要条款。

(7)编制、审核、签订正式租船合同

当事人双方签认的订租确认书是一份供双方履行的简式的租船合同,双方还可按照已达成的协议编制、审核并签署正式的租船合同。

3)租船方式及特点

租船运输按照船舶所有人与租船人之间签订的租船合同组织运输。根据承租人的不同要求,租船又分为航次租船、定期租船、包运租船、光船租船等不同的租船形式。

(1) 航次租船

航次租船是指以航次为基础的租船方式。船方必须按时把船舶驶到装货港口装货,再驶到卸货港卸货,完成合同规定的运输任务并负责船舶的经营管理以及航行中的一切开支费用,租船人按照约定支付运费。

航次租船方式具有以下特点:

①以航次为基础,规定一定的航线和装卸港口以及装运的货物种类、名称、数量等。

②船舶的调度、经营管理由船方负责,并负担船舶的燃料、物料、修理、港口使用、淡水以及船员工资等运营费用。

③运价一般按货物装运数量计算,或采用包干运费。

④事先规定装卸期限,并计算滞期费、速遣费。

⑤船方负责航行、驾驶、管理船务和货物运输。

根据租船人实际业务的需要,航次租船方式又可进一步划分:

①单航次租船,即船舶所有人将船舶出租给租船人进行一个单程航次运输货物的形式。

②来回程航次租船,即由船舶所有人出租给租船人一艘特定的船舶,在完成了从装货港运输货物至卸货港的一个单航次后,继续在该航次结束时的卸货港或其附近地点重新装货运回原装货港或其他附近地点。

③连续航次租船,即由船舶所有人出租的同一艘船舶,在租船人指定的几个相同港之间进行重复航次运输货物的形式。

(2) 定期租船

定期租船是指船舶所有人把船舶出租给承租人使用一定时期的租船方式。有关租期的长短,完全由船舶所有人和租船人根据实际情况洽商而定。租船市场上货源、货流比较稳定的货物,一般通过定期租船方式进行运输。

定期租船方式具有以下特点:

①船长和船员由船舶所有人指派,但应听从租船人的指挥。

②租船人负责船舶的营运。

③船舶一经交由租船人使用,租船人必须按定期租船合同规定的条件和时间支付租金,租金按船舶载重吨和租期计收。

④从船舶交给租船人处置时起,在整个合同期限内租船人有权在合同规定的范围内指挥、调度、管理和使用船舶,并可直接命令船长完成任何航次运输任务。

(3) 包运租船

包运租船是指船舶所有人提供给租船人一定运力,在确定的港口之间,以事先约定的期限、航次周期和每航次较均等的货运量,完成运输合同规定总量的租船方式。

包运租船方式具有以下特点:

①包运租船方式下,船舶出租年限的长短,完全取决于货物的总运量及船舶航次周期所需时间。

②包运租船合同中不确定船名,一般仅规定船级、船龄和技术规范。因此,船舶所有人只需提供能够完成合同规定的每航次货运量的运力即可,这对船舶所有人在调度和安排船舶方面十分有利。

③包运租船方式下,船舶所运输的货物,主要是货运量大的干散货或液体散装货,租船人往往是业务量大和实力强的综合性工矿企业、贸易机构、生产加工集团或大石油公司等。

(4) 光船租船

光船租船是指船东不负责提供船员,仅一条船交租船人使用,由租船人自行配备船员,负责船舶经营管理和航行的各项事宜的租船方式。光船租船与前述几种租船方式不同,是一种财产租赁,而不是运输承揽方式。

11.4 航空货物运输组织

11.4.1 航空货物运输经营方式

航空货物运输的经营方式主要有以下几种。

(1) 班机运输

在固定航线上的固定起落站按预先计划规定时间进行定期航行的飞机。班机有固定航线和停靠港,定期开航,定点到达。

货运航班只承揽货物运输,一般使用全货机。但考虑到货源的因素,只在规模较大的航空公司的一些货源充足航线上采用。货运航班主要控制货物体积(不能超高、超长,能够装入货舱)、形状(易于固定)、货物质量(不能超重)。在保证飞机飞行平稳和安全的前提下充分提高飞机的载运率。

货运班机具有迅速准确、方便货主和货位有限等特点。班机运输定期开航,发到站、途经站固定,适于急用物品、行李、鲜活物品、贵重物品、电子元器件等货物的运输。同时发收货人能确切掌握起运、到达时间,可以保证货物安全、迅速运到世界各地,颇受贸易商的欢迎。

(2) 包机运输

包机运输是由租机人租用整架飞机或若干租机人联合包租一架飞机进行货运的方式。当货物批量较大,班机运输无法满足需要或发货人有特殊要求时,则需要选择包机运输。

包机运输方式分为整架包机和部分包机两类。

整架包机是指航空公司或包机代理公司,按照与租机人事先约定的条件与费率,将整架飞机出租给包机人,从一个或几个航空站装运物品到指定目的地的运输方式,它适合于大宗物品运输。

部分包机有两种方式,一种是由几家航空货运代理公司或发货人联合包租整架飞机,另一种是由包机公司把整架飞机的舱位分租给几家租机人。部分包机适合于运送1t以上但货运量不足整机的物品,在这种形式下,运价较班机费率低,但由于要等待其他货主备好货物,所以运送时间比班机长。

11.4.2 航空货物运输组织方式

航空货物运输组织方式有集中托运、陆空联运、海空联运、航空快递和邮件运输等。

(1) 集中托运

集中托运是指航空货运代理公司将若干批单独发运到同一方向的货物,组成一整批向航空公司办理货运手续的运输组织方式。托运过程中,填写一份总运单,发到同一目的港,由集中托运人在目的港指定当地的代理人(也称分拨代理商)负责收货、报关,再根据集中托运人签发的航空分运单拨给每个实际收货人。

集中托运是航空货运应用最为普遍的一种方式,也是航空货运代理公司的主要业务之一。其中集中托运人在运输中具有双重角色,他对各个发货人负有货物运输责任,相当于承运人,而在与航空公司的关系中,他又被视为集中托运的一整批货物的托运人,各关系方承担的责任如图 11-4 所示。

图 11-4 集中托运环节及关系图

集中托运具有方便货主、运输成本低、便于提前结汇等优点。但同时也有以下的局限性:
① 贵重物品、活动物、危险品、外交信袋等根据航空公司的规定不得采用集中托运的形式。
② 由于集中托运的情况下,货物的出运时间不能确定,所以不适合易腐烂变质的货物、紧急货物或其他对时间要求高的货物的运输。
③ 对一些可以享受航空公司优惠运价的货物来讲,使用集中托运的形式可能不仅不能享受到运费的优惠,反而使托运人运费负担加重。

(2) 陆空联运和海空联运

陆空联运和海空联运是指陆路运输(铁路与长途汽车运输)或海上船舶运输与航空运输的联运。我国幅员辽阔,而国际航班较多的国际机场较少(仅限于北京、上海、广州等大城市),且运输费用较高,因此我国出口空运货物常采用陆空联运。

(3) 航空快递

航空快递是指有独立法人资格的货运企业将进出境的货物从发货人所在地通过自身网络或代理的网络运达收货人的一种快速货运方式。它不同于航空邮寄和航空货运,而是由一个专门经营该业务的公司和航空公司合作,办理空运手续,或委托到达地的速递公司,或在到达地设立速递公司,或派专人随机送货,以最快的速度在货主、机场、用户之间运送货物。

(4) 邮件运输

邮件运输是邮政部门与航空公司以运输合同(或协议)方式合作组织的信件、包裹等小件物品的航空运输,在全部航空货运中占有比例较小,一般在 10% 左右。

11.4.3 航空货物运输业务流程

1) 航空货物运输出港业务流程

航空货物运输出港业务主要包括自托运人将物品交给航空公司,直到物品装上飞机的整个操作过程。航空货物运输出港业务流程如图 11-5 所示。

图 11-5 航空货物运输出港业务流程图

(1) 托运受理

发货人在货物的出口地寻找合适的航空货运公司,为其代理订舱、报关(若是出口货物)、托运业务。航空货运公司根据自身的业务范围接受托运人委托,并要求其填制航空货物托运书,以此作为委托与接受委托的依据。

(2) 定舱

货运代理人向航空公司申请并预定舱位,航空公司签发舱位确认书,同时给予装货集装器领取凭证(如需要时),以表示舱位订妥。

(3) 货主备货

航空公司根据航空货运公司填写的订舱单安排航班和舱位,并由航空货运公司通知发货人备单、备货。

(4) 接单提货

航空货运公司去发货人处提货并送至机场,同时要求发货人提供相关单证,主要涉及报关单、合同副本、商检证明、出口许可证、出口收汇核销单、配额许可证、正本的装箱单、发票等。

(5) 缮制单证

航空货运公司审核托运人提供的单证,缮制报关单,报海关初审。

(6) 出口货物报关

航空货运公司持缮制好的航空运单、报关单、装箱单、发票等相关单证到海关放行。海关将在报关单、运单正本、出口收汇核销单上盖放行章,并在出口产品退税的单据上盖验讫章。

(7) 货物交接

物品过磅、入库,将盖有海关放行章的航空运单一起交给航空公司,由其安排航空运输,随附航空运单正本、发票、装箱单、产地证明、品质鉴定书等。

(8) 信息传递

货物出发后,航空货运公司及时通知其国外代理收货,通知内容包含航班号、运单号、品名、数量、质量、收货人有关资料等。

(9) 费用结算

费用结算主要涉及发货人、承运人和国外代理几方之间的结算。

2) 航空货物运输进港业务流程

航空货物运输进港业务是指航空货物从飞机起飞(进口货物从入境)到提货或转运的整个过程所需要办理的手续以及必备的单证。下面以航空进口货物为例,说明进港业务流程。

(1) 接单接货

航空货物入境时,与货物有关的单据(运单、发票和装箱单等)也将随机到达,货物卸机后运至由海关监管的仓库内,同时航空公司根据主运单上的收货人地址寄发取货通知单,一般储运单的收货人为航空货运代理公司。

(2)分类编号

航空货运代理公司取得航空运单后即按照一定的标准进行分类整理,如按照进口货物的类别或贸易方式等进行分类。为便于用户查询和统计货量的需要,航空货运代理公司在分单后对每票货单都编上公司内部的编号并输入计算机。

(3)发到货通知单或查询单

根据运单号或合同上的收货人名称及地址分别寄发到货通知或查询单给实际收货人,告知货物已经到港,通知单需要填写的项目有运单号、合同号、公司编号、货物名称、到货日期、通知人及联系方式等。

(4)缮制单证

缮制单证就是填报"进口货物报关单",其依据是运单、发票及证明货物合法进口的有关批准文件。

(5)进口报关

进口报关就是向海关提出办理进口货物手续的过程。报关是进口业务中最关键的环节,任何货物都必须向海关申报并经海关放行后才能提出海关监管场所,不能擅自将未经海关放行的货物提出监管场所。

(6)送货或转运

航空货运代理公司可以接受货主的委托送货上门或办理转运,在将货物移交给货主时办理相关交接手续,并向其收取货物进口过程中所发生的一切费用。航空货物运输进港业务流程如图11-6所示。

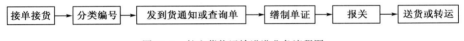

图11-6 航空货物运输进港业务流程图

11.5 管道运输组织管理

11.5.1 管道运输生产管理

管道运输生产管理是指管道运行过程中利用技术手段对管道运输实行统一指挥和调度,以保证管道在最优化状态下长期安全而平稳地运行,从而获得最佳经济效益。它包括管道输送计划管理、管道输送技术管理、管道输送设备管理和管道线路管理。前两项又合称为管道运行管理,是生产管理的中心环节。

(1)管道输送计划管理

根据管道所承担的运输任务和管道设备状况编制合理的运行计划,以便有计划地进行生产。管道输送计划管理首先是编制管道输送的年度计划,根据年度计划安排管道输送的月计划、批次计划、周期计划等。然后根据这些计划安排管道全线的运行计划,编制管道站、库的输入和输出计划,以及分输和配气计划。另一方面,根据输送任务和管道设备状况,编制设备维护检修计划和辅助系统作业计划。

(2)管道输送技术管理

根据管道输送的货物特性,确定输送方式、工艺流程和管道运行的基本参数等,以实现管道生产的最优化。管道输送技术管理的内容包括随时检测管道运行状况参数,分析输送条件的变化,采取各种适当的控制和调节措施调整运行参数,以充分发挥输送设备的效能,尽可能地减少能耗。对输送过程中出现的技术问题,要随时予以解决。管道输送技术管理和管道输送计划管理都是通过管道的日常调度工作来实现的。

(3)管道输送设备管理

对管道站、库的设备进行维护和修理,以保证管道的正常运行。管理的内容主要包括:对设备状况进行分级,并进行登记;记录各种设备的运行状况;制定设备日常维修和大修计划;改造和更新陈旧、低效能的设备;保养在线设备。

(4)管道线路管理

对管道线路进行管理,以防止线路受到自然灾害或其他因素的破坏。管理内容主要包括:日常的巡线检查;线路构筑物和穿越、跨越工程设施的维修;管道防腐层的检漏和维修;管道的渗漏检查和维修;清管作业和管道沿线的放气、排液作业;管道线路设备的改造和更换;管道线路的抗震管理;管道紧急抢修工程的组织等。

11.5.2 管道运行管理

管道运行管理是指用制定管道运行计划的方法,以及运用管道运行状况分析和调度等手段,充分发挥管道和设备的输送效率,实现管道安全、平稳、经济的最优化运行,是管道生产管理的主要组成部分。

管道运行管理,需要准确的资料档案,即应有能正确反映全线客观条件的资料,如全线及泵站的竣工图和竣工后的更改记录;需要先进、可靠的设备,如要有良好的调度设备和通信设备,以及显示各泵站运行参数及流程的电视屏幕,还要有电子输出设备以便随时记录各站的运行参数;需要训练有素的调度人员,他们对管道及各站的设备、流程要熟悉了解,具有掌握现代化设备的知识和能力,具有丰富的运行管理经验。

管道运行管理包括分析运行资料、编制运行计划和运行调度3个基本步骤。

(1)分析运行资料

对委托管道承运的油品种类和数量,交付输送的时间和地点,油品的特性,以及对管道各泵站收、发油品应具备的条件等进行分析和研究,编制出年度轮廓计划,并做好完成管道年度任务的技术准备。

(2)编制运行计划

在分析运行资料的基础上,编制指令性强的全线运行计划和各站的运行计划。在编制成品油月或旬的全线运行计划时,要标明各批油品的名称、编号、特性和输量;标明各批油品到达各站的时间和进入的油罐;明确各批油品输送的顺序和分输时间、分输量;确定各批油品的运行参数;标明有无清管作业和计划性停输作业。在编制月或旬的各站运行计划时,要明确各站进油任务、倒罐流程;安排倒罐作业、启泵和停泵或倒换泵的作业、流量计标定、清管器接收与投入作业以及各旬的设备维修计划等。

(3)运行调度

运行调度是指按运行计划进行全线指挥、调整、监管等工作,以保证运行计划完成输送任务。调度人员先对运行计划进行核对,并作适当修改,然后根据计划下达调度指令。全线运行情况均反映到调度室,以便调度室进行全面监视。顺序输送时跟踪各批油品界面的准确位置,预报分输站切换流程和分输的时间,跟踪清管器的运行位置等。一旦发生事故,调度人员应负责立即处理,采取措施,下达指令,更换运行参数,以减轻事故对计划的影响。

11.5.3 管道运输技术手段

管道运输线路长,站、库多,输送的货物易燃、易爆、易凝或易沉淀,且在较高的输送压力下连续运行。这样,就要求管道生产管理具有各种可行的监控技术手段,主要有管道监控、管道流体计量和管道通信等技术手段。

(1)管道监控

管道监控是指利用仪表和信息传输技术测试全线各站、库和线路上各测点的运行工况参数,作为就地控制的依据,或输给控制室作为对全线运行工况进行监控和管理的依据,是实现密闭输送工艺,管道安全、平稳和最优化运行所必需的手段。管道监控系统一般由调度中心、远传通道和监控终端三大部分组成。

(2)管道流体计量

管道流体计量是指对管道运输的流体货物流动量的测量工作,其任务是:向交运和承运双方提供货物运输量的数据;为实施输送计划、分析运行工况、控制总流量和分输量的平衡提供重要依据;在油品顺序输送中,为批量切换和转换提供依据;为计算输油和输气成本提供依据;监测管道输送过程中的漏失量。

(3)管道通信

管道通信是管道运输借以传递各种信息,进行业务联系和控制管道运行的工具。管道通信系统主要由区段通信、干线通信和移动通信三部分组成。区段通信是指管道各区段内部的通信。每个区段的通信系统不仅要满足本区段的通信需要,而且也是干线通信网的组成部分。干线通信是管道运输部门各级管理机构之间及其与调度中心之间的通信。干线通信网沟通总部、大区中心和调度中心。移动通信是为满足收集、传递管道沿线和各种监视信号的需要,以及为满足管道维护工作的需要所使用的无线电通信系统。

11.6 多式联运

11.6.1 多式联运概念

多式联运:由两种及其以上的交通工具相互衔接、转运而共同完成的运输过程统称为复合运输,我国习惯上称之为多式联运。《联合国际货物多式联运公约》对国际多式联运所下的定义是:按照国际多式联运合同,以至少两种不同的运输方式,由多式联运经营人把货物从一国境内接管地点运至另一国境内指定交付地点的货物运输。而《中华人民共和国海商法》对于国内多式联运的规定是,必须有种方式是海运。

从多式联运的定义可见,多式联运具有以下特征:

①根据多式联运的合同进行操作,运输全程中至少使用两种运输方式,而且是不同方式的

连续运输。

②多式联运的货物主要是集装箱货物,具有集装箱运输的特点。

③多式联运是一票到底,实行单一运费率的运输。发货人只要订立一份合同,一次付费,一次保险,通过一张单证即可完成全程运输。

④多式联运是不同方式的综合组织,全程运输均是由多式联运经营人组织完成的。无论涉及几种运输方式,分为几个运输区段,由多式联运经营人对货运全程负责。

11.6.2 多式联运基本形式

(1)法定联运

法定联运是指与多式联运有关的运输单据、联运范围、联运受理的条件与程序、运输衔接、货物交付、货物索赔程序以及承运人之间的费用清算等均应符合有关国际公约和国家颁布的有关规章的规定,并实行计划运输。

法定多式联运最基本的特征在于其强制性,即承托双方并不需要对国际多式联运合同的条款予以协商,仅需要按照规定办理即可。法定多式联运实际上属于协作式联运,参与联运的承运人为共同承运人,对货主承担连带责任。这种多式联运形式有利于保护货主的权利及多式联运生产的顺利进行。其不足之处是灵活性较差,适用范围较窄,它在从事多式联运的运输企业资格、联运线路、货物种类与数量及受理地/换装地点等方面均做出限制。在国际多式联运中,一般不存在法定多式联运。但单一方式下的国际联运大多采用法定联运,如国际铁路联运即属于法定联运。

在我国的多式联运中,以《水路货物运输规则》(简称《货规》)和《铁路和水路货物联运规则》(简称《联规》)为依据,由各港航企业与港口、航运、铁路企业共同协作,完成货物的水水联运和水陆联运均属于法定联运。它主要适用于保证指令性计划的调拨物资、重点物资和国防、抢险、救灾等急需物资。

(2)协议联运

协议联运是指法定联运以外的多式联运。其最基本的特征在于联运的非强制性。在协议联运形式下,联运采用的运输方式、运输衔接、货物交付、货物索赔程序以及承运人之间的利益分配与风险承担等均由双方通过协商而定。在实际业务中,货主往往处于劣势,并不具备与多式联运经营人协商修改联运协议的能力。因此,为了避免多式联运经营人损害货主的利益,在国际和国内都制定了规范这种联运形式的国际公约或法律法规,凡多式联运协议中与这些国际公约或法律法规相抵触的内容均属无效。

在协议联运中,根据联运组织方法和体制的不同,又可分为协作式联运和衔接式联运两种类型。

11.6.3 多式联运组织方法

国际货物多式联运的全过程就其工作性质的不同,可分为实际运输过程和全程运输组织业务过程两部分。

实际运输过程是由参加国际多式联运的各种运输方式的实际承运人完成的,其运输组织工作属于各方式运输企业内部的技术、业务组织。

全程运输组织业务过程是由国际多式联运经营人完成的,主要包括全程运输所涉及的所有商务性事务和衔接服务性工作的组织实施,其运输组织方法可以有很多种,但就其组织体制来说,基本上可分为协作式多式联运和衔接式多式联运两大类。

(1) 协作式多式联运的运输组织方法

协作式多式联运的组织者是在各级政府主管部门协调下,由参加多式联运的各种运输方式的企业和中转港站共同组成联运办公室(或其他名称)。货物全程运输计划由该机构制定。这种联运组织下的货物运输过程,如图11-7所示。

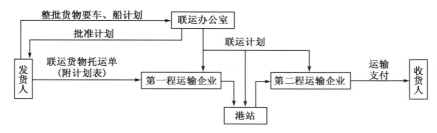

图 11-7 协作式多式联运货物运输过程

协作式多式联运组织方法是建立在统一计划、统一技术作业标准、统一运行时间表和统一考核标准基础上,而且在接受货物运输、中转换装、货物交付等业务中使用的技术装备,衔接条件等也需要同步建设、配套运行以保证全程运输的协同性。这种组织方法在有的资料中称为货主直接托运制,是国内过去和当前多式联运(特别是大宗、稳定、重要物资运输)中主要采用的方法。

(2) 衔接式多式联运的组织方法

衔接式多式联运组织业务是由多式联运经营人完成的,货物运输过程如图11-8所示。

图 11-8 衔接式多式联运货物运输过程

这种组织方法,由多式联运经营人受理发货人提出的托运申请,双方订立货物全程运输的多式联运合同,并在合同指定地点(发货人的工厂或仓库,或指定的货运站、中转站、堆场、仓库)办理货物的交接,多式联运经营人签发多式联运单据。接受托运后,多式联运经营人首先要选择货物运输路线,划分运输区段(确定中转、换装地点),选择各区段的实际承运人,确定零星货物集运方案,制定货物全程运输计划,并把计划转发给各中转衔接地点的分支机构或委托的代理人。然后根据计划与各运程的实际承运人分别订立货物运输合同。全程各区段间的衔接,由多式联运经营人(或其代表或其代理人)从前程实际承运人接收货物再向后程承运人交接,在最终目的地从最后一程实际承运人接收货物后再向收货人交付。

这种多式联运组织方法,在有些资料中称为运输承包发运制。目前在国际货物多式联运中主要采用这种组织方法,在国内多式联运中也越来越多地采用这种方法。

11.6.4 多式联运业务流程

多式联运经营人是全程运输的组织者,在多式联运中,其业务程序主要有以下几个环节:

(1) 接受托运申请,订立多式联运合同

多式联运经营人根据货主提出的托运申请和自己的运输路线等情况,判断是否接受该托运申请。如果能够接受,则双方议定有关事项后,在交给发货人或其代理人的场站收据副本上签章,证明接受托运申请,多式联运合同已经订立并开始执行。

(2) 集装箱的发放、提取及运送

多式联运中使用的集装箱一般应由多式联运经营人提供。这些集装箱来源可能有三个:一是经营人自己购置使用的集装箱;二是由公司租用的集装箱,这类箱一般在货物的起运地附近提箱而在交付货物地点附近还箱;三是由全程运输中的某一区段承运人提供,这类箱一般需要在多式联运经营人为完成合同运输与该分运人订立分运合同后获得使用权。

(3) 出口报关

若联运从港口开始,则在港口报关;若从内陆地区开始,应在附近的海关办理报关。出口报关事宜一般由发货人或其代理人办理,也可委托多式联运经营人代为办理。报关时应提供场站收据、装箱单、出口许可证等有关单据和文件。

(4) 货物装箱及接收货物

若是发货人自行装箱,发货人或其代理人提取空箱后在自己的工厂和仓库组织装箱,装箱工作一般要在报关后进行,并请海关派员到装箱地点监装和办理加封事宜。如需理货,还应请理货人员现场理货并与之共同制作装箱单。

(5) 订舱及安排货物运送

经营人在合同订立之后,即应制定货物的运输计划,该计划包括货物的运输路线和区段的划分,各区段实际承运人的选择确定及各区段衔接地点的到达、起运时间等内容。

(6) 办理保险

在发货人方面,应投保货物运输险。该保险由发货人自行办理,或由发货人承担费用由多式联运经营人代为办理。货物运输保险可以是全程,也可分段投保。在多式联运经营人方面,应投保货物责任险和集装箱保险,由经营人或其代理人向保险公司或以其他形式办理。

(7) 签发多式联运提单,组织完成货物的全程运输

多式联运经营人的代表收取货物后,经营人应向发货人签发多式联运提单。在把提单交给发货人前,应注意按双方议定的付费方式及内容、数量向发货人收取全部应付费用。多式联运经营人有完成或组织完成全程运输的责任和义务。

(8) 运输过程中的海关业务

按惯例国际多式联运的全程运输均应视为国际货物运输。因此该环节的工作主要包括货物及集装箱进口国的通关手续,进口国内陆段保税运输手续及结关等内容。如果陆上运输要通过其他国家海关和内陆运输线路时,还应包括这些海关的通关及保税运输手续。

(9) 货物交付

当货物运至目的地后,由目的地代理通知收货人提货。收货人需凭多式联运提单提货,经营人或其代理人需按合同规定,收取收货人应付的全部费用。收回提单后签发提货单,提货人凭提货单到指定堆场和集装箱货运站提取货物。

(10) 货运事故处理

如果全程运输中发生了货物灭失、损害和运输延误,无论是否能确定发生的区段,发(收)货人均可向多式联运经营人提出索赔。多式联运经营人根据提单条款及双方协议确定责任并

做出赔偿。

11.6.5 典型多式联运业务场景

（1）东方航空"空铁通"

2012年4月12日，中国东方航空集团有限公司与上海铁路局正式签署战略合作协议，联合推出了"空铁通"联运产品，为旅客提供更加便捷的旅行服务。旅客可通过东方航空服务热线或者全球的任意东方航空客票销售网点购买"空铁通"联运产品，实现苏州、无锡、常州、宁波4个城市与东方航空上海虹桥国际机场、浦东国际机场进出港航班的双向联运。2020年8月25日，"东方航空"App与"铁路12306"App全面实现系统对接，旅客可以通过任一方App，一站式购买东航、上航航班与高铁车次的组合联运客票，这是国内铁路和民航售票平台的首次系统级对接。

东方航空"空铁通"服务采用的是"虚拟航班"的理念，将铁路车次以虚拟航班的形式录入机票订座系统，并以东方航空"MU"两字码与东方航空的航班号编码显示。旅客在购买东方航空实际承运并开通联运产品城市的出发或到达机票的同时，可预订中国境内铁路段车票，做到了"一次订座，一票到底"，提升旅客出行的便捷性和舒适感。

（2）深圳机场城市候机楼行李直挂服务

由于航班中转时旅客需要提取行李至承运后续行程的柜台处，并重新办理托运、安检等手续，当发生航班动态异常时，旅客的相关权益无法得到保障。"行李直挂、一票到底"的通程值机服务为解决这一问题提供了可能。

2019年，深圳机场年旅客吞吐量历史性地突破了5000万人次，年国际旅客量首次突破了500万人次，由此正式迈入了全球繁忙机场的行列。提升旅客"徒手旅行"体验，解决联程出行和在跨方式换乘时旅客"需随身携带行李"问题成为深圳机场旅客联程运输发展的重点。在此背景下，深圳机场在部分城市候机楼及周边的酒店开通了公路航空联运的行李直挂运输服务，一是面向乘机时间为下午或晚间、携带行李不便的国内航线商旅客户，二是面向行李接送成本投入较大的酒店、展会等企业客户。旅客在线上提交行李托运需求后，相关工作人员会前往酒店、城市候机楼收件并运至机场交付，经安检后登机。行李在运输途中会转入专用行李袋并装配定位和电子标签设备，旅客可查询跟踪行李运输状态，并在目的地机场提取，途中实现空手旅行。

（3）深中"水上巴士"

深圳宝安国际机场是深莞惠、广佛肇、珠中江三大城市群交汇地，是一座具备实现多种方式联运的综合交通枢纽，其中深圳宝安国际机场码头是深圳宝安国际机场海陆空联运的重要组成部分。2017年8月18日深中"水上巴士"正式开通，深圳宝安国际机场中山港城市候机楼也同步启用，实现空海联运服务模式。

中山港城市候机楼位于中山港候船楼内，距离中山市区车程约半小时。此后，珠江西岸地区旅客前往深圳宝安国际机场乘机，可在中山港客运码头一站式办理值机、行李托运等手续，乘船抵达深圳宝安国际机场码头后也无须提取托运行李，直接乘坐免费穿梭巴士前往航站楼乘机即可，待到达目的地后再提取托运行李，使旅客在出行中充分体验空海联运的便利。

为服务珠三角和澳门、香港旅客出行，加强机场码头与珠三角主要城市群的联系，深圳宝安国际机场码头每天有多班高速客船往返于香港机场和澳门，并在深圳市区及珠海、中山、佛山、香港、澳门等8地共设有20余座城市候机楼,开通城际快线20余条,1~2小时可由深圳宝安国际机场到达珠三角各城市。随着深圳宝安国际机场加快国际航空枢纽建设,并通过多种方式联运推动机场综合交通体系的功能升级,周边城市居民往来深圳宝安国际机场将更为便捷。

【复习思考题】

1. 公路货物运输主要有哪几种类型？运输组织主要有哪几种形式？
2. 公路货物运输车辆运行作业计划有哪些常用形式？其主要作用是什么？
3. 简述公路货物运输车辆调度的主要任务。
4. 铁路货物运输方式主要有哪几种？业务流程是怎样的？
5. 铁路列车运行图的编制应符合哪些基本要求？
6. 请根据铁路运输系统的发展历程和交通强国等时事,谈一谈我国高铁运输组织现状和未来发展趋势。
7. 水路货物运输组织主要有哪几种形式？业务流程是怎样的？
8. 航空货物运输组织主要有哪几种形式？业务流程是怎样的？
9. 请根据航空交通运输系统的发展历程和交通强国等时事,谈一谈我国航空运输组织现状和未来发展趋势。
10. 简述管道运输生产管理的概念与主要内容,管道运行管理的基本步骤与技术手段。
11. 简述多式联运的概念与基本形式、组织方法与业务流程。
12. 请分析多式联运的优越性,并谈一谈我国多式联运发展现状和未来发展趋势。

【本章参考文献与延伸阅读】

[1] 中共中央,国务院.交通强国建设纲要[EB/OL].(2019-09-19)[2022-10-01].http://www.gov.cn/zhengce/2019-09/19/content_5431432.htm.
[2] 交通运输部科技司.交通运输标准化发展报告[EB/OL].(2021-07-07)[2022-10-01].https://xxgk.mot.gov.cn/2020/jigou/kjs/202107/t20210707_3611327.html.
[3] 过秀成.交通运输工程学[M].北京:人民交通出版社股份有限公司,2017.
[4] 傅志寰,孙永福,翁孟勇,等.交通强国战略研究[M].北京:人民交通出版社股份有限公司,2019.
[5] 张迦南,赵鹏.综合运输通道规划方法研究[J].北京交通大学学报,2010,34(3):142-147.
[6] 杨浩.运输组织学[M].北京:中国铁道出版社,2019.
[7] 戴彤焱,孙学琴.运输组织学[M].北京:机械工业出版社,2006.

[8] 鲍香台,何杰.运输组织学[M].南京:东南大学出版社,2008.
[9] 王长琼.物流运输组织与管理[M].武汉:华中科技大学出版社,2009.
[10] 《综合交通运输导论》编委会.综合交通运输导论[M].北京:人民交通出版社股份有限公司,2021.
[11] 褚娜."一带一路"铁路货物运输规则一体化研究[D].扬州:扬州大学,2018.
[12] 黄凯,李晟东.铁路货物运输组织改革中的"仓运一体化"服务研究[J].物流技术,2016(8):53-55.
[13] 张奇飞,林剑,王兆锐,等.基于改进遗传算法的物流路径优化方法[J].物流技术,2018,37(1):78-81.
[14] 申勇.国际集装箱海铁联运中转效率优化方法研究[D].成都:西南交通大学,2019.
[15] 贺登才.发改委解读:构建交通物流融合发展新体系[EB/OL].(2016-07-11)[2022-10-01]. http://www.gov.cn/zhengce/2016-07/11/content_5090177.htm.
[16] 王盼霞.交通运输发展趋势展望[J].城镇建设,2020(21).

第12章 旅客运输组织

12.1 城际旅客运输组织

城际客流是由旅客在城市间流动形成的客流,主要包括类别、流量、流向、流时(流动时间)及运距五个要素。城际客运是指借助于客运工具实现旅客在城市间空间位移的过程。在旅客运输过程中,完成或需要完成的运送旅客人次数称为客运量(人次);完成或需要完成的旅客运输工作量称为旅客周转量(人次·km)。客运量和旅客周转量统称为旅客运输量,用以衡量运输生产劳动量。城际客运可分为4种类型:公路客运、铁路客运、航空客运和水上客运。

12.1.1 公路客运组织

1)营运方式

公路客运按营运方式可分为长途直达、城乡短途、旅游客运和包(租)车客运4种类型。

(1)长途直达

即在某些较长的客运线路上,在起终点站之间不停靠,或仅在大站停靠的班车运输方式,主要用于跨省、跨区的长途干线上的旅客运输。一般情况下,当直达客流量大于客车定员的60%时,可考虑开行直达客车。

(2) 城乡短途

即开行在城乡线路上需要沿途各站频繁停靠的运输方式。其所配备的客车除提供一定数量的座椅外,还应保留一定站位和放置物品的空间。

(3) 旅游客运

即在游客较多的旅游线路上开设的旅客运输方式。通常配备舒适性较高的大、中、小型客车,以满足不同旅客的需要,同时还应配备导游人员。客车应根据旅客要求在风景点停靠,开行的方式可以采用定线、定班或根据游客要求定制等形式。

(4) 包(租)车客运

其服务对象主要是机关、企事业单位集体外出学习、游览的职工。包(租)车可根据具体情况分为计时和计程两种。

2) 客运站站务作业

汽车客运站是公路运输企业的主要基础生产单位,担负着接送旅客和组织客车运行等工作。客运站通过一系列站务作业,保证旅客安全、及时、经济、方便、舒适地到达目的地,同时为企业客运计划、统计、经济核算等工作提供原始材料,为企业改善经营管理、提高经济效益作贡献。客运站站务作业的主要内容有售票工作、行包托运与交付、候车室服务工作、组织乘车及发车、接车工作等。

(1) 售票工作

车票是旅客乘车的凭证,也是旅客支付客车运费的依据和凭证。通过售票工作,把旅客按照时间、方向和车次有条不紊地组织起来,为实行计划运输及合理组织旅客运输工作提供依据。车站采取的售票形式有多种,如网络售票、团体送票、多点售票、流动售票、窗口售票、随车售票等。车票有全票、儿童票、残疾军人票三种。票价由各省、自治区、直辖市自行制定,一般是根据运输种类,依照有关规定以每人公里的运价率来计算和确定。

(2) 行包托运与交付

行包是指旅客随身携带的行李和物品。当行包质量超过免费票质量时,超过的部分需按由各省、自治区、直辖市自行制定的行包运价计算收取运费。行包的发送作业,包括承运、保管和装车作业;行包的到达作业,包括卸车、保管和交付作业。行包自承运时起到交付时止,汽车运输部门要承担安全运输责任。在运输过程中,因运输部门责任发生损坏或丢失,应由运输部门负责修理或赔偿。

(3) 候车室服务工作

候车室服务工作是汽车客运站站务作业中的重要环节之一。旅客候车室应清洁、卫生,有开水供应,并贴有旅客须知、客运班次表、票价表、中转换乘其他交通工具时刻表,另外,还应有报纸、意见簿、旅客留言牌、精确的计时装置等设施。客流较大的车站要设立问讯处和小件物品寄存处。问询处是为旅客解答难题的地方,应设置在候车室或车站入口的显著位置处,问询处工作人员须业务熟悉、态度和蔼;小件寄存则是为旅客提供方便的一项措施。

(4) 组织乘车及发车

组织旅客有秩序地上车并使班车安全、正点发出,是客运站站务作业的一项重要内容。为组织旅客有序上车,应在候车室内按班次划定候车区域。履行检票手续时,为保证旅客不错乘、漏乘,应认真查看票面日期、车次、到达地点,与车次相符无误后检票。旅客上车就座后,驾驶员和乘务员应利用发车前的时间做好宣传工作,使乘客了解本班车到达的终点站、沿途停靠

(5) 接车工作

班车到站时,值班人员应指挥车辆停放在适当位置,查看行车路单,交接行包清单等有关资料,了解本站下车人数,清点到站的行包情况,通知有关人员进行各项站务作业(如向车内旅客报告本站站名、照顾旅客下车、解答旅客提出的有关问题等),在行车路单上填写清楚班车到达时间;对于路过班车,同时还要组织本站旅客乘车;对终到班车,站务作业结束后,可将车辆调回车场或调放过夜地点。

3) 客车运行组织

客车运行组织工作主要包括客运班次计划及编制、客车运行循环代号的编制、客车运行作业计划和客车调度工作。

(1) 客运班次计划及编制

客运班次的安排是车站提供旅客安排旅行的依据(旅客根据自己的需要,按照车站公布的客运班次,确定乘车路线,选择合适的班次购票),也是车站完成旅客运输任务和企业据以安排运输生产计划的一项重要的基础工作。客运班次主要包括行车路线、发车时间、起讫站、途经站及停靠站等。客运班次安排的科学合理,可使旅客往返乘车方便、省时省钱,使客车运行不超载、不空驶,确保企业生产计划的完成并提高车辆生产效率及经济效益。

安排客运班次,须在深入进行客流调查,在掌握各线、各区段、区间旅客流量、流向、流时及其变化规律的基础上研究确定。客运班次一经公布,应尽力避免临时变动,更不要轻率地停开班次、减少班次或变动行车时刻。具体应考虑以下因素:

①根据旅客流向及其变化规律,确定班次的起讫站和中途停靠站,兼顾始发站及各中途站旅客乘车的需要。

②根据客流量大小安排班次数量,遇到节假日及集会等客流量猛增时,要采取及时增加班车或组织专车、提供包车服务等措施。

③根据客流规律来安排班次时刻,且尽量考虑与其他交通工具到发时间相衔接。

④安排班次时刻应考虑车辆运行时间、旅客中途膳食地点、驾驶员作息时间以及行包装卸等站务作业安排。

(2) 客车运行循环代号的编制

客运班次确定后,就要安排车辆如何运行,即编制客车运行循环代号。一个循环代号是指一辆客车在一天内的具体运输任务,运行指定的一个或几个班次。通过合理编配,确定需要多少辆客运班车,即编出多少个循环代号(俗称车辆运行路牌)。全部循环代号包括运输公司所有参与运营车辆的全部班次。有了循环代号,才能进一步编制客车运行作业计划和进行车辆运行调度。

循环代号的内容一般包括代号名称、班次的起讫站名称、开到时间、距离里程、车日行程等相关内容。由于班车运行是连续的,编排循环代号要合理分配运行任务,各个代号的车日行程要基本相当,代号与代号要首尾相连,便于循环,使各单车均衡地完成生产任务。

客车运行计划一般编制成客车运行周期循环表的形式,如表12-1所示。编制客车运行周期循环表要满足以下条件:保证全部客运班次均有车辆参运;充分发挥每辆车的运输效率;循环周期不宜过长,以便于安排车辆的维修及驾驶员、乘务员的食宿和休息。客车运行周期循环的方式主要有:大循环、小循环与定车定线三种形式。

①大循环运行:是指将全部计划编号统一编成一个周期,全部车辆按确定的顺序循环始终的运行方式。这种循环方式适用于各条线路道路条件相近、车辆基本相同的情况。其优点是每辆客车的任务安排基本相同,车日行程接近,驾驶员的工作量比较平均;缺点是循环周期长,驾乘人员频繁更换运行线路,不利于掌握客流及道路变化等情况,且一旦某局部计划被打乱,会影响整个计划的进行。

客车运行周期循环表　　　　　　　　　　　　　　　　　　　表 12-1

路牌号	车次	起站	终站	开车时间	到达时间	距离(km)	车日行程(km)
2086	1962	南京	上海	7:00	10:05	310	620
…	…	…	…	…	…	…	…

②小循环运行:是指把全部计划编号分成几个循环周期,将车辆划分为几个小组分别循环的运行方式。其优点是有利于驾乘人员了解和掌握运行范围的线路和客流变化等情况,有利于安全运行和提高服务质量;缺点是部分情况下客车运用效率低于大循环。

③定车定线运行:是指将某一车型固定于某条线路运行的方式,一般在营运区域内道路条件复杂或拥有较多车型时采用,或在多班次班线时采用。其优点是有利于驾乘人员较详细地了解、掌握运行线路客流变化等情况;缺点是客车不能套班使用,对提高车辆运用效率有一定影响。

(3) 客车运行作业计划

客车运行周期循环表编好后,开始编制车辆运行作业计划。其编制步骤如下:

①确定相关数据资料。主要包括营运线路图、线路客运量(范围)、车日行程、车站作业时间、营运车辆类型、车辆数及车辆定额载客量、车辆工作率、实载率、营运速度、保修计划等信息资料。

②计算开行的客运班次数目。

$$n = \frac{q_i}{q_c \varepsilon} \quad (12\text{-}1)$$

式中:n——客运班次数(趟);

　　　q_i——该月份 i 线路日均客流量(人次/d);

　　　q_c——每车座位数(座);

　　　ε——实载率(%)。

③确定班次时刻表和路牌,见表 12-2。

客运班次时刻表及路牌　　　　　　　　　　　　　　　　　　表 12-2

路牌	班次	起点	终点	发车时间	到达时间
1	101	A	B	6:30	12:20
2	102	B	A	13:30	19:20
⋮	⋮	⋮	⋮	⋮	⋮
10	201	D	A	7:00	12:00
11	202	A	D	13:00	18:00
⋮	⋮	⋮	⋮	⋮	⋮
20	506	C	A	8:00	13:20
21	507	A	C	12:00	17:20

④编制月度客车运行作业计划表,见表 12-3。

月度客车运行作业计划表（单位：km） 表12-3

日期 车号 （已行程）	1	2	3	...	...	30	11
101 （4000）	9,10,31,155,163,32,53,54,124,164,75,76,87,123,200,201,88,111,112	11,12,37,38,55,56,81,82,113,114,143,144,157,158,165,67,68,166,201,202	9,10,31,155,163,32,53,54,124,164,75,76,87,123,200,201,88,111,112	...	...	11,12,37,38,55,56,81,82,113,114,143,144,157,158,165	机动
304 （8000）	11,12,37,38,55,56,81,82,113,114,143,144,157,158,165,67,68,166,201,202	9,10,31,155,163,32,53,54,124,164,75,76,87,123,200,201,88,111,112	11,12,37,38,55,56,81,82,113,114,143,144,157,158,165,67,68,166,201,202	...	备用	9,10,31,155,163,32,53,54,124,164,75,76,87,123,200,201,88,111,112	11,12,37,38,55,56,81,82,113,114,143,144,157,158,165,67,68,166,201,202
...	...	...	...	...	...	...	...

（4）客车调度工作

客运调度室要根据循环代号，综合考虑企业保有客运车辆的实际情况，如车辆型号、技术性能、额定座位、完好率、工作率、平均车日行程、实载率；预估保留一定数量的机动运力，同时考虑和车辆的保修计划协调一致等。

客运调度的工作内容一般包括：①做好运量与运力的平衡；②监督客车运行作业计划的执行情况，合理调配车辆，确保运输生产按计划顺利进行；③根据客流流量、流向、流时及其变化规律，及时调整运力，保证车辆运用效率得以充分发挥并能满足客运需要；④参与班次时刻表和客车运行作业计划的编制，组织客车按计划运行；⑤建立健全客运调度值班制度，做好日常调度工作；⑥做好资料统计工作。

12.1.2 铁路客运组织

1）营运方式

铁路客运按营运行程是否跨越铁路局管辖范围为界限，可将铁路营运方式分为直通列车和管内列车两种类型。

①直通列车。其行程跨及两个及以上铁路局。由于运输距离较长，要求列车中挂有卧车及餐车，对列车服务标准要求保证较高的舒适度。

②管内列车。其行程在一个铁路局范围内。运输距离较短，故更注重快捷准点。

2）客运计划编制

铁路旅客运输计划是确定旅客列车对数和客运机车、车辆需要数的基础，也是确定客运设备、客运机车、车辆修造计划及客运运营支出计划的重要依据。

（1）旅客运输计划的分类及编制依据

①旅客运输计划分类。

长远计划：一般为5年、10年或更长期的规划，是铁路客运的发展计划。主要制定旅客运输的发展方向、技术政策，旅客列车的速度、质量及有关的主要指标。

年度计划：依据长远计划，结合年度具体情况编制，是旅客运输的任务计划。它是确定旅客列车量和客运机车、车辆需要数以及客运设备改建、扩建的主要依据。

日常计划：根据年度计划任务，考虑季节性、假期及日常波动情况而编制，是指导日常旅客运输的工作计划。在日常计划中，还应根据各站提报的日计划，按照各次旅客列车的运输能力，对各站、各区段客流进行统一的平衡调整，以保证旅客运输计划任务的完成和旅客列车运送能力的充分利用。

②编制旅客运输计划的依据。

客流调查是编制旅客运输计划的基础。根据客流调查资料，可以掌握客运量的变化和发展情况。对于大批团体客流和节假日、双休日客流，可通过专门的客流调查直接确定流量和流向，从而为制定运输计划提供可靠的资料。

旅客运输统计报告资料是掌握旅客运输变化规律的重要资料，包括车站根据售出客票记录和各次列车上、下车人数等日常统计分析资料，铁路管理部门统计部门根据各站的售出客票报告、退票报告和铁路管理部门内交换资料（输入和通过客流）编制的客流统计报表。根据这些资料，可以分析历年来实际客流量、流向及其变化规律和客流增长率，可以查明旅客运输的季节性波动情况，可以确定各区段各次列车的利用情况。

(2) 客流计划的编制过程

客流计划是旅客运输计划的重要组成部分，既是实现旅客运输计划的技术计划，又是旅客运输能力的分配计划和旅客运输组织的工作计划。客流计划的编制工作是在原铁道部的集中统一领导下，根据客流资料，采取上下结合、集中编制的方法进行。客流计划可一年编制一次，其编制步骤分为三个阶段。

第一阶段：下达任务，准备资料。在编制新运行图确定旅客列车开行方案前，由原铁道部指定用某月份（称客流月）的客流统计资料作为编制依据，于客流月前下达编制客流计划和客流图的任务，同时公布全路直通客流区段。管内区段则由各原铁道部统计，与运输部门共同商定。铁路局根据原铁道部下达的任务，督促各站、段认真填写客票和报表单据，并及时完整地向统计部门寄送。

第二阶段：铁路局编制客流图和客流计划。各铁路局统计部门按铁路客货运输统计规则的要求，提出客流月的直通和管内区段的发送旅客流向统计资料。各客运部门根据分客流区段的旅客流向资料，按日均数编制客流图，为编制列车运行图提供确定旅客列车对数和运行区段所需的计划客流量。

第三阶段：原铁道部汇总。原铁道部组织各铁路局将所编制的直通客流图资料进行交换，并汇总在全路客流汇总图上。各铁路局根据交换的资料，计算出直通客流区段的客流密度，连同管内客流量一起，汇总在全国铁路区段客流密度图上。然后各局分析客流调查和统计资料，并与过去几年同期实际资料相比，预计客观形势可能的发展，推算计划期间客流的增长率，从而编制客流计划。最后按干线、支线分客流区段汇总成直通客流表，编制计划客流密度与现行运行图规定的旅客列车运送能力比较表，以提供编制列车运行图所需的资料。

(3) 客流分配计划

客流分配计划又称票额分配计划，是旅客运输计划的重要组成部分。票额分配工作是在编制新运行图时进行的。在旅客列车对数、行驶区段和列车编组内容确定后，根据旅客列车运送能力以及编制新运行图所使用的客流图、客流计划资料，按铁路管理部门分不同车次、上下行、软(硬)座、软(硬)卧铺进行票额分配。其中,跨三铁路管理部门以上的旅客列车由原铁道部负责,跨铁路管理部门的旅客列车由两铁路局协商进行,并分别以原铁道部、铁路管理部门命令公布,与新运行图同时实行。

3)客运列车的运行组织

旅客列车的运行组织是铁路旅客运输工作的重要组成部分。为满足旅客的旅行要求,铁路除了做好列车的乘务工作,还应做好旅客列车的运行组织工作。

(1)列车质量和速度的选择

由于列车的质量和速度决定机车的主要特征,决定对线路、列车制动以及站线和站台有效长度的要求,决定着旅客列车的组成数量及旅客在途时间的消耗,直接影响铁路的客运能力、服务质量和客运设备的使用效率。旅客列车质量和速度的确定包括以下步骤:

①拟定设计直通速度。在牵引类型和机车功率一定的条件下,列车质量越大,其运行速度越低。确定列车质量时,应以提高直通速度为主,其次应考虑旅客站台及站线的有效长度,并按列车种类和等级,参照现行各项技术标准,分别拟定其设计直通速度。

②审查修正直通速度。对初步拟定设计的直通速度,按旅客列车在始发站、终到站的发车及到达时间对旅客是否方便的条件加以修正。修正直通速度,可采取减少列车停站次数、停站时间、区间运行时间等措施。

③确定合理的发车时间范围。合理的发车时间范围随旅客列车的运行距离和直通速度不同而不同,应从方便旅客乘车的条件出发,确定每列旅客列车合理发车时间范围。

④确定列车质量和编组辆数。根据修正直通速度,确定各区段的区间运行速度。通过牵引计算,求出列车质量理论上的允许值,并根据线路、站台长度、加挂预留吨位等因素按列车种类和等级加以确定。

(2)列车运行区段和行车量的确定

列车的运行区段和行车量主要取决于客流计划。客流图为划分各种列车的运行区段、确定列车种类及行车量的工作提供了有利条件。

①运行区段的确定。直通旅客列车运行区段的确定,取决于各客流区段的直通客流量,以及主要站所在地的政治、经济、文化情况及客运段设备条件。原铁道部规定,跨两铁路管理部门的列车其直通客流量不少于600人,跨三铁路管理部门的列车其直通客流量不少于500人,跨四铁路管理部门及其以上的列车其直通客流量不少于400人。管内旅客列车输送沿途变动的客流时,运行区段的确定也应考虑其客流量的大小以及政治、经济、国防上的需要。

②行车量的确定。在确定列车运行区段后,即可按整个方向上各客流区段的最小客流密度计算行车量,即为了最大限度地以直达运输吸引直通客流,一般将某个铁路方向的两端站定为旅客列车的始发站和终到站,将客流密度变化较大的站间区段定为较短的列车运行区段,并计算相应的行车量,要求整个方向上确定的旅客列车运行区段和行车量提供的客运能力应与各客流密度相适应。

(3)列车运行图的编制

在确定了旅客列车运行区段和行车量之后,需要确定各次列车的运行时刻,即编制旅客列车运行图。由于我国铁路是客、货列车共线运行,因此,列车运行图上同时辅画有客、货列车运行线。列车运行图规定了各种列车占有区间的次序,列车在每个车站的到达、出发或通过时刻,列车在各区间的运行时间,列车在车站的停站时间标准以及机车交路等。

(4)列车固定车底数的确定

列车编组的客车车种、辆数、编挂顺序一般是固定的,并由旅客列车编组表加以规定。这种固定连挂在一起的车列称为客车固定车底,它在固定的运行区段内来回行驶,平时不进行改编。

车底在配属段所在站和折返段所在站之间往返一次所经过的全部时间称为车底周转时间。周转时间的长短是决定某一对列车所需车底数目的依据。某种旅客列车的车底数计算如下:

$$n_{CD} = KQ_{CD} = N \tag{12-2}$$

式中:n_{CD}——某种旅客列车的车底数;

K——在一个周期时间内平均每天发出的列车数;

Q_{CD}——某种旅客列车的车底数周转时间;

N——车底周转时间内发出的该到达站、该种旅客列车的总数。

4)车站接发列车工作

列车除在区间运行外,还要在车站到发和通过。因此,接发列车工作是列车运行过程中不可缺少的重要环节。为了保证列车运行的安全,列车接入车站和由车站出发都必须按照一定程序办理接发列车的必要作业。接发列车时需要办理的作业包括:与邻站办理闭塞;准备接车或发车进路;开放和关闭进站信号或出站信号;接、交行车凭证(不使用自动闭塞和半自动闭塞时);迎送列车及指示发车。

在正常情况下,列车运行采用空间间隔行车闭塞的方法,即同一时间和同一区间(或闭塞分区)内的一条正线上,只准许有一个列车运行,以防止同向列车追尾或对向列车正面冲突。因此,列车进入区间前,两站间办理闭塞手续是车站接发列车的首要作业程序。

列车到达、出发或通过所需占用的一段站内线路称为列车进路。列车到达或出发前,车站值班员应正确发布准备列车进路的命令,及时停止影响列车进路的调车工作。只有在闭塞手续办理完毕,列车进路已准备妥当后,才能开放进站信号或出站信号;列车进入或开出车站后及时关闭信号。列车到达或出发后,车站值班员应及时将到、发时刻通知邻站和报告列车调度员。

12.1.3 航空客运组织

1)营运方式

按行程是否跨越本国国境为界限,可将航空客运营运方式分为国内航线和国际航线。

①国内航线,其线路起讫地点均在本国国境以内。

②国际航线,其线路跨越本国国境,通达其他国家。

2)运输生产体系

航空运输生产体系可以分为5个生产体系。各生产体系分别由民航系统的有关部门负责管理和协调。

(1)机场保障体系

机场是航空运输生产的必备基地。机场保障为空中运输的地面准备和空中飞行提供跑道、灯光、特种车辆、旅客候机场所和相关服务设施,并提供安全检查和紧急求援服务。在国际机场,还设有边检、海关、检疫等派出机构,为国际航班旅客运输提供必要的服务。

(2)机务维修体系

机务维修是保证空中飞行安全的重要环节。其主要任务是:维护航空器正常运行,施行对航空器、发动机、通信导航和驾驶控制等机械与电子电气设备的检测与维修,使航空器保持适航状态。

(3) 航行业务管理体系

航行业务管理体系主要负责航行调度、通信导航、气象信息、航行情报以及空勤人员管理等工作,为航空运输提供一个完整的空中飞行保障体系。

(4) 油料供应体系

油料供应体系主要为航空运输飞行提供航空燃油。我国民航系统成立了航油专业公司,负责航空运输必需的航空燃油的供应与管理。

(5) 运输服务体系

民航运输各部门的工作,始终围绕"安全正点、优质高效"这一宗旨,为运输生产服务。运输服务部门负责制定运输生产计划、组织客货运输、提供运输飞行、保证服务质量、开拓运输市场,以达到最佳经济效益。

3) 生产计划编制

航空运输生产计划是贯彻实施企业发展目标和企业发展计划的具体生产部署,是制定企业其他计划的重要基础,包括航班计划、航线计划、飞行生产计划等。

(1) 计划编制准备工作

制定运输生产计划的准备工作包括:①确立企业的阶段发展目标、生产任务和实施方针;②评估企业发展的内部环境和外部环境;③分析企业的生产形势,包括市场分析、营运分析、成本分析和收益分析;④拟定符合企业发展的战略。

(2) 航班计划

航空运输有定期航班和不定期航班之分。定期航班飞行是航空运输的重要生产方式,其生产量一般占总量的 90% 以上。因此,航班生产计划主要是针对定期航班制定。航空运输的计划部门,根据企业的发展目标和市场要求,确定运输飞行航线、机型、航班班次、航班班期以及航班时刻等,供生产部门安排和实施。航班计划经民航管理当局审批后,以航班时刻表的方式向社会公布并付诸实施。

(3) 航线计划

航线计划是一项综合性计划,包括一系列生产指标,如航空运输的生产量、生产能力、生产效益和生产质量等。不仅可以作为企业运输生产的指标,也可用于考核企业完成生产情况的指标。

(4) 飞行生产计划

飞行生产计划主要包括飞机利用计划、飞行需求计划、空勤人员飞行计划和飞机维修计划。制定计划时需要充分利用飞机潜力、最大限度发挥机队的作用,为企业创造更多的效益。

4) 运输生产过程

航空旅客运输生产的任务是实施航班计划,完成将旅客和行李从始发机场安全地运送到目的地机场。机场保障部门、机务维修部门、航务管理部门、油料供应部门以及运输服务部门应在运输现场指挥部门的统一组织协调下,分工合作,共同完成生产任务。航空旅客运输生产过程可以分为以下 5 个阶段:

(1) 航班计划阶段

航空公司根据公司的发展目标、航线计划、运力、人力资源以及资金等情况,在市场调查基础上,进行航班安排,确定飞行班次、航班频率和经停机场,并制定航班时刻表。航空公司和机场的所有生产活动将以航班计划为核心进行组织安排,确保航班计划的顺利实施。

(2) 市场销售阶段

根据航班计划,航空公司市场销售部门以及销售代表,在公布的订座期限内,进行航班座位销售。航班座位销售将直接影响航空公司的经济收益。航班座位销售与管理一般通过计算机订座系统来实现。通常采用集中控制、航班始发站控制和配额控制等方法,对航班座位进行有效管理。

① 集中控制。航班的座位销售由订座中心或航空公司本身的销售集中控制。根据规定或与销售代理的销售协议,订座中心或航空公司向销售代理或售票处分配销售权限和数额。这种方式有利于掌握航班销售动态,及时调整市场销售,达到最大化销售,最大限度地提高航班乘坐率。

② 航班始发站控制。在一些手工订座的航班始发站,航空公司为了掌握市场销售情况,将航班座位控制权集中在始发站的销售管理部门,由航空公司在始发站的销售处或销售代理销售。这种方法仅仅是对没有计算机订座系统的一种补充,不利于及时掌握航班的销售情况。

③ 配额控制。航空公司对旅客较为集中的始发站或航班中停站给予一定数量的航班座位销售配额,并在规定时限内将多余的座位返还给航空公司的座位控制部门。

(3) 旅客乘机阶段

航空公司根据航班时刻表,为旅客安排登机准备,接受旅客的行李交运。同时,机场有关部门对旅客和行李进行安全检查,提供候机服务和查询服务。

(4) 运输飞行阶段

运输飞行通常由四个阶段的工作构成:

① 运输飞行预先准备阶段。运输飞行预先准备阶段通常指在执行飞行任务的前一天,航空公司根据航班时刻表,编排次日的飞行计划,准备飞机,安排机组,确定航线,通报航务管理部门,相关机场当局和油料供应部门,应协调配合做好相应的准备工作。

② 运输飞行直接准备阶段。在飞行预先准备工作的基础上,这一阶段为飞机的安全飞行进行起飞前的准备。有关部门和人员将根据飞行计划和地面保障工作计划,检查飞机和地面保障实施情况,组织旅客登机,装载货邮,研究航线天气情报和航路情况,了解前方机场和备降机场情况,准备特殊情况处理方案,调配相关空域活动,准备飞机起飞。

③ 运输飞行实施阶段。飞行实施阶段是完成运输生产任务的关键环节。在这一阶段,飞机处于空中飞行状态,主要是飞机机组人员和航务人员密切配合工作,共同完成安全飞行运输任务。

④ 运输飞行总结讲评阶段。这一阶段的工作主要是对飞行安全、服务质量、航班正点、地面保障等方面的工作进行总结与评估,以便总结经验教训,改进组织管理工作,提高运输生产质量。

(5) 旅客离港阶段

在飞机安全抵达目的地机场后,运输服务部门安排旅客下机,卸运行李;航空公司为旅客提供查询和领取行李服务。

12.1.4　水上客运组织

1) 营运方式

按航行的区域,可分为远洋运输、沿海运输和内河运输。

①远洋运输,是指除沿海运输以外的所有的海上运输。

②沿海运输,是利用船舶在我国沿海区域各港之间的运输。

③内河运输,是利用船舶、排筏和其他浮运工具,在江、河、湖泊、水库及人工水道上从事的运输。

2)客运航线的规划

(1)基本原则

在制定或组织客运航线时,应遵循如下基本原则:①最大限度地方便旅客,满足社会各阶层旅客的水运需要;②使船舶的利用率最高,经济效益好;③能充分利用港口客运设施并尽量使港口工作均衡;④客运航线能与其他运输方式合理衔接、协调配合。

(2)规划步骤

规划客运航线时应从整个客运系统出发,具体步骤大致如下:①分析现有客运航线的营运情况;②综合分析客运航线起讫港间的各种客运方式;③分析航区经营环境的变化;④分析旅客需求的变化;⑤新航线的构想及航线多方案设计;⑥对设计的方案进行分析和评价,并确定最终航线方案。

3)客运船型的选配

每一条客运航线均有其特点,在这些航线上经营的船舶必须符合航线的特征。因此,客船是专门为特定的航线设计建造的,属于专用型。客运航线选配船舶应注意以下几点:①同航线上,船舶的性能应相同或力求一致,以保证船舶能按相同的规律而有节奏地运行。②航线配船时,应考虑航线上的发船密度与计划期发船次数,以满足航线上的运输要求,并使船舶得到最好的利用。③在长途客运航线上,应配置设备较完善、速度较高、配备有卧铺的船舶;在游览修养航线上的船舶,设备配置也应完善,为便利旅客观看沿途风光,航速不能太快。④短途客运航线,特别是支农航线,应采用比较经济实惠的船型,无论舱室或走廊,均尽可能宽敞,以便存放东西。

4)客运船舶运行时刻表的编制

为了使客运航线的船舶运行准确及时,并与航道、港口工作密切配合,要求船舶必须按照规定的运行时刻表运行,以提高船舶正点率,保证正点运行。运行时刻表规定了船舶各自航线上的始发港、中途港、终点港的到发时间和停泊时间以及各航段上的航行时间。

在编制和确定船舶运行时刻表时,既要保证航行安全,又要最大限度地方便旅客。安排船舶在各港的到发时间及经过某些航段时间时应做到:

①长途航线一般始发港的离港时间最好在傍晚,到港时间最好在早上,进入主要中途港和经过风景区的时间尽可能安排在白天。

②在中转港或与其他运输方式相连的地点,应与相邻的其他航线和其他运输方式的运行时刻表相衔接,以保证旅客能及时并有足够的时间换乘车船。

③运行时刻表的编制必须特别注意保证船舶安全,尽量使船舶不在夜间通过险要航道,如有暗礁、浅滩、急流、狭窄的航段等,也不要在险要航段处会船或超越,并力求减少或消除通过限制航段和船闸的等待时间。

④在安排运行时刻表时,对船舶应给予足够的停泊时间,以便船舶检修、清扫、补给,并让船员得到适当休息。

⑤由于在不同季节,内河水道的水位和流速一般都有较大的差别,因此船舶运行时刻表应

按不同的水位期分别制定。

5）客运船舶生产调度

水上客运生产调度的基本任务是以客运为中心,科学地组织船舶的生产活动,编制和执行水上客运生产计划,经济合理地利用船舶和港口设备能力,加速船舶周转,提高运营管理水平。

（1）港口船舶调度（简称"港调"）

港调主要组织内港拖轮进行拖带作业。港调应熟悉港作拖轮的性能,如吃水、抗风力、船体强度、驾驶台高度等,同时也要熟悉被拖船的性能。港调工作主要根据指定的停靠码头,按计划派出适当的拖轮,将船舶或驳船拖带到指定的泊位进行作业,作业完毕应及时将其拖离,以免妨碍其他船只进入作业。因此,港调需掌握停泊的作业动态。

（2）运行船舶调度（简称"运调"）

运调主要负责选定船舶航线,决定船舶到港、离港时间,掌握船舶运行动态等。运调需与航行中的船舶保持通信联系。船舶一般在每日6:00、12:00、18:00、24:00分四次向运调报告船名、船位、航向、速度、风浪状况、预计何时到达下一港口等相关内容。

12.2　城市旅客运输组织

12.2.1　城市公共交通系统

城市公共交通是城市中供公众使用的经济、方便的各种客运交通方式的总称,狭义的公共交通指在规定的线路上,按固定的时刻表,以公开的费率为城市公众提供短途客运服务的系统。本章讨论的城市公共交通系统指广义的大公共交通系统,主要包括城市地面公交系统和城市轨道交通系统两类。其中,城市地面公交系统又通常被细分为城市常规公交系统与城市快速公交系统。随着信息技术的发展,又出现了定制公交等地面公交系统的补充形式。

1）城市地面公交系统

（1）城市常规公交系统

城市常规公交系统一般包括车辆、车道、场站、运行四个组成因素。

①车辆。从车辆驱动原理上,公共汽车可分为化石燃料公共汽车和新能源公共汽车。其中,根据化石燃料的类型不同,化石燃料公共汽车可细分为燃油公共汽车和燃气公共汽车;根据新能源类型不同,新能源公共汽车可细分为纯电动公共汽车、混合动力公共汽车、燃料电池公共汽车和其他清洁能源公共汽车;从车体构造上,又可分为小型公共汽车、标准公共汽车、铰接公共汽车、双层公共汽车等类型。

②车道。常规公交车辆一般与机动车辆混行。为保障常规公交路权、提高其服务水平,也可设置常规公交专用车道或道路,如路侧式公共汽车专用道、路中式公共汽车专用道、公共汽车专用路等。随着纯电动公交逐渐成为常规公交系统的主要车型,充电成为常规公交系统的重要问题,电磁感应式充电（无线充电）快速发展背景下,部分公交专用车道在传统功能的基础上,被赋予新的充电功能。动态无线充电是利用无线电力传输技术,通过埋置于车道下的供电导轨产生交变磁场,将电能传递给车道上动态行驶的纯电动公共汽车。

③场站。公交车场是公交公司运营管理的基层单位。车场的主要技术业务是组织车辆运

行、车辆停放保管、执行技术保养、车辆故障修理等公交车场。按功能可划分为综合车场(包括停车场和保养场)、保养场和中心停车场。对于纯电动公交系统,充电成为公交车场的重要功能。集中场站式充电仍然是公交主要的充电模式,充电设施通常设置于公交停车场内,"白天运营,夜间充电"的策略被广泛应用。

公交车站按功能可划分为首末站、中途停靠站和枢纽站。首末站是一种将车辆调头、停放、上下客和乘客候车等多种设施整合在一起的小型服务性起、终点站,也是行车调度人员组织车辆运行,司售人员休息的地方;中途停靠站供线路运营车辆中途停靠,为乘客上下车服务;枢纽站通常为多条公交线路的交汇处和乘客集散点。随着快充技术发展,部分公交车站增设了快速充电设施,公交车站具备了快速充电的功能。

④运行。公共汽车的运行一般由起点开始,依路线行进,并在车站位置停靠、上下乘客,至终点为止。其间的行车速度、间隔等,受路面其他交通的影响较大。

(2)城市快速公交系统

城市快速公交系统一般指利用改良型的公交车辆,运营在公交专用道路空间上,介于轨道交通和普通公交之间的一种便利、快速的公共交通方式。一般包括六个不同的组成部分,即车辆、道路空间、车站与枢纽、线路、收费系统以及运营保障体系等。

①车辆。快速公交系统往往采用不同于普通公交的低地板、大容量车型。其中车长18m、额定载员160人的大容量车型被大多城市的快速公交系统所采用,已成为快速公交系统的标准车型。大容量公交车型的主要优势包括:可以减少配车量并降低相应的劳动成本;单车能满足更大的客流需求,且具有较高的服务水平;可以增加快速公交系统的视认性,有利于吸引更多的客流。

②道路空间。快速公交系统的车辆主要运行在专用车道或道路上。公交专用车道的设置方式包括:中央双侧公交专用车道、单侧双向公交专用车道、边侧公交专用车道、逆向公交专用车道和城市高架路下的公交专用道。公交专用道路的设置方式包括:全封闭的高架公交专用道路、全封闭的公交专用道和公共交通专用道路。

③车站与枢纽。快速公交系统的车站与枢纽的功能体现在为乘客提供上下客、集中换乘的场所,站体一般具有较为显著的特征,以便于乘客辨认快速公交车站与枢纽位置。

④线路。快速公交系统的线路可以采用与轨道交通类似的单一线路或是多条组合线路,其线路的组成比轨道交通具有更多的灵活性,例如可以在主干线上互相组合或者在主干线的起讫点向外进一步延伸。

⑤收费系统。快速公交系统一般采用与轨道交通类似的收费系统,收费往往是在车站或枢纽内完成,以便于乘客快速上下车。

⑥运营保障体系。快速公交系统的运营保障体系应明确运营组织模式、运营服务标准等功能要求。例如,可采用每站停、越站、区间、编组等运营组织模式。运营调度中心应对快速公交通道上的各条线路运营车辆进行统一和协调调度,明确快速公交系统的发车间隔和行驶速度等。

(3)城市定制公交系统

城市定制公交是一种"互联网+交通"背景下新兴的公共交通服务模式。与传统常规公交不同,定制公交是一种需求响应式公交系统,在公交线路制定过程中,客户参与其中。出行者通过网络平台等方式向公交公司提出需求,运营者基于需求数据分析,制定公交线路。定制公交相较于传统公交具备服务质量高、可达性好和线路灵活等优势,相应的其费用更高。根据功能的不同,定制公交可分为定制通勤公交、定制社区公交和定制校车等。与常规公交系统类似,城市定制公交系统一般包括车辆、车道、场站、运行四个组成因素。

①车辆。定制公交作为传统公交系统的补充,目的为吸引出租车和网约车等客流向公交出行方式的转移。因此,定制公交需要更好的服务质量,通常情况下定制公交车辆更舒适,实行一人一座制,配套设施更齐全。

②车道。定制公交线路更为灵活,线路时常变更,但同样可以使用公共汽车专用道。

③场站。定制公交主要受众为集中的通勤出行等,通常情况下站点数量较少,行程时间相对较短。

④运行。定制公交系统的运行相较于传统公交,增设了需求申请和线路制定的前置环节,需要网络信息系统的辅助来进行需求数据分析和线路规划决策。

2)城市轨道交通系统

城市轨道交通系统一般是指市域范围内以轨道结构进行导向的公共客运交通系统,具有运能大、速度快、安全准时、节能环保等优点。

(1)分类

按照运能大小,一般将轨道交通系统分为四个类别(Ⅰ~Ⅳ)、三个量级(高运量、大运量、中运量)。高运量(Ⅰ类)轨道交通系统主要指市郊铁路,其单向运输能力一般在4.5万~7万人次/h之间;大运量(Ⅱ类)轨道交通系统主要指地下铁道,其单向运输能力一般在2.5万~5万人次/h之间;中运量(Ⅲ类)轨道交通系统主要包括轻轨、单轨、小断面地下铁道等,单向运输能力一般在1.5万~3万人次/h之间;中运量(Ⅳ类)轨道交通系统一般指单向运输能力在1万~2万人次/h以下的城市低运量轻轨和有轨电车等。

(2)车站

轨道交通车站是提供乘客上下车及换乘和运行管理的地方,按功能可分为以下5种:

①中间站。中间站是轨道交通线路中常见的一种仅供乘客乘降用的车站。

②折返站。折返站是在中间站设置折返线路的车站。设置折返站是为了在客流量大的区段能多开列车以满足乘客出行要求,节省运营车辆的投入及其他开支。

③换乘站。换乘站是既用于乘客乘降又为乘客提供换乘的车站。

④终点站。终点站即地铁线路两端的车站,除了供乘客乘降或换乘外,也可供列车停留、折返、临修及检修使用。

⑤车辆段。车辆段可分为检修车辆段(简称车辆段)和停放车辆段(简称停车场)。车辆段配备了必要的停车线及检修设备。

(3)子系统

城市轨道交通设备系统包括以下子系统:车辆系统(包含车辆基地)、供电系统(包含电力监控系统)、信号系统、通信系统、收费系统、环境监控系统、空调通风系统、给排水及消费系统、电扶梯系统等。

12.2.2 城市公交客流特征与调查

1)客流特征

城市公交客流是指城市居民为实现各类出行活动,借助各种公共交通工具,在城市范围内的有目的流动。公交客流量是指在某时间段内,人们乘公交出行的总体数量。它是由城市居住人口、外地暂住人口、流动人口,因生产、生活等需要出行乘车而构成的,其中包含时间、方向、地点、距离、数量等因素。

(1)客流分布在时间上的不均匀性

客流分布具有明显的年、月、日、昼、夜律动性的特征。由于居民工作和休息时间有一定规律,客流在全天各时间段中的变化也有一定的规律性。一般情况下,一天中早晚上下班时间的客流量最为集中,形成客运高峰,其中尤以早高峰客流量最大。

为了评价客流日运营时间内各小时分布的不均匀程度,采用时间不均匀系数作为评价指标。时间不均匀系数,指营运线路日运营时间内某一小时客运量与平均每小时客运量之比,计算如下:

$$K_{ti} = \frac{Q_i}{\overline{Q_h}} \tag{12-3}$$

式中:K_{ti}——线路运营时间内第 i 小时的时间不均匀系数,$i=1,2,\cdots,m$;

Q_i——线路运营时间内第 i 小时的线路客运量(人次);

$\overline{Q_h}$——线路运营时间内平均每小时线路客运量(人次)。

一般情况下,客流高峰小时仅在线路的个别运营时间段内发生,此时需增加该时段内的运输车辆。时间不均匀系数,也是确定线路车辆调度形式时所需考虑的关键指标之一。

(2)客流分布在空间上的不均匀性

客流分布在空间上的不均匀性,指客流按乘行方向、乘车距离、停车站点及乘行路段分布的不均匀性,主要评价指标有方向不均匀系数、路段不均匀系数、站点集散量不均匀系数等。

①方向不均匀系数。为了评价客流沿营运线路流动方向分布的不均匀程度,可采用方向不均匀系数作为评价指标。方向不均匀系数,指统计时间内某线路高单向客运量与平均单向客运量之比,计算如下:

$$K_a = \frac{Q_a}{\overline{Q_a}} \tag{12-4}$$

式中:Q_a——高单向客运量,即统计时间内线路最大单向客运量;

$\overline{Q_a}$——统计时间内线路平均单向客运量。

②路段不均匀系数。对客流沿路段(断面)分布的不均匀程度,可采用路段不均匀系数作为评价指标。路段不均匀系数指统计时间内营运线路某路段客流量与平均路段客流量之比,计算如下:

$$K_{si} = \frac{Q''_i}{\overline{Q''}} \tag{12-5}$$

式中:K_{si}——统计时间内第 i 路段的不均匀系数,$i=1,2,\cdots,k$;

Q''_i——统计时间内第 i 路段客流量(人次);

$\overline{Q''}$——统计时间内平均路段客流量(人次),即

$$\overline{Q''} = \frac{\sum_{i=1}^{k} Q''_i}{k} \tag{12-6}$$

③站点集散量不均匀系数。对于客流沿营运线路的上下车地点分布的不均匀程度,可采

用站点集散量不均匀系数(又称站点不均匀系数)作为评价指标。站点集散量,指在统计时间内到达某停车站乘客的上车人数(集结量)与下车人数(疏散量)的总称。站点集散量不均匀系数,指统计时间内营运线路某停车站乘客集散量与各停车站平均集散量之比,计算如下:

$$K_{cj} = \frac{Q_{cj}}{\overline{Q_c}} \tag{12-7}$$

式中:j——营运线路停车站序号,$j = 1, 2, \cdots, n$;

Q_{cj}——统计时间内第j停车站乘客集散量(人次);

$\overline{Q_c}$——统计时间内沿线各停车站平均乘客集散量(人次)。

2) 客流调查

客流调查,指运输服务区域内客流动态特征(包括流量、流向及其分布规律等)调查。通过调查所得数据资料,为改进线网布局、合理分配各线车辆、改进行车调度工作、改善乘车拥挤与合理调整各停车站点配置提供最原始的基础信息,从而提高车辆利用程度、提高运输服务质量及降低运输成本。

根据调查内容,可将客流调查分为出行起终点调查、乘行起终点调查及线路客流调查。

(1) 出行起终点调查

出行起终点调查,即企业服务地区内居民(或乘客)出行起终点调查,包括采集样本、调查内容及数据处理等。

① 采集样本。大规模(全市区)居民出行调查,主要通过抽样的方法进行。一般抽取调查的居民人数为全部居民的0.1%~0.4%。抽样方法,可以服务地区居民户口为准进行分段随机抽样,即按一定概率比例分多次抽出,平均每3~5年进行一次或结合当地人口普查一同进行。采集样本的方法通常为问卷调查,主要形式包含当面访谈、电话问卷、邮寄问卷等,不同于传统的问卷方法,当前结合二维码等形式的电子问卷、网络问卷等新兴问卷方法能够大幅提升调查工作的效率。

② 调查内容。主要包括调查对象的自然情况、出行目的、时间、频率与出行方式等,交通费用以及居民对客运工作的综合评价等。

③ 数据处理。调查所得资料是以数据形式分类进行表达的,因此对数据的分类整理统计、计算与分析工作量很大,处理方法以计算机为主。主要计算数据包括各种类型人口构成及其利用各种公共客运车辆(及其他交通工具)的人数,从居住地及目的地到最近公共客运停车站的步行时间、在站等车时间、乘行时间、一次出行时间,每月个人实际负担的交通费用等。

(2) 乘行起终点调查

乘行起终点调查是以城市已有客运线路网为基础进行的乘客乘行起终点和乘行方向调查,从而可发现乘客迂回乘车、不合理转乘及调度形式不合理等情况,为调整现有客运线路网点布局、改进行车调度和提高运输服务质量提供决策依据。

乘行起终点调查,通常与出行起终点调查一同进行。主要分析数据包括各相对起终点间客运量及最短可乘行路线,乘客换乘率,乘客由居住地及目的地到最近公共客运停车站的步行时间、在站等车时间、乘行时间及各站点乘客集散量等。

(3) 线路客流调查

线路客流调查是以客运线路为基础进行的,主要解决行车组织问题。通常每年夏、秋季各进行一次或每年进行一次全区域性线路客运普遍调查或抽样调查,每次1~3周,每天从运营时间开始至终止,每隔半小时一次(高峰客流统计时间间隔可适当缩短)。根据需要也可以结合进行局部营运线路、路段或某段运营时间(如高峰、低峰期间)的定期或不定期的客流调查。

通过这种调查可以掌握不同季节,一周内不同日期、不同时刻、不同线路站点及沿线不同方向的客流量,为编制客运计划与行车时刻表、合理确定车辆调度形式、选择运输车辆及配备行车人员提供基础资料。

其调查方法主要有随车调查、驻站观测、票据法和视频统计等。

①随车调查,即派调查人员随车调查沿线各站上下车人数、停留时间、留站人数、零票售出数及行车准点情况等。

②驻站观测,即派调查人员在各停车站进行观测统计。

③票据法,即根据乘客上车时的公交卡刷卡记录进行统计分析。

④视频统计,是指对公交车内视频进行人工观测统计或借助于计算机视觉技术自动统计分析。

线路客流调查的计算数据包括全日或高峰时间内的各线路(路段)客运(流)量、周转量、车容量、客位公里、运营公里、平均运距、满载率、客流分布不均匀系数、线路平均负荷、沿线各中途站平均停站时间、始末站停站时间、车辆沿线路及各路段行车时间、平均技术速度、运送速度、营运速度以及平均行车间隔、行车故障时间等。

12.2.3 城市公共交通运营组织

1)城市常规公共交通运营组织

(1)车辆调度形式类型

车辆调度形式指营运调度措施计划中所采取的运输组织形式。按车辆运行与停站方式,可分为全程车、区间车、快车、定班车、跨线车等。全程车指车辆从线路起点发车直到终点站,必须在沿线各停车站一次停靠,按规定时间到达部分站点并驶满全程的一种基本调度形式,又称慢车。区间车指车辆仅行驶线路上某一客流量集中的路段或区段的调度形式。快车是为满足长距离乘车需求,采取的一种越站快速运行的调度形式,包括大站车(车辆仅在沿线乘客集散量较大的停车站停靠)与直达车(车辆仅在线路起讫站停靠)。定班车是为接送职工上下班或学生上下学而组织的一种专线调度形式。跨线车是为平衡相邻线路之间客流负荷,减少乘客转乘而组织的一种车辆跨线运行的调度形式。

(2)行车时刻表编制与调整

行车时刻表也叫行车计划,是根据主要运行参数数据资料排列各分段时间内、各车次(周转)的行车时刻序列。行车时刻表是组织和指导公交企业运营生产全过程的生产作业性计划,是公交运营调度的基础。

①行车时刻表类型。行车时刻表通常有车辆行车时刻表和车站行车时刻表两种形式。

车辆行车时刻表指按行车班次制定的车辆沿线路运行的时刻表。表内规定了该班次车辆的出场(库)时间、每周转(单程)中到达沿线各站时间与开出时间、在一个车班内(或一日的运营时间内)需完成的周转数以及回场时间等。

常规公交行车时刻表按各行车班次(路牌)制定,即同一营运线路每天出车序号相同的车辆按同一时刻表运行,如表12-4所示。

××路公交行车时刻表　　　　　　　　　　　　　　表12-4

始末站:A站—F站　　　　　　　　　　　　　　　　出场时间:5:00
行车班次:4　　　　　　　　　　　　　　　　　　　回场时间:20:30

周转	方向	停靠站 站距(km)	A	B	C	D	E	F
				1	0.6	0.9	0.8	1.2
1	上行→	到	5:00	5:08	5:12	5:16	5:20	5:24
		开	5:05	5:09	5:12	5:16	5:22	5:29
	下行←	到	5:48	5:45	5:41	5:37	5:33	5:24
		开	5:52	5:46	5:41	5:38	5:32	5:29
2	上行→	到	…	…	…	…	…	…
		开	…	…	…	…	…	…
	下行←	到	…	…	…	…	…	…
		开	…	…	…	…	…	…

公交行车时刻表指线路始末站及重点中途站车辆行车时刻表。表内规定了在该线路行驶的各班次公共汽车每周转中到达和开出该站的时间、行车间隔以及换班或就餐时间等,如表12-5所示。

××路××站公交行车时刻表　　　　　　　　　　　表12-5

班次\时间	1		2		…	16		17	
	开	到	开	到	…	开	到	开	到
1	5:00	5:56							
2	5:10	6:05							
3					…				

②行车时刻表编制原则。以客流的活动规律、公交企业的运输能力等为依据编制行车时刻表时需遵循以下原则:

a.确定各车辆行车班次序列(路牌)时,应与车辆在车场(库)的停车方式及行车人员的工作制度相适应。

b.根据客流时间分布的不均匀规律,进行增减车辆排列时间间隔,保持行车间隔均匀有序,以避免产生车时浪费或周转不及时。

c.行车人员工作时间安排,既要服从客流的变化需要,又应注意各行车班次车辆工作时间的均衡;安排行车人员就餐时,应综合考虑运输服务质量、车时利用、行车人员休息等因素。

d.行车时刻表的制定应与邻近线路或其他城市公共客运方式行车时刻表相协调。

虽然行车时刻表是依据客流规律编制的,但是往往计划与实际状况会有一些偏差。行车时刻表在执行中,客观条件也有可能会出现一些变化,所以适当的调整修改是合理且必要的。如果客流规律和运行环境发生了较大变化,运力配置不当,运行状况不好,需要重新编制或大幅度地调整行车时刻表,此时需向上级(公司、场)提出修改依据和修改建议,经批准后由车队贯彻执行。

(3) 行车现场调度方法

行车现场调度方法就是按照行车作业计划控制车辆运行,合理分布车辆行车间距,尽快恢复营运秩序,保证车辆均衡载客营运的方法。现场调度可分为常规调度和异常调度两大类。

① 常规调度。当全线行车情况基本上符合行车作业计划方案,车辆处于正常运行时的调度工作称为常规调度。公交企业对于运营调度的监控目前只能做到在线路首末站进行控制管理,对于车辆在各中途站点的情况则无法监控。公交企业常规调度的基本内容如图 12-1 所示。

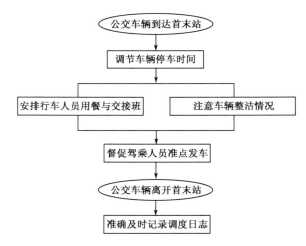

图 12-1　公交企业常规调度主要内容

② 异常调度。当线路因各种原因造成行车秩序紊乱,车辆运行偏离行车作业计划时的调度工作称为异常调度。车辆运行不正常的情况,有时比较单一,有时比较复杂,消除其影响的基本调度方法有以下几种:

a. 调距法。调距法指调整行车间距的调度方法。在总体周转时间不变,车辆不增加的情况下,通过车间距的调整,可以增加发车密度,提高服务质量和劳动生产率。可供调度员调剂的时间只有终点站的停站时间。

b. 放站法。放站法指营运车辆在路线上越站停靠的调度方法。需要采用放站法的情况包括:车辆到达始末站误点时间超过停站休息时间;在一定时间内,路线上有约 1/3 站点的集散量,达到线路客流量的 60% 左右;路线较长且客流呈单向性。

客流重点在起点站时,一般应载客越站停靠。如客流重点不在起点站时,可留适量车辆在本站载客,其他车辆空放出站,以平衡乘客候车时间。如客流重点在高单向处,低单向处的部分车辆可越站停靠或空放,以加快车辆周转。灵活掌握空放间距,达到加快运送乘客的目的。由于车辆放站会影响乘客的候车时间,所以放站时,要采用交叉停靠站点的方法。一般最多不得连续三辆车放过同一站点。

c. 调头法。调头法指缩短原行驶路线,用以减少周转时间的调度方法。需要采用调头法的情况包括:车辆到达始末站误点时间超过全程周转时间 1/3 左右时;增加某一区段的运能以提高营运效率;路线出现较大的行车间隔,需要车辆调头填补空当。

采取调头法,能够尽快恢复线路的正常秩序,但对需要到达超过调头区域的乘客而言,会增加候车时间,所以一般应尽可能不要两辆车连续调头。车辆填补空当时,要充分考虑道路通行能力,正确估算好车辆到达空当处的行驶时间。如果车辆需大量调头,为解决路线区段上的客流,应另外编制区间车的行车时刻表,方便现场调度员调控。

d. 加车法。加车法指在原有行驶车辆中增加车辆的调度方法。需要采用加车法的情况包括路线的客流量突然增高;路线因故需放宽周转时间但又要保持原有车距。为使加入车辆后的车距均匀分布,首先应确定加车的数量、加入时间及其影响范围,然后对原有的车距进行计算调整。

e. 缩时法。缩时法即缩短周转时间的调度方法。需要采用缩时法的情况包括:道路交通条件有明显的改善,道路通行能力提高,车速加快;实际客流比计划下降较多,造成车辆中途上下客时间减少,车辆普遍提前到站;交通中断,临时缩短路线行驶等。

f. 抽车法。抽车法指在原有行驶车辆中减少车辆的调度方法。需要采用抽车法的情况包括:线路客流突然下降;路线发生车辆故障、肇事、纠纷;因客流需要支援其他路线等。为使抽出车辆后的车距均匀分布,首先应确定抽出车辆的数量、抽出时间及其影响范围,然后对原有的车距进行计算调整。

g. 延时法。延时法即延长车辆周转时间的调度方法。需要采用延时法的情况包括:车辆运行过程中遭遇严重的交通堵塞和行车事故;客流增加,乘客上下车时间增多,营运主高峰时出现乘客滞站现象;冰、雷、雾、暴雨等恶劣天气导致车辆通行缓慢。延长车辆周转时间的限度,以该线驾驶水平较低的驾驶员为准。

h. 跨线法。跨线法指利用本线或它线车辆路线营运的调度方法。需要采用跨线法的情况包括:相邻路线高峰时段客流有较大的时间差异;本线全程与区间、大站之间的运能需要互补等。跨线法能对运能、工时起到充分利用的作用,达到既解决客流需求,又可降低营运成本的目的。

i. 调档法。调档法指将车辆的车序号临时重新组织调整的调度方法。主要用于路线车辆故障抛锚、肇事、纠纷、换班、行车人员用餐等情况。车辆在出场或首末站发生故障,如能很快修复行驶的,可与后车倒换次序营运。高峰时,因营运需要将车辆的车序号临时调整的,一般先控制车距,在高峰之后再恢复行车次序。利用车辆调档完成行车人员用餐的方法,是有效利用时间,提高工作效率的较好措施。

2)城市轨道交通运营组织

(1)运输计划

城市轨道交通运输计划包括客流计划、运营方式、行车计划、车辆配备计划、列车交路计划、列车折返计划以及人员配备计划等。为了充分发挥轨道交通系统运量大、运行可靠的特点,其运输组织必须以客流计划为基础,根据客流的特点合理调度、指挥列车运行。

①客流计划。客流计划是列车运行组织方式、行车计划和车辆配备计划编制的基础,是运输计划的重要组成部分。客流计划的主要内容包括站间到发客流量,各站双向上下车人数,全日高峰小时、低峰小时断面客流量,全日分时最大断面客流量等。在线路投入运营的初期,客流计划根据客流预测资料进行编制。在既有线路上,客流计划一般根据客流统计资料和客流调查资料进行编制。

②运营方式。城市轨道交通应根据各条线路的不同特点、不同的实施阶段,选择合适的运营方式。轨道交通各线原则上应采用独立的运营方式,根据线路长短和客流分布情况采用分

区运行。分段延伸运营方式是一种临时性、过渡性的运营方式。根据路网实施规划采用分期施工、分期运营时,可采用建成一段、运营一段,逐渐延伸的方法。

③行车计划。行车计划是指运营时间各个小时开行的列车对数计划,是编制列车运行图、计算运营工作和确定车辆配备数量的基础。行车计划编制应以运营时间内各小时的最大断面客流量、列车定员人数和车辆满载率以及希望达到的服务水平为依据。

④车辆配备计划。车辆配备计划是指为了推算完成全日行车计划而制定的车辆保有数安排计划,包括运用车辆数、在修车辆数和备用车辆数。

⑤列车交路计划。列车交路计划规定了列车的运行区段、折返车站和按不同列车交路运行的列车对数。在轨道交通线路的各个区段客流量不均匀的情况下,合理的列车交路计划既能提高列车的运用效率,降低运营成本,又能为乘客提供更好的服务。

⑥列车折返方式。列车折返方式可分为站前折返和站后折返两种方式。站前折返方式是列车经由站前渡线折返。站前折返的优点是列车空车走行少,折返时间短,乘客能同时上、下车,缩短停站时间;缺点是出发、到达列车存在进路交叉,影响行车安全和站台秩序。站后折返方式分为站后环形线折返、站后尽端折返线折返和站后渡线折返。站后折返的优点是列车出站速度高,有利于提高运行速度。

⑦人员配备计划。轨道交通公司主要包括运营部门、设备部门以及辅助部门,其中运营部门人员主要是乘备员和站务工作人员;设备部门人员配备对象主要是车辆设备检修工作人员,变电站、触网、轨道等维护人员;辅助部门人员配备对象主要是从事信息、数据及研究工作的人员。

(2)列车运行图

列车运行图是列车运行的时间与空间关系的图解,它是表示列车在各区间运行及在各车站停车或通过状态的二维线条图。列车运行图规定了各次列车占用区间的次序,各次列车在区间的运行时间,在车站的到达、出发或通过的时刻,在车站的停站时间和在折返站的折返作业时间,以及列车交路和列车出入车辆段时刻等,能直观地显示出各次列车在时间上和空间上的相互位置和对应关系。

列车运行图是用坐标原理来表示列车运行的一种图解形式。列车运行图上用横坐标表示时间,纵坐标表示距离,水平线代表各车站中心线位置,斜线称为列车的运行线,其中上斜线代表上行列车,下斜线代表下行列车。列车运行线与水平线的交点,就是列车在每个车站到、发或通过的时刻。图12-2为列车运行图的一个示例。

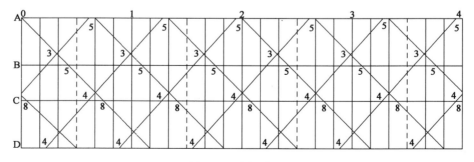

图12-2 列车运行图

列车运行图是轨道交通行车组织工作的综合性计划,是地铁和轻轨等行车组织工作的基础。列车运行图不仅把沿线各车站、线路、供电、车辆、通信信号等技术设备的运用联合成一个统一的整体,而且把所有与行车有关的部门和单位都组织起来,严格地按照一定程序有条不紊地进行工作,从而保证列车安全、正点运行。

(3)线路运输能力

运输能力是通过能力和输送能力的总称。线路的通过能力是指在采用一定的车辆类型、信号设备和行车组织方法的条件下,轨道交通系统线路的各项固定设备在单位时间内所能通过的列车数。输送能力是指在一定的车辆类型、信号设备、固定设备和行车组织方法的条件下,按照现有活动设备和乘务人员的数量,轨道交通系统在单位时间内所能运送的乘客人数。

(4)行车调度管理

城市轨道交通行车调度工作由调度中心实施,实行高度集中统一指挥,以使各个环节紧密配合,协调工作,保证列车安全、正点运行。行车调度工作是城市轨道交通系统的核心,直接影响乘客运输任务的完成。城市轨道交通行车调度管理的主要内容如图12-3所示。

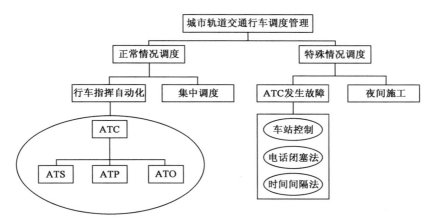

图12-3 城市轨道交通行车调度管理主要内容

3)城市轨道交通运营调度

(1)列车运行调整方法

组织列车正点始发是保证列车正点运行和实现列车运行图的基础。对始发列车,行车调度员应具体掌握和组织列车出库、列车折返交路和客流情况等,以保证正点发车。

在列车运行晚点时,行车调度员应根据列车运行的实际情况,按规定的列车等级顺序进行调整。对同一等级的旅客列车可根据列车的车次和乘客多少等情况进行调整。在抢险救灾的情况下,优先放行救援列车。列车运行调整应注意列车运行安全,做到恢复正点运行和行车安全兼顾,尽可能在最短时间内使列车恢复按图运行。

列车运行调整的主要方法包括:始发提前或推迟发出列车;组织列车加速运行,恢复正点;组织车站快速作业,压缩停站时间;组织列车通过某些车站;变更列车运行交路,组织列车在具备条件的中间站折返;组织列车反方向运行;调整列车运行时间间隔;停运列车。

行车调度员对列车运行调整方法的选择,取决于列车运行的具体情况,实际工作中往往将几种运行调整方法组合使用。调度员在组织、指挥日常运输工作中,有权发布与运输组织有关的调度命令,站段以及与行车有关人员必须坚决执行。

（2）正常情况下列车运行调度控制

正常情况下轨道交通系统的列车运行调度控制方式主要包括行车指挥自动化和集中调度两种。调度控制方式的选择与采用的行车调度指挥设备类型有关。

①行车指挥自动化。在行车调度员监控下，由列车自动监控（Automatic Train Supervision, ATS）系统完成列车运行的控制任务。通常还采用列车自动保护（Automatic Train Protection, ATP）和列车自动运行（Automatic Train Operation, ATO）子系统。这三个子系统构成列车自动控制（Automatic Train Control, ATC）系统，ATC 系统具有列车运行自动化和行车指挥自动化功能。

行车指挥自动化的主要功能包括：由基本列车运行图或计划列车运行图生成使用列车运行图；自动或人工控制管辖范围内各车站的发车表示器、道岔及排列列车进路；跟踪正线列车运行，显示各车站发车表示器开闭、进路占用和列车车次、列车运行状态等；自动或人工进行列车运行调整；自动绘制实际列车运行图和生成运营统计报告。

②集中调度。在 ATS 子系统因故不能使用时，改为调度集中控制。行车调度员通过调度集中控制设备控制所管辖线路上的信号和道岔，办理列车进路，组织和指挥列车运行。此时列车运行以驾驶员操纵为主。在调度集中控制因故不能实现时，改为车站控制。车站值班员在列车调度员的指挥下，办理列车进路、接发列车。调度集中的主要功能包括：控制管辖范围内各车站的信号机、道岔以及排列列车进路；显示各车站信号机开闭、进路占用和列车车次、列车运行状态等；自动绘制实际列车运行图。

（3）特殊情况下列车运行调度控制

①列车自动控制系统发生故障。ATC 系统发生故障时，行车指挥方法和列车运行控制方式调整如下：

若 ATS 子系统发生故障，改为调度集中控制，由行车调度员人工控制全线的信号与道岔、办理列车进路，调整运行秩序。

若 ATP 地面设备发生故障，如果是小范围的设备故障，可由行车调度员确认故障区间空闲后，向驾驶员发布命令，列车在故障区间限速运行；如果是大范围的设备故障，必须停止使用自动闭塞法，改为车站控制，实行电话闭塞法行车，即在没有机械、电气设备控制的条件下，仅凭电话联系来保证列车空间间隔的行车闭塞法。

若 ATP 车载设备发生故障，因故障列车无法接收限速命令，该列车驾驶员应按调度命令，人工驾驶限速运行。

若 ATP 子系统和车站通信设备同时发生故障，则采用时间间隔法行车。

若 ATO 子系统发生故障，列车改为人工驾驶，在 ATP 车载设备的监护下，按车内速度信号显示运行。

②夜间施工。夜间施工是轨道交通系统生产活动的重要组成部分。运输调度部门既要按照批准的施工计划，保证设备维修更换、线路扩建工程等夜间施工任务顺利完成，又要保证次日运输生产能正常进行。为此，夜间施工时的行车应按有关作业办法与要求组织。

12.2.4 公共交通系统的组织协调

1）组织协调分析

各种交通方式各自具有不同的特点，综合交通系统的高效运作有赖于各种交通方式的协调,需要做好城市公共交通系统与各种交通方式之间的衔接。

(1)城市间(境外)公共交通的衔接分析

城市的公共交通不仅仅为市内交通服务,同时还承担着接驳市间客运的任务。城市通过公共交通系统接驳乘坐轨道、水运、空运、公路等交通方式的市间旅客,从而实现城市与外界的联系,城市间交通衔接关系如图12-4所示。轨道、水路、公路及空中航线是运输的长通道,而火车站、港口码头、长途汽车客运站、航空港则是这些通道的衔接点,城市公共交通必须加强与上述衔接点的联系,以有效地衔接城市间客运。

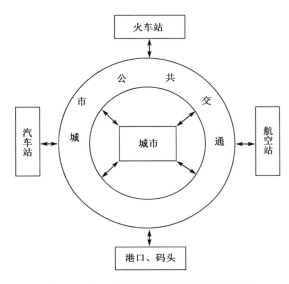

图12-4 城市公共交通系统衔接关系分析图

(2)市内公共交通的衔接分析

城市客运交通系统包括了公共交通方式和非公共交通方式。除了做好城市客运交通系统与城市大系统的协调,同时还应做好城市交通系统内部各子系统之间的协调。主要考虑公共交通方式和非公共交通方式之间的组织协调。

(3)轨道交通与常规公交的衔接分析

在常规公交站点及轨道交通站点布局时应当综合考虑,做好两者的衔接工作,以有利于扩大轨道交通的服务范围,形成轨道交通、地面公共交通一体化的城市公共交通系统。

2)换乘衔接组织

(1)公共交通换乘衔接组织

交通换乘衔接组织是指交通管理部门为保证交通对象能够实现出行目的而协助其在不同交通方式或交通设施之间搭乘转换,以及在此过程中提供的载运接驳设施(如衔接通道及线路、换乘站厅等)等交通服务。公共交通换乘组织系统包括以下三个基本方面。

①客运换乘枢纽的基础设施建设。在枢纽换乘站的设计中,交通方式间的转换空间、等候空间等基础设施要求同步规划与建设,这些空间应具有安全性、可识别性和方便性,设计中要求体现人性化设计思想,以方便不同交通方式的搭乘转换。

②交通方式间的运能衔接与组织。交通换乘枢纽中的不同交通方式的运行时间要求进行统一协调,相互换乘的交通方式间要求运能匹配,运能低的交通工具能够快速地为运能高的交

通工具进行客流集散,以避免换乘站的旅客滞留。

③换乘信息服务建设。一体化交通的发展要求具备先进的客运换乘信息服务系统,换乘信息服务系统应能满足不同层次的需要,能及时准确地采集、处理、分析、存储、传输客流转换过程中所产生的各种信息,使乘客在出行中实时了解何种交通工具可乘和如何选择最佳的交通工具组合方式,为旅客提供合理的行车时间与路线,方便乘客换乘。

(2)换乘枢纽组织

公共交通换乘枢纽的组织主要包括枢纽站址的选取、枢纽规模的确定、交通方式的换乘设计及效果评价、换乘信息的提供和枢纽周围交通流的组织。在换乘枢纽的组织优化中主要考虑与城市整体规划相协调、有效衔接城市不同的功能分区、保证交通连续以减少延误、换乘信息的提供和枢纽周围交通流的组织等。

(3)换乘衔接组织措施

换乘衔接组织措施可分为系统措施和细化措施。系统措施主要从规划布局角度考虑,主要包括综合换乘枢纽的合理布局、公共交通线网的优化设计、公交车首末车站的合理布局、运能的合理配置、停车换乘系统的合理布局、小汽车和自行车停车场容量规模配置、公共交通站点的合理布局等。

细化措施主要考虑建设和运营两个方面,主要包括换乘联系通道的布置与建设、共用站厅站台与换乘联系通道的布置与建设、站前广场等换乘设施的建设、市内交通和对外交通联运体系的建立、市内交通的通票体系的建立、停车优惠政策及安全管理措施等。

【复习思考题】

1. 思考城际旅客运输组织和城市旅客运输组织在形式、运量和运距等方面的差别。
2. 简述公路客车运行组织的主要工作内容。
3. 分析思考公路客运与铁路客运在客运计划编制方面的差异。
4. 分析航空运输相较于其他运输方式的优势与劣势。
5. 思考水上运输客运航线规划的主要目标和依据。
6. 分析 BRT 相较于常规公交系统的优势与劣势。
7. 结合当前时代背景,思考公交车辆类型未来的发展趋势。
8. 论述公交车辆运行偏离行车作业计划时常用的调度策略及适用情景。
9. 论述旅客运输组织领域的低碳转型和绿色发展措施。
10. 在智能交通背景下,分析未来旅客运输组织的发展趋势。
11. 随着旅客运输方式的多样性、灵活化,分析各旅客运输方式所面临的冲击和影响。
12. 已知线路 K101 客流情况如表 12-6 所示,试计算该线路的以下客流参数:
(1)10:00—11:00 内的时间不均匀系数;
(2)9:00—10:00 内的方向不均匀系数;
(3)11:00—12:00 内站点 3-4 的断面不均匀系数;
(4)16:00—17:00 内站点 3 的站点集散量不均匀系数。

K101 路公交行车客流情况表(单位:人)　　　　表 12-6

站点		站点①		站点②		站点③		站点④		站点⑤		站点⑥	
方向		上行	下行	上行	下行	上行	下行	上行	下行	上行	下行	上行	下行
9:00—10:00	上车	100	0	80	20	60	20	50	40	10	50	0	170
	下车	0	23	5	25	10	24	30	8	20	5	20	0
10:00—11:00	上车	60	0	40	30	20	35	30	40	5	20	0	30
	下车	0	35	20	20	10	35	20	15	30	5	30	0
11:00—12:00	上车	50	0	50	30	15	30	10	35	5	15	0	20
	下车	0	30	15	15	10	20	10	35	40	25	50	0
12:00—13:00	上车	30	0	30	20	20	30	15	20	15	20	0	20
	下车	0	30	10	30	15	20	25	20	35	10	25	0
13:00—14:00	上车	25	0	35	10	25	20	15	20	10	30	0	30
	下车	0	20	15	20	15	20	20	30	30	20	30	0
14:00—15:00	上车	50	0	40	25	10	35	10	20	15	15	0	30
	下车	0	20	5	15	10	35	15	30	50	30	50	0
15:00—16:00	上车	30	0	30	5	20	15	10	35	20	20	0	35
	下车	0	30	5	20	30	40	20	35	40	30	60	0
16:00—17:00	上车	20	0	20	5	30	8	10	24	5	25	0	23
	下车	0	170	10	50	50	40	60	20	80	20	100	0

【本章参考文献与延伸阅读】

[1] 陈学武,程龙.城市公共交通规划与运营管理[M].北京:人民交通出版社股份有限公司,2021.

[2] Avishai Ceder.公共交通规划与运营——建模、应用及行为[M].关伟,译.北京:清华大学出版社,2021.

[3] 沈志云,邓学钧.交通运输工程学[M].北京:人民交通出版社,2003.

[4] 顾保南,赵鸿铎.交通运输工程导论[M].3版.北京:人民交通出版社股份有限公司,2014.

[5] ALWESABI Y,LIU Z,KWON S,et al. A novel integration of scheduling and dynamic wireless charging planning models of battery electric buses[J]. Energy,2021,230:120806.

[6] AN K. Battery electric bus infrastructure planning under demand uncertainty[J]. Transportation Research Part C:Emerging Technologies,2020,111:572-587.

[7] BI Z,KEOLEIAN G A,ERSAL T. Wireless charger deployment for an electric bus network:Amulti-objective life cycle optimization[J]. Applied Energy,2018,225:1090-1101.

第13章 交通运输安全

13.1 概 述

13.1.1 交通运输安全定义

交通运输安全指在交通运输系统运行周期内,应用安全基本理论、评价方法、安全管理及防治技术,识别运输系统中的危险性并排除危险,或使危险减至最小,从而使交通运输系统在营运效率、使用期限和投资费用的约束条件下达到最佳安全状态;在一定的功能、时间和费用的约束条件下,人员和装备遭受的伤害和损失最少。

交通运输安全需要保证在规划、研究、设计、建设、试运营和使用等各个阶段中,正确实施系统安全管理和安全防治,满足在能实现安全目标的前提下,交通运输系统的结构尽可能简单、可靠;配合系统运营的操作指令数目最少;任何一个部分出现故障,保证不会导致整个交通运输系统运行中止或人员伤亡;备有显示事故来源的检测装置或报警装置,和安全可靠的自动保护装置并制定有效的应急措施。

13.1.2 交通运输安全特征

交通运输安全除具有系统性、相对性、间接效益性、长期性、艰巨性和复杂性等安全的普遍性之外,还有其自身特殊性。主要表现在以下几个方面:

(1) 系统性

交通运输安全的系统性涉及交通系统的各个方面,包括人员、设备、环境等因素,而这些因素又涉及经济、政治、科技、教育和管理等许多方面。安全既受系统内部因素的制约,也受到系统外部环境的干扰。而安全的恶化状态,即事故,不仅可能造成系统内部的损害,而且可能造成系统外部环境的损害。

(2) 相对性

交通运输安全的相对性表现在三个方面:绝对安全的状态是不存在的,系统的安全是相对于危险而言的;安全标准是相对于人的认识和社会经济的承受能力而言,抛开社会环境讨论安全是不现实的;人的认识是无限发展的,对安全机理和运行机制的认识也在不断深化,即安全对于人的认识而言具有相对性。

(3) 间接效益性

交通运输的间接效益性指要保证运输的安全,必须在人员、设备、环境和管理方面有相适应的安全投入,但是安全投入所产生的经济和社会效益是间接的、无形的,难以定量计算。安全的效益除了减少交通事故的直接和间接经济损失外,更重要的是提高人员素质、改进设备性能、改善环境质量和加强生产管理等方面所创造的积极的经济和社会效益。

(4) 长期性

交通运输的长期性是指人们对安全的认识在时间上往往是滞后的,不可能预先完全认识到系统存在和面临的各种危险。即使认识到了,有时也会由于受到技术条件等限制而无法控制。随着技术进步和社会发展,旧的安全问题解决了,新的安全问题又会产生,所以交通运输安全工作是一个长期的工作。

(5) 艰巨性

交通运输的艰巨性体现在高技术总是伴随着高风险。随着现代科学技术的发展,各种技术系统的复杂程度都增加了,相比于传统的交通运输系统,现代交通运输系统的规模、速度、设备和管理上都发生了极大的飞跃,同时发生事故的影响、伤亡、损失和补救困难程度也都远超传统运输方式。事故是一种小概率的随机偶发事件,仅利用已有的事故资料不足以及时、深入地对系统的危险性进行分析。因此认识事故机理、不断揭示系统安全的各种隐患,是一项艰巨的任务。

(6) 复杂性

交通运输生产是在一个开放的环境中进行的,其安全性受外部环境影响显著。交通运输过程有较大的空间位移和时间延续,雨、雾、风、雪等各种自然灾害对运输安全均会产生不利的影响。社会治安、风气和政治经济状况等社会环境也会对交通运输安全产生影响,难以控制和预测。所以交通运输安全的综合治理涉及面广、难度大。

13.1.3 交通运输事故分类与分级

对交通运输事故分类与分级是交通运输安全的重要组成部分,它通过对客观反映事故情况的数据资料进行分析,为宏观和微观管理、决策提供可靠的依据。

1) 道路交通事故

(1) 道路交通事故分类

道路交通事故是指车辆在道路上因过错或者意外造成的人身伤亡或者财产损失的事件。

为了满足道路交通事故的统计和处理工作,将道路交通事故按发生现象分为7种:

①碰撞。碰撞指交通强者(相对而言)的正面部分与他方接触。

②碾压。碾压指作为交通强者的机动车对交通弱者如自行车和行人等的推碾或压过。

③刮蹭。刮蹭指交通强者的侧面与他方接触。

④翻车。翻车指车辆在行驶中因受侧向力的作用,使一部分或全部车轮悬空,车身着地的事故。翻车一般分为侧翻和大翻两种。两个车轮离开地面的称为侧翻,四个车轮均离开地面的称为大翻。

⑤坠车。坠车指车辆驶出路外,整体脱离地面,落到与路面有一定高差的地方,如车辆坠入桥下、山涧。

⑥爆炸。爆炸指由于把爆炸物品带入车内,在行驶过程中因为振动等原因引起爆炸所造成的事故。行驶中由于轮胎爆炸引起的事故,不应理解为爆炸。

⑦失火。失火指车辆在行驶过程中,发生车辆燃烧的事故。引起失火的原因包括人为原因,如吸烟、明火、违反操作规程等,以及车辆原因,如发动机回火、排气歧管或排气管过热、电路系统漏电等。

(2)道路交通事故分级

根据人身伤亡或者财产损失的程度或数额,道路交通事故分级为特大事故、重大事故、一般事故和轻微事故,如表13-1所示。

道路交通事故按情节轻重和伤亡损失大小分类表 表13-1

事故类型	人员伤害	财产损失
特大事故	死亡3人以上,或者重伤11人以上; 或者死亡1人,同时重伤8人以上; 或者死亡2人,同时重伤5人以上	6万元以上
重大事故	死亡1~2人,或重伤3~10人	3万~6万元
一般事故	重伤1~2人,或轻伤3人以上	<3万元
轻微事故	轻伤1~2人	机动车事故<1万元; 非机动车事故<200元

2)铁路交通事故

(1)铁路交通事故分类

铁路交通事故是指铁路机车车辆在运行过程中发生的影响铁路正常行车的事件,主要可分为冲突、脱轨、火灾、爆炸4类。

①列车冲突。列车冲突指列车、机车、车辆(包括轨道起重机)动车、重型轨道车相互间或与设备(如车库、站台、车档等)、轻型车辆发生冲撞导致机车、车辆、动车、重型轨道车破损。

②列车脱轨。列车脱轨指列车在行进中脱离轨道,脱轨事故可造成铁路损坏或人员伤亡,按照脱轨过程,脱轨可分为爬上脱轨、滑上脱轨、跳上脱轨和掉轨四种类型。

③列车火灾。列车火灾指列车在行驶过程中,由于人为失误、机械故障等原因发生车辆燃烧的事故。

④列车爆炸。列车爆炸指由于列车内出现爆炸物品,在行驶过程中引起爆炸所造成的事故。

(2)铁路交通事故分级

按事故性质、损失和对行车所造成的影响,铁路交通事故分为特别重大事故、重大事故、较大事故和一般事故4个等级。

①特别重大事故。有下列情形之一的,为特别重大事故:造成30人以上死亡;造成100人以上重伤(包括急性工业中毒,下同);造成1亿元以上直接经济损失;繁忙干线客运列车脱轨18辆以上并中断铁路行车48h以上;繁忙干线货运列车脱轨60辆以上并中断铁路行车48h以上。

②重大事故。有下列情形之一的,为重大事故:造成10人以上30人以下死亡;造成50人以上100人以下重伤;造成5000万元以上1亿元以下直接经济损失;客运列车脱轨18辆以上;货运列车脱轨60辆以上;客运列车脱轨2辆以上18辆以下,并中断繁忙干线铁路行车24h以上或者中断其他线路铁路行车48h以上;货运列车脱轨6辆以上60辆以下,并中断繁忙干线铁路行车24h以上或者中断其他线路铁路行车48h以上。

③较大事故。有下列情形之一的,为较大事故:造成3人以上10人以下死亡;造成10人以上50人以下重伤;造成1000万元以上5000万元以下直接经济损失;客运列车脱轨2辆以上18辆以下;货运列车脱轨6辆以上60辆以下;中断繁忙干线铁路行车6h以上;中断其他线路铁路行车10h以上。

④一般事故。一般事故分为4类:一般A类事故、一般B类事故、一般C类事故、一般D类事故,具体可参考标准《铁路交通事故调查处理规则》。

3)水上交通事故

(1)水上交通事故分类

水上交通事故是指船舶在航行、停泊、作业过程中发生的造成人员伤亡、财产损失、水域环境污染损害的事件。水上交通事故依据致损原因被分为10类,包括:

①碰撞事故。碰撞事故指两艘以上船舶之间发生撞击造成损害的事故。

②搁浅事故。搁浅事故指船舶搁置在浅滩上,造成停航或者损害的事故。

③触礁事故。触礁事故指船舶触碰礁石,或者搁置在礁石上,造成损害的事故。

④触碰事故。触碰事故指船舶触碰岸壁、码头、航标、桥墩、浮动设施、钻井平台等水上水下建筑物或者沉船、沉物、木桩、鱼栅等碍航物并造成损害的事故。

⑤浪损事故。浪损事故指船舶因其他船舶兴波冲击造成损害的事故,也称为非接触性碰撞。

⑥火灾、爆炸事故。火灾、爆炸事故指船舶因自然或人为因素致使船舶失火或爆炸造成损害的事故。

⑦风灾事故。风灾事故指船舶遭受较强风暴袭击造成损失的事故。

⑧自沉事故。自沉事故指船舶因超载、积载或装载不当、操作不当、船体漏水等原因或者不明原因造成船舶沉没、倾覆、全损的事故,但其他事故造成的船舶沉没不属于自沉事故。

⑨操作性污染事故。操作性污染事故指除因船舶碰撞、搁浅、触礁、触碰、浪损、火灾、爆炸、风灾及自沉事故造成水域环境污染之外,其余原因所造成的水域环境污染的事故。

⑩其他引起人员伤亡、直接经济损失的水上交通事故。其他引起人员伤亡、直接经济损失的水上交通事故指影响适航性能的机件或者重要属具的损坏或者灭失,以及在船人员工伤、意外落水等事故。

（2）水上交通事故分级

水上交通事故按照人员伤亡、直接经济损失或者水域环境污染情况等要素被分为特别重大事故、重大事故、较大事故及一般事故，具体分级标准见表13-2。

水上交通事故分级标准   表13-2

事故类型	伤亡	经济损失	水域污染
特别重大事故	30人以上死亡（含失踪），或者100人以上重伤	1亿元以上直接经济损失	船舶溢油1000t以上致水域污染，或者在海上造成2亿元以上、在内河造成1亿元以上直接经济损失
重大事故	10人以上30人以下死亡（含失踪），或者50人以上100人以下重伤	5000万元以上1亿元以下直接经济损失	船舶溢油500t以上1000t以下致水域污染，或者在海上造成1亿元以上2亿元以下、在内河造成5000万元以上1亿元以下直接经济损失
较大事故	3人以上10人以下死亡（含失踪），或者10人以上50人以下重伤	1000万元以上5000万元以下直接经济损失	船舶溢油100t以上500t以下致水域污染，或者在海上造成5000万元以上1亿元以下、在内河造成1000万元以上5000万元以下直接经济损失
一般事故	1人以上3人以下死亡（含失踪），或者1人以上10人以下重伤	1000万元以下直接经济损失	船舶溢油1t以上100t以下致水域污染，或者在海上造成5000万元以下、在内河造成1000万元以下直接经济损失

4）航空交通事故

（1）航空交通事故分类

航空交通事故是指任何人登上航空器准备飞行直至所有这类人员下了航空器为止的时间内，所发生的与该航空器的运行有关的人员死亡、航空器损坏的事件，主要包括：

①人为事故。人为事故指主要由人为因素造成的航空交通事故，包括飞机驾驶员操作失误，机械师的维修失误，空中管制员的口误等。

②机械事故。机械事故指主要由机械因素造成的航空交通事故，包括飞机轮胎爆胎、飞机起落架失灵、飞机通信中断等。

③自然灾害事故。自然灾害事故指主要由于自然环境原因造成的航空交通事故，包括由暴雨、大雾、大雪等恶劣天气造成的事故。

④安全管理事故。安全管理事故具体又分为两类，一类是由于民航相关组织本身的管理所造成的事故。另一类是由于人们主观意愿产生，会危及航空运输安全的突发事件。

（2）航空交通事故分级

按照航空器在运行过程中发生人员伤亡的数量和航空器损坏程度及其造成的影响，航空交通事故划分为如下等级：

①特别重大飞行事故。特别重大飞行事故是人员死亡数在40人及以上者或航空器失踪，机上人员在40人及以上者。

②重大飞行事故。重大飞行事故是人员死亡数在39人及以下者，或者航空器严重损坏或迫降在无法运出的地方（最大起飞质量在5.7t及其以下的航空器除外），或者航空器失踪，机上人员在39人及以下者。

③一般飞行事故。一般飞行事故是出现以下情况之一者:人员重伤人数在10人及以上者;最大起飞质量在5.7t以下的航空器严重损坏,或迫降在无法运出的地方;最大起飞质量在5.7~50t的航空器一般性损坏,其修复费用超过事故当时同型号或同类可比新航空器的价格的10%(含)者;最大起飞质量在50t以上的航空器一般性损坏,其修复费用超过事故当时同型号或同类可比新航空器价格的5%(含)者。

13.2 交通运输安全基础理论

13.2.1 交通运输事故致因理论

事故致因理论是安全原理的主要内容之一,用于揭示事故的成因、过程与结果。当它和具体的危险源、具体的事故结合时,可以更科学、更实际、更生动地把可能的事故成因、过程、结果展现在人们面前。故而它是进行危险性分析、安全性评价、对策制定、监控管理,以及事故调查分析的有力武器。

(1) 心理动力理论

心理动力理论是由弗洛伊德为解释精神病成因的个性动力理论引申而来。心理动力理论认为,事故是一种无意识的希望或愿望的结果,这种希望或愿望通过事故象征性地得到满足。同时该理论还指出:通过更改人的愿望满足方式或通过心理咨询分析完全消除那种破坏性的愿望,就可以避免事故的发生。心理动力理论存在着只关注人的因素对事故的影响的片面性的问题,同时也无法提供手段去证实某个特定的动机与特定事故的必然联系。但该理论却对事故致因的研究和安全管理工作有着较大的贡献。

(2) 多米诺骨牌理论

多米诺骨牌理论也称海因里希因果连锁论或称海因里希模型。在该理论借助于多米诺骨牌形象地描述了事故的因果连锁关系,即事故的发生是一连串事件按一定顺序互为因果依次发生的结果。如一块骨牌倒下,则将发生连锁反应,使后面的骨牌依次倒下,如图13-1所示。

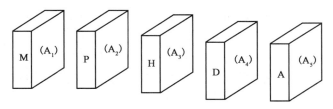

图13-1 多米诺骨牌连锁理论模型图

(3) 轨迹交叉理论

该理论着眼于事故的直接原因——人的不安全行为和物的不安全状态,以及基本原因——管理失误。该模型进一步把物的问题划分为起因物和加害物。前者为导致事故发生的物;后者为事故发生时直接作用于人体,使人体遭受伤害的物。在人的问题方面,区分为肇事者和被害者。前者为引起事故发生的人,后者为事故发生时受到伤害的人。针对不同的物和人,需要采取不同的控制措施。人的不安全行为和物的不安全状态是人—机"两方共系"(共存于一个系统)中能量逆流的两个系列,当人的不安全行为和物的不安全状态在各自发展过程中延伸,在时间、空间上相接触(交叉)时,就会发生事故。轨迹交叉理论的示意如图13-2所示。

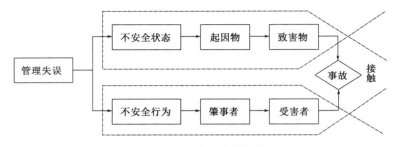

图 13-2　轨迹交叉事故模型图

13.2.2　交通运输事故预防理论

事故有其发生、发展过程,因而是可以预防的。探究事故发生的原因,采取有效的对策,原则上讲就能够预防事故的发生。由于预防是事前的工作,因此,正确性和有效性十分重要。

(1) 事故的法则与海因里希公理

海因里希在1931年提出了事故金字塔法则,揭示了一个事故预防原理:要预防死亡和重伤害事故,必须预防轻伤害事故;要预防轻伤害事故,必须预防无伤害事件;要预防无伤害事件,必须消除日常不安全行为和不安全状态;而能否消除日常不安全行为和不安全状态,则取决于日常管理是否到位,也就是常说的细节管理,这是作为预防死亡重伤害事故的最重要的基础工作。现实就是要从细节管理入手,抓好日常安全管理工作,降低金字塔模型中最底层的不安全行为和安全状态,从而实现最初设定的总体方针,预防重大事故的发生,实现生产安全。

(2) 先兆辨识理论

先兆辨识理论认为,只要能发现事故先兆,就能够及时预防和控制事故的发生。根据该理论,已经逐渐发展了先兆辨识技术、传感检测技术,甚至心理测验、行为鉴定和行为训练等技术。先兆辨识是防止事故发生的前半部分,其关键在于及时防止和治理。不过,确定先兆并非易事,找不准先兆反而会产生不良影响。

(3) 本质化安全理论

本质化安全理论是从防止机械伤害发展起来的,狭义的本质安全观认为受生活环境、作业环境和社会环境的影响,人的自由度增大、可靠性较差,要实现生产安全,必须有某种即使在人为错误的情况下也能确保人身和设备安全的装置,即安全防护装置或安全装置系统,使设备本身达到"本质的安全化"。控制事故采取的本质化安全方法,主要从降低事故发生概率和降低事故严重程度两方面考虑。

13.3　交通运输安全分析技术

13.3.1　交通运输安全的影响因素分析

交通运输系统是一个非常复杂的宏大系统,它是由系统硬件、系统工作人员、组织机构以及社会经济因素相互作用而构成的设备—技术系统。从系统论的观点出发,与运输安全有关的因素可以划分为四类：人，设备，环境，管理。

（1）人的因素

交通运输安全与许多活动有关，各项活动又依赖于高效、安全和可靠的人的行为。在交通运输工作的每个环节、每项作业中，都是由人来参与并处于主导地位的，人操纵、控制、监督各项设备，完成各项作业，与环境进行信息交流，与其他作业协调一致。正是由于人在运输工作中的重要地位，使得人员因素在运输安全中起着关键性作用。在系统设计、生产和使用阶段，由于人员错误地执行规定任务，使得系统的可靠性产生不良影响。

人的安全因素是由人员的素质决定的，包括思想素质、技术业务素质、生理素质、心理素质与群体素质。思想素质包括职业道德、劳动纪律、安全观念等。技术业务素质包括业务知识、文化素养、安全法规知识、处理意外情况的知识和能力、安全管理知识和能力等。生理素质包括身体条件和生理状况。心理素质包括知觉、记忆、思维、情绪、性格等。群体素质包括群体目标、群体内聚力、群体的信息沟通、群体的人际关系等。

（2）设备的因素

交通运输设备是影响交通运输安全的另一个重要因素。质量良好的设备既是运输生产的物质基础，又是交通运输安全的重要保证。与交通运输安全有关的设备类型有运输基础设备和运输安全技术设备两类：运输基础设备主要包括固定设备和移动设备，运输安全技术设备则主要包括安全监控设备、安全监测设备、自然灾害预报与防治设备、事故救援设备和其他安全设备。

影响交通运输安全的设备因素包括设计安全性和使用安全性。

①设计安全性。设计安全性是指设备的可靠性、可维修性、可操作性（人—机工程设计）及先进性。可靠性是指设备在规定条件下、在规定时间内，处于正常工作能力。可维修性是指设备易于维修的特性，即设备发生故障后容易排除故障的能力。可操作性是指设备设计要便于人进行操作。先进性是指尽量利用最新科技成果，淘汰落伍的设备。

②使用安全性。使用安全性包括设备的运行时间、维护保养情况等。交通运输设备作为交通运输安全的重要影响因素，在不同的交通运输方式中会有不同体现。在道路交通中，表现在车辆性能差、部件失灵、损坏，对车辆的制动性能、动力性能、操纵稳定性等造成影响；在轨道交通中，表现在车辆发生断轴、热切、制动、报警装置发生故障，或者车钩破损等均会导致事故的发生；在水路交通中，表现在船舶航行操纵设备、助航设备、救生消防设备、电气设备、轮机设备、船体结构等方面，一旦船舶设备或技术特性受到影响，船舶倾覆或沉没的概率会大大提升；在航空交通中，表现在雷达虚假信号或信号丢失、航空器未装二次雷达等方面；在管道交通中，主要体现在焊缝缺陷、管体缺陷、建造缺陷及材料管体失效等，导致管道运输设施强度不达标、易疲劳破坏。

（3）环境的因素

环境是交通安全系统中的重要客观因素，将人或设备的因素作为媒介，间接对交通运输事故造成影响。因此，交通运输事故的发生通常并非是人或设备的因素独立作用，而是包括环境在内的多种因素相互作用所造成的结果。影响交通运输安全的环境因素，可以分为系统内部小环境和系统外部大环境两部分，如图13-3所示。

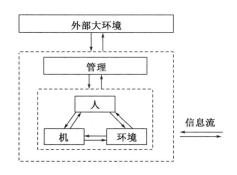

图13-3　交通运输人—机—环境系统图

①系统内部小环境。内部小环境是相对微观的人—机—环境系统而言的,通常是指作业环境,即作业场所中人为形成的各种环境条件,包括周围的空间和一切生产设施所构成的人工环境,涉及系统硬件、系统工作人员、组织机构及社会经济因素等。系统硬件是由交通运输基础设备和交通运输安全技术设备共同构成,也就是系统内部的各种设施设备,是系统保证安全的物质基础。系统内部的组织机构由管理机构、运行机构、维修机构等构成,对整个系统中的管理行为的安全性产生直接的影响。此外,影响运输安全的内部环境绝非仅是作业环境,它还包括通过管理所营造的运输系统内部的社会环境,即运输系统外部社会环境因素在运输系统内的反映。

②系统外部大环境。影响运输安全的系统外部大环境,主要包括自然环境和社会环境。自然环境是指自然界提供的、人类暂时尚难以改变的生产环境。自然环境对运输安全的影响很大。最常见的是暴雨、洪水,严重影响运输安全,危害极大。此外,气候因素、季节因素、时间因素都会对运输安全产生影响。社会环境包括社会的政治环境、经济环境、技术环境、管理环境、法律环境及社会风气、家庭环境等,它们对运输系统的安全均有不同程度的影响,较为直接的是交通沿线治安情况、社会风气和车站秩序状况等。

(4)管理的因素

交通运输安全管理是指运输系统的各级管理人员为了实现满意的安全水平,按照安全生产的客观规律,在有限的投入下对运输系统的人、财、物、信息等资源进行计划、组织、指挥、协调和控制,以达到减少或避免交通运输事故的目的。换言之,交通运输安全管理是指为了有效地减免运输事故区及由运输事故所引起的人和物的损失而对危险进行控制的一切活动。

影响交通运输安全的管理因素较多,主要有安全组织、安全法制、安全信息、安全技术、安全资金和安全教育等,如图13-4所示。

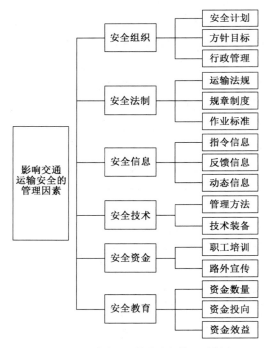

图13-4 影响交通运输安全的管理因素图

13.3.2　交通运输事故预测

1) 交通运输事故预测的定义

交通运输事故预测就是对交通运输事故未来的形势进行估计和推测,通过对交通运输事故的过去和现在状态的系统探讨,并考虑其相关因素的变化,分析未来事故的危险程度和发展趋势,而做出对交通运输事故未来状态的描述。

2) 交通运输事故预测的类型

按照预测目标,交通运输事故预测可以分为事故率预测和事故数预测。交通运输事故率预测是用来揭示未来年事故率发展趋势,交通运输事故数预测是用来揭示未来年事故数量的发展程度。

按照预测范围,交通运输事故预测可分为宏观预测和微观预测两类。宏观预测是指对时间较长(一年以上)或空间区域较大的交通运输事故进行总体性和趋势性的预测。微观预测是指短时间内或某一地点、路段交通运输事故变化的预测。

按照预测方法,交通运输事故预测可分为定性预测与定量预测。定性预测是指预测者依靠熟悉业务知识、具有丰富经验和综合分析能力的人员与专家,根据已掌握的历史资料和直观材料,运用个人的经验和分析判断能力,对事物的未来发展做出性质和程度上的判断,综合各方面意见作为预测未来的主要依据。定量预测是根据已掌握的比较完备的历史统计数据,运用一定的数学方法进行科学的加工整理,借以揭示有关变量之间的规律性联系,用于推测未来发展变化情况的一类预测方法。

3) 交通运输事故预测的步骤

交通运输事故的科学预测是在广泛调查研究的基础上进行的,预测步骤如下:

①确定目标。即确定预测对象、提出预测目的和目标,明确预测要求等。

②确定预测要素。即鉴别、选择和确定预测要素,从大量影响因素中,挑选出与预测目的有关的主要影响因素。

③选择预测方法。即根据预测的目的和要求,考虑预测工作的组织情况,合理选择效果较好、既经济又方便的一种或几种预测方法。

④收集和分析数据。即根据预测目标和选择预测方法的要求去收集所需原始数据,所收集原始数据的质量和可靠性将直接影响预测的结果。

⑤建立预测模型。建立预测模型是事故预测的关键工作,它取决于所选择的预测方法和所收集到的数据。建立模型的过程可分为建立模型和模型的检验两个阶段。

⑥模型的分析。模型的分析指对系统内部、外部的因素进行评定,找出使系统转变的内部因素和客观环境对系统的影响,以分析预测对象的整体规律性。

⑦利用模型预测。所建立的模型是在一定假设条件下得到的,因此也只适用于一定条件和一定预测期限,只有在确认模型符合预测要求时,才可以利用模型进行预测。

⑧预测结果的分析。利用预测模型所得到的预测结果并不一定与实际情况相符,故需从以下两个方面进行分析:

a. 用多种预测方法预测同一事物,将预测结果进行对比分析、综合研究之后加以修正和改进;

b. 应用反馈原理及时用实际数据修正模型,使模型更完善。

4)交通运输事故预测的方法

(1)基于时间序列分析的预测

时间序列预测法是一种历史资料延伸预测,也称历史引申预测法。是以时间数列所能反映的社会经济现象的发展过程和规律性,进行引申外推,预测其发展趋势的方法。基于时间序列分析的交通运输事故预测,就是用历史积累的交通运输事故数据,运用时间序列分析方法,对接下来的时间段内可能发生的事故数(或事故率)进行预测的方法,包括简单平均数法、移动平均数法、指数平滑法、趋势调整指数平滑法等。

(2)基于回归分析的预测

回归分析法是从被预测变量和与它有关的解释变量之间的因果关系出发,通过建立回归分析模型,预测对象未来发展的一种定量方法。回归分析能较好地反映交通运输事故与诸多影响因素的因果关系,并且能较容易地建立模型和检验预测结果,因而回归分析技术在交通运输事故预测中应用最普遍。但是,回归分析要求样本量大、数据波动不大、规律性强等条件,否则其预测精度便受到影响。另外,由于回归分析对新旧数据同等对待,只注重对过去数据的拟合,因此其外推性能较差,对变化趋势反应迟钝。

假设一个地区的交通事故发生量 Y 与其众多影响因素 $X = (x_1, x_2, \cdots x_m)$ 的关系可以表示为

$$Y = f(\theta; X) + \varepsilon \tag{13-1}$$

式中:θ——模型参数向量;

ε——扰动向量。

(3)安全性能函数预测法

安全性能函数是基于交通流量和道路特征,来估计特定地点某类型平均事故率的统计学模型,其是一种结构化的方法,可在一个特定时间段内,几何设计、交通控制和交通量确定的条件下,根据事故数、事故严重程度、事故类型来估计某一点、线、网络中的平均事故数。该预测方法也可以在没有观测到可用的事故数据或没有可用的预测模型的情况下,进行事故预测。基于安全性能函数的事故预测模型为

$$N_{\text{predicted}} = N_{\text{SPFX}} \cdot (\text{AMF}_{1X} \cdot \text{AMF}_{2X} \cdots \text{AMF}_{yX}) \cdot C_X \tag{13-2}$$

式中:$N_{\text{predicted}}$——模型预测的对象(路段、交叉口或区域)X 的年平均事故数(起/年);

N_{SPFX}——预测的基本条件下的年平均事故数(起/年);

AMF_{yX}——对于预测对象(路段、交叉口或区域)X 的事故修正系数;

C_X——对于本地条件下地点类型的校正系数。

安全性能函数预测模型通常都具有以下相同的基本要素:

①安全性能函数(SPF),即使用统计学模型来估计基本条件下路段、交叉口或区域的平均事故数。

②事故修正系数(AMF),是不同条件下估计值的比率。通过安全性能函数乘以事故修正系数,来补偿预测对象(路段、交叉口或区域)的现实条件与基本条件的差异。

③校正系数(C),是校正系数乘以安全性能函数,来补偿因为不同管辖区域、不同时期数据对模型的影响。

13.3.3 交通运输安全分析

交通运输安全分析是使用系统工程的原理和方法,从安全角度分析导致交通系统故障或

事故的各种危险因素,并根据实际需要对其进行定性、定量描述,估计事故发生的概率和可能产生伤害及损失的严重程度,对危险因素采取相应的控制措施,保证交通运输系统的安全运行。

1)交通运输安全分析的内容

交通运输安全分析通常包括以下6项分析内容:

①调查和分析可能出现的初始的、诱发的及直接引起事故的各种危险因素及其相互关系。
②调查和分析与系统有关的环境条件、设备、人员及其他有关因素。
③分析利用适当的设备、规程、工艺或材料进行控制或根除某种特殊危险因素的措施。
④调查和分析可能出现的危险因素的控制措施及实施这些措施的方法。
⑤调查和分析不能根除的危险因素失去或减少控制可能出现的后果。
⑥调查和分析危险因素一旦失去控制,为防止伤害和损害的安全防护措施。

2)交通运输安全分析方法

(1)统计图表分析法

统计图表分析法是最常用的事故统计分析方法,它利用图表的形式直观显示交通运输安全状况,对历史、现状资料和数据进行统计,并从各方面比较、分析和研究交通运输安全的变化及其规律性。常借助比重图、柱状图、折线图、直方图等形式进行分析,能够提供事故发生及发展的一般特点及规律,为预测事故提供依据,可用于事故发展趋势分析及中、短期预测。

(2)因果分析图法

交通运输事故是交通参与者、运载工具、运行线路等多方面因素综合作用的结果,这些因素和事故之间存在着错综复杂的关系。因果分析图(也称鱼刺图或特性因素图)可通过简明的文字和线条,客观、全面地确定交通运输事故的各种大小原因,有助于理清交通运输事故与影响因素之间的复杂关系。

因果分析图的绘制一般有以下步骤:

①明确要解决的问题,即交通运输安全问题,写在主箭头之前,并在其尾部引出一条水平直线,该线称为鱼脊;②在鱼脊上画出与鱼脊成45°角的直线,并在其上标出引起问题的主要原因,这些成45°角的直线称为大骨;③对引起问题的原因进一步细化,画出中骨、小骨头……尽可能列出所有原因;④对因果分析图进行优化整理;⑤根据因果分析图进行讨论。因果分析图法的示意图,如图13-5所示。

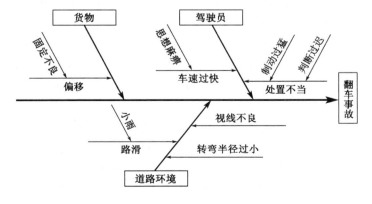

图13-5 翻车事故因果分析图

因果分析图将引发事故的重要因素分层(枝)加以分析,分层(枝)的多少取决于安全分析的广度和深度要求。该法可以使复杂的原因系统化、条块化,而且直观、逻辑性强,因果关系明确,便于把主要原因弄清楚,便于采取相应的预防措施。在分析交通事故的具体案例时,对吸取事故教训、采取防范措施尤为适用,但难以揭示各因素之间的组合关系。

(3) 安全检查表法

安全检查是交通运输常规、例行的安全管理工作,是及时发现不安全状态及不安全行为的有效途径,也是消除事故隐患、防止事故发生的重要手段。安全检查表是为系统地发现运输工具、运输线路、港、站、车间、班组、工序或机器、设备、装置、环境以及各种操作管理和组织措施中的不安全因素而事先拟好的问题清单。安全检查表根据系统工程分解和综合的原理,事先对检查对象加以剖析、分解,并根据理论知识、实践经验、有关标准、规范和事故情报等确定检查的项目和要点,以正面提问的方式,将检查项目按系统或子系统的顺序编制成表,以便进行检查和避免漏检查。其基本格式见表13-3。

安全检查表的基本格式 表13-3

检查时间	检查单位	检查人	检查部位	整改负责人
序号	检查项目	检查结果		整改措施
		是	否	
1				
2				

安全检查表的检查项目应包括所有可能导致事故发生的因素或状态,即要求所列检查项目系统、全面、完善。检查的项目越全面,检查的地方越彻底,漏掉的安全隐患就越少,系统的安全性就越高。编制安全检查表的主要依据有三个,即国家部门和地方政府颁发的规范规程和标准、国内外的事故案例和本单位的经验、有关的安全研究成果等资料。编制安全检查表的方法有经验法和分析法。经验法就是依据人、物、环境的具体情况及以往积累的实践经验以及有关统计数据,按照规程、规章制度等要求,编制安全检查表。分析法是根据已编制的事故树、事件树的分析、评价结果来编制安全检查表。

(4) 预先危险性分析法

预先危险性分析是一种在系统或子系统运转活动之前,对系统存在的危险类别、出现条件和危险程度进行宏观概略分析,定性分析评价系统内危险因素和危险程度的一种方法。在进行交通运输安全分析中,主要用于交通线路、港、站、枢纽等新系统设计,或者已有系统改造的方案设计、选址、选线阶段,对系统存在的危险类型、来源、出现条件、事故后果以及有关措施等,作概略分析,并尽可能在系统付诸实施之前找出预防、纠正、补救措施,消除或控制危险因素。

在进行预先危险性分析时应对偶然事件、不可避免事件、不可知事件等进行剖析,并通过分析和评价来控制事故的发生。分析内容包括识别危险的路段、设备,并分析其发生事故的可能性条件;分析系统中各子系统的交接面及其相互关系与影响;分析货物,特别是有毒有害物质的性能及储运;分析操作过程及有关参数;分析对交通运输安全有影响的环境因素;分析有关安全装备。

进行预先危险性分析时，一般是利用安全检查表、经验和技术事先查明危险因素存在方位，然后识别使危险因素演变为事故的触发因素和必要条件，对可能出现的事故后果进行分析，并采取相应的措施。预先危险性分析的一般程序如图 13-6 所示。

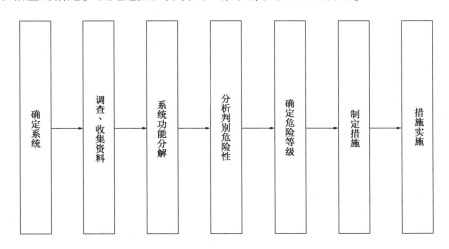

图 13-6 预先危险性分析程序图

具体包括：

①确定系统。即明确被分析的系统。明确所分析系统的功能及分析范围。

②调查、收集资料。即调查生产目的、工艺过程、操作条件和周围环境，包括其他类似系统的资料以及使用类似设备、工艺、材料系统的资料。

③系统功能分解。一个系统往往由若干个功能不同的子系统组成，为了便于分析，应将系统进行功能分解，弄清其功能、构造、主要作业过程以及选用的设备、物质、材料等。将系统按功能画出功能框图，表示它们之间的输入、输出关系。

④分析、识别危险性。即确定危险类型、危险来源、初始伤害及其造成的危险性，对潜在的危险点要仔细判定。

⑤确定危险等级。即在确认每项危险之后，按其效果进行分类。予以控制，从而达到系统安全的目的。

(5) 事件树分析

事件树分析是一种运用运筹学决策论的归纳分析方法。它从给定的一个初始事件的事故原因开始，按时间进程采用追踪方法，对构成系统的各要素(事件)的状态(成功或失败)逐项进行二者择一的逻辑分析，分析初始条件的事故原因可能导致的事件序列的结果，从而定性与定量地评价系统的安全性。通过事件树分析可以看出系统变化过程，查明系统中各个构成要素对导致事故发生的作用及其相互作用，从而判别事故发生的可能途径及其危害性。事件树分析时，在事件树上只有成功和失败或安全和危险两种状态，而不考虑某一局部或具体的故障情节，因而可以快速推断和找出系统的事故，并能指出避免发生事故的途径，改进系统的安全状况。根据系统中各个要素(事件)的故障概率，可以计算出不希望事件的发生概率，还可以找出最严重的事故后果，为事件树确定顶事件(即系统失效事件)提供依据。事件树分析法示意图，如图 13-7 所示。

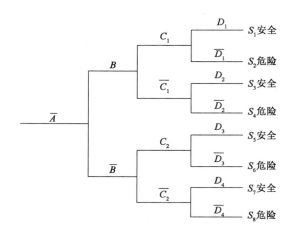

图 13-7 事件树分析示意图

事件树分析法的操作过程如下：

①确定系统和寻找可能导致系统严重后果的初始事件,即把分析对象及其范围加以明确,找出初始条件并进行分类,对那些可能导致相同事件的初始条件可划为一类。

②分析系统组成要素并进行功能分解,有利于进一步展开分析。

③分析各要素的因果关系及其成功和失败或安全和危险的两种状态,逐一列举由此引起的事件。

④建造事件树。

⑤进行事件树简化。

⑥在事件树最后面写明由初始事件引起的各种事故结果或后果。

⑦根据画好的事件树,找出发生事故的途径和类型以及预防事故的对策。

(6)事故树分析

事故树分析是一种图形演绎方法,是事故在一定条件下的逻辑推理方法。这种方法把系统可能发生的某种事故与导致事故发生的各种原因之间的逻辑关系用一种称为事故树的树形图表示,通过对事故树的定性与定量分析,找出事故发生的主要原因,为确定安全对策提供可靠依据,以达到预测与预防事故发生的目的。事故树分析能对导致灾害或事故的各种因素及其逻辑关系作出全面、简洁、形象的描述和分析,便于找出系统的薄弱环节,为改进设计、制定安全技术措施提供依据。事故树分析示意图如图 13-8 所示。

事故树分析法一般可按如下程序进行：

①准备阶段。确定所要分析的系统,全面了解系统的整个情况;调查系统发生的事故,包括系统已发生的事故、未来可能发生的事故、外单位和同类系统发生的事故。

②事故树的编制。确定事故树的顶事件(即所要分析的系统失效事件),调查与顶事件有关的所有原因事件,编制事故树。

③修改、简化事故树。

④事故树定性分析。

⑤事故树定量分析。

⑥事故树分析的结果总结与应用。

事故树的编制规则是应优先考虑风险大的事故事件确定为顶事件,合理确定边界条件,确切描述顶事件,编制过程中及编成后需及时进行合理的简化。

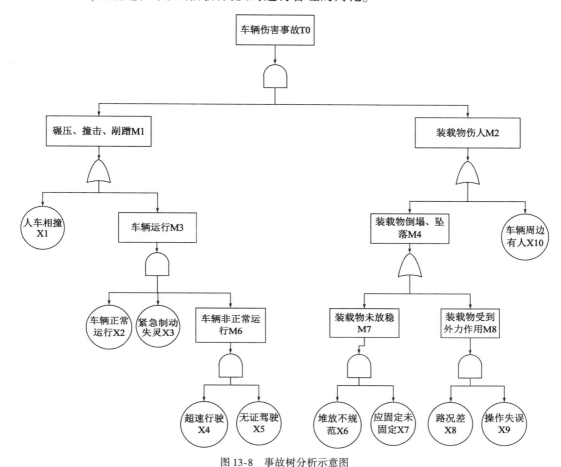

图 13-8　事故树分析示意图

13.3.4　交通运输安全评价

交通运输安全评价是应用安全系统工程的原理和方法,对交通工程项目建设的全过程,即规划、设计、施工和营运期进行全方位安全评价,确定项目潜在的安全隐患,判断工程、系统发生事故的可能性及其严重程度,并为提出防范措施和管理决策提供科学依据。

1) 交通运输安全评价的内容与程序

交通运输安全评价包括危险性辨识和危险性评价两部分。危险性辨识是指利用安全系统工程的理论和方法,分析系统及其各要素所固有的安全隐患,揭示系统的各种危险性,即通过一定的手段测定、分析和判明危险,包括固有的和潜在的危险,可能出现的新危险以及在一定条件下转化生成的危险。危险性评价以实际系统安全为目的,应用安全系统工程原理和工程技术方法,对系统中固有的或潜在的危险性进行定性和定量分析,掌握系统发生危险的可能性及其危害程度,从而为制定防灾措施和管理决策提供科学依据。

安全评价一般包括以下程序:
①明确评价对象和范围,收集相关资料。
②危险因素辨识与分析。根据评价对象的特点,辨识和分析系统可能发生的事故类型、事

故发生的时间和机制。

③实施安全评价。在上述危险分析的基础上,划分评价单元,根据评价目的和评价对象的复杂程度选择一种或多种评价方法,对事故发生的可能性和严重程度进行定性或定量分析,在此基础上进行危险分级,以确定安全管理的重点。

④提出降低或控制危险的安全对策措施。根据安全评价和危险分级结果,高于标准值的危险必须采取工程技术或组织管理措施,降低或控制危险程度;低于标准值的危险属于可接受或允许的危险,应建立检测措施,防止生产条件变化导致危险值增加;对不可排除的危险要采取防范措施。

2) 交通运输安全评价方法

(1) 安全检查表评价法

安全检查表评价法是根据经验或系统分析的结果,把评价项目自身及周围环境的潜在危险列成项目清单,依照清单逐项检查和评定,该方法操作简单,评价效果较好。根据评价计值方法的不同,安全检查表评价法又分为逐项赋值法、加权平均法、单项定性加权计分法以及单项否定计分法。

逐项赋值法是针对安全检查表的每一项检查内容,由专家按其重要程度赋予一定的分值,然后逐项逐条检查评分,累计所有各项得分而得到系统评价总分,最后根据实际评价得分值,按标准规定评价系统总体安全等级高低的一种评价法。

加权平均法是把企业的安全评价按专业分成若干评价表,所有评价表不管评价条款多少,均按统一计分体系(如10分制或100分制),分别评价计分。由于各专业对系统的安全影响程度是有差别的,故按照各专业安全评价总分分别赋予权重系数后汇总企业总得分。

单项定性加权计分法是指把安全检查表的所有检查评价项目都视为同等重要。评价时,对检查表中的几个检查项目分别给以对应定性等级的评价,同时赋予不同定性等级。以相应的权重系数,累计求和得实际评价值。

单项否定计分法一般不单独使用,仅适用于企业系统中某些具有特殊危险而又非常敏感的具体系统,如系统内只要有一处处于不安全状态,就有可能导致严重事故的发生。因此,把这类系统的安全评价表中的某些评价项目确定为对该系统安全状况具有否决权的项目,这些项目中只要有一项被判为不合格,则视该系统总体安全状况不合格。

(2) 作业条件危险性评价法

作业条件危险性评价法是一种简便易行的用于衡量人们在某种具有潜在危险的环境中作业的危险性的半定量评价方法。该方法采用与系统风险率有关的三种因素指标值之积来评价系统人员伤亡风险的大小,并将所得作业条件危险性数值与规定的作业条件危险性等级相比较,从而确定作业条件的危险程度。

作业条件的危险性大小取决于三个因素:发生事故的可能性大小 L,人体暴露在这种危险环境中的频繁程度 E,一旦发生事故可能会造成的损失后果 C,即

$$D = LEC \tag{13-3}$$

须注意:D 值大,说明该系统危险性大,需要增加安全措施,减少发生事故的可能性。

该评价方法的特点是简便,可操作性强,有利于掌握交通运输系统内部危险点的情况,有利于促进整改措施的实施。但存在的问题是三种因素中事故发生的可能性,只有定性概念,没有定量标准,不同取值上的差异,影响评价结果的准确性。

(3)概率安全评价法

概率安全评价也称概率风险评价,在求出事故发生概率的基础上,结合事故后果严重度的估计进一步计算风险,以风险大小确定系统的安全程度,以此衡量系统的危险程度是否超过可接受的安全标准,以便决定是否需要采取相应的安全措施,使其达到社会公认的安全水平。

概率安全评价的标准是风险,即单位时间系统可能承受损失的大小,它综合了事故发生的概率和造成后果的损失严重度两个方面因素。如果事故发生的概率很小,即使后果严重,风险也不会很大;如果事故发生的概率很大,而每次事故的后果却不严重,那么风险同样不会很大。因此,风险可以定义为

$$R = SP \tag{13-4}$$

式中:R——风险;

S——损失严重度;

P——事故发生概率(频率)。

13.4 交通运输安全管理

交通运输安全管理指在对交通事故进行充分研究并认识其规律的基础上,由国家行政机关根据法律法规标准规范,采用科学的管理方法,在社会公众的积极参与下,对构成道路交通系统的人、车、路、交通环境等要素进行有效的组织、协调、控制,以实现防止事故发生,减少死伤人数和财产损失、保障道路交通安全、畅通目标的管理活动。

13.4.1 交通运输安全管理流程

交通运输安全管理流程一般可分为以下6个相对独立的过程:

①事故多发点辨识。对整个系统进行事故多发点筛选,按降低事故率的可能性大小对各对象进行排序,从而确定交通安全改善的实施对象。

②交通安全分析。通过事故数据、现场数据和现场状况,对事故多发点或交通安全改善实施对象进行深入分析,揭示事故致因,为制定交通安全改善措施奠定基础。

③制定交通安全改善措施。以交通安全分析结果为依据,针对交通安全改善实施对象的主要事故致因,提出一项或多项交通安全改善措施。

④交通安全改善措施的经济效益评估。评估交通安全改善措施的优势和成本,并确定经济合理的改善项目。

⑤交通安全改善措施的实施。在评估交通安全改善措施的经济效益的基础上,考虑成本环境影响等因素,对多个改善措施进行排序,选择较优的措施安排实施。

⑥交通安全改善措施的效能评价。对交通安全改善措施在改善交通安全水平降低事故率或事故严重程度方面的效果进行效能评价。

13.4.2 交通运输安全总体管理

交通运输安全总体管理,是针对运输人—机—环系统整体的安全管理,其目的是提出一定时期的安全要求,并构建根据既定生产目标,正常高效运转的交通运输安全人—机—环控制系

统。交通运输安全总体管理涉及面很广,内容非常丰富,具体可以将其主要内容划分为安全组织管理、安全法规管理、安全技术管理、安全教育管理、安全信息管理及安全资金管理6部分:

安全组织管理是安全管理的实施主体,负责安全的组织领导、协调平衡、监督检查工作,使交通运输企业安全管理体制有效地正常运转,保证安全目标的实现。其主要内容有安全计划管理和安全行政管理两个方面。

安全法规管理的任务是严格遵循国家涉及交通运输安全的法律、法规等条文规定,对各种交通运输规章制度和作业标准进行研究、制定、修改、完善、贯彻和落实,使交通运输安全管理工作做到有法可依、有章可循、违法必究和违章必查。其主要工作包括建立健全工作和增加废止工作。

安全技术管理是指对交通运输系统中的技术、工具、物资设备、流程、方法等进行安全管理,管理内容包括对交通运输安全硬技术设备的维护与管理和对交通运输安全软技术的开发与应用。

安全教育管理是指为了实现运输安全,必须通过各种形式和方法,对交通运输参与人员进行经常性的安全教育。具体包括安全思想教育、安全知识教育、安全技能教育和事故应急处理教育等。

安全信息管理是指对交通运输过程中一切有利于安全生产、系统安全状态的信息指令的管理。安全信息主要包括安全指令信息(指各种交通运输系统安全法规和安全方针政策等)、安全动态信息(指执行指令信息过程中的正面和负面效应的反映)、安全反馈信息(指能反馈用来调整和控制系统安全生产的信息)和其他安全信息(如安全科学技术和管理信息等)。

安全资金管理包括对保证运输安全所需资金的筹集、调拨、使用、结算、分配等,并进行安全投资的经济评价与经济分析,实行财务监督等。

13.4.3 交通运输安全对象管理

交通运输安全对象管理即单独针对交通运输系统中人员、设备、环境等因素的安全管理,交通运输安全对象管理可进一步细分为人员安全保障子系统、设备安全保障子系统和环境安全保障子系统。

(1)人员安全保障子系统

人员安全保障是指保障人员安全性的所有措施,即保障不因人的差错而导致事故或隐患。在排除设备和环境因素之后,人员安全保障包括提高人员安全素质和加强人员安全管理两部分。提高人员安全素质的措施最为有效的途径即岗位安全教育和培训。加强人员安全管理的目的是防止因间接原因而产生人的差错,包括加强安全劳动管理、加强工作人员生活管理和加强行为管理。

(2)设备安全保障子系统

设备安全保障主要涉及设备安全设计和设备的保养、检修及更换、设备检测监测及故障安全对策等方面内容。设备安全设计是指选用具有较高安全性的设备,这里的安全性包括人机工程设计、可靠性、可维修性、先进性等方面。设备的保养、检修及更换是指保障设备始终处于良好运行状态,对于超过服役期的设备要及时更换。设备状态及工作情况的检测和监控管理,要有效获得各种设备安全性能的实时动态信息。设备的故障安全对策,就是要保证事故发生后能够导向安全,不致产生非安全的连锁反应,或者尽可能减小事故造成恶果的影响。

(3) 环境安全保障子系统

环境安全保障子系统细分为内部环境安全保障和外部环境安全保障两部分。其中内部环境安全保障主要是改善影响交通运输安全的内部环境,包括为保障交通运输安全,必须保持操作者的作业环境处于良好状态。同时要针对影响交通运输安全的系统内部的政治、经济、文化、法律等方面,做好内部社会环境安全保障。

13.4.4 交通运输应急管理

交通事故及其他突发事件的发生具有偶然性,一旦发生会给人们的生命财产及交通运输系统的正常运营造成巨大影响,甚至会导致二次事故的发生。因此,如何实施有效的应急管理,尽量预防和减少事故和突发事件的负面影响,是交通安全管理的重要内容之一。

图 13-9 展示了完整的应急管理,应包括预防、准备、响应和灾后恢复四个阶段。预防是指从应急管理的角度出发,防止突发事件或事故的发生、避免应急行动的相关工作;准备是指事故发生前采取的行动,目的是应对事故的发生,并提高应急行动能力、推进有效的响应工作,主要包括制定应急预案及完善应急保障系统;响应是指事故发生后立即采取的行动,目的是保护生命、将财产损失降至最低程度;恢复是指在响应结束后立即进行,目的是使交通运营恢复到正常状态或得到进一步改善。

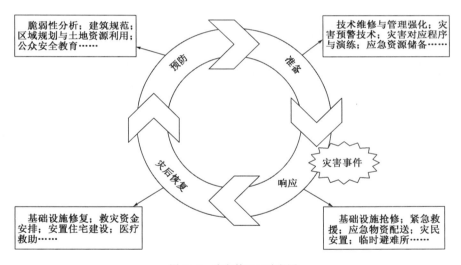

图 13-9 应急管理四阶段图

应急管理是一个系统工程,其主要内涵可以概括为"一案三制",即突发事件应急预案,应急机制、体制和法制。应急预案是指预先设定的应对突发事件如自然灾害、重特大事故、环境公害及人为破坏的应急管理、指挥救援计划等。应急管理机制是指为及时、有效地预防和处置重大突发事件而建立起来的带有强制性的应急工作制度、规则与程序。应急管理体制是指应急指挥机构、社会动员体系、领导责任制度、专业救援队伍和专家咨询队伍等组成部分及其形式。应急法制是指对如何应对突发事件及紧急情况而制定或认可的各种法律规范和原则的总称。

13.4.5 交通运输安全教育

安全教育是交通运输管理的一项重要工作,其目的是提高交通参与者的安全意识,增强安全操作技能和安全管理水平，最大程度减少交通运输事故的发生，体现了"以人为本"的安全管理思想，是实现交通运输安全的有效途径。

交通运输安全教育可概括为以下 3 个方面：

(1) 安全态度教育

安全态度教育的目的是使交通参与者对安全有一个正确的态度，以增强安全意识。一方面通过各种实践活动加强所有职工对安全问题的认识，另一方面通过法纪教育使人们熟悉安全法规和安全规章制度。

(2) 安全知识教育

安全知识教育主要包括安全管理知识教育和安全技术知识教育两方面。安全管理知识教育的内容包含对安全管理组织结构、管理体制、基本安全管理方法及安全心理学、安全人机工程学、系统安全工程等方面的知识。安全技术知识教育的内容包含一般生产技术知识、一般安全技术知识和专业安全技术知识教育。

(3) 安全技能教育

安全技能教育包括正常作业和异常情况下的安全技能培训，是把安全技术知识变成安全技术操作的过程，实现从安全技术知识的"知道"到安全技术操作的"会做"。通常安全技能教育应按照标准化作业要求来进行，预先制定作业标准或异常情况时的处理标准，有计划有步骤地进行。

在交通运输系统的安全教育中，第一阶段应该进行安全知识教育，了解生产操作过程中潜在的危险因素及防范措施等，即解决"知"的问题；第二阶段为安全技能训练，掌握和提高熟练程度，即解决"会"的问题；第三阶段为安全态度教育，使操作者尽可能地实行安全技能。只有将这三种教育有机地结合在一起，在思想上有了强烈的安全要求，又具备了必要的安全技术知识，掌握了熟练的安全操作技能，才能取得安全的结果，避免事故和伤害的发生。

【复习思考题】

1. 简述交通运输安全的特征。
2. 如何确定不同交通方式运输事故的分类与分级？
3. 简述交通运输安全影响因素。
4. 简述交通运输事故的预测步骤。
5. 简述交通运输事故预测方法及计算方法。
6. 交通运输安全分析有哪些方法？
7. 简述交通运输安全评价的方法。
8. 简述交通运输安全管理的流程。
9. 为什么要重视交通运输安全？
10. 试针对某类交通运输事故，分析其事故致因。
11. 试针对某类交通运输，思考如何预防事故发生。
12. 思考若发生交通事故后如何将损失降到最低。

【本章参考文献与延伸阅读】

[1] 过秀成.道路交通安全[M].2版.南京:东南大学出版社,2011.
[2] 邓学钧,刘建新.交通运输工程导论[M].北京:清华大学出版社,2009.
[3] 肖贵平,朱晓宁.交通安全工程[M].3版.北京:中国铁道出版社,2021.
[4] 鲁光泉,王云鹏,林庆峰,等.道路交通安全[M].北京:人民交通出版社股份有限公司,2018.
[5] 过秀成,盛玉刚.公路交通事故黑点分析技术[M].南京:东南大学出版社,2009.
[6] 刘清,徐开金.交通运输安全[M].武汉:武汉理工大学出版社,2009.
[7] 顾正洪.交通运输安全[M].2版.南京:东南大学出版社,2016.
[8] 裴玉龙.交通安全[M].北京:人民交通出版社股份有限公司,2018.
[9] 杨松尧.铁路运输安全管理[M].北京:人民交通出版社股份有限公司,2015.
[10] 教育部高等学校安全工程学科教学指导委员会.交通运输安全技术[M].北京:中国劳动社会保障出版社,2012.
[11] 秦进,魏堂建,黎新华.交通运输安全管理[M].北京:高等教育出版社,2021.
[12] 全国人民代表大会常务委员会.中华人民共和国道路交通安全法[EB/OL].(2021-04-29)[2022-10-01].http://www.npc.gov.cn/npc/c30834/202104/e6b6395f545046d7b958632d9601d027.shtml.
[13] 公安部道路交通安全研究中心.道路交通安全管理研究文章及各地经验汇编2020[M].北京:人民交通出版社股份有限公司,2021.
[14] 交通运输部工程质量监督局.公路水运工程施工安全标准化指南[M].北京:人民交通出版社,2013.
[15] 王华伟,吴海桥.航空安全工程[M].北京:科学出版社,2014.
[16] 秦进.铁路运输安全管理[M].长沙:中南大学出版社,2011.
[17] 中华人民共和国公安部.《机动车运行安全技术条件》国家标准第2号修改单:GB 7258—2017/XG2—2021[S].北京:中国标准出版社,2021.
[18] 王雪松.交通安全分析[M].上海:同济大学出版社,2022.
[19] 交通部公路科学研究院.中国道路交通安全蓝皮书[M].北京:人民交通出版社,2008.
[20] 冯春祥,杨松尧.铁路运输安全管理[M].北京:人民交通出版社股份有限公司,2015.
[21] 秦进,高桂凤.城市轨道交通安全管理[M].北京:人民交通出版社,2012.

第14章 交通运输系统发展趋势

14.1 交通运输系统发展需求与趋势

14.1.1 交通运输系统建设的总体需求与发展目标

我国交通运输发展不平衡不充分问题仍然突出。综合交通网络布局仍需完善,结构有待优化,互联互通和网络韧性还需增强;综合交通统筹融合亟待加强,资源集约利用水平有待提高,交通运输与相关产业协同融合尚需深化,全产业链支撑能力仍需提升;综合交通发展质量效率和服务水平不高,现代物流体系有待完善,科技创新能力、安全智慧绿色发展水平还要进一步提高;交通运输重点领域关键环节改革任务仍然艰巨。

国内国际新形势对加快建设交通强国、构建现代化高质量国家综合立体交通网提出了新的更高要求,必须更加突出创新的核心地位,注重交通运输创新驱动和智慧发展;更加突出统筹协调,注重各种运输方式融合发展和城乡区域交通运输协调发展;更加突出绿色发展,注重国土空间开发和生态环境保护;更加突出高水平对外开放,注重对外互联互通和国际供应链开放、安全、稳定;更加突出共享发展,注重建设人民满意交通,满足人民日益增长的美好生活需要。要着力推动交通运输更高质量、更有效率、更加公平、更可持续、更为安全的发展,发挥交通运输在国民经济扩大循环规模、提高循环效率、增强循环动能、降低循环成本、保障循环安全中的重要作用,为全面建设社会主义现代化国家提供有力支撑。

《交通强国建设纲要》提出到2035年,基本建成交通强国。基本形成"全国123出行交通圈"和"全球123快货物流圈",旅客联程运输便捷顺畅,货物多式联运高效经济;智能、平安、绿色、共享交通发展水平明显提高。到21世纪中叶,全面建成人民满意、保障有力、世界前列的交通强国。基础设施规模质量、技术装备、科技创新能力、智能化与绿色化水平位居世界前列,交通安全水平、治理能力、文明程度、国际竞争力及影响力达到国际先进水平,全面服务和保障社会主义现代化强国建设,人民享有美好交通服务。国家综合立体交通网2035年主要指标见表14-1。

国家综合立体交通网 2035 年主要指标　　　　表 14-1

	指　标	目　标　值
便捷顺畅	享受1小时内快速交通服务的人口占比	80%以上
	中心城区至综合客运枢纽半小时可达率	90%以上
经济高效	多式联运换装1小时完成率	90%以上
	国家综合立体交通网主骨架能力利用率	60%～85%
绿色集约	主要通道新增交通基础设施多方式国土空间综合利用率提高比例	80%
	交通基础设施绿色化建设比例	95%
智能先进	交通基础设施数字化率	90%
安全可靠	重点区域多路径连接比率	95%以上
	国家综合立体交通网安全设施完好率	95%以上

14.1.2　交通运输系统发展趋势

(1)推进智慧交通发展

推动大数据、互联网、人工智能、区块链、超级计算等新技术与交通行业深度融合。推进数据资源赋能交通发展,加速交通基础设施网、运输服务网、能源网与信息网络融合发展,构建泛在先进的交通信息基础设施,实现交通基础设施数字化、网联化。推动卫星通信技术、新一代通信技术、高分遥感卫星、人工智能等行业应用,打造全覆盖、可替代、保安全的行业北斗高精度基础服务网,推动行业北斗终端规模化应用。构建高精度交通地理信息平台,加快各领域建筑信息模型技术自主创新应用。全方位布局交通感知系统,与交通基础设施同步规划建设,部署关键部位主动预警设施,提升多维监测、精准管控、协同服务能力。

加强智能化载运工具和关键专用装备研发,推进智能网联汽车(智能汽车、自动驾驶、车路协同)、智能化通用航空器应用。鼓励物流园区、港口、机场、货运场站广泛应用物联网、自动化等技术,推广应用自动化立体仓库、引导运输车、智能输送分拣和装卸设备。构建综合交通大数据中心体系,完善综合交通运输信息平台。完善科技资源开放共享机制,建设一批具有国际影响力的创新平台。

(2)交通基础设施智能化

利用新技术赋能交通基础设施发展,加强既有交通基础设施提质升级,提高设施利用效率和服务水平。运用现代控制技术提升铁路全路网列车调度指挥和运输管理智能化水平。推动公路路网管理和出行信息服务智能化,完善道路交通监控设备及配套网络。加强内河高等级航道运行状态在线监测,推动船岸协同、自动化码头和堆场发展。发展新一代空管系统,推进空中交通服务、流量管理和空域管理智能化,推进各方信息共享。推动智能网联汽车与智慧城市协同发展,建设城市道路、建筑、公共设施融合感知体系,打造基于城市信息模型平台、集城市动态静态数据于一体的智慧出行平台。

(3) 运输服务便捷高效

推进出行服务快速化、便捷化。构筑以高铁、航空为主体的大容量、高效率区际快速客运服务,提升主要通道旅客运输能力。完善航空服务网络,逐步加密机场网建设,大力发展支线航空,推进干支有效衔接,提高航空服务能力和品质。提高城市群内轨道交通通勤化水平,推广城际道路客运公交化运行模式,打造旅客联程运输系统。加强城市交通拥堵综合治理,优先发展城市公共交通,鼓励引导绿色公交出行,合理引导个体机动化出行。推进城乡客运服务一体化,提升公共服务均等化水平,保障城乡居民行有所乘。

打造绿色高效的现代物流系统。优化运输结构,加快推进港口集疏运铁路、物流园区及大型工矿企业铁路专用线等"公转铁"重点项目建设,推进大宗货物及中长距离货物运输向铁路和水运有序转移。推动铁水、公铁、公水、空陆等联运发展,推广跨方式快速换装转运标准化设施设备,形成统一的多式联运标准和规则。发挥公路货运"门到门"优势。完善航空物流网络,提升航空货运效率。推进电商物流、冷链物流、大件运输、危险品物流等专业化物流发展,促进城际干线运输和城市末端配送有机衔接,鼓励发展集约化配送模式。综合利用多种资源,完善农村配送网络,促进城乡双向流通。落实减税降费政策,优化物流组织模式,提高物流效率,降低物流成本。

14.2　道路交通运输系统的新发展

随着计算机技术、通信技术的不断发展,多源交通数据不断丰富,关于交通系统全息感知与解析的研究逐步深入。车联网与协同、自动驾驶等技术推动着道路交通信息化与智能化的快速发展,使车辆实时感知到周边车辆的运动信息、交叉口信号灯状态以及道路交通环境信息,实现车车与车路之间的信息交互和协同控制,为交通管理与控制提供了更多可能。为实现网联车、网联自动驾驶车辆的状态监测、速度引导、路径建议等,根据实时信息制定交通服务并辅以最优控制方案,面向传统人工驾驶、辅助驾驶和自动驾驶组成的混合交通流的交通控制技术和基础理论成为道路交通运输系统的重要研究方向。

14.2.1　道路载运工具的发展趋势

道路载运工具呈现智能化的发展趋势,主要开展复杂系统体系架构、复杂环境感知、智能决策控制、人机交互及人机共驾、车路交互、网络安全等基础前瞻技术研发,重点突破新型电子电气架构、多源传感信息融合感知、新型智能终端、智能计算平台、车用无线通信网络、高精度时空基准服务和智能汽车基础地图、云控基础平台等共性交叉技术。

(1) 智能网联

智能网联汽车技术包含智能化与网联化两方面,智能化技术能够不依靠网联信息实现自主式智能驾驶,等级自低至高包含驾驶辅助至完全自动驾驶 5 级,网联化技术则能基于通信设备实现信息交换,自低至高包含网联辅助信息交互、网联协同感知、网联协同决策与控制 3 级。智能网联汽车的发展,一方面要推动内生安全赋能智能网联汽车,将内生安全技术与 5G、物联网、车联网、人工智能等新技术深度融合，构建智能网联汽车安全理论和技术体系；另一方面要推动智能网联汽车安全技术发展，联合标准制定部门和主要生产商，加快推进智能网联汽车内生安全技术标准制定，加快和保险金融业的深度融合，鼓励保险行业探索设立智能网联汽车网络安全险，加快技术、产业、商业模式创新，实现内生安全产业、保险业界和最终用户多赢的发展格局。智能网联汽车架构、功能与应用结构关系如图14-1所示。

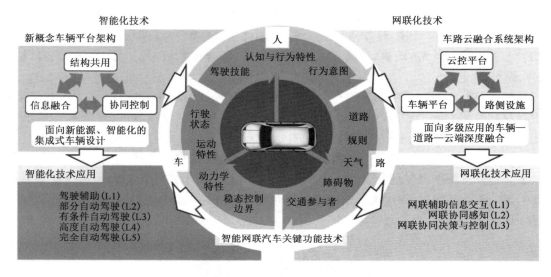

图14-1　智能网联汽车架构、功能与应用结构关系

（2）自动驾驶

自动驾驶汽车主要包括感知设备、认知系统、计算平台、定位测绘、决策系统、行驶控制、执行系统和云平台等核心科技模块，涉及激光雷达、摄像头、计算芯片、人工智能、信息通信、大数据、车辆控制、高精地图、卫星导航等技术。先进的车辆控制与安全系统（Advanced Vehicle Control and Safety Systems, AVCSS）利用传感器检测车辆周围信息，通过信息融合处理，自动识别出危险状态，协助驾驶员进行安全辅助驾驶或者实现自动驾驶，以提高行车安全和增加道路通行能力，主要包括智能车辆系统、安全辅助驾驶系统、车联网系统、车路协同系统、自动驾驶系统（图14-2）等。

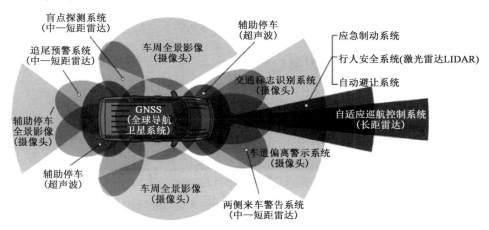

图14-2　自动驾驶系统传感器配置示意图

14.2.2　道路基础设施的发展趋势

车路协同、人工智能、物联网等创新技术的发展,重新定义了车与路的关系,传统道路环境向数字化、电气化、集成化的方向发展,为交通出行提供更安全、更高效、更多元的信息服务。智慧道路通过应用5G、大数据、人工智能、物联网等技术,建设感知、计算、管控、诱导和服务设施,实现交通环境的"全息感知、在线研判、一体管控、全程服务"。智慧道路的发展可实现道路交通运输系统感知、管控、服务体系的转变,感知体系从"单一性、碎片化"向"集约式、一体化"转变,管控体系从"被动响应"向"主动调控"转变,服务体系从"通用性、片段式"向"综合性、在线化"转变。

智慧道路技术架构(图14-3)需立足城市交通治理与出行服务需求,依据城市智慧道路建设规模和技术发展趋势进行选取,考虑智慧道路的前端物联设备量大、业务数据需求大、应用部门繁多、功能应用复杂、实时性要求高等特点,宜采用"云—边—端"的技术架构。依托多源传感、边缘计算、大数据云计算等技术,构建全域物联网设备统一接入与一站式管理和服务。智慧道路平台提供云服务,以智慧杆、综合数据仓和智慧公交站作为边缘计算节点,实时采集前端设备数据,通过大数据中心,共享给其他部门,实现与道路管理相关部门的业务系统联动。

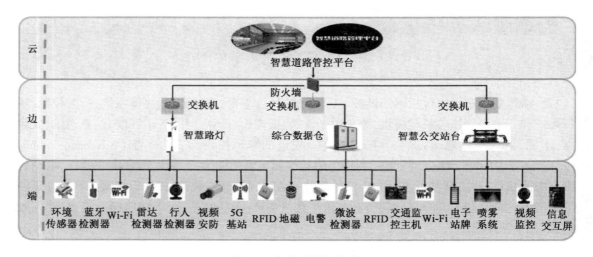

图14-3　智慧道路技术架构

14.2.3　道路交通管控的发展趋势

(1)先进的出行者信息系统

先进的出行者信息系统(Advanced Traveler Information System,ATIS)通过对交通流和出行信息进行采集、传输、处理和发布,让出行者及时、准确地了解交通状况,利用路径规划与导航,减少不必要的交通延误和拥堵,使出行行为和驾驶行为更加合理,提高整个路网运行效率和安全。其子系统主要包括车载导航系统、基于智能手机App的导航系统、基于路侧可变情报板(VMS)的停车和行车诱导系统、一站式出行服务系统等。ATIS的网络架构示意图如图14-4所示。

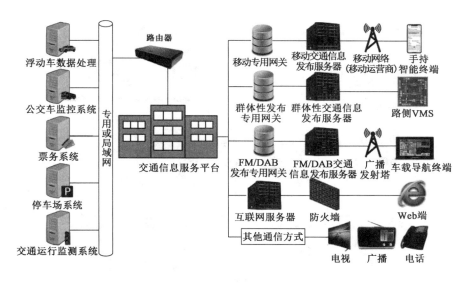

图 14-4　ATIS 的网络架构示意图

(2) 先进的交通管理系统

先进的交通管理系统(Advanced Traffic Management System, ATMS)基于系统工程原理集成通信、计算机、自动控制等技术,有机结合交通监控、信号控制、事故救援及交通信息系统,实现对道路交通的实时控制与管理,保障城市内和城际间的道路网的安全、高效运行。其子系统主要包括交通信号控制系统、电子警察系统、非现场交通执法系统、警务管理系统、公安交通集成指挥控制平台、主动交通管理系统等。ATMS 的网络架构示意图如图 14-5 所示。

(3) 交通应急管理系统

交通应急管理系统(Traffic Emergency Management System, TEMS)利用先进的通信与信息技术,实现交通事件的自动检测,并系统地、有计划地、协调地使用人力、法规、救援设备和技术手段来减少事件的持续时间及其影响,改善驾驶员、事件当事人和事件处理人员的人身安全。其子系统主要包括交通事件检测系统、交通紧急救援系统(图 14-6)、危险品运输车辆监控系统、交通安全管理系统等。

(4) 先进的公共交通系统

先进的公共交通系统(Advanced Public Transport System, APTS)将现代通信、信息、计算机网络等高新技术应用于公共交通系统,进行公交网络分配、公交调度、行程时间预测等,实现公共交通运营管理的信息化和智能化,为出行者提供更加安全、舒适、便捷的公共交通服务。其子系统主要包括公交车辆运行监测系统、公交优先信号控制系统(图 14-7)、公交运营调度系统、公交规划决策支持系统、公交信息服务系统等。

(5) 电子收费系统

电子收费系统(Electronic Toll Collection System, ETCS),又称不停车收费系统,通过安装在车辆上的车载无线射频识别(RFID)等车辆自动识别设备与在收费站 ETC 车道上的微波天线之间进行专用短程通信(DSRC),利用计算机联网技术与收费机构进行后台结算处理,从而达到车辆通过高速公路、桥梁或停车场库收费站无须停车而能交纳通行或停车费用的目的,实现与公路运行监测的数据融合,提升公路信息服务水平。其子系统主要包括高速公路不停车收费系统(图 14-8)和公共停车场库电子收费系统。

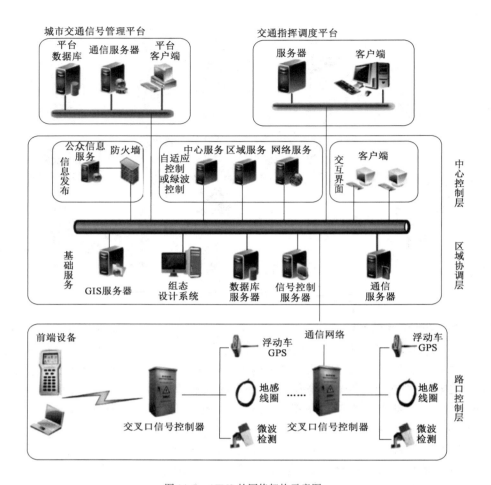

图 14-5 ATMS 的网络架构示意图

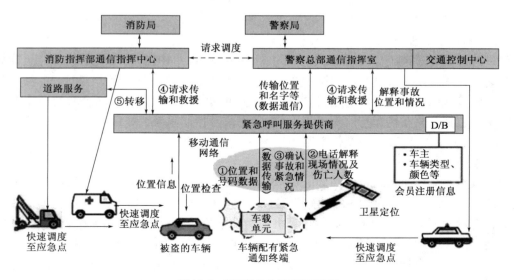

图 14-6 交通紧急救援系统示意图

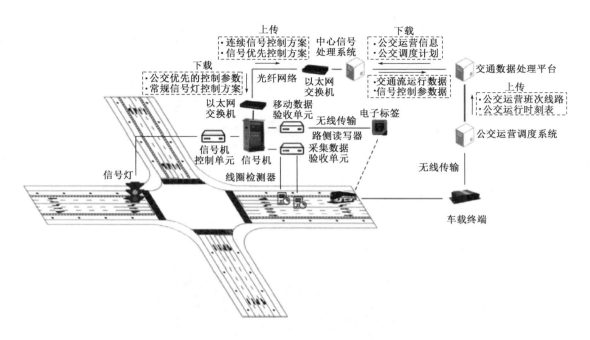

图 14-7　公交优先信号控制系统示意图

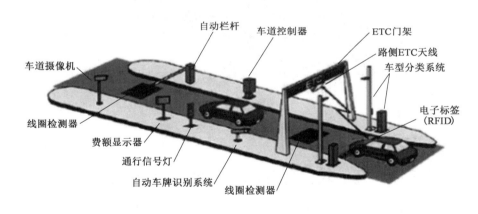

图 14-8　高速公路不停车收费系统示意图

(6) 商用车运营管理系统

商用车运营管理系统(Commercial Vehide Operation System, CVOS)是涉及驾驶员、车辆和货物全过程运营和管理的现代物流系统,通过可靠的信息传递和交换,增强运输企业的生产能力和装备设施的使用效率,减少管理者与承运人的开销;通过新技术的应用,更好地执行运输规章,减少基础设施的运维费用;通过商用车辆的智能化,改进运输安全性和运营效率。商用车辆一般包括长途客车、长途货车、出租车、网约车、城市物流车辆等。CVOS 的子系统主要包括车辆和货物自动识别系统、商用车动态测重系统、商用车电子通关系统、商用车运营调度系统、商用车路径规划系统等。CVOS 示意图如图 14-9 所示。

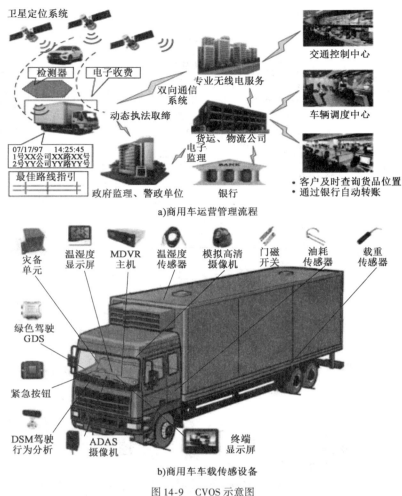

图 14-9 CVOS 示意图

14.3 轨道交通运输系统的新发展

轨道交通运输将应用先进的定位、感知、大数据、人工智能技术,实现多模式轨道交通互联互通、路网协同、动态调整、站场管理、运营维护等功能,从行车为核心的自动化向运营智能化发展;集成计算、通信和调度等功能于一体的"车—边—云"分布式计算与协同控制技术,从中心控制向"车—边—云"协同控制发展;融合轨道交通时空数据,实现多线路的快速联动管理与应急处理,推动线网运输组织的预测精细化、管理信息化和决策智能化,从单线路运营优化向线网运营优化发展。

14.3.1 轨道交通载运工具的发展趋势

轨道交通载运工具发展的新趋势重点关注高速轮轨列车、磁悬浮列车、真空管道列车和自动驾驶列车等。《交通强国建设纲要》中提出合理统筹安排时速 600km 级高速磁悬浮系统、时速 400km 级高速轮轨(含可变轨距)客运列车系统、低真空管(隧)道高速列车等技术储备研发。实现 3 万 t 级重载列车、时速 250km 级高速轮轨货运列车等方面的重大突破。

1) 高速铁路

预计到 2035 年,中国铁路网总规模将达到 20 万 km,其中高速铁路包含部分城际铁路,将达到 7 万 km 左右,形成高效的现代化高速铁路网。数字化是高速铁路未来发展的一个重要方向,通过新技术与高速铁路的集成融合和应用创新,持续深化智能建造、智能装备、智能运营的研究与应用,将推动智能高速铁路应用由辅助协同向自主操控升级,实现铁路运营全面自主操控、无人化。中国高铁智能化技术将不断优化和迭代升级,持续为实现全面感知、泛在互联、融合处理、主动学习和科学决策进行赋能,实现"智能高铁"向"智慧高铁"的发展。

2) 磁悬浮列车

磁悬浮列车的运行依靠磁力(磁吸力或磁斥力)推动,具有速度域宽、爬坡强、噪声小、平稳性好、安全性高、环保节能、维护成本低以及适应性强等方面的优势。中国磁悬浮轨道交通的发展已实现高速磁悬浮商业化运营、中低速磁悬浮工程化应用先进、原创高温超导磁悬浮技术研发持续深入。中国高速磁悬浮列车已具备 500km/h 的运行能力,速度 600km/h 高速磁悬浮轨道交通系统(图 14-10)是科技部国家重点研发计划"先进轨道交通"重点专项课题之一。

图 14-10　中国 600km/h 高速磁悬浮试验样车

3) 真空管道列车

真空管道运输是一种无空气阻力、无摩擦的全新运输系统,通过在地上或地下建设大型管道,在管道中铺设磁悬浮轨道并建立真空环境,让真空管道列车在无轮轨阻力、低空气阻力和低噪声模式下高速运行,具有超高速、低能耗、噪声小、安全性能高的特点,速度可达 600 ~ 1200km/h。由于维持绝对真空难度较高,在实际建设中常采用低真空磁悬浮高速列车的形式,通过电磁力实现列车悬浮和导向,利用超导磁悬浮技术与地面脱离接触消除摩擦阻力,利用内部接近真空的管道线路大幅减少空气阻力,具有便捷、舒适、安全和经济可控的特点,适用于运距长、站间距大、直达客流多、轮轨高速铁路难以满足时间目标要求的运输场景。

我国对真空管道磁悬浮列车开展了持续性研究和实践,超高速低真空管道磁悬浮轨道交通已被列为面向 2035 年的国家重大颠覆性工程技术,拟结合超音速飞行技术与轨道交通技术,研制时速千公里级的高速飞行列车(图 14-11),利用超导磁悬浮技术和真空管道技术,致力于实现超音速近地飞行,研制先期目标速度为 1000km/h,后续目标速度为 2000 ~ 4000km/h 的高速飞行列车。

图 14-11　高速飞行列车设计

4）自动驾驶

(1) 高铁自动驾驶

中国列车运行控制系统(Chinese Train Control System, CTCS)包括车载子系统和地面子系统，CTCS 根据功能要求和设备配置划分应用等级为 0～4 级，我国高速铁路建设采用 CTCS-2 级或 CTCS-3 级列控系统(图 14-12)，装备在动车组上的 CTCS-2/3 级列控车载子系统列车自动防护(Automatic Train Protection, ATP)系统能够起到超速防护、保障行车安全的作用。

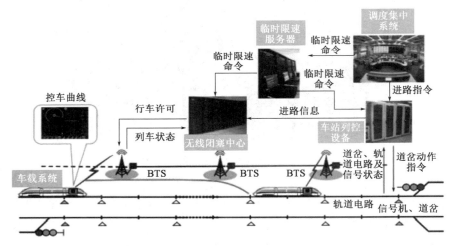

图 14-12　CTCS-3 级中国列车运行控制系统原理示意图

列车自动驾驶(Automatic Train Operation, ATO)系统是列车自动控制(Automatic Train Control, ATC)系统的子系统之一。ATO 可以在 ATP 的监督下自动控制列车运行。ATO 系统可以减轻驾驶员劳动强度，有效减少因驾驶员疲劳、操作失误、突发疾病等人为因素导致的安全隐患，降低全寿命周期成本，提高列控系统总体性能。高速铁路自动驾驶是智能高铁系统的关键核心技术之一，也是高速铁路技术的重要发展方向。

(2) 轨道交通自动驾驶

全自动运行(Fully Automatic Operation, FAO)系统是基于现代计算机、通信、控制和系统集成等技术实现列车运行全过程自动化的新一代城市轨道交通系统，通过信号、车辆、综合监控、通信系统深度集成,提升轨道交通运行系统的整体自动化水平。

FAO 系统是城市轨道交通技术的重要发展方向,其优点主要包括:①高度自动化、多专业系统集成度深,各系统高效联动控制,实现列车运行的全面监控及乘客服务功能;②充分的冗余配置,保证运行高可用性;③更加完善的安全防护功能,增强了工作人员、乘客、障碍物、应急情况下的防护;④提高效率、节能减排,实现列车运行、供电、车站机电设备的综合节能优化运行;⑤完全兼容常规驾驶模式。随着我国信号、综合监控、车辆等关键系统已实现自主研发,已经具备研发 FAO 系统的条件,推动自主化装备达到国际先进水平并引领技术发展已成为我国城市轨道交通技术的发展目标。

14.3.2 轨道交通基础设施的发展趋势

1)智慧车站

智慧车站有助于提升运营安全可靠性、运输组织效率、乘客服务水平、旅客出行体验和资源经营开发能力。城市轨道交通智慧车站总体架构包括智慧应用、数据整合和设备感知(图 14-13)。智慧应用层分为 2 个子层级,其中应用系统实现车站管理、运输组织相关的业务逻辑,智慧赋能通过数据分析技术赋予应用系统优化提升能力。

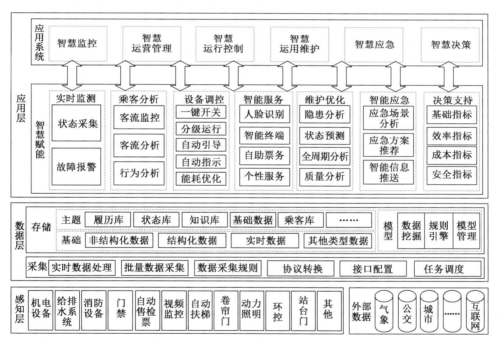

图 14-13 智慧车站总体架构

智慧车站的功能基于车站实际业务按照功能模块化、流程整合化、数据集中化的原则进行设计,总体上分为智慧监控、智慧运营管理、智慧运行控制、智慧运用维护、智慧应急和智慧决策 6 个部分。

(1)智慧监控

智慧车站应根据感知层采集的信息实时监控机电设备、给排水设备、消防系统、自动售检票系统等,结合位置、3D图形、状态、预警等综合信息在统一的监控界面展示车站综合状态视图,通过智慧监控功能为车站运营管理人员提供一站式的状态查看界面,同时应根据不同岗位提供定制化的展现方式。

(2) 智慧运营管理

管理智慧车站应针对乘客的乘车过程,在车站出入口的信息 LED 显示屏根据站内情况灵活显示各出入口的拥挤情况,提供智慧引导服务,并通过站内广播实时播放最优的进出站方案。在车站内提供票卡信息的查询与分析,为乘客和站务管理者提供便利,并设置问询机器人实现智能语音问询服务。

(3) 智慧运行控制

通过将车站设备信息和控制指令联动实现动力照明、自动扶梯、卷帘门、视频监控、广播、乘客信息服务、自动售检票等系统的开关管理和联动,包括日常的自动开关站。根据客流情况,对于大密度的人群区域或针对聚集、滞留等异常状况,通过分析和联动指令调整相关设备运行的状态和开关,并将相关信息传送至终端进行报警显示,发布信息提示。

(4) 智慧运用维护

设备维护是站务管理的重要内容,通过数据监控和分析,能够优化车站关键设备故障分析、故障预警和维修规程,长周期地分析设备能耗情况,给出优化能耗的方案。智慧运维的数据分析范围不限于单个车站内的设备,应综合分析多个车站同型号设备的状态、故障、维修工单数据,发现潜在的规律,对故障维修和管理给出智能化的优化方案。

(5) 智慧应急

智慧应急功能主要有应急预案管理、应急预警集中感知、应急指挥联动等,基于对历史事件的分析辅助编制应急指导文件,并预制应急场景下的设备联动控制规则,支持快速应急响应。同时,通过数据层的数据整合,实现包括区域火灾、突发客流、站厅异常等信息的集中预警,全面支持应急过程中信息同步和设备联动,为指挥人员提供全面、及时、准确的应急辅助信息,并实现视频、安全设备、乘客引导等系统的联动。

(6) 智慧决策

运营管理、运行控制、运用维护等专业领域的智慧化最终能够以综合分析、趋势预测等方式,为车站管理和企业管理者提供全面的辅助决策支撑,实现决策的智慧化。通过数据采集和分析计算车站运行的各类相关指标,量化反映车站生产组织情况;根据票务、站务、运维等业务系统分析人员绩效,为提升劳动效率、降低成本提供依据;通过统一界面展示车站各类关键指标,为管理人员综合展示设备状态、客流趋势、线路信息、BIM 信息等,辅助管理者优化决策。

2) 环境友好型车站

轨道交通环境友好型车站是指在车站规划设计过程中,以满足运输需求为基础,以车站主体建筑与客运组织为核心,引入绿色环保、人本交通、节能降耗的理念外延,系统考虑内外部施工建造、设施设备布局、导向标识设置、声光电磁等多方面要素,打造安全舒适、方便快捷、生态文明、资源节约型的新时代车站。

在标识设计、空间衔接、设施配置和人文景观等方面,为乘客和站务人员提供舒适、便捷和高效的出行体验和工作环境,实现设施配置人性化、人文景观特色化的建造目标。在场地生态、湿温度、气体环境、声环境、光环境等方面,采用相关的新技术及设备措施,减少污染,降低环境影响,实现场地生态绿色化、环境保障健康化的建造目标。在智能设计、节水、节能、节材等方面,减小能源消耗,最大限度地节约资源,实现资源利用节约化、能耗管理智慧化的建造要求。

3)枢纽型车站

综合交通枢纽一般以大容量的城市快速轨道交通系统为骨干,地面常规的其他公共交通为网络,形成多层次、立体的交通组织和布局,实现各类交通方式之间的有机衔接和换乘。以高铁站为起点建设的综合交通枢纽具备功能高度集成、绿色交通先行的配套支撑,以公共交通为导向的开发(TOD)与以铁路交通为导向的开发(ROD)理念为引导,基于客流资源优势进行整体策划,统筹交通、商业、商务办公、文化展览、城市公园等,发展功能复合、空间整合的城市综合体。

高速铁路面向铁路全网收集客流,捕捉客流的能力强,城市轨道交通既可以疏散大量客流,同时也能带来大量客流,高速铁路和城轨的客流在枢纽叠加,商业转化率相应提升,能为区域的发展创造虹吸效应。枢纽型车站突破了交通功能的范畴,与城市关系更加密切,实现了城市的综合功能,不仅仅是对外的交通枢纽,也是服务本区域的城市枢纽,和城市轨道交通共同形成新的TOD核心区。枢纽与城市的关系如图14-14所示。

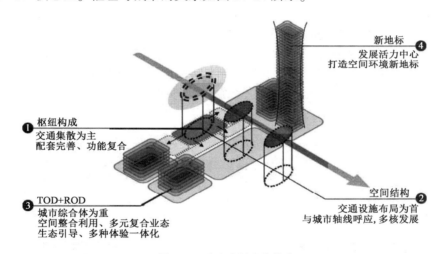

图14-14　枢纽与城市的关系

14.3.3　轨道交通运输管控的发展趋势

(1)轨道交通列车运行图智能编制系统

轨道交通列车运行图智能编制系统(图14-15)包含基础数据管理、运行图编制与调整、结果输出三个主要模块,系统具备路网结构管理、车站平面图管理、基础时分管理、交路信息管理、底图结构管理、列车开行方案管理、运行图智能编制、运行图调整与智能检查、车站股道运用方案编制、运行图指标计算、运行图输出、运行图共享数据输出等功能。

随着新技术与方法(如大数据、人工智能等)在轨道交通系统中的应用,运行图编制的效率和质量也得到了大幅度提升。运行图编制的智能化主要体现在超大网络列车运行图的综合协调编制,运行图与车底(机车)周转、车站股道运用方案的一体化协同编制,运行图鲁棒性能优化和节能运行图编制等。

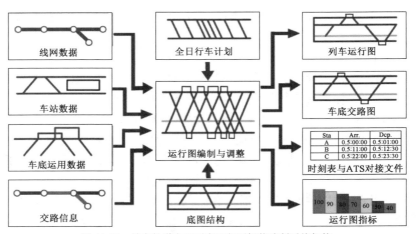

图 14-15　城市轨道交通列车运行图智能编制系统架构

(2) 智能调度系统

智能调度系统(图 14-16)可实现一定范围内全部列车的实时监视、控制和管理,包括正常情况下的精准"按图行车"和突发事件下的快速"运行调整"。智能调度指挥系统以信息平台所提供的车站及区间基础设施布设形式、列车作业时间、车站能力及越行约束等数据为基础,通过改变区间运行或车站作业时间(列车自动驾驶功能应用)、变更列车作业次序或车站作业股道、区段限速运行、改变停站方式、加开或减开列车等自动调整策略,在保证安全的前提下以总延误时间最小、总延误列车数最少、总旅行时间最短等为目标实现列车运行的快速调整和控制决策。

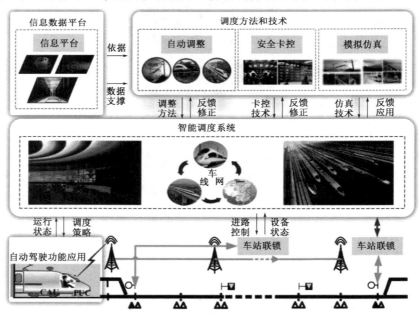

图 14-16　智能调度系统示意图

(3) 智能运维系统

智能运维系统针对轨道交通基础设施、技术装备等运营设备,应用泛在数据和智能技术,通过数据汇聚与融合、数据驱动的故障管理、性能衰退分析、寿命预测等数据服务与应用,建设互联互通的运营设备大数据监测安全评估与智能运维分析决策系统,实现对线路、场站、车辆、供电、通信、信号、人员、备品备件、维修工具等运输资源的动态监测、优化配置、精准调度和协同运转,优化运维方法及运维管理,消除过度维修和欠维修的情况,优化备件库存,减少人员配置,达到设备全生命周期管理,提升基础设施和技术装备的隐患治理、风险管控及安全运营能力。图 14-17 为某城市轨道交通通号智能运维平台图,可实现设备监控、故障诊断处理、健康管理等功能。

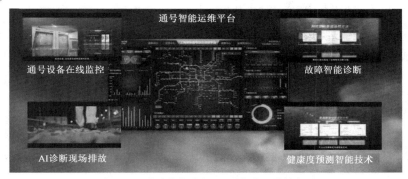

图 14-17　某城市轨道交通通号智能运维平台图

(4) 编组站综合集成自动化系统

编组站综合集成自动化系统(Computer Intergrated Process System, CIPS)是铁路编组站自动化控制系统和综合管理信息系统的综合集成,适用于大、中型编组站,尤其是路网性或重要区域性编组站,也适用于调车作业繁忙的区段站、工矿企业及港口等铁路车站的综合自动化。CIPS 改变了编组站分场设置的传统模式,将行车系统与计划系统有机地结合起来,行车、计划人员在调度大厅集中监督与操控全站到、解、编、发的作业,实现单一指挥、统一办理、流水执行、高效运转的效果。通过调度计划信息自动化管理,分解与转化调度计划,自动执行过程管理,实现编组站决策、指挥、控制、管理功能的一体化。CIPS 的系统功能架构如图 14-18 所示。

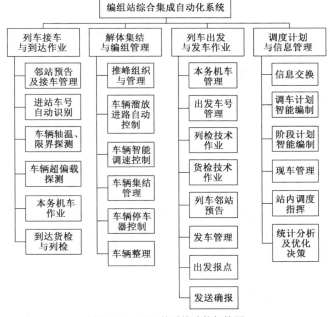

图 14-18　CIPS 的系统功能架构图

14.4 航空运输系统的新发展

14.4.1 民用航空器的发展趋势

民用航空器的发展以绿色、效率、智能和安全为目标,其在应用领域可分为新型运输客机及新型通用航空器。新型民用航空器的发展主要关注运输效率、安全及环保等问题,人工智能技术的应用与新能源动力的研究也是未来的重点研究方向。

(1) 民用飞机

《交通强国建设纲要》指出要完善民用飞机产品谱系,在大型民用飞机、重型直升机、通用航空器等方面取得显著进展。提升国产飞机和发动机技术水平,加强民用航空器、发动机研发制造和适航审定体系建设。推动 C919 大型客机示范运营和 ARJ21 支线客机系列化发展已成为国家战略新兴产业发展重点之一。

(2) 垂直起降飞行器

垂直起降飞行器是指在指定区域内(不借助跑道)实现垂直起飞和降落且采用固定翼方式巡航的飞机。其按照动力方式可分为固定翼旋翼复合升力飞机、倾转旋翼飞机、喷气发动机推力转向飞机、尾座式飞行器、涵道风扇动力飞行器等。主要用于解决城市内及城市间的快速通勤问题,具备安全、绿色、智能、高效等特点。

(3) 无人机

无人机是一种有动力、可控制、能携带多种任务设备、执行多任务并能重复使用的无人驾驶航空器,具备携带方便、操作简单、反应迅速、载荷丰富、任务用途广、起飞降落对环境要求低、自主飞行等特点。无人机运输具有方便高效、节约土地资源和基础设施的优点,适合应用在交通运输的多个领域。在交通瘫痪路段、城市的拥堵区域、偏远的区域,由于地面交通无法畅行,通过合理利用闲置的低空资源,无人机运输能有效减轻地面交通的负担,节约资源和建设成本。无人机运输具有成本低、调度灵活等优势,能弥补传统的航空运力空白,使机场在建设和营运管理方面实现全要素的集约化发展。

14.4.2 航空运输管控的发展趋势

随着北斗卫星导航、数据链、ADS-B、无线传感器、物联网、云计算等信息技术日益成熟,为航空运输系统智能化发展奠定了坚实的基础,推动航空基础设施网、航空运输服务网与信息网络的融合发展。航空运输系统的发展呈现协同化、精细化、智慧化、多样化的发展趋势。

通过大数据、人工智能等技术融合与航空运输的深度融合,可实现全国空域的动态灵活管理,全国流量的精细化管理,形成管制指挥的智能辅助支撑;通过将新一代传感技术和智能信息融合到与机场运行过程,可推动集成塔台等技术进步,实现场面运行的协同化;通过推进数据链技术、北斗卫星导航系统、地面增强系统等星基导航技术以及广域信息技术等协同技术的应用,获得空天地一体的数据信息,进而构建起全面互联、互通、互动的智慧化协同运行环境;将应用大数据、云计算、信息模型等技术建设智慧化的空管生产运行管理信息系统,通过对管制运行、航空气象等海量信息数据的深度挖掘,实现空管数字化管理、科学化决策;将借助"互联网+"实现机场和航空公司信息共享,为旅客出行提供更加便捷的信息化服务,提高航空服务能力和品质。

(1) 航空交通管制系统

航空交通管制系统借助智能传感器和人工智能、联邦式、中间件模型、数据仓库等技术对飞机、航路、机场、机队、机组、气象和航材备件实时采集、集中、分析、管理数据,实时了解航班运行动态、地面保障情况、飞机状况、机组信息,建立签派风险、航材周转、机队和机组调度等模型,借助面向航空器运行管理的统一云平台技术,结合飞机制造商提供的信息服务,实现航班的生产组织调度,提供高效、便捷、灵活、舒适的运输服务。

(2) 机场运营控制系统

机场运营系统通过采用基于异构网络集成的机场物联网、飞行安全检测技术、车—机—路协同感知技术、基于物联网的机场运行态势智能感知与调度等技术,感测、分析和整合机场运行系统的各项关键信息,对路侧交通管理、航站楼管理、机坪管理和飞行区监控等业务做出智能化响应和智慧化支撑,基于数据平台协调航空公司的运营控制,实现对机坪资源的优化配置、车辆的优化调度、航班旅客行李的运行管理。

(3) 航空公司运营控制系统

航空公司运营控制系统是以航空公司为指挥中心完成航班动态组织调度和航班数据管理的重要子系统。系统首先制定航班飞行计划,与智能机载设备实时数据交换,借助人工智能、联邦式、中间件模型、数据仓库等技术对飞机、航路、机场、机队、机组、气象和航材备件集中、分析、管理数据,实时了解航班运行动态、地面保障情况、飞机状况、机组信息,建立签派风险、航材周转、机队和机组调度等模型,借助面向航空器运行管理的统一云平台技术,实现航空公司航班的动态生产组织调度,提供高效、便捷、灵活、舒适的运输服务。

(4) 智能机载系统

智能机载系统是飞机智能化的主要承载系统,实现飞机的自动感知、数据传输、航迹预测、协调控制飞行等功能。系统通过遍布全机的智能传感器全面感知飞机的内外部状态,采用物联网技术连接全机机载系统和设备、飞机与外部网络,运用人工智能等技术对全机数据进行智能化分析和处理,通过天地一体化信息网络与其他智能地面系统进行数据交换,借助四维航迹预测技术集中处理飞行计划、准确掌握飞行动态和飞行流量,协调空中交通管制系统控制飞机安全运行,并为飞行机组、乘务机组、维护人员和乘客提供智能信息服务。

(5) 旅客信息服务系统

旅客信息服务系统是面向旅客提供智能引导、自动办理、智能安检业务的智慧航空服务系统。系统基于网络中心、信息中心和大数据平台采集、处理和挖掘实时分析航空旅客需求信息、航班信息以及服务数据,通过旅客智能终端、航站楼无线网络等搭建航站楼物联网,利用生物识别技术实现无障碍安检,借助智能机器人、智能一体机等智能化设备为旅客提供航班查询、订退票、值机办理等基本业务,采用视频计算、情感计算、室内定位和大数据实现航站楼风险监控与预警,运用虚拟现实(VR)、增强现实(AR)和室内定位等实现智能引导,以提升机场服务的智能化和信息化水平。

(6) 航空安全管理系统

航空运输安全管理系统以风险管理为基础,利用航空大数据分析技术,重点研究航路网数据实施获取与传输、空中交通多源数据融合、大数据环境下交通行为建模、分析、预测与挖掘等技术,为空中交通系统的安全、有序、高效提供数据支持,从而实现航空路网的高效优化,提高空域容量和航空交通系统的应急能力。

14.5 水路运输系统的新发展

水路运输系统以物联网、云计算、大数据、人工智能等技术在船舶、港口、航道、航行保障、安全监管以及运行服务等领域的应用为主要发展方向,突破状态感知、认知推理、自主决策执行、信息交互、运行协同等关键技术,提升航运生产运行管理智能化水平。基于复杂场景感知、自主协同控制、调度组织优化、信息安全交互等建立智能航运技术协同创新集成平台,开展智能船舶、港口、航保等成套智能航运技术。

1)智能船舶

智能船舶融合了现代信息技术和人工智能等新技术,具有安全可靠、节能环保、经济高效等显著特点,是未来船舶发展的重点方向。重点关注信息感知、海上导航和智能控制等关键技术,包括高时间分辨率和空间分辨率的船舶自主航行环境感知技术、基于远程通信的船舶自动控制技术等,提升智能船舶航行的操纵性、安全性和实用性。

(1)船舶自动控制系统

船舶自动控制系统具备自动导航、自动驾驶、轮机自动控制、自动应答、自动规避、动态跟踪、航行状态自动记录等功能,通过各种传感器和接收器、船上计算机系统和控制执行系统,使船舶能够自动接收外部控制系统发出的各种信息指令,通过网络将各种导航设备信息传入计算机,利用信息融合技术综合处理,得到最佳导航信息,并实时监控船舶本身状态,在船舶操控过程中预防各种安全事故,尤其是由人为失误引发的事故。

(2)船舶自动识别系统

船舶自动识别系统是应用于船岸、船船之间的海事安全与通信的新型助航系统,利用甚高频通信、卫星定位、通信控制和传感器等技术,实现船位、航速、航向、船名、呼号等重要信息的自动交换。船舶自动识别系统可在向外发送信息的同时,接收通信范围内其他船舶的信息,可与雷达、ARPA、ECDIS、VTS 等终端设备实现连接,构成水上交管和监视网络,是不用雷达探测也能获得交通信息的有效手段,有助于减少船舶碰撞事故。

(3)船舶综合导航系统

船舶综合导航系统利用信息融合技术综合处理导航设备信息,通过电子海图实时动态地显示船舶的综合航行态势。其主要由两台雷达、一台综合数据显示系统、两台电子海图显示系统和一台气象信息显示系统组成,可有效提高导航信息精度,扩展单一导航系统或设备的功能,具备高精度、高可靠性、多功能等特点。

(4)船舶智能航行系统

船舶智能航行系统(图 14-19)是船舶自动化的重要组成部分,包括最佳航线编制系统、自动舵控制系统、自动定位系统、自动避航系统和综合航行管理系统等。通过定位进行检查,反馈船位信息以调整控制措施,尽可能地保持航迹在计划航线上,减轻风、流、浪等对船舶航行的干扰,在需要避让船舶、礁石、冰山等条件下,帮助船舶采取避让措施并恢复航向,按计划航线航行。

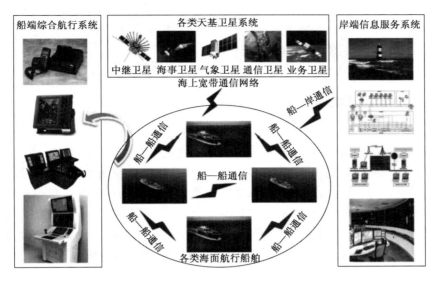

图 14-19 船舶智能航行系统示意图

2）智慧港口

智慧港口系统主要借助物联网、传感网、云计算、决策分析优化等技术手段对港口各核心的关键信息进行透彻感知、广泛连接和深度计算，从而实现各个资源与各个参与方之间的无缝衔接与协调联动，对港口管理运作做出响应，形成信息化、智能化、最优化的现代港口。港口建设养护运行全周期数字化，建造过程智能管控，并具有全面感知、广泛互联、高度共享、智能决策、自主装卸、深入协同等功能特点。

智慧港口的设施配置主要包括交通运输基础设施网络、信息化基础设施网络和港口运输装备三部分。智慧港口的发展重点关注港口基础设施与装备的现代化、信息技术与港口业务的深度融合、港口生产运营的自动化与智能化、港口运营组织的协同一体化、港口运输服务的敏捷柔性化、港口管理决策的智慧化等。

3）水路运输管控

（1）船舶管理信息系统

船舶管理信息系统通过在航道系统中的安全监控，在水路中设立监测点，实时地检测水路的状况和环境，再经过无线发射装置将环境信息传输到信息处理终端，信息处理终端对传输过来的信息进行处理、分析，合理规划船舶运行线路和时间并安排水路分配情况，再分享给正在运行的船舶，实现水路资源的使用合理性，提高整个水运智能运输系统的运行效率。

（2）货物运输监控系统

货物运输监控系统主要包括液货仓的液位、温度、惰性气体压力的监测，压载水舱液位的监测，船舶吃水、纵横倾的监测，液货仓高液位报警，液货仓回收气体的监测报警，货油管系阀门开度和开关的遥控，压载管系阀门开关的遥控，货油泵的监控以及实时配载的监测。

（3）事故处理救援系统

事故处理救援系统对所有通航水域中船舶位置和移动状况进行实时监控和智能化管理，根据气象、海况、船舶密度等因素，对覆盖区域内所有船舶的航行状况进行判定，依据重要程度，自动向危及航行安全的船舶发出必要指令，向正常航行的船舶发出航行提示。该系统可对特定水域发生的泄漏事故进行监控和扩散趋势预报,对海难事故进行立体施救和定向搜寻,对特定水域内事故的救援方案选择和事故灾害影响范围进行计算机辅助决策和评估,为遇险船舶和人员提供救助服务,为水域环境保护提供决策支持。

14.6 管道运输系统的新发展

在扩大设施规模、完善管网布局、加强衔接互联的同时,融入前沿科学技术广泛应用数字管网成为管道运输系统新的发展趋势。数字化设计、数字化恢复技术、无人机智能化巡护、基于大数据的管网应急决策支持等技术在管道运输系统中的应用越来越广泛。随着大数据、物联网、云计算、人工智能等关键技术的成熟和普及,数字化管道正逐步向智能化管道转型。管道运输系统的发展重点关注信息技术、管网仿真技术应用,探索完善天然气水合物运输工艺、多相混输、原油冷热交替输送、管道泄漏监测和定位、完整性评估等管道建设、运行、应急前沿技术。

(1) 提升管道输送能力

在能源清洁化转型和双碳战略目标推动下,我国油气资源消费量逐年快速增加,对油气资源运输需求也显著提升,对管输能力提出了更高要求。以高钢级、大口径、高压力为代表的大输量管道技术可降低管输成本,提升管输能力。开展高钢级、大口径、高压力钢制输油气管道设备及焊接、检测、止裂、腐蚀等技术问题的研究,是管道运输系统研究的重要发展方向,可推动实现管道的高质量发展。

(2) 持续推进节能降耗

管道行业持续推进节能降耗工作,通过密闭输送、内浮顶油罐、自动管输流程切换、惰性气体置换等方式降低油品管输过程的损耗;通过优化截断阀设置、移动式压缩机回收放空气、电驱压缩机替代燃驱压缩机等方式减少天然气管输过程中的损耗;通过提升电驱机组效率,高速电机替代低速电机、调速电机替代定速电机等方式降低动力能耗,逐步提升管输过程能量利用效率,降低能耗和碳排放。未来需通过对压缩机、输油泵、电驱机组、自动控制等方面持续研究,继续推进油气管输领域的节能降耗。

(3) 运行管理智能化

智能化管道运输系统以数据、模型、技术、知识的集成融合为基础,以管道数字孪生体为载体,构建与实际管道系统精准映射、同生共长、行为一致、迭代优化的数字模型,实现管道全生命周期内进行全要素描述、全方位分析、洞察力预测及综合性决策,最终实现管道全业务链的智能化升级和协同运转。系统由智能全生命周期管理、智能运行控制管理和智能决策支持管理三部分组成。

全智能化运行是指管道的调控运行、线路巡检、站场管理等方面全面实现智能化,提升运行管理效率,降低人员劳动强度。

①调控运行智能化:构建具备"自学习、自适应、自决策"能力的一体化智能调控体系,实现大管网资源优化配置与智能调度运行,智能调控系统可靠性显著提升。

②管道线路智能化:通过无人机巡线、视频监控、泄漏监测、远程阴极保护桩、腐蚀大数据分析、内检测数据大数据分析、焊片智能识别、高后果区可视化管理等先进手段,对油气管网沿

线的风险点智能识别和监控,显著提升管网安全水平。

③管道站场智能化:综合运用视频智能巡检、设备运行参数监测等感知技术,实现对站场安全状态的全方位感知;以监测控制智能化、信息化技术为支撑,实现压缩机、输油泵、流量计等核心设备的智能诊断,预防性维修,显著降低站场设备事故率。

④管道安全环保智能化:建立管道沿线和站场的自主监控、动态预警、大数据分析、趋势预测、可视化展示设备设施,实现管道风险分级管控与隐患排查治理智能管理,环境风险及高后果区水土污染智能管控,避免管道事故对环境的不利影响。

⑤智能化应急管理:基于物联网等技术实现应急抢修的资源高效和精准管理,通过构建应急指挥平台,实现突发事故下应急信息快速查询和远程指挥。

(4)传输介质多元化

在双碳战略目标推动下,氢气和二氧化碳储运快速发展。在实现"双碳目标"的过程中,氢能将发挥重要作用,有非常广阔的发展空间,二氧化碳的大规模输送对二氧化碳埋藏和再利用具有关键作用,气态氢和气态二氧化碳可通过管道进行大容量长距离输送。

管道输送氢气可以保证氢能大容量、安全、稳定输送,将有助于推进氢能的持续快速发展,输氢管道需要重点解决钢制管道氢脆风险、氢气通过裂纹或缺陷泄露风险、氢气低成本压缩问题等。管道输送二氧化碳可推进二氧化碳的埋藏或资源化利用,二氧化碳运输管道需要重点解决高压二氧化碳的相态转化问题、超临界二氧化碳对润滑系统和有机材质的溶解问题、二氧化碳泄漏事故风险问题等。针对输氢管道和二氧化碳管道的研究逐渐成为管道运输发展的重要方向。

【复习思考题】

1. 简述我国交通运输系统发展的总体需求、目标。
2. 思考新技术的应用对交通运输系统发展趋势的影响。
3. 论述道路载运工具的发展趋势及关键技术。
4. 分析车路关系的变化及智慧道路发展的新要求。
5. 道路交通管控的新发展主要包括哪几个方面?
6. 论述轨道交通发展趋势及各类轨道交通载运工具发展特征。
7. 阐述轨道交通车站发展特点。如何理解枢纽车站对城市交通发展的影响?
8. 轨道交通运输管控的发展主要包括哪几个方面?
9. 简述智能航空运输发展的新需求和新技术。
10. 分析水路运输的发展趋势和智能船舶发展的关键技术。
11. 思考智慧港口建设的新要求。
12. 管道运输智能化发展主要体现在哪些方面?

【本章参考文献与延伸阅读】

［1］ 徐宪平.我国综合交通运输体系构建的理论与实践［M］.北京：人民出版社，2012.
［2］ 中共中央，国务院.交通强国建设纲要［EB/OL］.（2019-09-19）［2022-10-01］.http：//www.gov.cn/gongbao/content/2019/content_5437132.html.
［3］ 中共中央，国务院.国家综合立体交通网规划纲要［EB/OL］.（2021-02-24）［2022-10-01］.http：//www.gov.cn/zhengce/2021-02/24/content_5588654.html.
［4］ 连义平.综合交通运输概论［M］.4版.成都：西南交通大学出版社，2019.
［5］ 何世伟.综合交通枢纽规划——理论与方法［M］.北京：人民交通出版社，2012.
［6］ 王炜，陈学武.交通规划［M］.2版.北京：人民交通出版社股份有限公司，2015.
［7］ 交通运输部科学研究院.交通运输碳达峰、碳中和知识解读［M］.北京：人民交通出版社股份有限公司，2021.
［8］ 国家统计局.中国统计年鉴2021［M］.北京：中国统计出版社，2021.
［9］ 中华人民共和国住房和城乡建设部.城市综合交通体系规划标准：GB/T 51328—2018［S］.北京：中国建筑工业出版社，2020.